CRITIQUE DE LA COMMUNICATION

Du même auteur

Problèmes de la réforme de l'État en France depuis 1934
en collaboration avec Jean Gicquel
PUF, 1965

Essai sur la contribution du doyen Hauriou
au droit administratif français
Librairie générale de droit et de jurisprudence, 1966

L'administration prospective
Armand Colin, 1970

Institutions politiques et droit constitutionnel
en collaboration avec André Hauriou
Éditions Montchrestien, 1972

Critique de la décision (1re édition)
Presses de la Fondation nationale des sciences politiques, 1973

L'enfer et le paradis, critique de la théologie politique
PUF, 1978

Je reviendrai des terres nouvelles : l'État, la fête et la violence
Hachette-Littérature, 1980

Critique de la décision (3e édition revue et augmentée)
Presses de la Fondation nationale des sciences politiques, 1981

Leçons sur l'égalité
Presses de la Fondation nationale des sciences politiques, 1984

La décision
Que sais-je?, 1984, 2e édition 1988

La symbolique politique
Que sais-je?, 1988

L'égalité
Que sais-je?, 1989

OUVRAGES DIRIGÉS PAR LUCIEN SFEZ

L'objet local
Christian Bourgois (10/18), 1977

Décision et pouvoir dans la société française
Christian Bourgois (10/18), 1980

Technologie et épistémologie de la communication
(Colloque de Cerisy), PUG, 1990

Dictionnaire encyclopédique et critique de la communication
PUF (à paraître)

LUCIEN SFEZ

CRITIQUE DE LA COMMUNICATION

Nouvelle édition
entièrement refondue et augmentée

ÉDITIONS DU SEUIL
27, rue Jacob, Paris VIe

Ce livre est publié par Jean-Claude Guillebaud
dans la collection «LA COULEUR DES IDÉES»
dirigée par Jean-Pierre Dupuy, Jean-Luc Giribone,
et Olivier Mongin

ISBN 2-02-012663-X.

(ISBN 1re publication : 2-02-009983-7.)

Remerciements

Je remercie vivement la direction des Affaires culturelles du ministère des Affaires étrangères, qui a pu financer les missions aux États-Unis et au Canada, indispensables à ma documentation. Merci vivement aussi à MM. Chodkiewicz et Jean-Claude Guillebaud, qui m'ont accueilli au Seuil.

Ma reconnaissance va à tous ceux qui m'ont reçu aux États-Unis, de l'introduction de nos services culturels (en particulier M. Gueheno) aux discussions passionnantes avec Winograd et Florès, mes amis Judith et Bob Shaw, John Searle, Martin Landau, Heinz von Foerster, Karl Pribram. Que de belles heures passées ensemble à Berkeley, à Stanford et à Pescadero ! Sans compter Marvin Minsky, Gérard Vichniac, puis, plus tard, Papert, Sherry Turkle, Hormoz Mansour et Jerry Fodor au MIT, Georges Gerbner, Elihu Katz et Daniel Dayan à l'Annenberg School of Communication, enfin Fred Williams et McComb à Austin.

Je n'oublie pas non plus l'accueil de mes amis québécois de l'UQAM et ce qu'ils me donnèrent de plus précieux : une intelligence critique à l'intersection de l'Europe et des États-Unis ; je songe particulièrement – car je ne peux les citer tous – à Gilles Coutlee, à René-Jean Ravault et à Gaetan Tremblay.

Merci également aux services de l'ambassade de France à Tokyo et à Monsieur l'ambassadeur Hiroschi Uchiba, ancien ambassadeur du Japon en France, qui a bien voulu m'introduire dans le saint des saints : le projet de l'ICOT, de la cinquième génération d'ordinateurs.

Merci enfin à ceux qui ont bien voulu lire ce manuscrit et me faire profiter de leurs critiques. En tout premier lieu, Jean-Claude Guillebaud, qui a vu grandir cet ouvrage et n'a pas ménagé ses propositions toujours fécondes. Je ne peux oublier non plus la richesse de mes conversations avec Jacques Berque et Émile Touati. Merci également à Pierre Musso, à Joanna Pomian et à Pierre Vallin, qui m'ont fait part de leurs observations. Enfin, je n'oublie pas ma collaboratrice attentive Jacqueline Pichaud, qui, aidée de Sylvie Lefranc, m'a permis de parvenir, non sans mal, à un manuscrit, tout au moins présentable. Grand merci à elles.

Sommaire

Préface
de la seconde édition

Les lecteurs me font l'honneur d'une seconde édition. J'ai voulu les honorer à mon tour en leur proposant une « vraie » édition nouvelle : augmentation en dimension (30 % supplémentaires), actualisation des commentaires aux derniers ouvrages parus et bibliographie actualisée, jusqu'en 1990, ouvertures de nouvelles sections correspondant à des champs nouveaux, nouvelles réflexions.

Au titre des nouvelles sections, j'indique la présence de développements sur l'auto-organisation en physique (théorie du Bootstrap), ou en biologie (cellule automate), en économie (R. Passet) ou en science archéologique des organisations (Bill McKelvey) ; sur le débat Descartes-La Mettrie toujours actuel, ou sur la psychothérapie (DSM III-R).

Au titre des nouvelles réflexions, j'annonce des développements sur la tradition européenne en matière de communication, sur les machines « expressives », sur la République ordinatique et sur une évaluation globale de l'école de Palo Alto.

Mais je n'évoque pas les nombreux remaniements partiels que je laisse aux lecteurs le soin de découvrir. Leur précisant, pour finir en ces premières remarques, que j'ai cherché en cette seconde édition à être utile, le plus documenté qu'il m'était possible, de façon à satisfaire toutes les soifs légitimes de connaissance et de curiosité.

***

Je préfère prendre un peu de temps et jouer ici le petit jeu de la préface d'une nouvelle édition. Et je vais donc traiter d'une question centrale suscitée par la parution de la première édition.

A plusieurs reprises, des contradicteurs que je crois amicaux m'ont fait observer que je ne pouvais pas esquiver la question du statut de ma *Critique de la communication :* De quel lieu neutre puis-je parler si « librement », si « indiscutablement » de la communication, puisque, par la façon dont je la décris et dont je reconnais qu'elle existe, elle m'enveloppe tout entier et m'absorbe ?

Baudrillard n'a pas tort lorsqu'il dit que nous sommes tous pris dans la spirale communicative, que nous ne pouvons lui échapper. Il n'a pas tort, mais a-t-il vraiment raison ?

L'enjeu de la réponse est clair : si l'on suit totalement Baudrillard, on ne peut rien faire ni rien dire. Tous nos actes et tous nos énoncés sont pris dans le piège qu'ils dénoncent. Agir ou écrire c'est même renforcer le piège, un peu comme ces mouvements désordonnés de ceux qui s'enlisent dans les marais dormants.

Si au contraire on veut bien me suivre, des transformations – même limitées – sont possibles et l'on peut écarter bien des périls, grâce à une politique de l'interprétation que je crois pouvoir opposer victorieusement au « tautisme ».

Quels éléments centraux autorisent Baudrillard à ce constat d'une enveloppe qui a achevé sa totalisation, qui par là nous encercle sans ligne d'échappée ?

Sans doute bien des points que j'ai moi-même soulignés et analysés : paradoxe et interconnexions, autopoïesis et autoréférence, circularité et hiérarchies enchevêtrées, à niveaux bouclés sur eux-mêmes. Chacun de ces points pris isolément peut être décrit, décrypté, démonté. Aucun de ces points épistémiques n'échappe à ma « Critique... ». Mais tous ces points remis en système clos finissent par constituer *une forme symbolique* totale qui relève du constat baudrillardien.

C'est cette distinction entre épistémé et forme symbolique que ne fait pas notre sociologue et que je crois devoir faire. Il est là, le noyau de la discussion qui nous oppose. Sans compter que

Baudrillard fait peu de cas de nos capacités – des siennes propres donc – à critiquer les idéologies et valeurs dominantes.

– *La communication : forme symbolique et épistémé*

La communication est installée dans un continuum qui va du noyau épistémique à la forme symbolique. Deux pôles extrêmes, l'un – le noyau épistémique descriptible et lisible par définition (auquel nous pouvons donc échapper par une « Critique... »), l'autre – la forme symbolique – qui enveloppe à ce point nos pensées et nos actes qu'en théorie nous ne pouvons la décrire. Nous aurions alors la capacité d'en dessiner seulement les approches ou l'ombre portée[1].

Voyons comment Francastel différencie épistémé et forme symbolique :

« Au début du XVe siècle, les sociétés occidentales cherchaient, manifestement, toutes en même temps, grâce aux liaisons étroites qui existaient entre les différents centres de la culture, un approfondissement et non un renversement de leur expérience figurative. Les principes abstraits ne font pas la langue et chaque possibilité ouverte par un artiste ne sert pas de support à un style. C'est l'usage qui sanctionne la valeur d'une invention, nullement ses qualités intrinsèques. Figuratif ou autre, un système ne se décrit qu'en fonction des œuvres qu'il inspire, c'est-à-dire à travers lesquelles il existe. Une culture ne consiste pas dans le déploiement d'une virtualité, mais dans un nombre fini de réalisations.

« Une nouvelle culture, appuyée sur un nouveau système de signification, ne consiste ni dans un transfert de valeurs, ni dans la découverte d'un secret ; il ne s'agit pas de déploiement ou de permutation. Il faut vraiment qu'il y ait invention simultanée des nouveaux rapports intellectuels entre l'homme et les choses et des moyens propres à les rendre communicables. Or, puisqu'une culture ne consiste pas dans un ensemble virtuel de possibilités qui doivent progressivement s'exprimer, elle ne peut

1. J'évacue les aspects proprement idéologiques de la nouvelle religion communicative car ils relèvent à l'évidence d'une désormais critique classique sociologique. Mais je les rappellerai en conclusion.

être entièrement définie par ses principes, mais seulement par ses réalisations. Le système, l'ordre combinatoire ne vaut pas en soi, dans la mesure où il est automatiquement générateur d'une collection déterminable de produits. Pour qu'il se détermine il faut d'incessants efforts d'application.

Il n'est, par conséquent, pas possible de se trouver satisfait lorsqu'on a découvert le moment où apparaissent des principes, qui ne sont devenus les prémices d'un nouveau système que parce qu'ils ont été repris, élaborés, associés à d'autres éléments, souvent présents dans l'ancien langage, mais souvent aussi découverts en fonction des progrès nouveaux de la pensée et du style. Après avoir fixé les notions d'élément et de structure, d'invention et de mutation, on envisagera donc, maintenant, dans son ensemble, à l'échelle du Quattrocento, les modalités techniques et imaginaires qui ont abouti, en fait, à la constitution d'un système figuratif du monde moderne[1]. »

Nous pouvons nous inspirer des analyses de Francastel en les adaptant à notre problème.

En communication, nous avons affaire à un *noyau épistémique* qui rassemble autour de points communs une grande diversité de savoirs : les vies académiques et publiques, en ces jours-ci, en témoignent avec abondance : biologie, psychanalyse, *mass media studies,* institutions, droit, science des organisations, intelligence artificielle, philosophie analytique, etc. Ces concepts communs aux sciences de la communication semblent devoir constituer peu à peu les éléments d'une *forme symbolique* en gestation. Autrement dit, certains concepts, travaillés par les élites de la science communicationnelle, deviennent des réalités du monde social et politique, passent dans la vie ordinaire, et constituent l'écran à travers lequel nous construisons le monde et que nous ne pouvons même plus percevoir, tant nous l'utilisons, tant il nous enveloppe.

Analysons successivement le noyau épistémique et la forme symbolique.

1. Pierre Francastel, *La Figure et le Lieu,* Gallimard, « Bibliothèque des Sciences Humaines », 1967, p. 225-258.

Le noyau épistémique

Nous avons sans doute le moyen (et je l'ai tenté dès la première édition de *Critique de la communication*)[1] de dessiner la figure épistémique du «communiquer». Il semble qu'elle puisse se décomposer sous deux chefs ou deux clefs pour en distinguer les traits : la prégnance du technologique et la prégnance des technologies de l'esprit.

a) la prégnance et l'impératif du technologique

Personne ne met en doute cette caractéristique : le domaine de la communication a passé un pacte d'allégeance avec la technologie. Il s'agit pour la communication d'utiliser au maximum les machines de toutes sortes qui puissent mettre en mouvement la communication, en assurer la transparence, la poursuivre dans ses retranchements, en expliciter le fonctionnement, et ceci dans toutes les parties du savoir.

Des modèles théoriques aux machines «réelles» les plus récentes, c'est le monde machinique qui sert de référent. Ce sont des machines que l'on réalise, machines à traduire, à parler, à savoir, à simuler, à produire de la communication et à la relayer.

Les sciences de la communication se déplacent et œuvrent dans la sphère technologique.

b) la prégnance des technologies de l'esprit

Il s'agit des procédés de mise en œuvre de la communication par la technologie. Ils s'installent dans nos esprits, à titre souvent métaphorique, comme autant d'images ou procédés répétitifs qui connotent nos perceptions. Les technologies de l'esprit sont de deux types : les unes relèvent de la *représentation,* les autres de l'*expression*. Les premières s'illustrent avec les machines à la Simon, machines à représenter le contenu des opérations mentales par lesquelles nous communiquons et servent de mémento heuristique pour des étapes conçues à

1. Éd. du Seuil, 1988.

l'avance, s'emboîtant comme les morceaux d'un puzzle. Ce sont des machines à gérer un stock d'informations préalablement transformées en signes *(token).* Les secondes mettent en œuvre les concepts appartenant à la sphère de l'expression, c'est-à-dire des mécanismes plus complexes, non linéaires, où le déterminé et l'indéterminé font bon ménage. On peut citer ici rapidement la *circularité des causes* ou l'importance du *contexte* : aucun élément du système de communication n'est isolé, il agit sur et est agi par sa situation dans le *réseau*; ou encore la *réversibilité* ou *l'auto-adaptabilité* de situations en constantes transformations; l'information qui circule pour transformer les processus internes des systèmes en présence se produit sur le modèle de la contagion, de la *rumeur,* non mathématisable, et introduit l'*aléatoire*; sans compter la métaphore de la *simulation,* très prégnante depuis les images et le son de synthèse, par laquelle réalité et construction de la réalité deviennent indissociables, où le dedans est dans le dehors et vice versa avec prédominance du *paradoxe* comme procédé et l'*interactivité* homme-machine comme argument de vente.

Avec l'adaptabilité relative à un ensemble, l'*autopoïesis* et l'*auto-organisation* viennent alors au premier plan.

Elles construisent toutes deux, à travers les notions d'*auto-référence* et de complexité, l'édifice total de ces technologies de l'esprit en offrant une image motrice : *la circularité à hiérarchies enchevêtrées, à niveaux bouclés sur eux-mêmes.* D'un côté donc, des représentations gérables par parties séparées, assez proches des machines techniques simples et utiles qui sont des aides à la décision et à la communication, de l'autre, un dispositif assez raffiné de circulations complexes, avec des notions très travaillées chacune dans son champ et dont l'ensemble est impressionnant.

La forme symbolique : le tautisme

Ces deux éléments, impératif technologique et technologies de l'esprit, ont fini par produire une forme symbolique qui les dépasse, vit sa vie de façon autonome, se développe jusqu'à les envelopper. Produite par ces deux éléments d'épistémé – et donc elle-même au départ épistémique –, elle change de nature et suscite alors en eux des effets tels que, débordant largement les milieux scientifiques et techniques où ils sont nés, ces éléments ainsi suractivés vont entraîner des transformations dans les pratiques sociales.

Je rappelle d'abord la définition du tautisme, déjà présenté dans la première édition : néologisme formé par contraction de «tautologie» (le «je répète donc je prouve» prégnant dans les médias) et «autisme» (le système de communication me rend sourd-muet, isolé des autres, quasi autistique), néologisme qui évoque une visée totalisante, voire totalitaire (la glu qui me colle à l'écran, la réalité de la culture écranique, réalité toujours médiée, alors qu'elle s'exhibe comme réalité première). En d'autres termes, je prends désormais la réalité *représentée* comme réalité directement *exprimée,* confusion primordiale et source de tout délire.

Le tautisme est donc ce par quoi une nouvelle réalité nous advient, sans distance entre le sujet et l'objet. Mais il est aussi une grille qui permet d'interroger des champs, en apparence hétéroclites, mais frappés de la même maladie tautistique. Interrogeant ces champs, il en révèle les jeux de miroirs et peu à peu les unifie. Or c'est justement là que l'origine épistémique s'estompe et que le tautisme devient *la forme de la forme symbolique* de la communication. Sa puissance se déploie dans les pratiques et faisant retour sur ces éléments constitutifs (technologie comme impératif et technologies de l'esprit) leur donne une seconde vigueur. Passant par ces canaux, le tautisme joue sa partie sur plusieurs fronts à la fois : production, distribution, formation permanente, éducation, gadgets culturels, publicité, relations publiques, relations dans l'entreprise, marketing, télévision, radio, etc., jusqu'à influencer la presse écrite elle-même, la production cinématographique et la production des éditeurs de romans et d'essais.

Et c'est d'ailleurs cet envahissement généralisé qui témoignerait de l'existence d'une forme symbolique dans laquelle nous sommes pris.

Forme symbolique ou filtre à travers lequel nous pouvons

envisager non seulement les rapports individuels et sociaux, mais encore nos rapports au monde construit. Cadre symbolique qui peu à peu s'intérioriserait au point de ne plus être perçu comme filtre, ou moyen de connaissance parmi d'autres, mais comme donnant lieu à une seule appréhension de la réalité.

Sans doute, pour une part, les concepts dont nous avons parlé, avec les technologies de l'esprit sont-ils encore l'exclusivité des scientifiques, mais, déjà, on voit poindre un nombre important de pratiques issues de ces bataillons serrés et s'avançant en bon ordre.

Reprenons les deux éléments de la grille épistémique, réactivés par le tautisme qu'ils ont produit et qui les produit à leur tour, et examinons les effets de cette réactivation symbolique dans le champ social et politique.

Prenons pourtant conscience que si l'on peut décrire une épistémé de façon assez claire – et j'espère – convaincante, il est beaucoup plus difficile, *par définition,* de décrire une forme symbolique puisque nous sommes dedans et comme pris dans ses rets, à notre insu. Il ne s'agira donc ici que de suggestions ou d'interrogations, puisqu'on ne peut, *par définition,* rien démontrer ici.

a) la technologie

Elle sert de cadre de référence à des comportements intellectuels et pratiques : le conflit disparaît avec les idées de fragmentation et de spécialisation. Quand une spécialité donnée œuvre pour des réalisations spécifiques, les conflits n'ont pas lieu d'être. Ce qui s'y substitue c'est la transaction permanente ou machine lisse, sans aspérité. Ce qu'on appelle la pensée « debole » ou neutralité policée, assurant le fonctionnement des objets conçus par des collèges de scientifiques, d'ingénieurs, de chercheurs.

On œuvre en vue du succès, dit Habermas, et il réserve une part des activités de communication à l'entente, qui serait le terrain du dialogique. En coupant ainsi en deux parties l'agir communicationnel, Habermas préserve l'idée d'une activité de discussion possible et voile pudiquement l'importance du technologique comme structure de pensée générale[1] (voire universelle).

Il serait sans doute plus réaliste de voir le racisme, par exemple, comme comportement de substitution au conflit d'idées, servir de contrepoids, d'autant plus violent que d'autres affrontements auraient disparu.

b) les technologies de l'esprit

Ce mode de liaison sans heurt qu'exige la technologie se renforce de la prégnance sociale de quelques concepts, adoptés sans difficulté et à travers lesquels se dessine la forme d'une nouvelle relation entre individus.

– *Le réseau,* qui accepte formation rapide et déformation, et qui peut s'enrichir de façon quasi illimitée tout en gardant ses caractéristiques souples (effondrement des progressions linéaires et des fermetures sociales, les partis politiques organisés en «bandes»). Ces mêmes «partis» politiques n'étant plus des «parties» d'un système structuré par des séparations fortes sont dans un état de formation/déformation continue. Ils ne sont plus tenus que par des principes juridiques : le scrutin majoritaire, le leadership constitutionnel du président, deux principes combinés qui sont à l'origine de toute bipolarisation, partant des frontières rigides entre partis, malgré tous les souhaits de porosité, d'import-export, qu'on appelle aujourd'hui «ouverture». Tant il est vrai que la société civile est ouverte, et la société politique fermée et juridiquement fermée.

– *Le principe d'interdétermination* qui joue sur les positions et les déjoue, par rapport à un contexte où l'individu et le groupe sont interactifs (effondrement des positions figées et des classes).

C'est encore cet état de non-séparation des éléments d'un système qui entraîne l'idée d'une *auto-organisation spontanée,* avec autoréférence (le politique «éclate», ce qui ne signifie pas «se sépare», mais au contraire s'émiette en unités disjointes et autonomes, n'ayant de références qu'à elles-mêmes).

D'autre part, la création d'unités autonomes à référence

1. Théorie de l'*Agir communicationnel* (2 volumes, Fayard, 1987) et sa critique dans ce livre (1re partie, chap. 3).

interne se soutient nettement du concept de simulation, dont l'usage se transporte dans des machines d'aide à la conception de toutes sortes, jusqu'à l'idée d'une *simulation généralisée* par laquelle et à travers laquelle nous construirions nos mondes. La réalité ne semble plus pouvoir être atteinte en dehors de la fabrication de « valant pour », de simulations, qui permettent et provoquent des expériences (et non plus des vérifications), et qui culminent dans la science de la cognition et les « thought experiment »[1]. Une réalité du second type succède à la réalité degré zéro. C'est par l'écran des informations du traitement de texte que j'ai contact avec la réalité. Je la crée (ce n'est pas une simulation pour moi, car j'effectue réellement des opérations).

– *Le statut de l'image-copie ou imitation,* en tout cas représentation, s'évanouit en tant que tel, et la distinction entre représenté et représentant aussi. Ce statut ancien rentre dans la préhistoire avec l'importance de plus en plus grande de l'ouïe : l'ouïe donne du son en direct et en continuité : la rumeur en est le signe. Jadis péjoré comme ouï-dire, le mode de diffusion par le bruit n'est pas scotomisé, disruptif, mais constant, sa domination condamne l'image à l'accompagner (l'audiovisuel).

***

Une question s'impose alors pour finir : quelle est en somme l'efficacité réelle de la communication dans la vie sociale ? En d'autres termes, la révolution a-t-elle déjà eu lieu et ne serions-nous, comme le pense Baudrillard, que les témoins tardifs de ses ruines et décombres ?

La communication peut être envisagée sous trois angles :

1° En tant que *pratique,* elle est née dans les sociétés à mémoire courte, remplaçant les souvenirs collectifs diachroniques par des chaînes de liaison horizontales synchroniques, dans le melting-pot des intergroupes.

2° En tant qu'*idéologie,* elle se développe alors aussi bien

1. Voir E. Duickaerts, « Expérience imaginaire et intelligence artificielle », *Quaderni,* n° 1, 1987.

dans les pays à mémoire longue qu'à mémoire courte pour les bonnes raisons avancées par Philippe Breton et Serge Proulx : c'est une commode « idéologie sans victime », venant remplacer les idéologies meurtrières de la Seconde Guerre mondiale[1].

3° En tant qu'*épistémé,* elle se substitue à bien des dispositifs dans de nombreuses disciplines. Elle contribue à éclairer d'un jour nouveau quelques hypothèses fondatrices en physique ou en biologie, en intelligence artificielle, en science cognitive ou en science des organisations, en économie, en science politique ou en psychothérapie : tous champs couverts par ce livre.

Pour ces trois premiers aspects, *pratique, idéologie, épistémé,* la communication est efficace, en même temps qu'elle peut être critiquée. Aussi bien, sociologues et épistémologues savent depuis longtemps démonter et remonter machines sociales et conceptuelles.

4° Mais en revanche, en tant que *forme symbolique,* la communication peut être seulement « approchée ». Ses contours fascinants et séducteurs sont des limites dures nommées « tautisme », grille qui peut servir à déchiffrer de nombreux phénomènes essentiels. Mais il est vrai que dans les contenus, c'est-à-dire à l'intérieur de cette limite, une opacité relative demeure. Tout n'est pas observable, visible et lisible car nous sommes en partie pris dans ce que nous dénonçons.

Raison de plus pour tenter de limiter, voire réduire l'opacité, par une politique de l'interprétation et du commentaire fondée sur la triple « critique » :
- des idéologies et des pratiques,
- des éléments épistémiques,
- de la frontière dure du tautisme.

Elle est là, la « Critique de la communication », ils sont là, ses fondements et son statut.

Paris,
Printemps 1990

1. Dans *L'Explosion de la communication,* La Découverte, 1989, p. 215. Voir aussi Philippe Breton, *Histoire de l'informatique,* La Découverte, 1987.

BERKELEY, 2 FÉVRIER 1984

Mon premier voyage en Californie. San Francisco grandiose, ensoleillé. En rupture avec l'obscure clarté de l'hiver parisien.

Visite à Berkeley : je ne dispose cette fois-ci que de trois jours. J'ai demandé à voir Martin Landau, spécialiste bien connu des théories des organisations. Très vif, aigu, original, il parle à toute allure.

Ma question : l'utilité et l'usage des métaphores en science des organisations. Quid *de la métaphore de la machine et de l'organisme ? Machines administratives, sociales, répressives et tutélaires. Réponse : « Savez-vous pourquoi le 747 est l'avion le plus fiable du monde ? C'est que ses quatre systèmes de commandes et de régulation – un pour chaque moteur – sont indépendants les uns des autres. Et qu'en plus le pilote dispose d'un système de régulation manuel, indépendant des quatre précédents. » Telles furent les premières déclarations de Landau.*

Images, bien sûr, mais auxquelles Landau donne une pleine signification : ces cinq commandes hydrauliques sont des preuves de redondance. *Si l'une tombe en panne, la panne ne gagne pas les quatre autres. Ainsi de nos sociétés complexes, démocratiques, pluralistes, qui sont les plus fiables du monde, car elles sont marquées – encombrées, disent certains – par la prolifération d'instances redondantes, caractérisées par leurs imbrications et leurs chevauchements* (overlap). *Pourquoi tant d'instances judiciaires, législatives, de contrôles budgétaires, de circuits formels et informels qui assurent souvent en tout ou partie la même tâche ? Parce que les décisions ainsi prises sont sans doute les plus rationnelles possibles. Pluralisme et* bargaining *sont ainsi instruments de la rationalité. Ce n'est pas seulement affaire de démocratie. C'est surtout affaire de «fiabilité». Chaque instance, par ses résistances et ses propositions, aide ainsi l'ensemble des instances. La démocratie est le plus fiable de tous les régimes. La complexité du 747 s'achève dans la démocratie technopluraliste du 747. A deux questions perfides que je lui posai («Faut-il alors en déduire que tous les régimes qui ne relèvent pas de vos critères de démocratie occidentale seraient moins fiables?»; ou encore : «Peut-on supposer que des régimes totalitaires recèlent en leur sein des redondances qui leur permettent la fiabilité?»), Landau répondit en me proposant généreusement d'aller dîner. Ce que nous fîmes. Et nous n'en parlâmes plus.*

Je regrette aujourd'hui un peu ma perfidie. Car on peut distinguer deux aspects dans son analyse :

1. L'affirmation selon laquelle la démocratie, en raison de ses redondances, est le régime le plus fiable du monde : cette première assertion, je la qualifie toujours d'idéologique. La démocratie à l'américaine serait-elle vraiment parée de toutes les vertus? Le pluralisme conflictuel serait-il vraiment le seul susceptible de nous porter vers une rationalité optimale, limitée ou non? Voilà qui est douteux. J'avais déjà fait le procès – il y a quinze ans – de cette eschatologie à propos de Dahl, de Simon et de quelques autres[1]*. Je n'y reviendrai pas.*

2. Mais cette première assertion, dont Landau dans son enthousiasme prosélyte pourrait bien se passer, en cache une autre beaucoup plus sérieuse : la fiabilité de toute organisation passe par sa complexité, et la complexité passe en particulier par des phénomènes de redondance. Voilà le bon grain détaché de l'ivraie. Dans ce cas, les redondances de la démocratie occidentale ne sont que des cas particuliers de la fiabilité par redondance des régimes politiques.

Ainsi formulée (par moi et plus tard), cette deuxième assertion permet de prendre au sérieux les analyses de Landau et des spécialistes d'organisations qui, comme lui, se servent de la métaphore de la machine et de l'organisme, du métaconcept de

1. Dans *Critique de la décision,* Presses de la Fondation nationale des sciences politiques, 1973, 3e éd., 1981, 2e et 3e parties.

« complexité » pour discerner les réalités du fonctionnement des organisations.

Mais, sur le moment, je ne songe pas encore à interpréter, à chercher dans l'autre la part de sens qui l'habite : je suis consterné. Je n'ai pas encore la pratique de la côte Ouest. Ce langage trop direct me déplaît. Ces transpositions sauvages de métaphores me navrent. Vieux monde trop délicat. Ce qui me frappe le plus, c'est la prégnance du machinique et de l'organique dans les conversations quotidiennes, dans la presse, dans la publicité. La communication, son développement, sa critique passent par là. Cette nation qui a produit le plus de machines a produit en même temps l'idéologie « machinique » maximale. Se sert-elle des techniques de communication pour la porter ? Ce serait peu dire. Car l'idéologie machinique est *la communication même. Du moins, je le pressens fort. Sans doute, la métaphore de l'organisme, c'est-à-dire le corps avec sa complexité, fait-elle contrepoids à l'image machinique, dans le quotidien. Mais les deux constituent la communication, la culture, la pensée. En somme, le produit serait devenu producteur. La copie aurait dévoré le modèle. Le docteur Frankenstein gouverné par sa créature, qui se substitue à lui. Voilà ce qui me traverse l'esprit.*

Mais aussi autre chose : pendant ce temps, l'Europe en crise rêve sur la Californie, la Silicon Valley, ce mixte « technologies-affaires », qui se présente comme l'avenir de l'univers[1]*. Les modes américaines nous parviennent avec retard. En imitant la Silicon Valley, nous allons lui emprunter sa culture. Urgence de la critique. D'une critique sociale, d'une critique épistémologique aussi. Elles sont indissociables.*

1. Se présentait, en 1984. Car, depuis, les faillites abondent. Restructuration ou déclin ? Restructuration, semble-t-il.

Introduction

Frankenstein, un Frankenstein technologique nous menace. Du moins le croyons-nous. On nous le fait croire. Nous vivons désormais dans un monde de machines à transporter, à fabriquer, à penser. Frankenstein, notre double, celui que nous avons créé, prend son autonomie et bientôt le pouvoir. Évidence intuitive immédiatement compensée par une autre croyance : mais non, grâce à la communication, nous pouvons désormais mieux entrer en contact avec les nations, les groupes, les individus, voire avec nous-mêmes, puisque les machines à penser nous éclairent sur notre propre esprit.

Deux croyances en opposition, deux antagonismes qui se nourrissent l'un l'autre. Deux falsifications.

Observons d'abord que si le Frankenstein *technologique* nous menace, nos défenses ne peuvent se situer dans les *technologies* de la communication. Tu es malade du ver solitaire. Un seul remède : ingurgite des vers solitaires. La question de la technologie est centrale pour notre propos, car, aujourd'hui, la communication est technologique ou elle n'est pas, et cela vaut même pour la psychothérapie de Palo Alto, technologie complexe de l'esprit et du corps, avec ses recettes et ses aléas. Car la technologie n'est pas seulement dans la technique. Ce discours *(logos)* sur la technique a envahi la totalité des activités humaines, y compris la communication.

Observons ensuite que le couple antagoniste société Frankenstein/communication conviviale a pour principal avantage d'évacuer ce qui gêne et qui se nomme le ou la politique. Le débat principal ne porterait plus sur l'opposition droite et gauche, rouges et blancs. Il serait dans la menace d'invasion technologique que devrait combattre le preux chevalier de la communication. Dispositif bipolaire, un de plus, nommé naguère « l'Enfer et le Paradis », et dont les deux pôles se soutiennent l'un l'autre, indissociablement liés par la querelle et le dispositif unique qui les gouverne. Ce dispositif, que je n'explorerai pas davantage ici, relève de la théologie politique, et je renvoie sur ce point au livre que je lui ai consacré[1]. Je remarquerai seulement qu'il occupe le terrain déserté par les anciennes idéologies, comme si nous avions éperdument besoin de conforter notre identité par des formes toujours nouvelles d'oppositions tranchées qui nous servent toujours le vieux brouet manichéen.

Tranchée, l'opposition ? On peut en douter, car ce qui s'affronte se ressemble. Société de communication et société Frankenstein ne s'opposent pas. Car Frankenstein, c'est la communication portée à son accomplissement. Communication de l'homme avec son double. La théorie de l'information elle-même régule les deux domaines. D'autant que le couple faussement en querelle participe d'une culture unique : la technologie. La question d'une critique de la communication se déplace donc en une question voisine, la critique des technologies de la communication. Comment cela peut-il se faire ?

On ne parle jamais autant de communication que dans une société qui ne sait plus communiquer avec elle-même, dont la cohésion est contestée, dont les valeurs se délitent, que des symboles trop usés ne parviennent plus à unifier. Société centrifuge, sans régulateur. Or il n'en a pas toujours été ainsi. On ne parlait pas de communication dans l'Athènes démocratique, car la communication était au principe même de la société. C'était le lieu conquis par les hommes dans leur arrachement au chaos qui donnait sens au système en toutes ses faces : politique, morale, économie, esthétique, rapport au cosmos. Ce lieu s'appelle la *philia,* amitié politique. Rousseau détestait la communication, qu'il ne voulait pas instrumentale, et estimait la *philia,* qu'il plaçait, comme les Grecs, au centre et à la source de toute activité, dans la « sainteté » de son contrat. La communication n'était pas un problème, non plus, pour la Cité chrétienne, et

1. *L'Enfer et le Paradis,* PUF, 1978.

pour les mêmes raisons : située au fondement même du christianisme, elle élargit le lieu grec jusqu'à l'Univers.

Nous avons, aujourd'hui, perdu la trace de ces principes premiers qui assuraient la cohésion d'ensemble : dispersion, enchevêtrements, superpositions, chassés-croisés. Babel. On se parle de plus en plus, mais on se comprend de moins en moins. De là, deux mouvements repérables dans toutes les pratiques : localisation et connexion. Localiser, c'est-à-dire analyser, discerner, chercher le bon angle d'attaque qu'on finit par trouver, provisoirement, par les moyens les plus perfectionnés. Relier ensuite, car les diverses localisations sont toujours dispersées : effort prodigieux de communication. En somme, Dieu, l'Histoire, ce dieu laïcisé, les anciennes théologies fondatrices des grandes figures symboliques, telles que l'Égalité, la Nation, la Liberté, ont disparu en tant que moyens d'unification. Or ces figures permettaient d'y voir plus clair, de se situer dans le monde, d'agir sciemment. C'est dans ce creux laissé par leur faillite que naît la communication, comme une entreprise désespérée de relier des analyses spécialisées, des milieux cloisonnés à l'extrême. Comme une nouvelle théologie, celle des temps modernes, fruit de la confusion des valeurs et des fragmentations imposées par la technologie.

I. Le social corrompu par la technique

Jacques Ellul et l'école de Francfort découvrirent la corrosion du social par la technique[1]. Agent de fragmentation, voire de dilution des liens symboliques, elle s'impose au moment où ceux-ci sont déjà affaiblis. Elle prétend alors soigner l'organisme qu'elle a conduit à l'agonie. Le soigner par un surcroît de techniques que l'on nomme technologies de la communication. On le remarquera, toutes les technologies d'avant-garde, je dis

1. De *La Technique ou l'Enjeu du siècle,* A. Colin, 1954, à *Le Système technicien,* Calmann-Lévy, 1977. Habermas, *La Technique et la Science comme idéologie,* Gallimard, 1973. Horkheimer, *Théorie traditionnelle et Théorie critique,* Gallimard, 1974.

toutes, des biotechnologies à l'intelligence artificielle, de l'audiovisuel au marketing et à la publicité, s'enracinent en un principe unique : la communication. Communication entre l'homme et la nature (biotechnologie), entre les hommes en société (audiovisuel et publicité), entre l'homme et son double (l'intelligence artificielle) ; communication qui prône la convivialité, la proximité ou même la relation d'amitié *(friendship)* avec l'ordinateur. On pourrait supposer qu'il s'agit d'arguments de vente. Mais il y a plus : la communication devient la Voix unique, qui seule peut unifier un univers ayant perdu en route tout autre référent. Communiquons. Communiquons par les instruments qui ont, précisément, affaibli la communication. Voilà le paradoxe où nous sommes jetés.

Il nous indique la voie à suivre : la critique de la communication devient une critique de la technocommunication. Le travail doit passer par un démontage des stratégies de cette technocommunication et des attitudes diverses, contrastées, enchevêtrées et confuses qui sont les nôtres, pour y répondre[1].

1. *Technique et société*

Parlant de technique et de société, la question est de repérer quelles sont les structures qui permettent aux individus et aux groupes d'une société donnée de vivre en bonne intelligence avec les produits de leur industrie. Ou encore, comment l'*Homo faber* s'arrange-t-il pour établir un « plan » ou un dessin général incluant, sous certaines conditions, à la fois nature et artefact ? Quel type de relations installer entre les objets produits (artefacts ou objets techniques) et leur producteur ? Quelle est la place de la technique par rapport aux autres activités humaines ?

De ce rapport, souvent le plus tacite, se soutiennent les sociétés politiques : projet collectif, vision de l'univers, éthique. Place, rôle, fonction, devoir et devenir de l'homme et de la machine sont en jeu, qui cernent le sujet, l'objet (ou les objets), leur qualification et la répartition des tâches au sein du groupe.

1. Voir Alain Cotta, *L'Homme au travail*, Fayard, 1987 ; en particulier son chapitre VII.

Autrement dit, la technique, cette activité qui envahit jusqu'aux plus menus aménagements de la vie quotidienne, est liée à la vision globale, symbolique, des relations homme/monde. Elle en est, si l'on peut dire, l'affleurement visible. Ainsi, par exemple, de la technique spécifique du travail sur bois dans la fabrication des masques : elle condense en un point tout un entrelacs de relations entre hommes et dieux, entre végétal et animal, entre sexes, entre classes, entre métiers : elle reflète ainsi la composition symbolique d'un univers dit « symbolique ». Toute technique spécifique délivre un schéma plus ou moins complexe où, pour une société donnée, se lisent, comme à livre ouvert, les craintes, les désirs, les projets et la hiérarchie des buts poursuivis.

Dans un univers où le schéma du monde est stable, établi par la tradition, qui n'a nul besoin de se réfléchir, mais se transmet sans heurt, la technique ne fait pas l'objet d'un discours autonome. L'activité technique se soutient seulement des recettes dont elle use et qui se transmettent. Ainsi nul discours théorique n'accompagne-t-il la *techné* architecturale en Grèce antique. L'architecture va de soi et ne s'enveloppe pas de justifications particulières. Il suffit que la philosophie et la législation aient dessiné à grands traits la forme de la Cité pour que la *techné* suive ce grand dessein, sans se préoccuper de prendre une quelconque autonomie par rapport aux éléments bien liés de la vie sociale.

Le discours théorique qui soutient la technique ne prend son essor que là où l'interaction entre les éléments sociaux ne se fait plus, où l'éclatement des parties se fait sentir. De même que l'art s'autonomise, que les sciences ne concourent plus nécessairement au bien public, que la rhétorique fait bande à part, la technique, de son côté, se ferme sur ses acquis, et son discours se spécialise, fait corps, se détache des autres niveaux de l'activité. Ce mouvement traduit un état de fragmentation sociale, une société et une politique éclatées, promeut ses propres productions et s'enivre des résultats singuliers que cette spécification entraîne. Cette société éclatée, dans laquelle nous sommes, se met alors en quête d'une identité et la trouve dans un consensus autour d'objets indubitables, autour de résultats objectifs, qui forment un noyau de certitudes, partagé par tous.

C'est alors la technique qui joue le rôle de liaison et offre ses résultats aux croyances. On croit au progrès technique, car il se rend visible et qu'on peut le toucher du doigt[1].

Le terme « technologie », terme moderne, est la marque que la technique joue le rôle d'agrégat pour une société éclatée. Ce terme même désigne le discours *(logos)* technique, aire autonome de réflexion, qui, loin de contribuer à une philosophie du sujet, se confine dans l'étude des objets dont il confirme la légitimité.

Oui, entendez-les tous, les politiques, les hommes de médias, les industriels, ils ne parlent pas des techniques, mais des technologies, voire de *la* technologie, qui n'est pas une simple addition de techniques particulières, mais bel et bien un discours supérieur, qui prétend surplomber la société et mesurer à son aune technique l'efficacité de toutes les activités du monde terrestre, voire d'autres univers habités ou inhabités. Ce changement de vocabulaire de « technique » à « technologie » est capital. Il traduit un changement de statut. Le technique, simple instrument, devient roi et, comme tous les rois, se sert de scribes qui chantent ses louanges, sa puissance, ses bienfaisants rayons. Une parole technique se fait alors entendre et cette parole a le poids des objets qu'elle soutient et auxquels elle permet de se développer. Autour du discours technique, ce sont les autres discours qui font figure de satellites. Ministres, industriels et scribes ne sont plus que les prêtres de la Nouvelle Église.

2. *L'apport de Simondon*

Gilbert Simondon nous est ici d'un précieux secours[2].

Pour lui, l'opposition dressée entre culture et technique, entre homme et machine, est fausse et sans fondement et ne recouvre qu'ignorance ou ressentiment. La culture est déséquilibrée car, tout en reconnaissant certains objets comme l'objet esthétique, elle en refoule d'autres – en particulier les objets techniques – dans leur seule fonction utile. Devant ce refus défensif naît un

1. Voir Philippe Roqueplo, *Penser la technique,* Éd. du Seuil, 1973.
2. *Du mode d'existence des objets techniques,* Aubier-Montaigne, 1969.

technicisme intempérant, idolâtre de la machine, attracteur technocratique vers un pouvoir inconditionnel. « Le désir de puissance consacre la machine comme moyen de suprématie et fait d'elle le philtre moderne. L'homme qui veut dominer ses semblables suscite la machine androïde. Il abdique alors devant elle et lui délègue son humanité[1]. »

Aussi la culture adopte-t-elle deux attitudes simultanées et contradictoires envers les objets techniques, purs assemblages de matières utiles et robots animés d'intentions hostiles.

Pour éviter ces contradictions, il faut redonner à la culture le caractère général qu'elle a perdu, réintroduire en elle la conscience de la nature des machines, de leurs relations mutuelles et de leurs relations avec l'homme et des valeurs impliquées dans ces relations. Simondon appelle alors à la naissance, à côté du psychologue ou du sociologue, du technologue ou mécanologue.

Il tente alors d'appeler l'attention des futurs mécanologues sur trois points essentiels qui vont parcourir son livre.

La différence irréductible entre le vivant et le non-vivant

Il attaque ici la cybernétique (c'est-à-dire la *première* cybernétique, celle de Wiener), dont le postulat initial réside dans l'identité des êtres vivants et des objets techniques autorégulés. Les objets techniques ont tendance à la concrétisation alors que le vivant est concret, sans discussion. « Il ne faut pas confondre la tendance à la concrétisation avec le statut d'existence entièrement concrète[2]. » Il ne faut pas isoler le dernier produit de l'évolution technique. Il est plus concret que ceux qui l'ont précédé, mais il demeure artificiel. « Sans la finalité pensée et réalisée par le vivant, la causalité physique ne pourrait seule produire une concrétisation positive et efficace[3]. » Tous ceux qui – comme on le verra, H. Simon en tête – prétendront rabattre le vivant sur l'artefact, ou espérer transformer l'artefact en vivant, en restent ici pour leurs frais.

1. *Ibid.,* p. 10.
2. *Ibid.,* p. 49.
3. *Ibid.*

La mise en cause de l'identité humaine par la machine

Simondon estime que le malaise dans la situation relative de l'homme et de la machine provient du fait que l'un des rôles techniques, celui de l'*individu,* avait été tenu jusqu'à nos jours par des hommes. N'étant plus *être technique,* l'homme est obligé d'apprendre une nouvelle fonction et de trouver dans l'ensemble technique une place qui ne soit plus celle de l'individu technique. Mais il « a tellement joué le rôle de l'individu technique que la machine devenue individu technique paraît encore être un homme et occuper la place de l'homme, alors que c'est l'homme au contraire qui remplaçait provisoirement la machine avant que de véritables individus techniques aient pu se constituer[1] ». En somme, l'homme jouait à ce point le rôle de machine qu'il s'est mis à croire que les nouvelles machines se sont mises à jouer abusivement le rôle de l'homme. Si chacun des rôles est remis à sa place, la culture technique peut se développer : à l'homme d'entourer la machine aussi bien par le haut que par le bas, de s'occuper de ses éléments aussi bien que de son intégration dans son ensemble fonctionnel, à la machine de jouer le rôle à la fois d'outil et d'instrument, jadis rempli par l'homme. Les deux rôles peuvent alors se compléter comme on peut le voir dans les opérations très centrales de la mémoire : une opération complexe exige l'utilisation des deux formes de mémoire. « La mémoire non vivante, celle de la machine, est utile dans les cas où la fidélité de la conservation des détails l'emporte sur le caractère syncrétique du souvenir intégré dans l'expérience... La mémoire de l'homme est celle qui, à plusieurs années d'intervalle, évoque une situation parce qu'elle évoque les mêmes significations, les mêmes sentiments, les mêmes dangers qu'une autre[2]... » L'une permet une autorégulation d'après des significations valables dans le seul vivant, l'autre fonde une autorégulation qui a un sens dans le monde des êtres non vivants. Ces deux mémoires peuvent être complémentaires et le couplage homme-machine commence à exister à partir du moment où un codage commun aux deux mémoires peut être

1. *Ibid.,* p. 82.
2. *Ibid.,* p. 123.

découvert, afin de réaliser une convertibilité partielle de l'une dans l'autre. Autorégulation, codage : on ne sera pas surpris que Simondon en déduise que « la naissance d'une philosophie technique au niveau des ensembles n'est possible que par l'étude approfondie des régulations, c'est-à-dire de l'information[1] ». Et on saisit ici sur le vif la nécessité pour la technique d'être pensée en terme d'*information* et d'être plaidée en termes de communication. La philosophie communicationnelle des années 1990 n'est jamais que le point d'aboutissement des dispositifs de vente technologiques. L'auteur en appelle alors logiquement à ce « qui est ce qui maintient le souvenir implicite de l'unité[2] », et à la philosophie, sorte d'*« esthétique de l'esthétique[3] »,* pour penser, si l'on a bien compris, l'unité de l'unité.

L'aliénation est ce qui porte atteinte à l'unité

L'aliénation fondamentale réside dans la rupture entre l'ontogenèse de l'objet technique et l'existence de cet objet technique. C'est-à-dire que l'activité technique comporte non seulement l'utilisation de la machine, mais aussi l'attention à son fonctionnement, entretien, réglage, amélioration. « Les objets techniques qui produisent le plus l'aliénation sont aussi ceux qui sont destinés à des utilisateurs ignorants[4]. » Aussi, pour réduire l'aliénation, il faudrait unifier dans l'activité technique l'aspect de travail, de peine, et l'interaction des fonctionnements. L'entreprise, ensemble des objets techniques et des hommes, doit être pensée à partir de sa fonction technique. Or, généralement, la pensée technique n'est pas pensée pour elle-même. Une « zone obscure subsiste entre capital et travail, entre psychologisme et sociologisme[5]... ».

3. *Comment aborder la critique?*

Mais quel est donc le lieu de naissance de la nouvelle religion ? Élément essentiel de la critique : situer le lieu de nais-

1. *Ibid.,* p. 126.
2. *Ibid.,* p. 179.
3. *Ibid.,* p. 216.
4. *Ibid.,* p. 250.
5. *Ibid.,* p. 254.

sance des idéologies et des pratiques. En l'occurrence, ici, « communiquer » est le mode symbolique privilégié des sociétés à « politique éclatée[1] ». Ce mode est propre à un corps social en voie de dispersion, qui trouve son origine dans la société américaine du Nord, sans mémoire, où le *melting-pot* est roi et où l'unification symbolique n'a jamais pu passer par la mémoire symbolique d'une histoire trop récente, mais par le régime des échanges langagiers d'hommes venus d'horizons si divers et contraints *hic et nunc* à vivre ensemble. Pour assurer leur cohésion, les sociétés à mémoire se servent de l'histoire, les sociétés sans mémoire de la communication[2]. Ne nous étonnons pas si la grande majorité des théories de la communication, de la psychothérapie à l'intelligence artificielle, des *mass media studies* à l'auto-organisation, nous vient en droite ligne des États-Unis. Ne nous étonnons pas que, dans les pratiques d'outre-Atlantique, 60 % des emplois soient dits relever du secteur de la communication. Ce n'est pas seulement affaire de technologie, c'est aussi le résultat d'une tradition, où technologie et communication se sont montées ensemble en un couple indissociable, indispensable à la conquête des grands espaces américains et à l'intégration culturelle d'une population composite. La communication est le recours d'une collectivité pauvre en symboles historiques.

Qu'elle s'impose alors dans nos sociétés à mémoire longue, mais qui semblent sans défense face aux fragmentations imposées par la technologie, n'est pas la moindre énigme que j'aurai à résoudre dans ce livre[3].

Remarquons seulement ici l'envahissement de la communication en tous domaines depuis dix ans : dans l'entreprise, où le secteur « relations humaines », qui n'était qu'un élément parmi d'autres, devient prééminent ; le marketing concernait le produit ; aujourd'hui, il travaille l'image de la firme elle-même ; dans les milieux politiques, qui ne jurent que par le marketing politique et l'image de marque, et qui croient désormais qu'une ligne politique sans écho dans les sondages n'est pas comprise ;

1. *L'Enfer et le Paradis, op. cit.*, 2e partie, chap. V.
2. *Ibid.*, 2e partie, chap. IV.
3. Voir 3e partie, chap. III, « La théologie Frankenstein ».

dans la presse elle-même, où les rubriques « communication » fleurissent ; dans l'audiovisuel, objet de toutes convoitises ; dans l'édition, où l'on fabrique des livres semi-industriels, « livres Poilâne », selon le joli mot de Marc Guillaume ; dans la sphère religieuse, qui n'est pas épargnée et veut désormais nous révéler un dieu aimable et présentable ; dans les psychothérapies, qui se veulent « communicatives » ; dans les sciences « exactes » elles-mêmes – physique, biologie – contaminées par le vocable « communication ». Curieuse et forte convergence de ces différents champs. Consensus transnational ou nouvelle religion mondiale ? Qu'importe, il nous faudra trouver les structures communes, ce qui relie *réellement* des attitudes si diverses sous la même bannière communicative.

Autre élément de la critique : tenir compte de deux obligations. La première est de situer les théories et les pratiques de la communication les unes par rapport aux autres. A cette fin, nous aurons recours à ce que nous appellerons des *métaphores constitutives,* ou figures qui dominent une série de théories satellites. Le recours à ces métaphores constitutives nous permet de pointer les différentes caractéristiques des théories regroupées sous le chef d'une caractéristique générale[1]. La seconde obligation est de tenter de rendre compte des positions politiques qui induisent ces théories. Politique entendue au sens large comme vision du rapport entre société et technologie : place respective accordée au sujet et à sa production, accent porté sur l'autonomie de la machine, ou simple utilisation de celle-ci en vue d'un but. Positions existentielles souvent non marquées dans le discours lui-même et qui donnent naissance à des courants de recherche très contrastés. La critique, ici, consiste à mettre à jour nos présupposés « idéologiques », dirions-nous, si nous n'avions crainte de faire bouder ceux qui refusent ce terme. Disons nos présupposés de valeurs et de croyances. Nous tenterons ici d'associer les trois métaphores constitutives à trois visions du monde.

Cette méthode a l'avantage de répondre à l'envahissement général par la communication de toutes les théories et de l'en-

1. Un numéro spécial de la revue *Traverses* va dans ce sens. Voir en particulier l'article de Marc Guillaume, « Téléspectres », in *Traverses,* n° 26, octobre 1982.

semble des pratiques. Dans ce fouillis innommable qui prétend se nommer communication, il convient de repérer ce qui lie entre elles les pratiques d'un ingénieur des Ponts et celles d'un biologiste, d'un linguiste, d'un physicien ou d'un journaliste. Ces pratiques sont liées par des métaphores unifiantes et actives. Mais, plus encore, elles réfèrent à des visions réunifiantes de l'univers qui s'enchevêtrent aujourd'hui en une spirale sans fin.

II. Pour une critique de la communication : trois métaphores, trois visions du monde...

1. *Métaphores...*

Les métaphores sont des îlots d'imaginaire, qui motivent la recherche et créent des zones d'attirance pour les concepts. Elles débordent notions et structures, elles renvoient à un autre tissu de propriétés qui, par accumulation, font voir autre chose que le strict objet qui avait servi de point de départ. Souvent empruntées à des disciplines proches ou lointaines, elles éclairent par réfraction le point dont elles semblent s'écarter[1]. Tout un peuple de métaphores se substitue aux concepts, en relève certains traits et en cache d'autres. Elles tissent un monde de présupposés qui travaillent en sourdine et hantent notre façon de conceptualiser, d'inventer ou de rechercher. Exemple : que l'esprit soit un contenant et les idées des contenus, eux-mêmes contenant des mots qui les expriment, voilà une série liée de métaphores qui ne sont pas étrangères à la métaphore plus générale de la machine. Georges Lakoff et Mark Johnson remarquent que ce sont là métaphores usuelles pour la science cognitive qui s'en sert pour étayer son système : « La métaphore de l'esprit comme ordinateur suscite la métaphore associée du processus mental[2]. »

1. Richard Boyd, « Metaphor and theory change », in *Metaphor and Thought,* ouvrage collectif sous la direction d'Andrew Ortony, Cambridge University Press, 1979, p. 359.

2. « The metaphorical structure of the human conceptual system », in *Perspectives on Cognitive Science,* ouvrage collectif sous la direction de Don Norman,

Cette métaphore permet immédiatement d'enchaîner sur le processus qui caractérise le mental et de se poser la question de savoir s'il est sériel ou parallèle, question qui réduit drastiquement les alternatives et cache d'autres voies possibles. Autre exemple plus facile à comprendre : la mémoire est considérée comme une réserve de stocks. On dit qu'elle est un « container ».

Déjà utilisées par les chercheurs eux-mêmes, ces métaphores ont un effet pédagogique. Mais il faut comprendre un point essentiel : le plus souvent, la métaphore est *constitutive,* c'est-à-dire *fondatrice.* La métaphore est un acte productif au sein même de la science. Le chercheur fait à la fois office d'inventeur de métaphore et office de commentateur de ce qu'il propose. Cette production de la métaphore non seulement affecte le domaine qui emprunte son modèle à une autre science, c'est-à-dire l'objet secondaire de l'analogie, mais éclaire tout autant l'objet premier, celui qui est pris comme référence. Ainsi, prendre l'ordinateur comme métaphore du cerveau humain – comme le fait souvent la psychologie cognitive – permet de comprendre les mécanismes du cerveau, mais aussi, par report, de réaliser des programmes nouveaux et de plus en plus complexes pour l'ordinateur.

On peut, à la suite de Richard Boyd[1], énumérer ces métaphores, issues de la science de l'ordinateur, constitutives de la science cognitive, et faisant d'ailleurs retour sur la science de l'ordinateur.

1. L'idée que la pensée est une sorte de procès d'information et que le cerveau est une sorte d'ordinateur.

2. L'idée que certains procès cognitifs ou moteurs sont préprogrammés.

3. L'idée que certaines informations sont encodées dans un magasin de la mémoire par une sorte d'étiquetage, tandis que d'autres informations sont emmagasinées sous forme d'images.

4. L'idée que les étapes du développement sont produites par la maturation de nouvelles sous-routines préprogrammées, opposées à l'acquisition de routines heuristiques apprises.

Ablex Publishing Corporation, Norwood, New Jersey, 1981, p. 205 ; voir aussi des mêmes auteurs *Les Métaphores,* Éd. de Minuit, 1985.

1. Article cité de Boyd, p. 359 *sq.,* in *Metaphor and Thought, op. cit.*

5. L'idée de procédures qui cherchent et trouvent l'information.

6. L'idée que l'apprentissage est une réponse adaptative d'une machine auto-organisée.

7. L'idée que la conscience est un phénomène de feed-back.

Ces métaphores venues de l'ordinateur révèlent un trait important des théories actuelles de psychologie cognitive : elles sont fondées sur l'analogie entre l'esprit humain et les ordinateurs. C'est là un trait caractéristique de toutes les théories de psychologie cognitive post-béhavioristes[1].

On perçoit bien comment le tour est joué : on voit que l'ordinateur, dans certains de ses *résultats,* imite l'esprit humain. On devine que le processus pourrait n'être pas identique. Mais, de fil en aiguille, on fait « comme si », puis on dit que l'esprit humain pourrait être semblable à un ordinateur. On peut alors aller plus loin (c'est l'étape d'aujourd'hui) et se demander si l'ordinateur ne pourrait pas vraiment fonctionner un jour comme l'esprit humain. On cherche notamment la voie du côté des neuro-computers, dont le *hard* lui-même pourrait être conçu comme assemblages de neurones et le *soft* comme influx électriques interactifs et hiérarchiques entre neurones (neurones mères et neurones filles). A partir de là, boucle finale : on se dit alors que l'esprit humain lui-même fonctionne comme un ordinateur. C'est la métaphore qui permet ce tour de magie. Bravo.

Double action, alors, qui prend la forme d'un bouclage, et que ce mouvement même renforce. La métaphore devient une clef fondamentale pour toute appréhension d'une science naissante, telle que se présente à nous la science de la communication[2].

Aussi bien existe-t-il une coïncidence évidente, et sans doute une convergence structurelle, entre l'usage systématique de métaphores par la science de la communication et le simple fait

1. Sur ce point, voir Neisser, « Computers as tools and as metaphors », in *The Social Impact of Cybernetics,* ouvrage collectif sous la direction de C.R. Deckert, Notre-Dame Ind. University of Notre-Dame Press Miller, 1974; « Towards a third metaphor for psycholinguistics », in *Cognition and the Symbolic Processes,* ouvrage collectif sous la direction de W.B. Weimer and D.S. Palermo Hillsdale N.J. Erlbaum.

2. Sur tous ces points, voir Lucien Sfez, « L'émergence scientifique passe par le symbolique », contribution au colloque de l'institut Piaget de Lisbonne, juin 1985.

que la communication aujourd'hui soit elle-même devenue une *figure symbolique* d'importance qui tend à unifier le corps social éclaté, mais aussi toutes les sciences dispersées, trop spécialisées, à des années-lumière les unes des autres. On rappelle ici que la biologie génétique s'origine dans le modèle de transmission codée d'un message (ADN) ; que la science écologique ou éthologique se nourrit d'images communicationnelles, que les neurosciences empruntent à la connexion (ces échangeurs cérébraux de messages invisibles) leur contenu de référence ; qu'enfin la communication a envahi métaphoriquement l'ensemble des sciences humaines et des pratiques politiques, sociales, culturelles et économiques.

Examinons ici cet envahissement à travers les métaphores qu'emploie la communication. Surtout inscrivons ces métaphores dans les trois attitudes de pensée juxtaposées aujourd'hui. Car les métaphores en elles-mêmes ne sont rien sans les enjeux politiques et métaphysiques qu'elles défendent. Elles aussi, ne l'oublions pas, ne sont que des instruments, démesurément glorifiés par les effets de mode.

2. ... *et visions du monde*

Représenter, ou la machine

Première attitude, la plus classique : devant le constat technologique, on en appelle au discours de la raison ; il y a primat du sujet. L'homme reste fondamentalement libre vis-à-vis de la technique. Il en use, mais ne s'y asservit pas. La préposition *avec* l'emporte[1]. C'est « avec » la technique que l'homme accomplit les tâches qu'il détermine et qu'il reste le maître des activités dont il a pensé le moyen. Il s'agit de la métaphore de la « machine à communiquer » avec le monde : la machine est extérieure à l'homme, et il en use pour maîtriser les forces de la nature. Machine qui est simple outil par quoi l'homme

1. Ces prépositions *avec, dans* et *par* constituent une classification très différente de celle de Don Idhe, dans « Technics and Praxis, a philosophy of technology », in *Boston Studies in the Philosophy of Science,* D. Reidel publishing Company, 1979, t. XXIV.

accomplit une action plus aisément. Cette métaphore ne nous émeut guère. Nous trouvons « naturel » d'utiliser le terme « machine » pour une quelconque instrumentation des moyens « naturels » de transport d'un point à un autre. A la limite, « machine » ne nous semble pas mériter le nom de métaphore. Dire « machine » équivaut à mettre en évidence une caractéristique tout à fait commune d'un ensemble d'éléments fonctionnant en liaison pour atteindre un but ou accomplir une tâche déterminée. Ainsi un téléphone, un télégraphe seraient des machines, au même titre que l'ensemble des opérations de la poste, « machine » dont les rouages s'emboîtent et qui assure la distribution des messages à partir de leur mise en boîte. Mais, pour autant, l'usage du terme « machine » n'est pas neutre. D'une certaine façon, il régit tout un ensemble de notions tissant des relations entre elles, suscitant des images, gérant en sourdine des présupposés. Parler de la communication comme d'un mécanisme entraîne une série de positions, concernant les sujets qui sont censés l'utiliser, tout autant et par retour qu'une certaine idée de ce qu'est une machine. La machine est objet. Le sujet est séparé d'elle. Il l'utilise et la maîtrise. Sauvé, le sujet.

Mais, à être si bien acceptées dans nos vies quotidiennes, la machine et les images satellites qui l'entourent passent inaperçues. Son efficacité est d'autant plus grande qu'elle est moins visible. Au vrai, c'est toute la technique, la technologie, voire la technocratie, qui, au départ, se trouvent agies par cette métaphore.

Comme toute métaphore, elle a son point d'émergence historique, son moment de parfaite adéquation au monde qu'elle exprime : les interprétations qu'elle suscite se multiplient en métaphores secondaires, ou sous-métaphores. On peut dire ici que la « machine » est impérative, dominatrice, toute-puissante. Aussi importe-t-il d'en saisir les caractéristiques et d'en analyser les éléments. Ces traits et ces éléments ont la vie dure; ils persévèrent, nous poursuivent et n'ont pas fini d'investir le champ de technologies plus avancées. La machine domine, même si sa « mutabilité », c'est-à-dire sa capacité d'adaptation, est fonction de la dispersion des éléments qui la caractérisent au départ[1]. Nous trouvons de la machine partout, comme éclats repris d'une métaphore initiale « pleine », telle qu'elle se présentait au XVIIIe siècle[2].

La métaphore de la machine gouverne une série d'images adjacentes qui donnent le ton. « Machine » est connoté à *système, direction, articulation, quantité, mesure, étendue, efficacité, réalité, unités discrètes, contenu, contenant*. La voilà, l'armée de l'ombre, toute cartésienne, dont le mot d'ordre se nomme : Représentation.

Dans le domaine de la communication, quel est le poids de la représentation ? Que signifie représenter ? Il y a ici coïncidence totale des deux théories classiques de la représentation et de la communication. Toutes les deux reposent sur une tripartition. La communication, en effet, pose la distinction émetteur-récepteur et introduit entre eux un canal. La représentation fait appel à un monde objectif et à un représenté, et les relie par un médiateur, tourné d'un côté vers le monde objectif, et, de l'autre, vers le signe qu'il garantit. Résultat : des pouvoirs considérables, exclusifs sont accordés aux médias dans les deux cas. Le récepteur du message ne peut qu'enregistrer la réalité objective transportée par le canal. Le représentant a, tout seul, le pouvoir de garantir l'objectivité. On remarquera aussi la coïncidence des deux schémas classiques de la représentation et de la communication avec un troisième schéma, tripartite encore, celui de la décision, exposé jadis dans *Critique de la décision*[3].

1. Voir Lucien Sfez, *Leçons sur l'égalité,* Presses de la Fondation nationale des sciences politiques, 1984, où la notion d'une mutabilité d'une figure symbolique est explorée (4e partie).
2. Sur la « plénitude » d'une figure symbolique, *ibid.* (introduction et 4e partie).
3. *Op. cit.,* introduction.

Schéma classique de la représentation[1]

Monde objectif	Représentant légal	Signe reçu

Schéma classique de la communication

Émetteur	Média	Récepteur

On va voir que ces éléments ne sont pas sans lien avec l'expression, même si elle rompt avec la notion d'objectivité extérieure.

Exprimer, ou l'organisme

Ici les objets techniques sont notre environnement «naturel» : car nous sommes assujettis à la vision du monde qu'ils induisent. Dans cette organisation où nous sommes partie d'un tout, ce qui compte, c'est de repérer les échanges possibles et d'analyser le rôle des éléments qui forment ce tout que l'on appelle univers. Hasard et nécessité : les règles ne sont pas établies une fois pour toutes, il subsiste des poches aléatoires, et l'identité d'un sujet est à définir ponctuellement. La préposition *dans* l'emporte.

Dans un monde fait d'objets techniques, l'homme doit compter avec l'organisation complexe de hiérarchies qu'il subit. Il est «jeté dans le monde», technique qui devient sa nature. L'idée de maîtrise s'efface pour laisser la place à celle d'adaptation. En utilisant cette préposition «dans», l'homme s'insère dans un autre modèle, celui de l'*organisme,* qui fait état d'une relation interne des parties et du tout. La métaphore de l'organisme commande aux développements d'une écologie universalisante, et nous en trouverons la trace dans nombre de théories de la communication. L'artefact n'est plus ici l'outil, mais l'environnement, à la fois politique, social, économique, biologique, tout autant qu'idéologique, au sein duquel l'homme s'accomplit lui-même, sans pouvoir en dépasser les limites ni en

1. Selon Port-Royal. Voir Lucien Sfez, *L'Enfer et le Paradis, op. cit.,* 1re partie, chap. I. Le meilleur exposé critique de la logique de Port-Royal, nous le devons à Louis Marin, dans *Critique du discours,* Éd. de Minuit, 1975.

refuser la présence. Le *avec* n'est pas exactement chassé. Nous vivons *avec* et *dans* un monde plein de machines, et c'est là, pour nous, comme une nature.

Vision phénoménologique où sujets et objets sont liés. La métaphore de l'*organisme* ne donne la prééminence ni aux uns ni aux autres, mais propose des articulations en niveaux (Bateson, Morin, Atlan) pour rendre compte des différentes modalités d'une coexistence. Niveaux du cerveau, niveaux de la langue, elle-même distinguée en niveaux spécifiques (Searle et Winograd) : un modèle de machine circulaire complexe dont les échanges se font à la ressemblance des échanges langagiers. La communication organique est « intégrée ». L'organisme est une image-force qui appelle notre adhésion, pour peu que nous soyons sensibles à l'unité du monde et à la signification de l'« être au monde ».

Cependant, cette métaphore ne va pas sans faire référence aussi à la première métaphore mécaniste. C'est ainsi que l'on retrouve nombre de « codes », de programmes, des localisations, des appareillages de synapse et de neurones, etc. L'emprise du modèle machine reste forte. Et la référence au monde de la circularité est quelquefois un signe ajouté, une concession à la modernité. Ainsi H. Simon, auteur marqué (et marquant) dans le domaine mécaniste, use-t-il du vocabulaire de la complexité dans son livre sur *La Science des systèmes, science de l'artificiel*[1].

Mots clefs, images-forces de l'organisme : *milieu, niveaux, vivant, perception, forme, organisation, réciprocité, totalité, développement, auto-organisation,* et ce, depuis le XVIIIe siècle romantique, de von Schlegel à Atlan.

Appliquée à la communication, l'expression constitue un indiscutable assouplissement du schéma représentatif. Le média n'est plus ce personnage à part, traducteur du monde objectif pour un récepteur passif. Le média est dans le monde, au même titre que le récepteur, de même que le monde est dans le média et le récepteur. Le média se loge alors dans les interstices minuscules de ce continuum. Il est seulement l'individu connaissant, capable d'énoncés justes, adéquats au monde. Chacun ici est capable d'être son propre média. Chacun est *subjectivement*

1. Éd. de l'Épi, 1974.

objectif dans sa grande activité de mariage avec le monde. Communication démocratique à la portée de tous.

Confondre, ou Frankenstein : le tautisme

Frankenstein est une métaphore, et le «tautisme» est son concept. Métaphore et concept qui correspondent à une troisième attitude : le constat technologique l'emporte. Il régit la vision du monde. Le sujet n'existe que par l'objet technique qui lui assigne ses limites et détermine ses qualités. La technologie est le discours de l'essence. Elle dit le tout sur l'homme et sur son devenir. Ici la préposition *par* l'emporte. *Par* la technique, l'homme peut exister, mais non en dehors du miroir qu'elle lui tend. Qui sait, peut-être s'effacera-t-il comme producteur pour ne plus être qu'un produit, laissant la primauté à la machine intelligente dont il recevra les leçons?

Le troisième modèle métaphorique est celui que nous nommons ici *Frankenstein.* C'est par cette métaphore que se constitue le visage de l'homme. Son double le révèle à lui-même. L'artefact, ici, n'est plus l'outil ou l'environnement, mais un effet qui se veut cause. La machine créée par l'homme devient son propre créateur. Sorte d'adéquation entre le sujet humain et l'objet technique qui fait du premier un doublet du second. L'effort de la science cognitive et de l'intelligence artificielle tend à conforter ce point de vue.

Cette dernière figure, dont le dessin tient encore pour nous de la science-fiction, développe une grande force symbolique. Née au XIXe siècle, dans le cercle étroit des milieux littéraires, elle imprègne aujourd'hui le grand public : c'est la métaphore de Frankenstein, c'est-à-dire de la création, par le Dr Frankenstein, de son double, un autre soi, avec les attributs traditionnels du sujet humain.

Défi prométhéen de la science qui se retourne contre le scientifique lui-même. Espoir et détresse du créateur, mais aussi de la créature à qui l'on prête sentiments et affects. Métaphore appropriée à cette fiction de l'ordinateur doté d'une âme, qui inspire une partie du public, voire des scientifiques qui s'abusent eux-mêmes...

Ce double amical ou terrifiant est à la fois témoin et limite de la puissance humaine. Il en renvoie l'image. Il en est le miroir, mais un miroir actif qui la construit et donc se construit tel qu'il est, simultanément face à lui-même et à son créateur. Tous les paradoxes de l'autoréférence sont bien là. Le producteur est produit et producteur en même temps. Il n'y a ni commencement ni fin. Mais une circularité totale et un enfermement. La main d'Escher se dessinant elle-même fait rêver Barel et Hofstadter. L'imaginaire de Barel[1] reçoit l'empreinte de la métaphore Frankenstein, dérivée de la technologie. Fantasmes paradoxaux des sciences exactes et humaines, producteurs à leur tour sans nul doute d'effets nouveaux, mais tous marqués par les racines technologiques de leurs discours.

Ce vieux rêve du double semble prendre corps à travers la machine à communiquer et l'intelligence artificielle. Nul doute qu'avec cette métaphore une place importante soit réservée aux deux métaphores mécanistes et organicistes. C'est bien toujours d'un instrument que nous nous servons (avec). Mais il nous entoure, semble former avec nous un milieu dans lequel nous évoluons (dans). Le milieu, ici, est animé de nos propres représentations qui interagissent circulairement entre deux constructions tout aussi artificielles : l'intelligence dont on ne sait plus laquelle est modèle pour l'autre. Sujet et objet, producteur et produit sont alors confondus. Perte de la réalité, du sens, de l'identité. Préposition *par.*

Mots clefs et images-forces du modèle Frankenstein : *création, imagination, nouveauté, métamorphose, volonté, vision, autoréférence, simulation,* et ce depuis Mary Shelley jusqu'à Hofstadter, W. Ehrard, Fodor ou Baudrillard.

Appliqué à la communication, ce système aboutit à la confusion totale de l'émetteur et du récepteur. Dans un univers où tout communique, sans qu'on sache l'origine de l'émission, sans qu'on puisse déterminer qui parle, le monde technicien ou nous-mêmes, dans cet univers sans hiérarchies, sinon enchevêtrées, où la base est le sommet, la communication meurt par excès de communication et s'achève en une interminable agonie de spirales. C'est cela que je nomme «tautisme», néologisme qui contracte autisme et tautologie, tout en évoquant la totalité,

1. *La Société du vide,* Éd. du Seuil, 1984.

le totalitarisme. Tautisme que je critique tout au long de ce livre.

3. *Histoire et métaphysique*

Telles sont les trois visions du monde qui s'opposent et s'interpénètrent, portées par des métaphores actives et polyvalentes. Mais si ces métaphores et ces visions ont leurs moments d'émergence historique déterminés, elles n'en constituent pas moins des éléments stables qui résistent à l'histoire et qui, mis en circulation, continuent de vivre. Ainsi la métaphore de la machine n'est-elle pas effacée par l'apparition de la métaphore organiciste et continue-t-elle de vivre dans celle de Frankenstein. On peut observer que ces métaphores composent entre elles, ne se produisent pas à l'état pur et forment une constellation de dessins particuliers qu'il nous faudra décrire au plus près.

En d'autres termes, on y insiste.

Cette distinction d'étapes est, certes, d'origine historique. Elle va de pair avec un raffinement toujours plus grand des objets techniques. Des automates à l'intelligence artificielle, trois siècles de recherche et d'invention ne peuvent être sans effet sur l'idée que nous nous faisons de la technique, sur l'usage que nous en faisons et sur la place que nous lui accordons.

Mais il serait inexact de bloquer sur les trois modes de l'« avec », du « dans » et du « par » une périodisation dont le dernier état serait uniquement le « par ». Nous continuons à penser notre rapport à la technique de ces trois façons, à la fois dans l'ordinaire de nos vies et par la voix des théoriciens de la communication qui mêlent ces trois modalités. Il existe actuellement des théoriciens du « par », du « avec » et du « dans » qui se trouvent quelquefois en opposition, quelquefois en accord. Les positions ne sont pas claires, et il est besoin de l'analyse pour les distinguer : c'est là le rôle de la critique. Il ne s'agit pas de trancher en faveur d'une de ces trois attitudes, mais de les analyser comme sources des opinions qui s'inscrivent ici et là, sous prétexte de scientificité. Repérer ces attitudes, c'est déjà critiquer les discours « pleins » qui accompagnent ces nouveaux objets dotés d'un pouvoir de fascination quasi irrésistible : les machines à communiquer.

La méthode, on le voit, entraîne vers d'autres horizons que ceux de l'école de Francfort, d'Ellul, d'Innis ou de McLuhan, de L. Mumford. Car la politique n'est pas seulement dans les pouvoirs, l'idéologie, la technique, l'organisation sociale et les ruptures géo-historiques. La politique, c'est aussi et surtout nos utopies et nos affects, nos eschatologies et nos visions du monde qui s'affrontent en chacun de nous et dont les luttes partisanes ne sont que des échos assourdis. L'enjeu est de taille : il s'agit, ici, de la fin de la communication. Il s'agit de l'apparition du tautisme, de ses fondements, de son sens et de son avenir.

PREMIÈRE PARTIE

La fin de la communication

Je commence ainsi ce livre par la fin. Car il ne s'agit plus de disserter aujourd'hui sur les avantages et les inconvénients de la communication par les médias, la psychothérapie ou l'ordinateur. Il y a bien des médias, des écoles de psychiatrie et des prêtres de l'ordinateur. Mais c'est par un abus de langage qu'on prétend qu'ils communiquent. La question n'est plus : « Comment mieux communiquer ? », mais : « Comment en est-on arrivé là ? » Car l'issue est surprenante à plus d'un titre. On comprend mal pourquoi la politique traditionnelle de la communication a échoué, elle qui était faite d'équilibres et de compensations. Quel ouragan s'est donc abattu ? Pour le savoir, il nous faut procéder en trois étapes :

- analyser la science traditionnelle de la communication ;
- repérer la naissance du tautisme ;
- et enfin présenter les théories explicatives du cataclysme.

CHAPITRE I

La science traditionnelle de la communication

I. Le tout-communiquer

Qu'entend-on généralement par « communiquer » ?

Je reçois une communication téléphonique. Je passe ou prends une communication. J'établis, je coupe ou trouble des communications. J'ai réussi ou n'ai pas réussi à communiquer mes impressions, idées ou sentiments à mon partenaire, à mon voisin, au public.

Je communique aussi avec l'univers physique par l'intermédiaire de mes sens. Ainsi, je vois et j'écoute, prise l'art contemporain qui me communique frissons ou dégoût, apprécie la nature, cette mer que je vois bleue, ce lac tranquille.

Je peux encore, en certains cas, communiquer avec Dieu ou quelque principe éternel supraterrestre et arriver à l'extase, en communication avec l'absolu. Du moins penserais-je que cela peut arriver... L'amour promet ces communications fusionnelles, aussi bien que les fortes pulsions d'ambition ou de pouvoir. Une manifestation publique peut me mettre en état de communication émotive : un meeting, le discours d'un leader ; je vibre alors avec des milliers d'autres individus.

Bref, je vis au milieu de communications multiples, que je distingue les unes des autres de manière implicite. Car je sais bien, sans qu'il soit besoin de m'en expliquer chaque fois, que la communication scientifique d'un de mes collègues à ce colloque récent n'est pas de la même sorte que celle que je reçois ou que l'on me transmet sur mon répondeur, ni de la même intensité que celle que je pense avoir avec un ami. Un monde les sépare, et pourtant je les réunis toutes sous le terme générique de « communication ».

Les dictionnaires confortent ce point de vue. Qu'il s'agisse du Robert, du Littré, du Gaffiot, les définitions abondent, à la fois voisines et divergentes : commerce, relations, communier (au xe siècle), établir une relation, action de communiquer quelque chose à quelqu'un, la chose qu'on communique, le moyen par lequel on communique (média ou route), faire part, mettre en commun des idées ou des intérêts, jusqu'à l'échange commercial et à une figure de rhétorique par laquelle on demande l'avis des auditeurs... On constate qu'aucune de ces définitions ne coïncide, que chacune relève d'univers différents. Et pourtant, un large consensus entoure ce terme, et l'évidence de sa présence n'a d'égal que la multiplicité des sens qu'il engendre.

A tout le moins peut-on réunir ces différents aspects en disant : « communiquer signifie mettre ou avoir quelque chose en commun », sans préjuger de ce « quelque chose », ni des voies qui servent à la transmission, non plus que des termes (individus, groupes, objets) qui s'activent au partage.

1. *Dissonances apparentes*

Sous cette liaison quotidienne, cette activité constante, se profilent cependant des modes de communication étrangers les uns aux autres, modes qui portent à donner de la communication des définitions aussi dissemblables qu'il se peut.

Car si la liaison entre éléments d'une société humaine est à la fois évidente et irréfutable, les modes de cette liaison varient à l'infini, et, consécutivement, les façons de les approcher par la connaissance. On peut supposer que chaque domaine de connaissance a sa propre définition de la communication, spécifique du champ qu'elle recouvre. Nous pourrions ainsi concevoir la communication comme « contact », comme « énergie », comme « information » ou comme « mémoire ».

Dans cette abondance des objets de communication se constituent des sciences particulières, chacune prônant sa démarche comme celle qui doit dominer (par son importance, par sa largeur de point de vue, par sa rigueur) toutes les autres : ainsi la linguistique a-t-elle longtemps semblé la science qui pouvait le mieux rendre compte des phénomènes de communication, en ce que le langage est un lien irréfutable et évident entre les membres d'une société, un lien «parlant», si l'on peut se permettre ce jeu de mots. Seul le langage pourrait lier. La communication serait avant tout langagière.

Argument d'autant plus fort que l'homme se caractérise parmi les animaux comme animal qui parle. Cet attribut, le langage, est essentiel à la définition humaine. Et comme l'homme vit en groupe, en société, la seule définition plausible que nous en donne Aristote est que cet animal est animal politique, c'est-à-dire parle, échange, communique en groupe.

Mais la biologie, pour autant, ne se prive pas de répondre que ce qui importe c'est la communication génétique et que, sans l'étude des caractères transmis, il n'y aurait pas de communication possible. A son tour, la neurophysiologie fait porter le mérite de toute communication sensorielle sur l'étrange machine qui se situe dans le cerveau avec ses milliards de connexions synaptiques...

On peut étendre la liste des domaines scientifiques qui prétendent avoir le dernier mot en matière de communication, chacun apportant sa pierre à l'édifice et aucun ne se privant d'emprunter largement au domaine voisin.

Notre embarras est grand. Qui pouvons-nous donc croire? La communication elle-même, analysée par ces différentes sciences, peut-elle être définie chaque fois différemment? Ne pourrait-elle tomber sous de grandes catégories qui en limiteraient la diversité incontrôlable?

Autrement dit, on pourrait chercher derrière la diversité des approches, des structures de pensée bien tranchées. Je peux me représenter, par exemple, que la communication entre les éléments d'une société échange des informations de manière atomistique comme le font les neurones, mais je peux aussi imaginer la communication de gènes sur un autre modèle : celui d'une transformation continuelle à laquelle participent tous les éléments, internes ou externes, de mon corps. De même, je puis penser que l'univers physique me lance des messages discontinus, ou bien que mon activité continue de perception entre pour une large part dans la constitution de ce que j'appréhende, c'est-à-dire du monde lui-même.

Il en va de même si je décide que la communication est prioritairement linguistique. Je peux l'énoncer comme un code fait d'éléments discrets, liés par une syntaxe, et chercher une structure que j'appellerai profonde en laissant de côté la parole, ou, à l'inverse, poursuivre dans les « dits » un « dire » qui se fait jour en se renouvelant constamment.

Je peux, en somme, dans chaque domaine, structurer mon analyse à partir d'une liaison stochastique d'éléments extérieurs les uns aux autres, ou renverser la vapeur et penser que nous sommes plongés dans un univers de communication fluide, comme en une sphère dont nous serions des éléments ponctuels, entraînés par un mouvement d'ensemble dont nous participerions.

2. *Deux approches*

Je peux bien, en effet, me servir d'un téléphone ou de l'écriture, de manière ponctuelle, pour faire parvenir un message à quelqu'un, en me considérant comme le terme d'une liaison dont le destinataire est le terminal. Et, analysant alors les conditions optimales de cette activité, répudier les bruits ou les coupures qui interviennent comme des nuisances : « Ne coupez pas, mademoiselle ! », ou : « Il y a de la friture sur la ligne. » Mais je peux, tout autant, considérer la conversation téléphonique comme un ensemble flou dont le bruit fait partie et m'intéresser uniquement au simple fait qu'il y a eu « communication », c'est-à-dire partage d'un état intentionnel qui prime sur le contenu effectif du message.

Ces deux approches concourent à former des pratiques, des gestions ou des politiques de la communication qui ne s'alignent pas l'une sur l'autre et qui requièrent chacune, non seulement une définition de ce qu'est la communication, mais encore une vision du monde, une sorte de philosophie.

Généralement, dans la confusion introduite par le terme « communication », ces deux conceptions fort éloignées l'une de l'autre nous restent invisibles. Elles se déploient à notre insu et nous mènent vers des horizons singuliers sans que nous sachions réellement pour quelles raisons.

3. *Deux métaphores*

De fait, ce que nous savons de nos préférences et ce que nous connaissons de nos pré-jugements prend généralement la forme d'une métaphore privilégiée : nous pensons « machine » ou nous pensons « organisme ». Ces deux objets portent avec eux des caractères constitutifs d'univers bien séparés.

Métaphore, la machine recouvre tout un pan de théories et de pratiques qu'elle résume et à qui elle donne vie. Même chose pour l'« organisme ». Ces deux objets entraînent à leur suite des pré-positions, des attitudes de pensée et d'action, des positions sociales et politiques.

Ainsi, le penser « machine » et son moteur, l'énergie, prédisposent à utiliser la pré-position *avec*. Je suis un être vivant qui se sert de machine, qui « fait avec ». Je me situe comme un être complet, accompagné de quelques instruments utiles, mais qui restent extérieurs à ma définition.

Le penser « organisme », en revanche, utilisant le concept d'information, se situe là où le sujet organique est plongé, au point qu'il ne peut se définir sans son environnement ni son environnement sans lui. C'est une pensée du « dans », préposition qui domine dans la démarche conceptuelle et pratique : je vis *dans* le monde et j'en suis une partie, tandis que je contribue en retour à la constitution de ce monde.

Pour revenir au téléphone, le penser-machine l'utilise comme un des moyens de s'affirmer sujet indépendant devant les autres sujets. Le penser-organisme, lui, suppose qu'il ne pourrait s'affirmer en sujet indépendant des machines qui l'entourent. Ici, le téléphone comme machine est, tout comme le sujet, pris dans un monde où l'instrument et l'homme qui l'utilise se définissent l'un par rapport à l'autre.

La force évocatrice des deux métaphores de la machine et de l'organisme aveugle quelque peu les conceptions dont elles sont les manifestations[1]. Leur rayonnement occulte leur propre nais-

1. Nous savons, depuis les études de ces dernières années sur le procès métaphorique, que celles-ci, loin d'être de simples ornements du discours, à vocation poétique, sont les instruments précieux d'une *poïetique,* d'une fabrication ou d'une constitution du champ du savoir. Utilisées dans le domaine

sance et semble être là de toute éternité, offrant deux horizons parallèles.

4. *Deux conceptions*

Quelles sont les deux conceptions qui travaillent à l'ombre des métaphores ? Que veulent-elles dire ? Et en quoi la communication, ses modes et sa gestion en dépendent-ils, comme de ses sources antagonistes ?

En nous inscrivant uniquement dans la pensée occidentale et dans les théories actuelles, nous pouvons référer ces métaphores à deux conceptions classiques, dont la présence se fait toujours sentir, même si, comme on le verra, leurs auteurs sont le plus souvent refusés, déniés, relégués dans l'oubli ou réfutés avec vigueur. L'une est la conception *représentative,* où la communication se trouve prise, définie, explicitée. L'autre est la conception *expressive,* où un tout autre type de communication est appelé. Je développerai d'abord ces deux conceptions à travers les deux métaphores qui les portent et en manifestent la puissance. J'essaierai ensuite de voir en quoi et comment elles peuvent ensemble et séparément, par un jeu de réparations alternées, donner lieu à des politiques différentes et complémentaires.

C'est ce jeu de corrections réciproques que je nomme « science traditionnelle de la communication ».

La machine, dont le paradigme perdure et a longtemps dominé la scène, se livrera avec l'image évocatrice de la *boule de billard.* Image simple, souvent appelée à expliciter le processus de communication représentative. Avec l'organisme, dont la pensée est plus complexe, l'image de la *Natura naturans* de Spinoza, remise au goût du jour par le Creatura de Bateson, permet d'aborder la difficile question d'une communication expressive.

---

scientifique comme « pédagogie », elles sont tout autant requises pour la formation de théories, dont elles sont le noyau et le moteur. Voir l'article de Boyd, in *Metaphor and Thought, op. cit.,* Cambridge University Press, 1979 ; voir aussi Judith Schlanger, *Les Métaphores de l'organisme,* Vrin, 1972.

II. La boule de billard

Le sens commun assigne à la communication l'espace interindividuel. Deux sujets isolés, ou simplement distants, décident de se mettre en rapport. Ou l'un le décide et l'autre l'accepte. Acte volontaire, fruit d'une décision ponctuelle et qui s'achève dans sa réalisation même. Tout se passe comme si le mécanisme de liaison était simplissime : comme une boule dans un flipper. On introduit la boule dans un circuit (ici nommé «canal»), et elle atteint son but (le récepteur), lequel renvoie la bille, à l'occasion, par le truchement d'intermédiaires. Émetteur, canal, récepteur. Là-dedans, un message.

1. *Premier principe*

Tout est dans la linéarité du mouvement, et l'importance est *la conservation de l'intégrité du mouvement* (du message). C'est le modèle machinique par excellence, dont les éléments se trouvent exposés dans les *Principes* de Descartes[1].

Certes, des interventions extérieures peuvent freiner, détourner et contrarier le mouvement, mais son principe reste inchangé.

Conditions nécessaires de cette ligne parfaite et que le sens commun n'a garde d'oublier. Il y faut deux sujets parlants, ayant un minimum de stock lexical et syntaxique commun, échangeant dans une aire sémantique commune avec l'intention de communiquer. Ainsi du téléphone qu'il faut décrocher des deux côtés.

A ce schéma, très simple, correspond une part de nos activités communicantes quotidiennes, que le langage ordinaire explicite : «Cela ne sert à rien de lui parler. Il ne veut pas entendre.

1. *Les Principes de la philosophie,* Gallimard, coll. «La Pléiade», p. 633 *sq.,* § 37, 39 et 40.

Nous ne parlons pas le même langage. Nous ne sommes pas sur la même longueur d'ondes.»

Des raffinements peuvent être apportés à ce schéma par quelques remarques sur le «commencement» et la «fin» d'une communication : celui qui décroche le combiné, même s'il se tait, a déjà répondu ; il est sur le circuit de la bille. On reconnaît aussi qu'il y a de la perte dans toute communication, en raison de la structure du canal, de la non-transparence des consciences (arrière-pensées) et des spécificités langagières (usure des mots, ésotérisme des jargons ou encore signes adventices qui peuvent nier ou compromettre le contenu du message transmis). Mais le principe de la bonne volonté de la bille (elle veut aller droit au but) n'est pas mis en cause. Seules la malignité des intervenants ou la mauvaise qualité des matériaux peuvent occasionner un bruit parasite.

Ce modèle est stochastique, atomistique, mécaniste. Stochastique, car c'est au coup par coup que se fait la communication, à ce moment-ci et à l'occasion de tel but. Atomistique, car la communication met en présence deux sujets, atomes séparés et insécables. Mécaniste, en raison de la linéarité du schéma de la transmission qui est une machine. La simplicité de ce modèle, que nous avons plus ou moins en tête dans nos pratiques, est garante de sa pérennité. Nous retrouvons ce modèle à toutes les étapes de développement théorique, de la machine à vapeur à l'intelligence artificielle. Les raisons du succès : il est régi par des principes qui sous-tendent notre culture occidentale et qui résistent à toute entreprise d'analyse et de destruction.

2. *Deuxième principe*

L'analyse séquentielle et structurale de l'action. Toute l'opération de communication est analysée en moments distincts, ainsi que les éléments qui la composent. Un sujet A, un canal avec un message, un sujet B. Unités isolées, distinctes, repérées à des moments différents de l'action. Le mouvement de transmission, comme il en est de la boule de billard, est animé continûment. Il conserve sa «quantité» jusqu'à la rencontre d'un obstacle ou d'une contrariété. Quand l'opération est terminée, le mouvement a atteint l'état de repos, mais il aurait pu continuer s'il n'avait pas rencontré l'obstacle, car il n'y a aucune raison qu'un mouvement s'arrête de lui-même[1].

3. *Troisième principe*

Enfin, troisième principe, *l'extériorité et l'atomisation des éléments :* ils ne se compénètrent pas. Le message est distinct de l'émetteur et du récepteur. Les deux sujets sont distincts l'un de l'autre. Les unités qui composent le message sont discrètes. Sinon, on a affaire, non à une communication, mais à un brouhaha en continu. De même, on peut analyser la position de la boule à chaque moment de son parcours. L'analyse isole les parties que l'expérience nous donne en totalité. Et il est bien vrai que, dans l'expérience commune, nous venons à tout moment couper la communication, mais non sans enfreindre les règles de la sociabilité. « Ne m'interromps pas. » « Laisse-moi finir ce que j'ai à dire. » « Ne coupez pas, mademoiselle » : il s'agit là d'exprimer cette volonté de totalité et en même temps d'indiquer qu'à tout moment une décision étrangère peut intervenir pour la rendre nulle.

Ce modèle du sens commun, d'une extrême rusticité, se retrouve dans un certain nombre de théories à des niveaux différents d'élaboration. On peut le repérer dans *la sémiologie structurale et la théorie de l'information.*

4. *Une machine sémiotique*

Comment se présente un message pour qu'il soit recevable (compréhensible) pour le destinataire ? Étant entendu qu'une communication verbale respecte la linéarité mécanique émetteur-messager-récepteur, la question se pose de savoir à quelle condition le message émis peut atteindre son but : discrétion des unités, conditions phonologiques (qui restreignent la liberté du choix des sons émis), conditions lexicales et règles syntaxiques viennent baliser et réduire les possibilités d'émission.

1. Descartes : voir le passage sur les automates, *Discours de la méthode,* Gallimard, coll. « La Pléiade », 5e partie, p. 164.

Entre les unités de sons, les unités lexicales et la proposition ou message, un jeu de règles intervient, qui indique en quelles proportions on peut faire entrer ou non des éléments nouveaux dans une séquence. Autrement dit, dans quelle mesure une série d'unités peut en appeler une autre et quelle probabilité il y a pour qu'elles se situent dans un certain ordre.

Ici interviennent des distinctions entre *univocité* et *plurivocité, codage* et *décodage, connotation* et *dénotation,* enfin la notion de *redondance.* Ces distinctions et définitions sont toutes orientées vers une fin : trouver quelle est la meilleure manière pour qu'un message soit compréhensible pour le récepteur; éviter que trop d'obstacles n'interviennent sur la « ligne », obstacles dus alors uniquement à la mauvaise composition du message.

Connotation et dénotation doivent, dans le langage vernaculaire, se composer entre elles de façon équilibrée. Car si on ne peut formaliser la langue quotidienne, on ne peut pas non plus la poétiser trop. Cet équilibre, si difficile, a cependant sa clef qui est la redondance : pour qu'un message soit audible, il est nécessaire que certains de ses éléments se répètent ou renvoient à d'autres éléments déjà contenus dans le message. D'ailleurs, en dehors de cette redondance « structurale » inhérente à l'utilisation de la langue elle-même, il existe une redondance pratique, surajoutée, qui s'articule au niveau sémantique. Si l'on désire accroître la capacité de compréhension du récepteur et renforcer l'univocité du message, on *répète* soit les mêmes termes, soit des synonymes, soit des paraphrases ou tout autre procédé. « Rendez-vous demain à quatre heures au café de la Gare » peut être suffisant. Mais on peut, pour éviter la polysémie, préciser : « Demain, mardi 20 juin », et pour le café de la Gare préciser encore : « Comme d'habitude », ou : « Au coin des rues X et Y », « En face de l'entrée du métro », « Celui qui a une terrasse[1] ». Plus forte est la redondance à l'intérieur d'un message, plus diminue la possibilité d'interprétation du récepteur. Cependant, si la redondance est maximisée ou atteint un

1. Escarpit donne d'autres exemples de redondance, du chèque au télégramme (voir *Théorie générale de l'information et de la communication,* Hachette, 1980, p. 38).

« désordre » tel qu'il n'y a plus de message du tout, elle devient pur bruit. C'est ainsi que lorsque vous demandez votre chemin dans une ville étrangère, vous êtes sûr de ne rien comprendre si l'on accumule, pour vous renseigner, des détails et des détails de détails. Au bout d'un moment, vous n'enregistrez plus aucun message. Ou encore, quand, à force de répéter le même son, le même mot ou la même phrase, l'effet produit est celui d'un fond sonore dénué de signification. Il y a donc, dans la langue parlée, un point d'équilibre de la redondance que le sens commun utilise à bon escient dans la conversation ordinaire et qui peut évoluer du plus ou moins selon que l'on utilise une langue poétique ou spécialisée.

5. *Le sujet persiste et signe*

Le message doit toujours dire quelque chose. On ne parle pas pour ne rien dire ou pour n'être pas entendu. Bien que ne s'occupant pas de l'état des sujets situés aux deux extrémités de la chaîne, la sémiologie structurale présume que les deux sujets parlent (la même langue) et désirent se communiquer quelque chose. Le structuralisme ne chasse pas autant le sujet que l'on veut bien le dire. Il laisse en filigrane le sujet, avec ses attributs classiques. Le sujet, atome ayant une conscience, domine l'analyse du langage, même s'il reste dans l'ombre et comme en dehors de l'enquête. De la même façon, si la boule est sûre et certaine de se mouvoir, c'est qu'il y a d'abord un dieu qui n'a aucune raison d'arrêter un mouvement qu'il a lui-même produit[1]. La boule de billard se meut à l'ombre de Dieu comme les messages s'échangent à l'ombre de l'Ego.

On voit alors se dessiner la forme de ce modèle « boule de billard » : téléonomique (la communication est orientée vers un but), anthropocentrique, voire anthropomorphique (la communication se comporte comme si elle avait conscience d'en être une, de même que la boule veut être une boule).

Comme production volontaire, cependant, elle n'est qu'un objet extérieur à ceux qui le produisent ou le consomment : c'est une matière, et, comme telle, elle est étendue, occupe un espace,

1. Descartes, *Les Principes de la philosophie, op. cit.,* § 37, 39 et 40.

admet des parties et peut être quantifiée à la condition d'un traitement spécifique.

Ce traitement, c'est la théorie de l'information qui s'en est chargée.

6. *La théorie de l'information*

La scientificité du modèle précédent est renforcée par la théorie de l'information.

Le phénomène pris en considération est réduit : il ne s'agit plus que du message à son niveau technique, c'est-à-dire sans l'intervention d'un quelconque contenu sémantique. On se débarrasse du problème complexe de signification. Restent les deux niveaux inférieurs : phonologie, lexique et syntaxe. La question est de savoir comment coder ces éléments de la langue de façon à pouvoir transmettre sans perte leur « suite » à travers un canal. C'est la pureté du canal qui sera garante de la fidélité du message transmis. Le problème est donc d'abord un problème technique qui se situe sur deux niveaux, et que décrit Weaver. Niveau A : « Avec quelle exactitude les symboles de la communication peuvent-ils être décrits[1] ? » Cela concerne la rigueur du transfert des séries de symboles (langage écrit), ou d'un signal variant de façon continue (transmission de la voix ou de la musique), ou d'un pattern bidimensionnel continu et variable (télévision) : problème important puisque, grâce à sa résolution, nous pouvons mesurer la réussite de la communication. Niveau B : « Avec quelle précision les symboles transmis véhiculent-ils la signification désirée[2] ? »

Le message sans contenu signifiant est réduit à la production d'unités discrètes, en succession. C'est une suite. Pour que cette suite d'unités puisse atteindre l'extrémité de la chaîne sans être déformée, il faut respecter certaines conditions :
– concernant le canal transmetteur ;
– concernant le message lui-même.

Le canal : dans l'analyse sémiologique, le canal était la langue

1. Weaver et Shannon, *Théorie mathématique de la communication*, CEPL, 1975, p. 32.
2. *Ibid.*

elle-même et ses contraintes. Ici, le canal est physiquement repérable et modulable. On s'aperçoit que le canal lui-même peut interférer sur le message : échos et impuretés se mêlent au message, ce qu'on appellera «bruits».

Le message : pour pouvoir circuler dans le canal, le message en langue naturelle doit être traité. Le codage intervient ici comme un système de découpage des unités. Il sera binaire. A l'opération de codage, située à l'entrée du canal, correspond une seconde opération de décodage et de transcription, située à la sortie du canal.

L'information est alors définie par le rapport entre ce qui pourrait être dit et ce qui est dit effectivement. En d'autres termes, elle est la mesure du choix effectué entre les possibles. Cette liberté du choix des mots intervient à chaque moment du message. Les mots se succèdent sur une chaîne. Le message se construit sur la base d'un calcul de probabilités de manière stochastique (au coup par coup), mais dépend aussi de ce qui a été choisi stochastiquement auparavant. C'est ce processus qu'on nomme «markovien».

Mais la probabilité qu'un nom suive un article est plus grande que celle d'un verbe qui suivrait un article. Sur un ensemble suffisamment long, une stabilité statistique des choix ultérieurs se produit (processus ergodique). Ainsi l'information est-elle mesurée de façon *quantitative* par le degré de probabilité qui affecte l'ordre des éléments d'une série. On s'aperçoit alors que, dans un ensemble hautement organisé, le choix est limité et l'information faible; que, dans un ensemble moins organisé, le choix ou le hasard intervient de manière plus importante; que par là l'information, premier degré de la liberté de choix, sera plus élevée : il y aura plus d'informations.

La notion de redondance fut déjà entrevue dans la sémiologie structurale en tant qu'élément de régulation à l'intérieur de la langue. Dans la théorie de l'information, elle va occuper une place centrale. En effet, si la quantité d'informations est mesurée par le degré de probabilité de l'apparition d'un élément dans une suite, on peut prétendre que la redondance (ou répétition d'éléments non nouveaux d'une forte probabilité) va jouer un rôle de frein. Le message informationnel est encombré de redondances, ou contraintes nécessaires, dans une proportion qui atteint par exemple 50 % dans la langue anglaise. La moitié des mots et des lettres est sous le contrôle de la structure statistique du langage, l'autre moitié est libre. Elle peut faire l'objet de choix et révéler une certaine mesure d'incertitude (donc d'information).

7. *Première apparition de l'entropie*

Une des importantes modifications que fait subir la théorie de l'information à la simple analyse structurale de la langue, c'est l'introduction d'une notion empruntée à la thermodynamique. Il s'agit de la notion d'*entropie*. Le destin de cette notion est extraordinaire, si l'on pense qu'elle «informe» toutes les sciences de la nature, de la biologie[1] à la physique, en passant par l'analyse du langage, et va se diffuser jusque dans les sciences humaines, psychanalyse et sociologie incluses. Or c'est, sans doute, par l'intermédiaire des sciences de l'information que son destin s'est ainsi fixé.

Nous avons montré à quel point la théorie de l'information traite le langage comme une matière première à transformer. Ici, le mot «matière» peut être pris au sens de matière physique. Un conglomérat de particules arrangées selon un certain ordre, que le codage réorganise de façon à le rendre capable de s'introduire dans le canal prévu à cet effet. Cette matière a des propriétés, des caractéristiques de structure interne que la machine doit digérer ou avec laquelle elle doit jouer pour obtenir la forme souhaitée. Or la matière peut se présenter de façon différente. Elle peut être organisée de façon simple et ordonnée avec un équilibre constant; elle peut aussi présenter un état de désordre et de complexité maximal. Elle peut encore présenter un état intermédiaire : une sorte de hasard contraint ou de règles admettant une certaine liberté. Ce dernier cas est celui du langage.

Or le second principe de la thermodynamique, qui concerne l'entropie d'un système (ou mesure d'incertitude de l'arrange-

1. Alfred Wallace, contemporain de Darwin, avait déjà eu la révélation que la thermodynamique pouvait être la clef de l'évolution des espèces.

ment des éléments du système physique, degré qui va croissant jusqu'au désordre et signifie par là la dissolution du système), peut s'appliquer à ce système qui est le langage. Nous avons vu, en effet, que la part de l'incertitude dans la transmission d'un message issu d'une source modifie le degré d'information d'un tel message. Il y aurait donc une entropie croissante qui guetterait les informations transmises, au cas où celles-ci ne seraient pas freinées par la redondance. Plus il y a d'informations, plus l'entropie augmente. L'entropie mesure alors, en théorie de l'information, la quantité d'informations émises à partir d'une source.

En revanche, dans un système où à chaque instant la probabilité pour que le terme de la série advienne est égale à 1, il y a certitude, et dans ce cas l'entropie est nulle.

Ces considérations mènent à promouvoir une entropie relative qui, entre le désordre total de l'incertitude et de l'aléatoire et la répétition (redondance) sans information, maintient un degré d'entropie suffisant. C'est ici l'utilité qui règle la pratique. Ce modèle informationnel, qui privilégie à la fois la formalisation, la quantification et la programmatique, a, tout comme le modèle simple de l'analyse structurale, mais avec un degré de respectabilité supérieur, contribué au destin cosmique de la communication. Sa « figure » s'est diffusée dans les sciences de la vie et dans les sciences qualifiées d'humaines. La notion d'entropie et celle de mémoire, le calcul des probabilités inhérent à la formation du message peuvent décrire une série de phénomènes, de la transmission de l'ADN à la pulsion de mort. On peut dire de ces théories, structurales et informationnelles, qu'elles sont elles-mêmes des systèmes de communication, assurant la transcription de leur message sur d'autres supports.

8. *Une première conclusion*

En tant que jeu dont les règles sont ainsi grossièrement tracées, le modèle « boule de billard » informe et génère une grande diversité de variations, mais dans tous les cas de figure, il assure le règne de la théorie représentative. Le message représente l'émetteur auprès du récepteur, à travers des intermédiaires localisés, qui représentent eux-mêmes des agents. Le procès s'offre dans une visibilité quasi totale et maintient écartés les pôles actifs/passifs de la communication. C'est là le principe même de la représentation, qui s'instruit, ici, de la métaphore machinique. On comprend alors la grande influence de la «boule de billard», influence précise et stricte, dans certains cas, ou influence plus large par réfraction ou diffraction, dans d'autres.

Au sens strict d'abord, je rappelle le primat du sujet individuel et atomisé, l'analyse séquentielle et linéaire de l'action, l'extériorité et la fragmentation des éléments entre eux en autant d'unités discrètes, la théorie du procès d'information avec émetteur, canal et message, la distinction du syntaxique et du sémantique, de la connotation et de la dénotation : autant d'éléments constitutifs de la machine dont s'occupera l'intelligence artificielle, de Simon et de Newell à Winograd et aux cognitivistes.

Au sens plus vaste d'une machinologie, les thèmes fameux de la redondance et de l'entropie sont au cœur de la métaphore organistique, comme la persistance d'un sujet aussi téléonomique que la boule de billard se traduit dans la discussion sur l'intentionnalité humaine et sur l'identité (simulée?) de l'homme-machine ou de la machine-homme, qu'on trouve dans la métaphore de Frankenstein.

III. Le Creatura

Dans son dernier ouvrage, écrit un peu avant sa mort, Bateson nous livre un délicieux dialogue d'un papa avec sa petite fille[1]. Les questions de l'enfant fusent, terribles et spontanées. Les réponses de l'adulte sont complexes, mais la complexité, dit-il, est dans la nature. Nous n'avons une vue complexe de la nature que parce qu'elle est elle-même complexe. Être unitaire, c'est l'épouser dans sa complexité. Mais dis, papa, qu'est-ce que l'unité ?

1. *La Nature et la Pensée,* Éd. du Seuil, 1984.

Tout est posé ici dès l'abord. Complexité, nature, simplicité, communication de l'adulte et de l'enfant, communication des deux avec la nature. « Mais Bateson irrigue son territoire par un Rubicon ontologique. Sur l'une des deux rives, le Pleroma, le monde des atomes et de boules de billard. Sur l'autre, le Creatura, le monde de l'organisation vivante et de l'évolution qui, de par leur nature, sont communicationnels[1]. »

C'est le Creatura qui intéresse Bateson, car c'est le Creatura qui est communicationnel.

Machines expressives

La communication a donc projeté autour d'elle des machines destinées à la soutenir, l'améliorer, la contenir.

Peu à peu, ces machines ont envahi la place, de telle sorte que, derrière cet écran, on en oublie ce que communiquer signifie et on ne sait même pas si la communication a jamais eu d'autre contenu que la propriété quasi indéfinie de provoquer la construction des machines. Elles semblent communiquer avec elles-mêmes, se renvoyer les unes aux autres, dans leur matérialité, comme dans les théories qui en accompagnent la construction. Tissu inextricable dont nous avons tenté de rendre – s'il est possible – le dessin plus clair et qui se résume au simple fait que nous devons, pour survivre, échanger « quelque chose » par le biais du langage, au sujet de ce que nous supposons être le monde, notre enveloppe, notre environnement.

Or cette enveloppe que les machines représentatives nous donnent à voir, à l'extérieur, distante de nous et objectivement destructible, ne serait-elle pas un élément de notre propre constitution ? S'il en était ainsi, la spatialisation devrait céder devant un type de réflexion différent.

Constatation banale, mais oubliée, nous sommes *dans* le monde, partie intégrante du système qui nous fait autant que nous le faisons. S'il en est ainsi, nous devons renoncer à poser des objets distincts, en face de nous, avec la prétention de

1. Gilles Coutlee, « La métaphore de la cybernétique chez Bateson », colloque de Cerisy sur E. Morin, juin 1986 ; plus généralement, lire Judith Schlanger, *Les Métaphores de l'organisme, op. cit.*

pouvoir les comprendre, les expliquer, les pénétrer. Nous devons plutôt nous demander comment nous avons l'illusion de les voir comme objets et, parallèlement, nous interroger sur la manière dont nous les produisons alors que nous en sommes des parties... Autrement dit l'environnement, à qui nous attribuons la propriété exclusive d'être en dehors de nous, est, en fait, à l'intérieur. Ces machines, ces théories, ces communications, ces « Autres », c'est nous qui les portons, ils font partie de nous.

Notable différence de point de vue. Formulation nouvelle de notre rapport au monde. Si « communication » est le terme qui désigne ce rapport, il est bien certain que nous devons alors changer les termes, les définitions, les concepts qui en soutenaient, tout à l'heure, l'analyse. Nous ne communiquons pas, d'atomes séparés à atomes séparés, par un canal isolé, mais par des parties égales au tout, lui-même égal aux parties. L'inclusion réciproque remplace le discursif. Le « germe » se substitue au programme en extension. Le représenter cède la place à l'exprimer.

Le point de référence se situe alors bien au-delà des parties mécaniques d'un tout déjà préparé au démontage et au remontage. Spinoza plutôt que Descartes et les pré-socratiques plutôt que leur descendance. Une pensée de la totalité, holistique, préside au mouvement d'idées où s'inscrit la *métaphore de l'organisme*. Contrairement à ce que pourrait révéler une étymologie pointilleuse, « l'organon » – instrument – ne réfère pas à l'outil qu'apparemment il désigne, mais à une totalité systématique. L'organon est à la fois *l'œuvre et l'outil*. Il n'y a pas là disjonction mais implication, voire identité. L'œuvre – le produit – n'est pas distincte de ce qui lui donne naissance. C'est le procès qui seul compte et dans ce procès, toujours inachevé, se mêlent le faire et le fait, le dire et le dit. L'effet, qui par un mouvement retour affecte la cause, ne lui est pas inférieur. Pas de dégradation, ni de perte dans le mouvement comme c'était le cas pour la boule de billard et les machines. L'organisme, à l'encontre, se construit en spirale. A chaque moment, il est tout entier présent à lui-même et enrichit ses variations de ce mouvement même. L'organisme croît, c'est là un aspect de son organisation que d'aucuns appelleront « autoproduction ».

Ainsi l'organisme, par opposition à la machine, ignore la détermination extérieure, l'impulsion qui pousse le mécanisme vers une fin prévue. Absence d'impulsion externe et absence de fin. L'organisme vit par lui-même. Aucune instrumentation possible. Sa finalité est en lui. Ce modèle qui porte la métaphore organique est un modèle logique. Il a une problématique propre. Nous ne faisons plus *avec* des instruments en vue de communiquer. Nous communiquons directement avec le corps entier des hommes et de la nature dans les deux dimensions de la présence (synchronique) et du devenir (diachronique). Dominante préposition du *dans.*

D'où vient donc cette nouvelle disposition ? A quelle philosophie appartient-elle ? Le Creatura ne naît pas de rien, *ex nihilo.* Son référent ? Ce n'est plus Descartes et la machine représentative, mais un jeune loup inquiétant, un dissident : Spinoza.

La dissidence Spinoza

Ici, la représentation échoue dans sa tâche de transmettre le mouvement des causes aux effets. Pour Spinoza, causes et effets ne sont pas éloignés par une cascade de délégations, car les « effets » de la nécessité de Dieu ne sont pas inférieurs dans leurs manifestations à la cause qui les a produits. La cause est immanente aux signes, elle leur est intérieure. Les signes ne sont pas des « icônes », des images représentant les objets donnés dans la nature, simples simulacres ou copies. Non, ces signes sont des objets intellectuels donnant accès au savoir. Ils se montrent, dans leur procès, productifs comme organismes, totalité. Ils *expriment* la nature de leur processus de manière parfaite. Quand Spinoza parle des attributs qui *expriment* la substance, il désigne une identité, non une représentation.

Une idée enveloppe sa cause et, en ce cas, elle est adéquate. Adéquate non pas à la chose extérieure, dont elle rendrait compte (il faut chasser cette pensée de ressemblance externe), mais adéquate en ce qu'elle est produite comme un objet naturel, qu'elle suit le même procès par lequel la nature produit les objets du monde, chacun doté de sa propre cause et essence.

Ainsi les idées expriment-elles la nature et ne la représentent pas. Le monde intellectuel est celui par lequel nous communiquons entre nous, pour peu que nous sachions que nos idées ont en commun d'appartenir à Dieu (ou à la nature), non comme des parties séparées et mutilées de son Être-Nature, mais comme expression totale de sa totalité.

L'apparition de ces termes, « expression », « exprimer », et par suite « machines expressives », doit donc s'entendre en ce sens, spinoziste. Bien sûr, on ne peut ignorer que le mot « expression » a, généralement, des connotations psychologiques et que son emploi est ambigu. « Ce visage est expressif, inexpressif. » On dira « exprimer des sentiments », « il s'exprime avec aisance », etc. Exprimer ici renvoie à un arrière-plan, que l'action de parler, de sourire fait venir à la surface. Cette acception commune n'a certes pas la rigueur ni la teneur que nous trouvons dans *L'Éthique.* Elle réside cependant dans une aire sémantique qui n'en est pas trop éloignée. Elle marque la différence existant entre une représentation et une expression.

Ce qu'elle manque, en revanche, c'est à préciser qu'il ne s'agit pas de l'expression d'un sujet individuel avec ses humeurs, qu'elle ne renvoie pas à l'image du sujet derrière le miroir, et qu'elle instaure un rapport d'immanence entre cause et effet. Or, sans jamais faire référence explicite à la philosophie de Spinoza, c'est bien sur les principes de l'expression, par opposition à ceux de la représentation, que les théoriciens de la communication organique s'appuieront. Essayons de marquer clairement ces articulations et points d'appui. Il y a là, non seulement une « autre » manière de s'occuper de la communication, une sorte de complément aux théories existantes, mais un véritable changement de régime.

1. A commencer par un changement de *régime sensoriel.* Avec la représentation, nous étions dans le registre du visible. L'image occupe la première place, et la machine est conçue selon l'iconique. Avec l'expression, nous voici du côté de l'audible : il ne peut y avoir d'expression audiovisuelle de l'autoréférence, de ce qui s'enveloppe soi-même : Escher, abondamment cité, n'offre qu'une traduction visuelle de l'état circulaire d'une communication organique. Sur le versant « organisme »,

qui est celui de l'expression, nous trouverons le bruit comme organisant l'ordre, puis la complexité. La visibilité ne dépend pas de l'image formée que nous percevrions, mais du simple choc de l'onde lumineuse, abstraite de toute forme définie. C'est l'organisme qui achève la nature, comme il en était, pour Aristote, de l'art. Ce changement de régime de l'œil à l'oreille est lourd de conséquences : l'oreille perçoit le bruit du corps et des organes du dedans, si l'on peut dire. Je perçois *ma* voix sans recours à un instrument pour la capter. Ce que je ne peux faire avec le regard. Je ne peux me voir qu'à l'aide d'un objet réfléchissant : miroir, eau sombre, reflet... La différence n'est pas minime, car l'ouïe instaure un rapport au temps qui est de l'ordre de la simultanéité, et non de la séquence. Passage de l'image claire et distincte à l'écoute flottante.

2. Le temps se *replie*. Il devient circulaire. Il n'y a plus de déroulement linéaire. Pas de commencement (l'expédition de la boule de billard) ni de fin (la réception à l'extérieur). De fait, l'organisme, cette totalité centrée sur elle-même, ne peut être instrumentalisé pour des fins extérieures. Tout comme les objets naturels, il poursuit sa propre finalité qui est de survivre, de croître « aussi loin qu'il est en son pouvoir de s'étendre[1] ».

3. Le vouloir ici est identique au pouvoir. Ce n'est pas une qualité extrinsèque, un « acte » de maîtrise du sujet *sur* un mécanisme, mais un développement dont le germe est interne. En place et lieu d'un sujet qui peut parce qu'il veut, nous avons un organisme qui est supposé vouloir uniquement parce qu'il *peut*. En place de l'*impetus* cartésien, le *conatus* spinoziste. Si sujet il y a, c'est un élément qui traduit le tout, plié au-dedans de la structure organique totale. Il participe au tout et communique avec le tout, à condition de bien se situer dans ce tout, d'énoncer ce qui peut favoriser les bonnes rencontres, en évitant les mauvaises, et ce, par un amour intellectuel de Dieu.

4. Ce que la partie a de commun avec le tout est ce par quoi elle *communique*[2]. Il y a analogie de structure entre son organisme propre et le grand animal qu'est le cosmos. D'où l'adéquation de nos idées non pas à un objet sectoriel, mais aux

1. Spinoza, *L'Éthique,* II, 49.
2. *Ibid.,* Prop. 38.

liaisons et aux compositions par quoi nous entrons en contact avec d'autres individus et avec le corps du monde : « L'ordre et la connexion *[ordo et connexio]* des idées sont les mêmes que l'ordre et la connexion des choses[1]. »

5. Ainsi posée, c'est toute la réflexion organiciste qui se met en place : la « réalité » que la représentation met en face de l'homme comme un objet est ici « construite » dans le rapport interne des idées entre elles (connexion). Auscultons l'organisme, il donnera le monde, la « réalité de la réalité » comme aussi bien la « complexité » et l'« autoréférence ». La réalité extérieure au sujet a disparu ici : lui est substitué un individu capable de favoriser ses bonnes rencontres avec le monde.

Ces changements de régime sensoriel (l'oreille), cette perception d'un temps replié, circulaire, ce pouvoir identique au vouloir d'un individu en autodéveloppement, cette analogie de structure entre l'organisme partiel et l'organisme total, cette vision autoréférente de la réalité ont, sur les deux plans de la pratique et de la théorie de la communication, des conséquences non négligeables. Indiquons-en les principales, nous y reviendrons par la suite plus en détail.

A. DE LA LIGNE AU CERCLE

Le simple, comme dit Bateson, c'est l'entier, ce qui n'est pas composé de deux parties extérieures les unes aux autres. Ce qui ne fait qu'un : une totalité. Il aurait pu alors parler des monades leibniziennes ou de l'expression spinoziste. Mais il était américain et il parlait à sa petite fille. Deux bonnes raisons pour ne pas référer à la pensée philosophique classique.

De fait, sans ironiser, la métaphore de l'organisme est plus difficile à appréhender que la linéarité mécaniste, dont nous utilisons quotidiennement les schémas. L'« expression » est un type de conception auquel nous faisons appel dans des questions que nous ne savons comment éclaircir et garde quelque mystère, en dépit des efforts de ses partisans. L'expression est requise communément, quand la simple information toute

1. *Ibid.,* Prop. 7.

sèche n'a pas suffi. Ou encore, elle couvre des sentiments mêlés, quelque peu indicibles. On la confond souvent avec le sentiment. Ainsi d'une œuvre d'art. Elle est expressive, dit-on. (De qui, de quoi, on ne sait trop.) Sur le plan philosophique, l'expression est une voie particulièrement malaisée à saisir, à analyser, à faire connaître. Le simple, c'est-à-dire le Tout, est autrement moins simple pour l'esprit que le composé... Car il se donne sans intermédiaire, et, en lui, la cause et l'effet ne font qu'un. Aussi faut-il entrer dedans, y résider pour le comprendre, et à son tour l'exprimer, c'est-à-dire s'y rendre égal.

Quelles sortes de difficultés offre donc cette pensée d'une *Natura naturans* ou d'un Creatura, en qui le tout n'est pas différent des parties et où ce qui «cause» est cause de soi, c'est-à-dire déploie son expression de façon inhérente?

Gardons pour l'instant Bateson comme guide dans l'univers complexe d'une communication organique. Plusieurs notions sont essentielles pour entrer en Creatura : monisme, circularité, interaction.

1. *Le monisme*

Nous assistons à une attaque en règle du dualisme attribué à Platon, des dichotomies corps/esprit, substance/forme. Bateson accuse ses collègues d'avoir poursuivi la mauvaise œuvre de Platon, les lois de la conservation de l'énergie et de la matière se référant plutôt à la substance qu'à la forme, «tandis que les processus mentaux, les idées, la communication, l'organisation, la différenciation, le modèle et ainsi de suite relèvent plutôt de la forme que de la substance[1]». L'auteur oppose joliment au dualisme «l'unité sacrée de la biosphère[2]». Comment la démonte-t-il? Il traite de la structure qui relie ou de la structure des structures. Car enfin, comment le monde des logiciens, des érudits et des philosophes «qui évitent le raisonnement circulaire peut-il se rapporter à un monde où les chaînes de causalité circulaire sont la règle plutôt que l'exception[3]»? Structure

1. *Vers une écologie de l'esprit,* Éd. du Seuil, 1977, t. I, p. 21.
2. *La Nature et la Pensée, op. cit.,* p. 28.
3. *Ibid.,* p. 29.

des structures et contexte constituent la seule réponse possible. Qu'est-ce à dire ?

La pensée humaine est une histoire et fait partie d'une histoire. Ce qui est pertinent dans une pensée, c'est ce qui se rapporte à la même histoire. Tout comme ce qui est pertinent dans la nature. En quoi consiste une histoire qui relie ses éléments constitutifs ? Elle consiste en son contexte qui est structure dans le temps[1]. Mais alors, qu'est-ce qu'un contexte ? Bateson prend l'exemple de la trompe d'éléphant. Qu'est-ce qu'une trompe d'éléphant ? La réponse est : « C'est son nez. » C'est un nez par processus de communication. C'est le contexte de la trompe qui l'identifie à un nez, puisqu'elle est située entre les yeux et au-dessus de la bouche. Poser la structure qui relie, c'est dire que toute communication nécessite un contexte, que sans contexte il n'y a pas de sens et que les contextes n'ont de sens que parce qu'ils s'insèrent eux-mêmes dans une classification des contextes, formant de nouveaux contextes. Et la formation par un contexte apparaît enfin pour ce qu'elle est : une grammaire. Nouvelle grammaire de la communication, sans rapport avec l'ancienne, analytique, substantialiste, diviseuse. « Je reste fidèle à l'hypothèse que notre perte du sens de l'unité a été tout simplement une erreur épistémologique[2]. »

Cette défense et cette illustration du monisme sont le fondement même et ultime du principe universel de circularité.

2. *La circularité*

La circularité des éléments et la différenciation des niveaux, en un mot la complexité, sont reprises de la vision écosystémique et cybernétique, mais avec une insistance sur le développement des sociétés et des personnes, car, ce qui importe à Bateson et à ses amis, c'est le changement, sa juste description et les voies de sa création volontaire.

On nous dit que le processus mental, comme tout processus naturel, requiert des chaînes de déterminations circulaires.

1. *Ibid.*, p. 23 *sq.*
2. *Ibid.*, p. 27.

Référence ici à Wiener et à la machine à régulateur marquée par un système de flèches dont le sens peut s'inverser. Relation entre cette machine et les anciennes recherches de Bateson en Nouvelle-Guinée, où il notait deux types d'échanges symétriques et complémentaires, à escalade progressive, nommés « schismogenèse ». Dans les années trente, Bateson avait l'intuition de ces escalades, mais ne soupçonnait pas l'existence de circuits de causalité à maillons négatifs, donc autocorrecteurs.

Mais la conscience de l'autorégulation n'éclaircit pas tout. Encore fallut-il que Maxwell intervînt en *changeant de niveau logique :* les ingénieurs avaient construit une machine à régulateur... qui ne marchait pas. Parfois, elle s'emballait. Parfois, elle s'arrêtait. Parfois elle oscillait.

Maxwell refit tous les calculs et comprit que l'ensemble des équations ne résolvait pas la question. Il dépassa alors le problème en prenant en considération une variable nouvelle : le *temps*[1]. L'important est de comprendre ici le changement de niveaux logiques : « La question que les ingénieurs posaient à Clark Maxwell concernait le circuit en tant que tout : comment faut-il le concevoir pour parvenir à un état stable ? Eux attendaient une réponse en termes de relations entre des variables prises isolément. Or ce qu'il fallait et ce que Maxwell a fourni, c'était une réponse en termes de constantes temporelles affectant le circuit tout entier. Telle était la rupture entre ces deux niveaux de discours[2]. »

Avec la notion de circularité, on renonce au modèle énergétique qui tend toujours à l'entropie. Point énergiquement affirmé à chaque instant par tous les tenants de l'école. « On a souvent tendance, dans la prose explicative, à invoquer des quantités de tension d'énergie – que sais-je encore – pour expliquer la genèse d'une structure. Je suis convaincu que de telles explications sont inadéquates ou erronées : du point de vue de l'agent qui produit un changement quantitatif, tout changement de structure qui peut se produire sera un événement imprévi-

1. Je n'explicite pas plus avant cet exemple bien connu et décrit par tous, de Bateson à Prigogine, en passant par tous les ouvrages de philosophie des sciences.

2. *La Nature et la Pensée, op. cit.,* p. 115.

sible, ne se situant pas dans son prolongement[1].» L'enjeu est clairement posé : continuité reproductive ou discontinuité aléatoire.

Or, s'il s'agit de changement, il faut déclarer la guerre à l'énergie : l'énergie supporte deux définitions : l'une qui pose l'énergie comme *substance* relevant du même ordre que la matière : «Or la différence n'est justement pas une substance[2].» L'autre qui donne à l'énergie une dimension : masse/vitesse au carré. Or la différence est sans dimension, elle n'est jamais quantitative mais qualitative. Zéro est différent de un, ne contient pas d'énergie et produit des effets; de l'amibe sans nourriture et partant à sa recherche à la plante en croissance en quête de lumière, «les événements qui ne sont pas sont différents de ceux qui auraient pu être, et les événements qui ne sont pas ne véhiculent sûrement pas de l'énergie[3]».

Le changement, ou différence, est un changement de niveau d'information, un recadrage, c'est-à-dire la création d'un contexte. La réalité n'est pas une mais deux, trois ou davantage. La réalité de la réalité, comme dit Watzlawick dans le titre d'un livre[4]. C'est par l'analogique que se constitue le contexte et par lui qu'on accède à la création d'un nouveau contexte. Il est clair que le digital n'est pas l'analogique, ou, pour reprendre l'expression de Korzybski, que la carte n'est pas le territoire. Nommer, cartographier, coder est digital. Or les choses sont toujours en interaction globale, dans le temps. La distinction entre la carte (ou code) et le territoire est elle-même digitale et ne s'effectue que dans l'hémisphère gauche du cerveau. L'hémisphère droit, symbolique, affectif, analogique, ne comprend pas cette distinction. Du coup, «la bannière étoilée est les États-Unis. Et si on la foule aux pieds, la réaction peut être la rage[5]», alors que l'hémisphère gauche, pratiquant la distinction entre le drapeau et le pays, reste «calme».

1. *Ibid.,* p. 61.
2. *Ibid.,* p. 106.
3. *Ibid.,* p. 107.
4. *La Réalité de la réalité,* Paris, Éd. du Seuil, 1978.
5. *La Nature et la Pensée, op. cit.,* p. 37.

3. *L'interaction*

La notion de circularité ainsi posée conduit à celle d'interaction généralisée de l'observé et de l'observateur. L'interaction devient elle-même système. Tous les thèmes habituels du systémisme dans sa métaphore organique sont repris ici : sous-systèmes, milieux, communications verticales et horizontales entre les éléments, totalité, non-sommativité, exclusion des relations unilatérales entre les éléments, rétroaction, équifinalité, homéostasie, etc.[1].

Mais déjà une originalité pointe chez Bateson : l'interaction se définit par un échange entre sous-systèmes, échange d'informations caractérisées par une différence. L'information, c'est une différence produisant de la différence. Reprenant les concepts de Shannon, il les transpose au monde vivant : l'information, qui est elle-même différence chez Shannon, produit en *dynamique* de la différence chez Bateson. « L'information consiste en des différences qui font une différence[2]. » Information capitale, car l'interaction elle-même « entre les parties d'un esprit est déclenchée par la différence[3] » Voilà exactement ce que j'écrivais, dès 1973, en qualifiant le processus de surcode : « surcode », échange de rationalités entre sous-systèmes, et dont les opérations de traduction suscitent bruits, mutilations, torsions entraînant des changements dans les processus de décision[4].

Surtout, comprenons bien ici la différence entre le systémisme classique et Bateson : le système interactif des classiques est vu comme procédé de description. L'interaction batesonienne est vue comme processus de changement à construire. Palo Alto est volontariste. Il ne s'agit plus de décrire, mais d'agir. Et l'on sait d'ailleurs – encore un trait de circularité – que la description n'est pas neutre ou innocente, mais qu'elle

1. Voir Watzlawick *et alii, Une logique de la communication,* Éd. du Seuil, 1979, p. 118 *sq.*
2. *La Nature et la Pensée, op. cit.,* p. 105.
3. *Ibid.,* p. 100.
4. Lucien Sfez, *Critique de la décision,* Presses de la Fondation nationale des sciences politiques, 1973, 3e éd., 1981, 3e partie, chap. II.

entraîne toujours une différence, qu'elle est elle-même action. Nous comprenons ici déjà l'importance du pragmatisme dans cette vision.

B. LA RUPTURE DE VON FOERSTER

Il sera difficile de cerner les positions des cybernéticiens et de leurs successeurs dans une esquisse simple, ou de les situer dans une continuité sans faille. Tout au contraire, l'analyse séquentielle a peu de prise ici, et une vision claire d'un ensemble est pratiquement impossible. C'est là une grande richesse, certes, mais difficilement gérable.

Double face ou « pont » entre représentation et expression en vertu desquels les « grands hommes » de la communication – versant cybernétique – vont adopter des positions contrastées, changeantes, au cours de leurs recherches. Mouvement brownien qui incite à des analyses biographiques, tant le rapport des hommes à la théorie est complexe[1].

1. *Les deux... et plusieurs cybernétiques*

Déjà, à sa naissance, la première cybernétique proposait deux lectures : une lecture selon la représentation et une lecture selon l'expression. Le choc cybernétique a ceci de « moderne » qu'il les rassemble toutes deux en donnant possibilité à l'une comme à l'autre, soit de se développer de manière autonome sur des bases théoriques renouvelées (et ce sera le développement de l'*intelligence artificielle*), soit de les mêler en un autre système, composite (et ce sera la part dévolue au BCL ou Biological Computer Laboratory).

Historiquement, le coup d'envoi se situe en 1943, avec l'article « Behaviour, purpose and teleology », de Wiener, Rosenblueth et Bigelow[2], suivi de peu par celui de McCulloch et Pitt :

1. Ce n'est pas un hasard ni l'amour de la psychologie qui poussent le CREA, dans son cahier *Histoires de cybernétique,* à rapporter les vies de McCulloch et de W. Pitt. Cf. P. Levy, « Brèves indications sur les vies de McCulloch et de W. Pitt » et « L'œuvre de McCulloch », CREA, cahier n° 7, novembre 1985.
2. In *Philosophy of Sciences,* t. X, n° 1, janvier 1943.

« A logical calculus of the ideas immanent in nervous activity[1] ». Les deux articles annoncent sans ambiguïté possible, semblerait-il, la voie d'un solide réductionnisme : le premier en proposant d'étudier les mécanismes capables de reconstruire les comportements finalisés des hommes ; nous sommes alors dans la recherche d'un « état stable » auquel participent des systèmes possédant une capacité de rétroaction ou de rééquilibrage après une perturbation externe (l'homéostat d'Ashby).

C'est là une intention qui, à son origine, est double : « Construire des mécanismes, mais qui rendent compte de comportements du vivant, reconnaître la spécificité des systèmes biologiques et de comportements communicationnels, mais en faire une théorie qui permette de les reconstruire artificiellement[2]. » On travaillera alors sur des systèmes artificiels nettement distincts des systèmes vivants ; l'humanisme reste à l'horizon de la recherche.

Le second, celui de McCulloch et Pitt, se propose de montrer qu'un réseau de neurones formels peut calculer des fonctions logiques. Or si Wiener introduit du finalisme *(purpose)* dans son béhaviorisme, rétablissant par là même un niveau qui déborde largement les calculs de comportements, McCulloch, lui, chasse l'intention et le sujet pour réduire les activités de l'esprit à celles d'un calcul logique, sans se préoccuper autrement des sujets concrets. Il se veut « mécaniste et béhavioriste intransigeant ». Ce faisant, il met en place deux machines : une machine logique et une machine biologique ; ces deux types se pliant en dernière analyse au calcul logique, substrat et base de toute entreprise de l'esprit. Car les représentations mentales, tout comme les comportements, ont le même processus logique, celui des réseaux et de leurs connexions neuronales.

Deux fondations, donc, et une infinité de voies possibles à partir d'elles. Paradoxe déjà esquissé à ce niveau : le plus béhavioriste des projets est « finalisé » et peu réducteur (la réduction est seulement locale, l'horizon reste le vivant dans sa complexité) ; c'est celui de Wiener. Il donnera naissance malgré

1. In *Bulletin Mathematical Biophysics,* n° 5, 1943.
2. Pierre Livet, « Cybernétique, auto-organisation et néo-connexionnisme », in *Généalogie de l'auto-organisation,* cahier du CREA n° 8, p. 110 *sq.*

tout au réductionnisme avec les générations d'intelligence artificielle.

Celui qui est le plus large et le plus riche au point de vue de la complexité, celui de McCulloch, se veut cependant réductionniste à l'extrême, puisqu'il entend rapporter toute activité de l'esprit (et non pas seulement le cerveau) à un calcul logique.

En somme se séparent dans une première fracture deux types de travaux : *les uns* qui se borneront à construire des comportements artificiels, analogues et seulement analogues à ceux qu'on peut observer chez le vivant. Ils supposent que l'ordinateur est capable de se charger de cette reduplication, et visent la fonctionnalité et l'efficience. (Refus alors de prendre la biologie en considération. C'est le cas du *general problem solver* de l'IA[1], qui est chargé d'atteindre des résultats semblables à ceux de l'intelligence naturelle sans que son *hardware* ait quelque chose de commun avec les réseaux neuronaux du cerveau.) *Les autres* pour qui l'intelligence artificielle se rapproche de plus en plus de la position neurophysiologique et, dans leurs derniers essais néo-connexionnistes, embrassent la position de McCulloch.

Enfin avec le néo-connexionnisme, mixte de physicalisme et de biologisme..., fractures et éclats se résorbent, et on retourne aux fondations, non sans quelques entorses aux principes[2].

Les recherches en intelligence artificielle participent du premier mouvement. Ce seront les mises au point des systèmes experts, avec leurs représentations de règles. Le versant « boule de billard » fonctionne ici de manière impeccable, tant qu'il n'est pas tenté par son autre : le Creatura. Quand il veut cependant « exprimer » ce qui n'est pas de son ressort, l'aventure devient dangereuse et frise le totalitarisme. La seconde voie, plus complexe, et qui nous retiendra ici, ce sera celle qu'invente von Foerster et qui va donner naissance à la cybernétique de second ordre et par là au mouvement de l'auto-organisation.

Déployée autour de la métaphore du Creatura, l'auto-organi-

1. IA : intelligence artificielle, pour le lecteur non averti des mots clefs de la tribu.

2. Sur ces retournements et zigzags, nous renvoyons aux deux cahiers déjà cités du CREA, où I. Stengers, J.-P. Dupuy et P. Livet sont à la fois bien informés et aigus. Notre problème, ici, étant moins de suivre la généalogie que d'entrevoir les aspects « tautistiques » de tout ce mouvement.

sation va rassembler des chercheurs plutôt que des ingénieurs, construira sa propre philosophie à partir de contributions diverses, de champs scientifiques nombreux et présentera un éventail de recherches assez large pour que l'on puisse se poser la question de l'identité de la notion d'auto-organisation elle-même[1]...

Cette identité se réclame, cependant, de plusieurs traits caractéristiques : la contestation d'une réalité qui serait « donnée » sans l'intervention des processus de construction de l'observateur, l'implication de l'observateur dans ce qu'il observe (toutes choses non nouvelles, mais fortement accentuées ici) et surtout la méthode dite « épistémologie expérimentale » où l'expérience pratiquée est celle de ce que nous pourrions appeler des « textes » ou des logiques formelles, sans souci de réalisation proprement dite.

Mais cette exclusion du monde des réalités, ce retour sur soi, s'arme de modèles si divers que la tentation de l'autisme – qui, avec un certain solipsisme, est toujours à la limite de l'expérience auto-organisationnelle – est la plupart du temps évitée... non sans coups de freins de dernière minute, retournements ou « prestidigitation », ou encore dénégations et justifications.

En ce domaine, la palme reviendrait à celui qui fut le secrétaire des premières réunions de cybernéticiens et qui, par la suite, représenta le « nœud » auto-organisationnel dans sa complexité et sa pluralité : Heinz von Foerster. Ce lien avec la première cybernétique reste visible et donne une allure fort ambiguë à ses publications. Le constructivisme formel, la boucle communicationnelle, l'usage de modèles théoriques (c'est-à-dire que l'on « contemple » dans un survol à distance) s'enracinent encore dans l'analyse de comportements à la Wiener et trouvent des justifications dans le calcul logique à la McCulloch pour qui, en effet, le sujet, sa réalité s'absentent.

1. Diversité qui inquiète fort les historiens des sciences, habitués à plus de cohérence de la part des scientifiques dans le champ qui leur est propre (voir I. Stengers et P. Livet dans le cahier du CREA précédemment cité), mais qui n'étonne que modérément les historiens des idées sociales ou politiques. En effet, ce trait : la pluralité des tendances sous une même appellation rapprocherait la démarche auto-organisationnelle du modèle littéraire ou philosophique, trait qui en accuse la modernité et montre la voie de rapprochement interne entre science et philosophie. Ce que ne désavouerait certes pas un von Foerster.

Dans sa « Note pour une épistémologie des objets vivants[1] », von Foerster nous livre les clefs de son système. Deux définitions de la communication nous cueillent aux entrées multiples de sa forteresse. « La communication est l'interprétation, faite par un observateur, de l'interaction de deux organismes 1, 2. » Plus encore : « La communication est une représentation (interne) d'une relation entre soi (une représentation interne de soi) et un autre », donc « rien n'est (ne peut être) communiqué », puisque aussi bien tout dépend du seul observateur et que « l'activité nerveuse d'un organisme ne peut être partagée par un autre organisme[2] ». La réalité dépendant de ma propre construction, « un formalisme nécessaire suffisant pour une théorie de la communication ne doit pas contenir des symboles primaires représentant des *communicabilia* (symboles, mots, messages), etc. ». L'idée d'une réalité objective avait conduit à un langage dénotatif pour la décrire ; cette réalité-là s'effondrant dans la perception subjective de chaque observateur, le seul langage adéquat pour les échanges serait un langage connotatif. Paradoxe insoutenable et sur lequel pourtant nous fondons nos actions : il est tout à la fois nécessaire de communiquer pour comprendre les organismes vivants, leurs interactions, et pour agir sur eux, et impossible de communiquer, puisque tout dépend de notre subjectivité. Reste une mince ligne de crête : le langage connotatif imagé, approximatif, analogique par lequel nous échappons au solipsisme en créant entre nous, observateurs, une communauté d'observations.

Nous voici d'emblée encombrés par le paradoxe de toute communication. Paradoxe que von Foerster aime à mettre en évidence avec Wittgenstein nous demandant : « Qu'est-ce qu'une question ? » De la même manière, von Foerster invite ses étudiants à s'inscrire à un cours sur la non-communication, leur

1. Publiée dans *L'Unité de l'homme,* Éd. du Seuil, 1978, t. II, p. 139. Cet auteur n'a publié que des articles, toujours denses, difficiles à retrouver. Il en a publié un recueil, *Observing Systems* (Intersystems Publications n° 1, 1981 ; 2e éd. 1984), lui aussi fort difficile à trouver. Nous le remercions d'autant plus de nous en avoir remis un exemplaire lors de notre visite en son chalet de Pescadero (Californie), en 1984.

2. Il n'y a pas, en somme, d'information extérieure à moi-même : voir l'entretien de von Foerster avec Guitta Pessis Pasternak, in *L'Événement du jeudi* du 13 février 1984.

suggérant, en somme, de communiquer qu'ils ne veulent pas communiquer. Telle est la leçon numéro un, fondement de toute réflexion possible sur le phénomène communication. L'expérience primordiale est celle de la solitude, de l'isolement, à quoi une pensée libérale ne peut se résoudre. Il faut donc accepter le paradoxe et en quelque sorte y *résider*.

Nous en sommes donc réduits à faire l'expérience du *knowledge knowing*[1], une science à la seconde puissance, qui consiste à connaître notre propre processus de connaissance – processus qui se développe dans l'intimité de notre pensée et que seul vient valider... le processus même.

Pourquoi ? Pour les raisons qu'un grand ancêtre (Korzybski) avait déjà indiquées : « La structure sujet-prédicat du langage fut le résultat de l'attribution à la nature de propriétés ou qualités, alors que les " qualités ", etc., sont en fait fabriquées par notre système nerveux[2]. » Non, une carte n'est pas le territoire, ne couvre pas tout le territoire (les mots ne peuvent couvrir tout ce qu'ils représentent) et surtout une carte est autoréflexive (dans le langage, nous parlons à propos du langage). La connaissance humaine est circulaire, disait encore Korzybski.

Nous voici devant le problème crucial de toute philosophie de l'esprit : si je suis seul comptable et référent de ma construction du réel, deux questions se posent :

1. Puisqu'il n'y a aucune donnée objective à laquelle je puisse me rapporter, qui me prouve que je suis sensé ?

2. Comment communiquer avec mon prochain et, à la limite, existe-t-il ?

Berkeley s'était tiré de ce mauvais pas par son fameux *ESSE EST PERCIPI* : mon existence objective est garantie par Dieu. C'est par sa perception que j'existe : je suis perçu par une instance supérieure qui valide mes propres perceptions.

1. Voir particulièrement sur ce point von Glasersfeld, « Reconstructing the concept of knowledge », in *Archives de psychologie*, n° 53, 1985, p. 91.

2. *Le Rôle du langage dans les processus perceptuels*, New York, The International Non Aristotelian Library Publishing Company, 1965 : contribution à un symposium tenu en 1949-1950 et publié une première fois (mais en anglais) dans *Perception : an Approach to personality*, New York, Ronald Hess Company, 1961. Bachelard, dans *La Philosophie du non*, a qualifié l'œuvre de Korzybski de « grand travail ».

Dieu s'étant absenté de notre monde moderne, pour échapper au solipsisme nous devons nous en remettre à la communauté des observateurs qui, comme moi, construisent une réalité. Tandis que j'observe, je suis observé. Je fais alors partie de l'observation d'un Autre, semblable à moi, et n'existe que pour autant que cet autre – ou ces autres – m'intègre dans son système.

Face-à-face obligé, comme en miroir. Il faut au moins deux observateurs pour que l'observé puisse être un observateur. Et ce procès peut être répété indéfiniment. Telle est la loi de la réalité généralisée[1]. Nous sommes dans une réalité de second ordre, comme dans une cybernétique de second ordre, elle-même réinterprétée. « Réalité de la réalité », formule de von Foerster qui a fait fortune depuis[2].

Sur cette lancée, von Foerster énonce la formule Cognition-*Computation*[3].

Connaître, c'est alors « computer de computer », si j'entends par le néologisme *computer,* non seulement calculer, mais tout processus d'inférence logique. Où l'on voit d'emblée la différence entre *computation* chez les théoriciens du « dans » et *computation* chez les mécanicistes. Von Foerster prend computation dans le sens de *putare,* penser avec, contempler ou méditer. Cette acception inclut et dépasse le mécanisme du pas à pas, cher à Simon. Le connaître n'est pas analysable par morceaux. Connaître repose sur une récurrence incessante de la pensée à la pensée par quoi se définit... le connaître. Ce cercle qui se referme sur nous serait isolement total, si n'était pas pensé en même temps le rapport de chaque individu (ou organisme) avec son environnement. Ici, deux types de ruptures interviennent sur l'interprétation de l'environnement.

2. *Rupture avec le béhaviorisme*

Même un béhaviorisme raffiné comme celui de la cyberné-

1. Von Foerster, « On self-organizing systems and their environment », in *Self-Organizing Systems Yovits,* ouvrage collectif sous la direction de Cameron, Pergamon Press, Londres, 1960, p. 37.
2. Voir Watzlawick, *La Réalité de la réalité,* Éd. du Seuil, 1984, et toute l'école de Palo Alto.
3. Dans « On constructing a reality », in *Environmental Design Research,* Preiser Dowden, Hutchinson et Ross, Stronberg, 1973, t. II, p. 35-46.

tique du premier ordre n'est pas recevable : l'interaction des systèmes observés ne tient pas compte, en effet, de l'interprétation de l'observateur qui fait partie du système, le trouble et le déforme.

3. *Rupture avec la cybernétique de second ordre*

Plus élaborée encore, en ce qu'elle pose, à la suite de Heisenberg, le principe de relativité généralisée, la cybernétique du second ordre ne convient pas plus à von Foerster en ce que cette place de l'observateur est seulement constatée, *sans réintégration récurrente*.

En effet, un organisme plongé dans un environnement ne lui prend pas seulement l'énergie ou l'information indispensable pour compenser ses pertes internes, pour éviter à long terme l'entropie croissante et la mort, mais il intègre le bruit, qui n'est pas un désordre, mais est structuré selon l'aléatoire. Ce bruit est capable d'organiser le système environné, d'en orienter les éléments. Bref, de leur donner un ordre[1]. C'est le fameux « ordre par le bruit », la première de ces formules dont la suite a structuré les théories de l'auto-organisation.

C. BREF TABLEAU DE LA MÉTAPHORE ORGANISTIQUE

1. La réalité objective n'est plus posée comme un objet. Elle cède devant une réalité que l'on nomme du second ordre et qui est construite relativement à nos positions. L'observateur a une influence déterminante sur ce qu'il prétend observer. Principe de relativité rapporté à notre connaissance.

2. Mais la subjectivité n'est pas, pour autant, le dernier mot. Sinon, nous entrerions en solipsisme. Subjectivité donc, mais

1. Von Foerster dit, avec humour, dans « On self-organizing systems and their environment », *op. cit.,* qu'un système auto-organisé dans ces conditions serait plutôt un système désorganisant... En réalité, il n'en va pas de cette façon, car si nous faisons l'hypothèse que le système enclos dans l'enveloppe de l'environnement est en interaction continuelle avec lui et que cet environnement possède énergie et ordre, alors le système peut s'organiser à partir de cette énergie et de cet ordre structuré dans l'environnement. On verra l'opinion d'Atlan sur cette hypothèse : elle est exactement contraire à celle de von Foerster.

relative. L'observateur n'est pas solitaire dans la mesure où il se connaît comme observateur, au même titre que les autres observateurs. Il se sait observé autant qu'il observe lui-même. On peut nommer cette position « intersubjective » ou « subjectivité associée ». Au vrai, c'est la relation entre observateurs qui est objectivante. L'objet se construit en réseaux connectés d'observations, que vérifie l'action.

3. C'est, en effet, à un certain pragmatisme de la connaissance à quoi se résout la constatation d'une réalité de second ordre. Une éthique de l'action commune prend en charge ce qui, sans elle, ne serait que vue particulière et inefficace.

4. Mais comment assurer à cette réalité du second ordre un devenir ? Ne serait-elle pas un système si stable, si clos sur notre possibilité de connaître, et partant, si limité, qu'elle ne dirait rien de plus que : « Ce que nous observons est » ? Non, car la réalité du second ordre inclut son propre « bougé ». C'est bien la réalité « pure et simple », posée comme une nature, qui, à l'inverse, aurait pour elle pérennité et immobilité. Le bouclage interne d'un système relativisé n'est pas un cercle clos, un déroulement sans fin. A mesure des observations, la réalité se change en une autre. Le processus, s'il est bouclage, n'est jamais achevé.

5. En effet, un système organisé comme le sont les machines organisées ou les systèmes vivants est un système qui évolue, parce qu'il est complexe, c'est-à-dire circulaire et hiérarchique par niveaux interconnectés. Cette évolution, qui dépend d'une certaine organisation interne, définit ce qu'on nomme « auto-organisation ». L'auto-organisation, on le remarque, renvoie à la non-réalité extérieure, puisque ce n'est pas du dehors que nous recevons des informations, mais du dedans que l'échange entre divers niveaux produit de la communication.

Ces divers points, sommairement présentés, sont le bien commun d'un certain nombre de théoriciens (épistémologues, biologistes, physiciens, neurobiologistes), qui les exploitent chacun à sa manière. La différence fondamentale qui sépare les partisans du « dans » (nous sommes dans le monde qui n'a pas d'extérieur) des partisans du « avec », c'est que les premiers battent en brèche la notion de *représentation* (face-à-face par lequel nous produisons en nous-mêmes des figures qui représentent les détails du monde extérieur), de *linéarité* (celle de la succession temporelle comme celle de l'espace) et, partant, renoncent à voir la machine comme un objet trivial, statique. En lui opposant les machines non triviales complexes (von Foerster), ils sont portés, non à utiliser en vue d'une fin déterminée les différentes disciplines qui pourraient les aider à fabriquer de l'artificiel, mais à intégrer dans une même vision toutes les activités humaines, y compris les machines triviales de leurs concurrents. C'est dire que l'enveloppement est total et que la seule manière d'en dessiner la forme est dévolue à la philosophie : ce que les prédécesseurs, adeptes de la boule de billard, perçoivent comme obstacle à leur labeur, c'est-à-dire la réunion de ce qui est séparé, corps/esprit, nature/artifice, dedans/dehors, est ici posé à l'avance comme une totalité *autopoïetique*. La question ne questionne plus la séparation, mais le tout du tout. En un sens, la question se questionne elle-même, retourne sur la totalité et s'en fait le référent. C'est ainsi que nous sommes, que nous le voulions ou non, dans la métaphysique, auprès de quoi la fabrication de machines importe peu, et nombre de chercheurs du « dans » se tournent plutôt vers l'interprétation du monde.

Chaque auteur, ici, cite la cybernétique comme la grande matrice et se réclame de sa descendance.

1. *Effet moderne de la cybernétique*

L'apparition de la seconde loi de la thermodynamique marque une révolution scientifique. Non par sa date, car, dans ce cas, il suffirait de l'avènement historique de cette deuxième loi pour nous rendre tous adeptes du « dans », mais parce qu'elle agit comme un principe discriminant entre ceux qui ne lui accordent pas d'importance et ceux qui la prennent en compte. En effet, d'une certaine manière, les tenants de la boule de billard ont accepté des propositions de la cybernétique (le feedback, le bouclage et les nœuds, les réactions qui se retournent), mais ils n'en ont pas tiré les conséquences pour un renouvellement des théories de la communication. En revanche, les adeptes du « dans » se posent comme résolument modernes, et la modernité ici est un caractère essentiel de la vision du monde. C'est une modernité qui n'est pas celle de la technologie des machines artificielles, mais qui concerne la vie : celle que nous vivons ordinairement et celle que l'on peut observer au niveau macro ou microscopique des organismes vivants.

2. *Renversement de la position du temps*

Renversement important de perspective : si les expériences neurologiques, l'appel aux biologistes du cerveau (et spécialement de la vision) étaient requis par la boule de billard pour fabriquer des ordinateurs en instrumentant les données du vivant, les philosophes du « dans » partent dans un mouvement inverse. Le procès de l'ordinateur est requis par ce qu'il permet d'observer le vivant. Ce renversement marque bien la position qu'occupe le temps dans la nouvelle épistémologie. Pour les mécanistes de la boule de billard, le temps intervient seulement en tant que mémoire de données toujours actualisables en programme figé dans des stocks à constituer, temps qui suppose des machines à morceaux « arrêtés », dont on peut faire le tour, qu'on peut démonter et remonter ; c'est un temps *réversible* en ce qu'il n'entraîne pas de changement dans la composition interne des éléments. Pour les tenants du Creatura, le temps du vivant et de la physique contemporaine est irréversible[1].

3. *Effets nouveaux de la théorie de l'information*

Alors qu'ils s'occupent d'organismes vivants et non de machines à communiquer, les philosophes du « dans » utilisent davantage (ou tirent plus d'effet) des théories de l'information que leurs collègues de l'intelligence artificielle, qui sont pourtant des as de l'informatique. Position paradoxale, à contre-courant, comme il en existe souvent si l'on considère l'histoire des pensées. C'est que Shannon et ses amis étaient encore sous le coup de la découverte de la thermodynamique et en exploitaient un

1. Voir Prigogine et Stengers, *La Nouvelle Alliance,* Gallimard, 1982, chap. VIII, p. 217 *sq.*

aspect temporel primordial avec les mesures de l'entropie d'un système. Comment advient la nouveauté, se demandait Shannon, puisque l'information est une valeur ajoutée à ce qui est déjà dans le canal informatique ? Comment procéder à une mesure de l'effet de nouveauté, d'innovation ? Peut-on prédire jusqu'à quel point un système peut être saturé (refuser l'information) ou jusqu'à quel point il peut l'accueillir sans se détruire lui-même ? Une telle question et les tentatives de réponses sont au principe même des problèmes soulevés par l'organisation du vivant : jusqu'à quel point un système organisé subsiste-t-il dans son identité quand il est au contact d'un environnement porteur d'informations ? Et en retour, qu'arrive-t-il quand il ne peut plus recevoir ces informations ? Quand son état semble se figer dans la saturation ? Car il en est d'un organisme limité dans un milieu comme d'une communication (un message), si l'on accepte qu'ils soient tous deux plongés dans un environnement auquel ils doivent s'adapter et répondre. La question des limites vient au premier plan : cette limite sur laquelle va se jouer la double traversée des signes, de l'environnement au système et du système à l'environnement.

De même que, pour les sciences de l'information, les unités composant un message déterminent l'ensemble et sont partiellement déterminées par lui, pour les théoriciens de l'environnement interne, les relations des unités et de l'ensemble constituent un point capital à éclaircir. Il y va de l'unité du vivant, de sa capacité à se développer, de l'émergence de formes nouvelles et du rapport au monde physique vivant lui aussi comme un organisme.

4. *Gödel, Heisenberg et les autres*

Incertitude, complémentarité, récursivité, construction en abîmes (ou bouclages) sont les bienvenues pour aider à décrire des états de l'organisme dans sa rencontre avec d'autres organismes et dans sa propre composition.

Une indétermination foncière vient jouer avec les déterminations supposées. Cette marge donne du jeu aux mécanismes. L'organisme est toujours dans un certain état variable et, par là, indéfinissable par des mesures externes.

Cette indétermination dont la loi s'origine dans la physique relativiste reçoit une expression mathématique avec le théorème de Gödel. Il reste toujours un théorème « méta » qui ne peut consister avec les autres tout en leur donnant consistance. La limite est d'un autre genre que ce qu'elle limite, tout en étant en contact avec ce qu'elle limite. Mais cette limite a aussi une limite qui, etc. Nous sommes dans la récursivité. L'enveloppe s'enveloppe elle-même. Escher nous le montre, avec sa main qui dessine la main en train de se dessiner. Jeux de formes. Nous ne sortons pas du paradoxe et rejouons toujours la même figure, la même et cependant une autre[1].

5. *La complexité*

Pour la pensée du « dans », le complexe ne fraie pas avec la complication. L'aventure y est ouverte, l'aléatoire reste le maître, et nous n'aurons jamais qu'une description éphémère et relative des opérations d'un système auto-organisé. L'intégration de l'événement hasardeux y est la règle, règle qui ne peut préjuger d'un ordre, mais obéit au seul commandement : « survivre », et par cela même se régénère. La complexité du système auto-organisé n'a donc pas affaire avec la distribution statistique, avec l'énergie comme matière première, mais seulement avec l'information, au sens où celle-ci est une formation des états internes. In-formation *(Eigen-organisation).*

Communication des éléments vivants avec l'univers. Communication du vivant avec lui-même à travers son adaptation et l'évolution des espèces, communication avec autrui (d'enveloppe à enveloppe pourrait-on dire), et spécialement dans cette partie du vivant qu'est le cerveau.

Nous pouvons schématiquement conclure de la présentation de la boule de billard et du Creatura deux définitions de la communication qui s'opposent.

1. Voir ici D. Hofstadter, *Escher, Gödel, Bach,* InterÉditions, 1985.

6. *Représentation : première définition de la communication*

La communication, ici, c'est le message qu'un sujet émetteur envoie à un sujet récepteur par un canal. L'ensemble est une machine cartésienne conçue sur le modèle de la boule de billard dont la marche et l'impact sur le récepteur sont toujours calculables. Causalité linéaire. Sujet et objet restent séparés et bien réels. La réalité est objective et universelle, extérieure au sujet qui la représente. La représentation et ses caractéristiques constituent le fondement même de l'action et de la perception.

Position dualiste, chère à Descartes, quoi qu'en disent les tenants d'une intelligence très artificielle. Et ce ne sera pas le moindre de leur paradoxe que d'écarter le dualisme cartésien, tout en usant à plein régime du schéma de Descartes, représentatif, qui pose la relation entre deux substances différentes, corps et esprit, sujet et objet, l'homme et le monde. La représentation est la seule manière de garantir la réalité du sujet et la réalité de la nature. La représentation assure leur coïncidence.

7. *Expression : deuxième définition de la communication*

Il n'y a plus, ici, d'envoi par un sujet émetteur d'un message calculable à un objet récepteur. La communication est insertion d'un sujet complexe dans un environnement lui-même complexe. Le sujet fait partie de l'environnement, et l'environnement fait partie du sujet. Causalité circulaire. Idée paradoxale que la partie est dans un tout qui est partie de la partie. Le sujet demeure, mais il a épousé le monde. Couple sujet/monde, où les deux partenaires n'ont pas totalement perdu l'identité, mais pratiquent des échanges incessants. La réalité du monde n'est plus objective, mais fait partie de moi-même. Elle existe... en moi. J'existe... en elle. Plus besoin ici de la représentation et de ses limites. Appel à l'expression sur le mode spinoziste. J'exprime le monde qui m'exprime. Le sujet global, c'est le monde naturel. Mais l'individu n'a pas perdu ses droits : il doit, comme dans le schéma spinoziste, faire le bon énoncé, se situer justement dans le monde pour susciter de bonnes rencontres avec lui. Position moniste qui postule la juste place de l'individu dans le concert de l'univers. Totalité, mais totalité à hiérarchies.

Telles sont les deux définitions qui s'opposent. Mais leur opposition n'est que conceptuelle. Car, dans la science et la politique traditionnelles de la communication, elles se complètent, se corrigent, vont en somme de concert.

IV. La gestion traditionnelle de la communication

Ainsi les métaphores de la machine et de l'organisme développent, à part l'une de l'autre, deux conceptions de la communication.

Représentation, elle est un moyen utile de relier des éléments stochastiques, atomisés, pour obtenir le lien puissant qu'exige la vie en société : hiérarchies, liaisons verticales et horizontales, représentation de représentation par signes et signaux[1].

Expression, elle est liaison interne et participation totale. Si certaines étapes et hiérarchies sont requises pour nouer entre eux des éléments qui, par définition, sont déjà des totalités, c'est à convoquer des niveaux spécifiques de liaison, pour des domaines particuliers.

La première conception appelle l'extériorité et le spatial, la communication schématique, montrable, lisible, dicible en succession. Discursive. La seconde, tournée vers l'extérieur, est complexe, paradoxale, a-temporelle et a-spatiale. Mais, pour autant, on ne peut la replier sur le sentiment psychologique du vécu : les philosophies de l'expression sont abstraites et ne s'éprouvent concrètement que par un long travail.

Si nous rapportons la communication à la société qu'elle

1. Pour la représentation politique, voir François d'Arcy *et alii, La Représentation*, Economica, 1985.

induit et dont elle est la condition nécessaire, nous pourrions bien conclure que ces deux conceptions sont à la source de deux politiques sociales.

Autrement dit, ces conceptions président au politique, qu'elles instruisent. C'et ainsi que nous pourrions comprendre comment la communication sociale, dans toutes les constitutions démocratiques de la Grèce antique à nos jours, donne lieu tour à tour à une vision représentative et à une vision expressive qui conjuguent leurs effets dans une vision politique, que j'avais appelée, dans *L'Enfer et le Paradis*[1], *«politique symbolique»*.

1. *Une politique symbolique*

Cette façon que nous avons d'établir des liens avec notre environnement où nous utilisons tantôt une liaison faite d'éléments en extériorité et schématisés spatialement, tantôt une liaison participative, par image et fusion, recouvrement et identification, anamorphoses et rumeurs, caractérise la communication ordinaire. Nous usons ainsi tour à tour de la politique de la boule de billard, décisionnelle et programmatique, ou de celle du Creatura, auto-organisée.

On voit bien, pour une politique généralisée de la communication, comment peuvent jouer ces deux modes de liaison. D'un côté, une représentation qui multiplie les signes et signes de signes, pour tenter de rejoindre le réel concret des individus et des groupes, érige des sujets représentés, avec leurs découpages territoriaux et sociaux, et s'emporte bientôt d'elle-même vers une mécanique de séparation, vers une déréalisation totale. Les signes tendent à se substituer aux choses qu'ils représentent et à former ainsi une entité abstraite, valant pour elle-même. Et cela à chaque niveau de représentation. A force de liaisons réglées, ce qui devrait être lié – les éléments de la société – tombe en dehors du mécanisme du lien. La société fonctionne, certes, mais en dehors des sujets, qui restent alors atomisés. La politique de la boule de billard, comme la communication vue sous

1. PUF, 1978.

l'angle linéaire et mécanistique, tend vers la constitution de *token symbols* ou signes pris comme réalités atomistiques[1].

De l'autre, une vision expressive de la communication répare ces divisions en présentant une liaison d'un autre type : une liaison symbolique. Convoquant culture, traditions, mémoires du passé sous l'espèce d'images «significatives», c'est vers l'interprétation qu'elle tend. Ces images sont, en effet, ambiguës, polysémiques, et plus elles le sont, plus l'identification des individus et groupes avec elles sera possible. C'est une liaison par interprétation de contexte qui est ainsi requise. A la substitution des signes aux choses et à leur réification, on oppose alors un retour aux choses mêmes, c'est-à-dire à leur signification : vision holistique. Chacun, individu ou groupe, est requis par une totalité où il se trouve pris, à laquelle il se rattache à l'intérieur. Grandes fêtes de la communication sociale, sacralisation du lien qui vient, à point nommé, remédier à l'éclatement des signes.

Toute la société peut se définir à partir du mode déterminé de liaison qui est le sien. Comment cette liaison agit, quels sont les termes qu'elle lie, telles sont les questions que pose dès l'abord une analyse politique. Alors, et alors seulement, se pose la question de la *gestion* de ces liaisons.

A une conception mécaniste en boule de billard correspondent des attributs politiques hiérarchisés et des localisations spécifiques : chaque élément a sa place sur une chaîne : que la structure soit pyramidale ou qu'elle laisse place à des structures horizontales regroupées, que la succession se fasse à sens unique ou qu'il y ait des feed-back, nous ne sortons pas du cadre décisionnel dont le type généralisable est le modèle cartésien de la décision, programme préconçu et réalisation volontaire. Mais la gestion du modèle «boule de billard» exige qu'y soit convoqué le Creatura qui en anime les structures rigides. Le symbolique et l'expression volant au secours du programme.

A une conception en Creatura, plus aléatoire et portée sur l'expression, correspond une politique d'enveloppes simulta-

1. *Token symbols,* formule de H. Simon : il s'agit de simples signes dénotant des choses et non des processus de symbolisation fusionnels, sur le modèle de l'Eucharistie, comme nous les concevons en Europe.

nées, chaque élément étant à la fois le tout et la partie. On trouve là des unités autogérées et autoreproductrices, ces microcosmes reflétant la totalité sociale. La chaîne n'est plus visible. Elle se « comprend » et elle est comprise en chaque entité. Gérer ses unités exige cependant qu'elles soient reliées entre elles par une liaison de style « boule de billard ».

Cette modération réciproque – ou science traditionnelle de la communication –, nous la remarquons aussi bien dans le schéma cartésien représentationnel où Dieu intervient comme l'entité qui garantit l'ensemble, que dans le système spinoziste expressif où l'immanence du lien réclame que soit disposée à l'entour une liaison pointilleuse, *more geometrico,* des éléments politiques. On sera, en effet, surpris de voir avec quel soin tatillon Spinoza régule la société du lien immanent, et de quelles chaînes hiérarchisées il entoure l'intuition du vrai, qui est raison : son principe autosuffisant a besoin de quelques réconforts à l'extérieur[1] ; si la vérité s'indique d'elle-même dans la conscience de chaque citoyen libre, il n'en reste pas moins qu'elle nécessite des « marques » dans le monde. Une grille de déchiffrement, des repères : toute une herméneutique[2].

2. *Le rien-communiquer*

Cependant, requérir ou recourir n'est pas confondre. Pour que l'une des deux conceptions puisse guérir l'autre, il faut de la différence. Une sorte de contrepoison ou de contrepoids est exigé. Il faut du rituel et de la règle dans la communication fusionnelle. Il faut de l'image fusionnelle dans le programme, pour qu'il convainque. Le tout est qu'il y ait un « dehors » et un « dedans ».

A ne pas respecter cette loi, on se trouve soit dans le délire de la raison représentationnelle, soit dans le chaos expressif. Soit encore, et c'est le point central autour duquel tourne cette *Critique de la communication,* dans le recouvrement des deux

1. De là ses propositions sur l'organisation politique, absolument inouïes dans leurs précisions (dans le *Traité de l'autorité politique*).

2. Herméneutique dont A. Matheron a bien marqué l'existence : lien des lieux complémentaires dans l'œuvre de Spinoza (dans *Individu et Communauté chez Spinoza,* Éd. de Minuit, 1975).

délires, sans distinction. Car, aussi bien, il n'est plus question de s'interroger sur la désacralisation de la société, comme le fait Habermas. Elle serait, dit-il, tournée entièrement vers le programme, le succès, la représentation machinique, et oublierait la profondeur de ses anciennes vocations, détournées par les médias et les structures de pouvoir. Un grand coup de symbolique pourrait y remédier : retour à l'humanisme, renforcement des sujets, appropriation des nouvelles technologies, limitation des automatismes et des déterminismes rigides, nouveaux jeux de langage.

Non, présentée ainsi, la question est résolue à l'avance et repose sur des présupposés idéologiques. Ce que nous constatons, en revanche, c'est une sacralisation d'un nouveau genre : un coup de symbolique, oui, mais au bénéfice d'une confusion patente entre les deux registres de la communication. Ils ne se distinguent plus l'un de l'autre. Tout comme Habermas nous le montre d'ailleurs, la société se confond avec l'État au lieu de lui servir de contrepoids et de s'y opposer. De même qu'État et Société, confondus, ne se distinguent plus des types de communication, eux-mêmes confondus. Représentative, la communication actuellement prônée ? Oui et non. Elle est machinique, oui, mais son image même est en voie de se substituer au sacré. Nous fusionnons dans la représentation machinique, dans son fonctionnement et dans ses contenus. Expressive, la communication ? Oui et non. Nous nous identifions à ses contenus représentés machiniquement : ainsi à la télévision des matchs du Mundial ou de Roland-Garros qui marquent que notre lien immanent est à l'extérieur[1]...

1. Du « tout »-communiquer au « rien »-communiquer : sur la communication destructrice, voir l'analyse de Louis Quéré, *Des miroirs équivoques,* Aubier-Montaigne, 1982.

CHAPITRE II

Naissance du tautisme

I. Chirac, c'est Chérèque, ou la société de communication

Mercredi 9 avril 1986, TF1, 20 heures : *Jacques Chirac, interviewé par Jean-Luc Seguillon, le tance vertement : « Vous tenez le discours de Jospin. Vous pratiquez la désinformation. » Le dimanche suivant, un ami m'appelle. Nous évoquons l'incident. Je lui réponds spontanément : « J'y étais. » Mon ami, interloqué, suppose un moment que j'étais sur le plateau, ce jour-là, à 20 h 15.*

Autres travaux pratiques : les dessins d'humoristes, et par exemple celui de Jacques Faizant dans Le Point[1] (voir page 100) :

Il est bien vrai qu'à l'oreille Chirac et Chérèque se ressemblent, qu'il est bien difficile de démêler François ou Philippe lorsqu'on s'appelle Léotard, et que Bigeard et Béjard, après tout...

Que Faizant nous fasse rire ne change rien au problème. Nous ne rions jamais que de ce qui nous affecte. Combien de fois avons-nous nous-mêmes pratiqué la confusion généralisée, croyant dur comme fer la radio ou la télévision, surtout si le téléphone a sonné, si la chignole du voisin s'est mise en marche ou si notre famille est venue déranger notre liturgie spéculative ?

C'est ainsi que bien des nouvelles se répandent dans des petits groupes, là où le vrai et le faux sont à ce point indissociables que la distinction de la réalité et de l'erreur est désormais dépourvue de sens.

1. 14-20 avril 1986, p. 61.

JACQUES FAIZANT

D'autant que j'ai bel et bien dit, moi qui suis averti de ces phénomènes et qui prétends écrire sur ce sujet : « J'y étais », alors qu'en bon Français j'aurais dû dire : « J'ai observé l'incident à la télévision. » Mais j'ai dit autre chose. Diable ! Où en suis-je ? Qui suis-je si je ne sais plus me distinguer des électrons scintillants ? Où en sommes-nous ?

Voilà un état des choses bien étrange que vient confirmer une tout aussi étrange formulation : « société de communication ».

La société de communication, je la rencontrai le 25 juillet 1986, dans un restaurant italien des Halles, avec Guitta Pessis-Pasternak et son mari. Nous avions commandé... une salade qui nous parvint deux heures plus tard. Les clients étaient rares. Nous nous enquîmes de ce retard. Explications : c'est désormais l'ordinateur qui donne les ordres en cuisine. Impossible de passer outre, car c'est lui qui facture. Ce jour-là, il n'a pas voulu travailler. Le restaurateur italien n'y comprenait rien. Nous étions affamés, morts de rire dans ces agapes initialement vouées à une discussion sur l'intelligence artificielle, le MIT et Stanford. Nous y gagnâmes une bouteille de vin gratuite. Cela s'appelle société de communication.

1. *La société de communication*[1]

Que signifie l'expression « société de communication », par laquelle se désigne elle-même notre société d'aujourd'hui ? Se désignant ainsi, la société ne dit rien de plus que : « Je suis société. » Elle réaffirme le lien qui unit ses parties entre elles. Lapalissade, si l'on veut, ou encore tautologie.

Dire que l'on est ce que l'on est est en effet une curieuse façon de se définir, une sorte d'autoréférence, une centration de soi sur soi. A ce niveau de généralité, communiquer est un attribut substantiel qui indique seulement une constitution nécessaire, mais ne donne pas accès aux modes de gestion de cet attribut. Autrement dit, cette formule est vide de sens. C'est une fausse fenêtre, une répétition.

1. On ne saurait trop ici recommander la lecture de l'ouvrage de Georges Balandier, *Le Détour* (Fayard, 1985), et spécialement sa deuxième partie relative à la modernité, dimension essentielle à la communication, que l'auteur évoque d'ailleurs à plusieurs endroits.

L'homme, animal politique doté de langage, suffisait à définir les sociétés de communication antiques et de la Rome chrétienne. A-t-on jamais vu ces sociétés invoquer la communication comme leur substance ?

Énoncer ainsi son identité en répétant et en réaffirmant la liaison nécessaire de ses parties comme fondement d'une forme de société particulière fait de cette expression « société de communication » un phénomène significatif. Dire et annoncer *urbi et orbi* qu'elle est « de communication », c'est pour la société actuelle évoquer un malaise certain, lutter contre l'éclatement et la déliaison, l'atomisation possible, et mesurer avec nostalgie le déclin d'une certaine qualité de liaison sociale. On exorcise ainsi le démon de la disparition de la société comme telle, du politique comme tel, voire de l'homme tel que le définissait jusqu'à maintenant la pensée classique qui en faisait un homme de paroles.

Cette tautologie est un symptôme qu'il nous faut analyser : nous verrons ici même qu'elle est le reflet d'autres tautologies, voire d'une tendance des pratiques et des théories actuelles vers un autisme et un totalitarisme.

Déjà cette simple énonciation nous livre la clef des pratiques qui tendent à envahir toutes les formes de politique sociale. La tautologie repérée dans la formule « société de communication » s'assortit en effet d'autres traits caractéristiques.

1. Cette formule ne précise pas de quel type de communication il s'agit. Pourtant, la communication y est désignée comme une entité métaphysique...

Caractère que nous verrons se développer de lui-même au cours de notre enquête. Une telle communication n'a de rapport qu'à elle-même, elle est autosuffisante. On peut la dire : totalitaire.

Chacun peut verser au dossier de la communication ses pratiques concrètes, ses croyances, ses aspirations, les présupposés idéologiques dont il dispose et les moyens concrets qu'il a de faire triompher tel ou tel caractère privilégié : cette généralité vide accueille alors toute formulation plus particulière et semble en cela une forme expansible indéfiniment, non limitée, et soumise aux variations des modalités de son fonctionnement.

2. Cela nous mène au deuxième caractère : les contenus donnés au terme général de « communication » varieront en fonction des techniques. A chaque nouvelle avancée technique, la communication se réaffirme comme devant être ce que les plus récentes inventions la font... Si, par ailleurs, la société se définit comme « communication », alors elle est soumise elle-même, dans son fond, à la technologie.

Ici, maintenant, nous comprenons « technologie » comme principe d'une définition de la société quand elle se dit de communication. En effet, pour cette définition, la technique n'est plus un élément parmi d'autres, une production comme une autre, mais elle régit l'ensemble, qu'elle enveloppe, et s'élève au niveau englobant et constitutif du principe.

3. Troisième caractère, directement issu des deux premiers : la société produit elle-même sa propre définition, puisqu'elle est productrice de techniques qui, en retour, la définissent. Comme l'ont déjà remarqué nombre de bons auteurs – au premier rang, Alain Touraine –, elle est autoproductrice, en donnant au terme production son sens concret de *poïesis*. Ce qu'elle fait, comment elle le fait, fabrique un objet, lui sert de déterminant et de cause. Nous reviendrons plus tard sur cette curiosité logique, à savoir que des objets placés en situation d'être contenus dans un système sont pris comme modèle définissant... ces contenus eux-mêmes. C'est là toute la question de la société Frankenstein.

Quel est donc alors, pouvons-nous nous interroger maintenant, cet état de société que nous avons décrit en ce qu'il se donne à voir comme un état de la communication ? Quelle est la raison ou quelles sont les raisons que nous devrions prendre en compte pour en mener à bien la critique ? Quelles sont ses manifestations concrètes, évidentes aux yeux de tous, et quelles en sont les structures ? J'ai nommé le *tautisme*.

Il semble que nous soyons parvenus à un point curieux et même inédit dans l'histoire de nos civilisations, en ce point limite où le spectacle qui se donne à voir, et qui suppose une distance entre le spectateur et la scène, nous inclut dans la scène même et nous pousse à croire en cette inclusion. Nous savons bien, pourtant, que seule l'électronique et des dispositifs complexes nous relient à l'émetteur lointain. Mais la distance géographique et les intermédiaires technologiques, loin de donner un sentiment d'artifice, offrent le visage d'une spontanéité naturelle. Mêmes remarques, bien sûr, à propos des chaînes hi-fi, en particulier avec le disque laser, qui nous font croire, par l'effet stéréo, que nous nous trouvons au milieu de l'orchestre, en situation, alors que nous savons bien, ici encore, que les enregistrements ont été opérés séquences par séquences et articulés numériquement.

Décidément, l'affaire est bien étrange. Dans la dramaturgie grecque de l'Athènes démocratique, rationnelle et discoureuse, le spectacle permettait, par la catharsis, l'irruption du passé archaïque. Le drame était proprement mytho-logique, mélange d'aspects mythiques venus du fond des âges et de rationalité argumenteuse. Ce mélange passait par le corps, notre corps, proche de la scène, qui entretenait avec elle un tissu d'humeurs, mille connivences. Tous ensemble, nous souffrions avec Antigone, ou nous criions avec Œdipe, nous étions frappés de cécité lucide comme Tirésias. Purgation de nos désirs, libération humorale de nos passions.

Mêmes phénomènes de communion cathartiques dans un meeting, une manifestation, voire un séminaire. Lors du voyage du pape en Pologne, une foule en délire se libérait de ses peurs au contact physique de sa soutane. Une différence, cependant : le voyage pontifical fut télédiffusé dans tous les pays du monde. Les familles réunies autour du poste ont communié à l'envi. Mais s'agissait-il vraiment de la même communion ? Celle des Polonais *in situ* était réelle, en présence : l'Armée rouge n'est pas loin, et la police toute proche dans un cercle de faim, de privations et de menaces. Celle des téléspectateurs était seulement spectaculaire, en imagination. Parler ici de communion supposerait que le découpage de l'image ne tue pas l'imagination et que le commentaire du journaliste ne façonne pas la pensée. Ce ne sont pas là minces postulats. Observons au moins que la structure de communication diffère. Dans une dramaturgie ancienne : structure duale entre acteurs et spectateurs, distance liaison à portée de main. A la télévision, la structure est triadique entre spectacle, média (écran cathodique et ses commentateurs) et spectateur. Ici, les intermédiaires font loi par le cadrage de l'image, le choix de l'instant, l'énoncé du discours. Là, les intermédiaires sont absents, les acteurs sont à eux-mêmes leurs propres relations publiques et parlent directement aux hommes et aux dieux. C'est dire que tout à la fois ils représentent (on parle bien de « représentation » pour qualifier un spectacle) et ils s'expriment avec la spontanéité toujours changeante de leur corps en connivence avec le corps toujours changeant du spectateur. Représentation et expression sont simultanées dans la liturgie ancestrale, alors que, dans la liturgie télévisuelle, on croit être dans l'expression pure là où il s'agit exclusivement de montage et de mise en scène. C'est ce paradoxe qu'il nous faut analyser.

2. *Représentation et expression*

En principe, représentation et expression s'opposent franchement. Le « représenter » suppose une séparation entre le représentant et le représenté. Un député n'est pas la somme de ses électeurs. Il les représente, et pas seulement ceux qui ont voté pour lui, mais tous les autres, y compris les abstentionnistes. Il représente une abstraction qui est un mixte de territoire, de population et d'activités : cela s'appelle une circonscription. Le « représenter » suppose aussi un décalage de temps entre l'objet représenté, qui exprime son opinion à un moment x, et le représentant, qui exprime la sienne à un moment y. L'opinion du représentant a quelques chances de différer de celle du représenté pour des raisons qui tiennent d'abord à ce décalage de temps. Mais pour d'autres encore : le représentant est l'intermédiaire obligé entre le petit objet qu'il représente (ou qu'il médiatise) et la vérité universelle du monde. Il fait passer le petit objet dans le grand, lui assigne sa place particulière dans le concert universel. Deux exemples : l'un en politique, où le député élu d'une circonscription devient député de la nation tout entière et, à ce titre, élabore la loi de la nation. Représentant de sa seule circonscription, il serait porteur des seuls intérêts particuliers. Or la loi n'est pas l'agrégation des singularités, mais un énoncé universel, qui les dépasse. Le député est donc tout à la fois député de la circonscription et député de la nation. Autre exemple, dans le catholicisme : le prêtre est le représentant de l'Église, représentante du Christ-Dieu. Première face, universelle, du prêtre. Mais le prêtre exerce aussi son ministère dans un diocèse particulier, administre la messe en tel lieu, confesse tel pénitent et absout *hic et nunc* en situation. C'est dire que, par le moyen du sacrement, il fait passer les actions bonnes ou mauvaises de ses fidèles dans l'universel. Double face du prêtre, double face du député. Ces intermédiaires, qui sont, comme on dit aujourd'hui, à l'« interface », doivent avoir deux visages. C'est dire alors que le représentant ne saurait parler le seul langage du représenté, mais doit parler un langage double, capable de dynamiser le particulier dans l'universel. L'opinion du représentant ne peut donc, en aucune manière, être celle du seul représenté. Ce n'est pas seulement affaire de décalage de temps, c'est aussi affaire fondamentale de structure.

Cette structure peut nous faire percevoir comment le journaliste-représentant (de là le mot médium ou média) représente tout à la fois les intérêts particuliers agrégés de son « lectorat » et la vérité de l'information objective (traduisez universelle) qu'il est censé énoncer. Le média fait comprendre à l'agriculteur qui le lit une information en provenance du Liban, du Salvador ou de Corée. Mais il doit faire comprendre aussi à l'ensemble des catégories de son lectorat, comme aux pouvoirs publics, l'intérêt universel des mœurs et des revendications de l'agriculteur.

L'exemple du journaliste suscite immédiatement une intense controverse : à l'information, le journaliste-représentant ajoute l'interprétation – dite commentaire –, qui transforme le message jusqu'à lui donner parfois une portée exactement inverse aux intentions de l'émetteur initial. En même temps que certains commentaires qui expliquent et situent, on en rencontre d'autres plus pervers. Dans mes fonctions de président du Conseil national de la communication audiovisuelle, j'ai prononcé un jour devant un journaliste une phrase construite de façon affirmative. Je la retrouvai le lendemain, dans le journal, exactement identique, mais construite à la négative. On en a dit autant du pouvoir excessif du représentant politique, qui, souvent, trahit les intentions de son électorat, ou du prêtre, qui fut l'objet de la protestation... protestante.

Tout autre est l'expression. L'expression est auto. Autogestionnaire ou auto-organisée, elle est directe, spontanée, sans besoin d'intermédiaire avec l'universel. C'est qu'ici le microcosme exprime la totalité du macrocosme. Le petit objet vaut pour le grand. Il comprend en lui l'universel. Le décalage temporel qui existe dans la représentation est ici supprimé. L'artiste s'exprime dans sa toile, dans son livre, dans la pièce de musique qu'il élabore. Ce n'est pas que l'espace, ni le matériau, ni la ou les représentations des œuvres passées, ni les intermédiaires sociaux, des galeries d'art aux éditeurs, en passant par les critiques, ne lui résistent et ne fassent écran entre lui-même et sa création. Mais lui reste un «je ne sais quoi» d'inaltérable, le rapport immédiat à son œuvre que personne ne peut lui ôter. En un certain sens, il est sujet tout-puissant dans l'intimité de son être. En un autre, s'il a conscience de la complexité du monde, il lui reste la liberté de se faufiler entre les récifs et de déterminer sa route à partir de la juste connaissance des obstacles.

C'est ce modèle expressif qui prévaut dans l'autogestion, ou auto-organisation. Mais on s'aperçoit ici que ce modèle n'est pas sans hiérarchies. Des élites toujours, qui se prétendent purement techniques. Peut-on se débarrasser des servants de l'ordinateur dans une unité autogestionnaire ? Bien sûr que non, puisqu'ils assurent seuls les régulations internes et externes des stocks. De la même manière, les scientifiques de l'auto-organisation, de von Foerster à Maturana et de Varela à Atlan, ne peuvent ni ne veulent se débarrasser des hiérarchies de niveaux dans un tout complexe. Comment, en effet, faire tourner un système, sans différenciations internes, sans hiérarchies, fussent-elles enchevêtrées ? Un tel système, à un seul niveau, serait un système mort, à électro-encéphalogramme plat.

Mais ne confondons pas ces hiérarchies complexes avec la toute-puissance des intermédiaires représentatifs. Ceux-ci s'arrogent l'exclusivité du pouvoir, car ils sont les seuls en position biface, de double lecture simultanée du représenté et de l'universel. Les hiérarchies du modèle expressif sont enchevêtrées, à la fois montantes et descendantes, sur le mode des escaliers dans les dessins d'Escher. Chacun des éléments est en même temps supérieur et subordonné à tous les autres.

Expression et représentation s'opposent donc en tout point. Mais, précisément, aujourd'hui une confusion s'opère. Malaise. Maladie même, que je nomme tautisme.

3. *Le tautisme : première apparition*

Le tautisme, c'est la confusion des deux genres. On croit être dans l'expression immédiate, spontanée, là où règne en maîtresse la représentation. Délire. Je crois exprimer le monde, ce monde de machines qui me représentent et qui en fait s'expriment à ma place. Circularité et inversion : les mises en scène télévisées, je me les approprie comme miennes. J'ai l'illusion d'y être, d'en être, alors qu'il n'y a que découpages et choix préalables à mon regard. A tel point que je finis par prêter à la machine sociale, télévisuelle ou informatique, mes propres facultés. Les lui ayant déléguées, elles me reviennent comme si leur origine était ailleurs, dans le ciel technologique. Un peu sur le mode du retournement feuerbachien où Dieu, créé par l'homme, s'impose à lui comme son producteur. Analyse qui trouve une confirmation saisissante dans *The Second Self,* de Sherry Turkle, ouvrage qui analyse l'attitude des enfants et des adultes face à l'ordinateur[1] : ils lui prêtent âme et croyance, désir et identité. Cette machine toute faite de représentations et de simulations devient alors le seul réel qui s'exprime. C'est elle qui, désormais, forme et informe, donne joie et vie.

Nous sommes alors dans la société Frankenstein, essentiellement caractérisée par une circularité infinie. Le producteur est produit et producteur en même temps. Il n'y a ni commencement ni fin. Plus de limites.

Vieux rêve ou cauchemar du double monstrueux qui, enfin, se réalise. Enfermement.

Sans en avoir clairement conscience, nous vivons déjà une autre aventure, un autre rapport au monde et à nos semblables.

Nous ne sommes plus logés dans le système classique d'une mise en scène, d'une représentation à distance, là où le spectateur-citoyen savait qu'il regardait un spectacle, battait des

1. New York, Simon and Shuster, 1984, traduit en français sous le titre *Les Enfants de l'ordinateur,* Denoël, 1986.

mains ou sifflait, approuvait ou contestait acteurs sur les planches ou équipe au pouvoir : en ce sens, la « société du spectacle » est devenue thème démodé, car la société ne se tend même plus le moindre miroir à elle-même. Dans le rapport à la nature ou aux machines, cette prise à distance, on l'a vu, était dominée par la préposition « avec ». Rapport ustensilaire, instrument qui, installant la distance entre sujet et réalité, les maintient intacts l'un et l'autre.

Nous ne vivons pas plus dans une société expressive marquée par des autogestions locales en voie de généralisation, sur le modèle des théâtres expérimentaux qui mêlaient dans l'allégresse spectateurs et acteurs. Fusion où chacun, librement, sur le mode rousseauiste, consent à livrer une part de lui-même à la collectivité, tout en sachant conserver le charme d'une individualité privée. Dans le rapport à la nature ou aux machines, cette fusion effusive était dominée par la préposition « dans ». Rapport non totalitaire à la nature qu'il s'agissait d'épouser, en conservant son quant-à-soi, où l'individu conservait sa liberté d'énoncer, au cas par cas, sa position juste devant les événements. Fête à la Rousseau ou autogestion socialiste, autant de formes possibles de ces expériences répétées, de ce lien social chaud, parfois en ébullition.

Représentation et expression : deux visions du lien social, chacune avec sa force, chacune trouvant dans l'autre compensation à ses limites.

Mais ce système autocorrecteur semble s'être effondré. Car le tautisme est venu. Il est déjà là, opérant confusion entre la représentation et l'expression.

4. *Troisième définition de la communication*

Portés disparus ici, le message, le sujet émetteur, le sujet récepteur. Supprimées, la réalité du sujet, la réalité du monde, partant la réalité interactive des individus. Éliminée, toute référence à la représentation cartésienne qui pose à distance le sujet et l'objet. Éliminée aussi, toute référence à l'expression spinoziste, à la délicate insertion d'un sujet complexe dans un environnement complexe.

Ici, la communication n'est plus que la répétition imperturbable du même (tautologie) dans le silence d'un sujet-mort, ou sourd-muet, enfermé dans sa forteresse intérieure (autisme), capté par un grand Tout qui l'englobe et dissout jusqu'au moindre de ses atomes paradoxaux. Cette totalité sans hiérarchie, cet autisme tautologique, je les nomme *tautisme,* néologisme qui condense totalité, autisme et tautologie. La communication se fait ici de soi à soi-même, mais d'un soi dilué dans un tout. Cette communication-là est donc celle d'un non-soi à un non-soi-même.

Cet écrasement, cette confusion généralisée, nous les devons à un non-sens initial : lorsqu'on prend le représenter pour l'exprimer ou l'exprimer pour le représenter. Lorsqu'on croit que ce qui nous est donné à voir par la représentation est l'expression même de la réalité du monde sensible, ou encore lorsqu'on interprète la réalité sensible, immédiate, comme une mise en scène, un trompe-l'œil. Ils sont là, les pièges de la société Frankenstein : il est niché là, son germe tautistique, c'est-à-dire totalitaire.

On l'étudie ici en une première approche, avant d'illustrer le phénomène dans la pratique la plus répandue : celle des médias.

5. *Tautisme : description première*

Tautisme que je vais maintenant m'efforcer de cerner, dans ses parcours et ses espaces : dans la *quick therapy* comme dans le *« double self »* de l'ordinateur humain, dans les études de mass media comme dans la science cognitive.

Sourd à toute objection comme à toute limitation venues de la représentation ou de l'expression, puisqu'il les réunit en un tout, le tautisme utilise la tautologie comme seule vérification : si je répète, je prouve. Le tautologisme, ici, se trouve joint à la surdité, à l'autisme. Pathologie des théories de la communication arrivées à ce point extrême où il n'y aurait plus rien à dire, à communiquer à autrui, non plus qu'à entendre comme « réel », si ce n'est la simple répétition, artificielle, d'un soi, qui est déréalisé au point de se confondre avec son double. Et s'il ne s'agit pas d'un autisme au sens clinique du terme, il s'agit au moins de cela : d'un tautisme, d'un enfermement solipsiste, sans autre issue que de s'en remettre alors au dieu « computationnel » et à la religion d'une communication vide.

Ce phénomène tautistique peut se décrire ainsi : on ne prend plus le réel comme représenté. Le réel n'est pas non plus ce qu'on a inventé sous ce nom en l'exprimant. Dans le tautisme, on prend la réalité représentée pour une réalité exprimée. On prend le représenté pour le représentant. On prend les réalités de deuxième degré formées par les émetteurs ou les réalités de troisième degré formées par les récepteurs pour une seule et même réalité, de premier degré, qui se confond avec les données brutes. Comme s'il y avait des données brutes, comme si la chaîne des intermédiaires, qui ont extrait l'information, produit son cadre, sa mise en œuvre jusqu'au récepteur, était brusquement supprimée. Comme si le récepteur lui-même n'était qu'une éponge absorbante qui accepte tel quel le signal électrique transmis. Totalitarisme du tautisme. Folie muette de la dénégation du réel. Visée totalisante et enfermement circulaire décrits par Baudrillard qui y contribue à son insu. Pas d'échappée possible, comme il le dit encore, quand on a passé le « point Canetti », quand on est sorti de l'histoire pour entrer dans la sidération. A voir. Dénonçons en décrivant. Nous chercherons par là une issue. Mais, pour l'instant, nous y sommes : l'exemple des sondages qui créent l'événement en prétendant le décrire le prouve abondamment. *Tautisme,* disons-nous : c'est la contraction de deux termes, autisme et tautologique. Autisme, maladie de l'auto-enfermement où l'individu n'éprouve pas le besoin de communiquer sa pensée à autrui ni de se conformer à celle des autres et dont les seuls intérêts sont ceux de la satisfaction organique ou ludique[1]. Est dite tautologie toute proposition identique dont le sujet et le prédicat sont un seul et même concept[2] ou encore, suivant Wittgenstein, toute proposition complexe qui reste vraie en vertu de sa forme seule, quelle que soit la valeur de vérité des propositions qui la composent. Le tautisme, c'est un autisme tautologique.

1. C'est le cas des virtuoses obsessifs de l'ordinateur, appelés, aux États-Unis, *hackers.*

2. Carnap, « Die mete und die mene Logik », VIII, in *Erkenntnis,* 1930, E.I., p. 2.

Tautisme évoque encore totalité. Un grand tout qui nous englobe et dans lequel nous sommes dilués. La poisse. Tautisme ou autisme tautologique du grand tout qui ne souffre aucun fragment en son sein, serait-il soumis à une hiérarchie. Cela, le tautisme ne le veut pas. Il refuse la différence entre la partie et le tout, même si la partie représente le tout : vision fragmentiste qui est celle d'Anne Cauquelin[1]. *A fortiori* ne veut-il pas de la vision classique des théologiens médiévaux, celle du *totum integrale* ou tout intégral, tout qui intègre hiérarchiquement les parties, vision qui nous donna la santé en Occident[2].

6. *Tautisme : manifestations pratiques*

Dans la vie pratique, que dire de la situation de l'enfant américain devant la télévision allumée sept heures qui, en même temps, téléphone cinq heures par jour et pianote sur son ordinateur durant de bons moments ? Il fait ses devoirs seul ou avec ses amis au téléphone, ou en usant de l'ordinateur, tout en regardant sans regarder, entendant sans entendre la télévision. Quelle vision de la réalité se construit-il alors, sinon celle d'une réalité éloignée comme le dieu caché de Goldman, fragmentée et fluente, imaginaire ? Nous ne vivons pas encore cela en Europe, mais les cent mille ordinateurs de Laurent Fabius dans les écoles ou les pratiques italiennes qui consistent à brancher dans une même pièce plusieurs télévisions en même temps indiquent que nous prenons ce chemin : des images, images éclatées et différentes, toujours relayées par la machine, arrivent de partout, et les messages s'annulent pour ne laisser subsister que la rumeur. La tentation est grande alors de s'identifier à cette rumeur, de se laisser investir par elle, jusqu'à ne former qu'un avec elle, jusqu'au mutisme.

Tautisme dont nous verrons plus loin les manifestations dans la science cognitive, dont l'école de Vienne avait prophétisé la structure, en annonçant que toutes les propositions de la logique et des mathématiques présentent le caractère d'être formelles,

1. Voir son *Court Traité du fragment,* Aubier-Montaigne, 1986.
2. Voir Pierre Legendre, *L'Inestimable Objet de la transmission,* Fayard, 1985, p. 116.

ne nous apprennent rien sur la réalité et, par là, méritent le qualificatif de tautologiques[1]. La science cognitive, ou science tautologique. Science tautistique du tautisme.

Qu'en est-il pour les *hackers* et les enfants, dans la pratique concrète comme dans l'imaginaire qui s'en empare ? N'y a-t-il pas une véritable « conversion » dans le spectacle quotidien et la cohabitation permanente de l'homme avec la machine ? Ne pourrait-on parler de cure ordinatique venant relayer la cure analytique ? Le *« second self »*, que décrit S. Tuckle avec ironie et précision, semble s'installer dans notre intimité, introduisant dans les foyers la figure stupéfiée de la société Frankenstein.

Cette cure, que suivent des milliers d'humains très ordinaires, trouve alors son apogée et comme sa consécration au suprême niveau : d'élégants cerveaux en propagent la religion et en suivent les rites diurnes et nocturnes au dernier étage du MIT, d'où ils ensemencent le tout-venant... La science cognitive offre ses lettres de noblesse au tautisme. La société Frankenstein n'a pas seulement ses curistes et ses médias, mais aussi, et plus divinement, sa Science.

Ce mouvement, nous pouvons en suivre les manifestations tentaculaires en divers domaines tant pratiques que théoriques. Car c'est bien là une tentation, commune, que de se laisser aller à la spirale d'une passion du tout-Un, sans plus de distinction entre ce qu'il en est de soi et du monde ; que de se jeter tête baissée dans la matrice technologique de l'ordinateur... Même en un domaine tel que la thérapie analytique, quand il s'agit de patient, de souffrance et de cure, le mouvement tautistique se saisit de la parole guérisseuse pour l'entraînement dans le vertige. Nous en jugerons sur pièces avec la *quick therapy,* cette curieuse pratique d'outre-Atlantique, dont nous suivrons les détours avec B. Shaw et W. Erhard, et que je qualifie de « thérapie Frankenstein ».

Parmi toutes ces pratiques, c'est celle des mass media qui est la plus visible, qui nous affecte tous à chaque instant. Pratique la plus quotidienne, qui peut le mieux nous introduire au tautisme. Les pratiques « médiatiques », par lesquelles, tous autant que nous sommes, nous nous informons des événements du

1. Lalande, *Vocabulaire de philosophie,* p. 1103.

monde où nous sommes plongés, n'échappent guère à ce recouvrement du représenter et de l'exprimer, qui, en se superposant, nous livre à la confusion de l'émetteur et du récepteur sans que nous ne puissions plus trouver aucune source de réel en dehors du circuit bouclé des messages qui se renvoient les uns aux autres. Frankenstein intervient aussi dans les mass media : le tautisme est présent dans le lieu où il semblerait qu'il y a moins de mutisme. C'est que, à trop parler, plus rien ne se dit, et la prolixité, comme il en est du psittacisme, induit la répétition vide, le tautologisme. Toute parole y a le même poids d'irréalité.

II. Les médias Frankenstein

Qu'en est-il des mass media, presse écrite, télévision, vidéo, audiovisuel, dans son ensemble en extension, y compris les recherches, c'est-à-dire les tonnes de littératures appelées *mass media studies*? Il est nécessaire de se «brancher» sur ces recherches qui disent le vrai à leur insu, de suivre ici le mouvement hélicoïdal qui procède à leur développement et qui accompagne le mouvement hélicoïdal[1] des pratiques tautistiques des médias.

Car c'est un des aspects «tautiques» des mass media que de ne plus pouvoir distinguer ce qui relève de l'évolution techno-économique des moyens de diffusion et ce qui appartient aux théories qui en analysent les éléments et en commentent les effets. Le serpent de mer de l'informatique affecte tous les phénomènes qui s'y rapportent et contribue à les rendre semblables entre eux. Ainsi de tous les débats sur les sondages où l'on voit se mêler la question d'une objectivité impossible au fait que les sondages influent sur les sondages et que la diffusion du dernier sondage entraîne la construction de la prochaine réponse et cela dans un tournoiement sans fin. On peut se

1. J'emprunte le terme «hélicoïdal» à Frank E.X. Dance, «An helical model of communication», in *Foundations of Communication Theory,* Harper and Row, 1970, p. 103. Baudrillard, plus tard, parlera aussi de spirale.

demander si les tout derniers débats sur les sondages ne vont pas affecter les réponses aux prochains sondages. Les individus vont-ils s'arrêter de répondre à des sondages dont on leur a démontré l'inanité ? Ou vont-ils, comme dans l'émission du fantaisiste (Collaro), répondre : « Je suis contre les sondages » au sondage sur les sondages ? Comment s'est donc constitué ce nœud ?

Tout comme on le verra à propos de l'intelligence artificielle ou de la biologie béhavioriste, le point de départ d'une réflexion sur la communication est toujours le schéma classique de la décision, cartésien, représentatif. Dans ce schéma fragmenté, mécanique, l'émetteur est tout-puissant. C'est lui qui envoie la boule de billard, le message qui frappera l'auditeur, le sujet actif, le prince. Le pouvoir entend décider l'autre ou pour l'autre, sujet passif, tout ouïe et tout consentement. On suppose celui-ci prêtant l'oreille au contenu du message et on lui laisse le loisir, cependant, de juger de la réalité de l'authenticité ou du charme persuasif du message reçu. A l'émetteur de se débrouiller pour le rendre acceptable.

A. LES PREMIÈRES ANALYSES : LA DOMINATION DE L'ÉMETTEUR

C'est le modèle béhavioriste d'un stimulus extérieur et d'une réponse qui prévaut ici. Un réflexe quasi conditionné au message installe l'idée d'une domination de celui qui provoque le message. Les ancêtres de cette théorie furent Charcot (hystérie, hypnose), Le Bon (la propagande et la psychologie des foules), Tarde (l'imitation[1]).

Le récepteur est passif, en état hypnotique dit-on, largement influencé par la propagande. La masse est molle, malléable. Jusqu'à Baudrillard, l'ultracritique de la modernité qui parle de sidération... au point d'en être sidéré.

Le schéma d'une transmission linéaire de l'information nous vient aussi de la théorie de l'information de Shannon et Weaver,

1. Encore que Tarde donnait de l'imitation une interprétation très active. Mais il ne fut lu que dans le sens *passif,* ce qui seul compte. Voir *Les Lois de l'imitation,* Slatkine, 1979.

déjà exposée. Mais, comme le dit Thayer, «on oublie souvent que Claude Shannon et Norbert Wiener ont autrefois démenti spécifiquement que leur théorie soit pertinente au processus de la communication humaine. On oublie que Shannon pensait principalement à la transmission et à l'acquisition de signaux électroniques[1] ». Le béhaviorisme «oublia» cette «nuance» : Humphrey, F.H. Allport, Holt, plus tard Hull, Eysenck, Furneaux, Hilgard, Tart et bien d'autres s'inscrivirent volontairement ou à leur insu dans le schéma pavlovien du déclic qui engendre une réaction, nous poussant à considérer que le destinataire est toujours sous contrôle de l'émetteur, ce que Ravault appelle excellemment la thèse de la victimisation du destinataire[2].

Plus tard, le modèle se nuance. Entre le stimulus (S) et la réponse (R) interviennent des filtres : la société, le monde, la culture ou les modes de production. Des écrans s'insinuent entre R et S. La cybernétique, avec la notion de feed-back, complique le modèle. A chaque tour de piste, celui qui reçoit devient un émetteur. C'est cet émetteur toujours qui importe. Je songe ici aux modèles de Lasswell ou de Schramm. Lasswell et son modèle des 5W, qu'il dénonce en en restant prisonnier, illustrent le propos : *who says what to whom through which channel with what effect* (qui dit quoi à qui à travers quel canal avec quel effet). Or ces questions valent aussi bien dans le sens émetteur/récepteur que dans le sens récepteur vu comme émetteur vers d'autres récepteurs[3]. Le modèle de Schramm est voisin, c'est toujours l'émetteur, placé ou non un moment en position de récepteur, qui est pris en considération et réellement travaillé[4].

1. *Cybernétique et Communication humaine*, 6e congrès international de cybernétique, Namur, Belgique, septembre 1970.
2. Voir sur tous ces auteurs et des auteurs plus critiques la très bonne thèse de Ravault, *Some Possible Economic Dysfunctions of the Anglo-American Practice of International Communications,* University Microfilms international, Ann Arbor Michigan, 1980.
3. H.C. Lasswell, «The structure and function of communication in society», in *The Communication of Ideas,* ouvrage collectif sous la direction de Lyman Bryson, New York, Harper and Brothers, 1948, p. 37.
4. Schramm, *Men, Messages and Media : a Look at Human Communication,* New York, Harper and Row, 1973; «The nature of communication between humans», *The Process and Effects of Mass Communication,* ouvrage collectif sous sa direction, revised edition urbana, University of Illinois Press, 1971.

Qu'il s'agisse encore de théoriciens marxistes, comme H. Shiller, qui dénoncent l'impérialisme des médias ou d'ouvrages à succès, comme *La Persuasion cachée,* de Vance Packard, on s'occupe toujours du contrôle exercé par l'émetteur sur la population. Comme le dit Lasswell, les fonctions de l'émetteur sont essentielles. Surveillance, mise *in tune* de ce qu'envoie l'émetteur avec ce que pense le récepteur, transmission de l'héritage social à de nouvelles générations. On ne saurait être plus clair. Et le Lazarsfeld de la première génération ne pensait pas autrement, qui cherchait les effets des mass media sur leur audience, sans jamais les trouver. C'est bien le «représenter» qui est convoqué pour soutenir ce modèle. Séparation du représentant et du représenté en émetteur et récepteur, séparation des sujets émetteur et récepteur d'avec l'objet message, réalité des deux sujets et réalité objective du message : le tout est formalisable mathématiquement, y compris la circularité cybernétique, tandis que le bruit est vu comme extérieur, gênant la réception.

B. L'ÉMETTEUR PERD ICI DU POUVOIR : LE RÔLE DES INTERMÉDIAIRES

L'émetteur perd ici de son pouvoir, sans pour autant perdre tout pouvoir. Comme il arrive aux théories de l'information, la prise en compte d'intermédiaires-filtres va compliquer le schéma. L'arrivée sur scène de ces médiateurs est diversement traitée par des auteurs comme Westley et MacLean, Katz et Lazarsfeld, et les théoriciens de l'*agenda-setting.*

Dans le modèle de Westley et MacLean[1], le message que le messager C transmet à B, le récepteur, représente la sélection de deux messages à la fois, celui venant de A, l'émetteur, des sélections de C, des abstractions venant des objets de l'orientation (de X1 à X-) et des abstractions de Xs dans son propre

1. Bruce H. Westley et Malcolm S. MacLean, «A conceptual model for communication research», in *Foundations of Communication Theory,* ouvrage collectif sous la direction de Kenneth Sereno et David Mortensen, New York, Harper and Row, 1970, p. 73, et Toch et MacLean, *ibid.,* p. 125.

champ sensoriel à lui, C, le messager. Les sélections ou abstractions peuvent très bien ne pas venir de A, l'émetteur. Le feedback est complexe. Il va de B, le récepteur, à A, l'émetteur ; il passe de B à C, le messager, mais aussi de C, le messager, à A, l'émetteur. En somme, la principale originalité du modèle est dans l'importance accordée à l'intermédiaire qui questionne aussi bien l'émetteur que le récepteur et tente de déterminer quels sont les symboles partagés par les deux. Le fait que l'intermédiaire serve comme agent du destinataire constitue un important déplacement de la problématique initiale, qui accordait un poids exclusif à l'émetteur.

Mais Westley et MacLean s'arrêtent en chemin. L'encodage est décrit par eux comme étant le processus par lequel A et C transforment l'objet initial : ils donnent par là un pouvoir de transformation à l'émetteur, sans reconnaître le même pouvoir au destinataire. Car ils décrivent le décodage comme « le procès par lequel le destinataire B intériorise le message ». Simple intériorisation ici sans création. Seul l'émetteur est créatif.

1. *« Two-step flow communication »*

Le *two-step flow communication*[1], ce modèle, est trop connu pour que nous y insistions longuement. Après ses premières déceptions sur les effets directs des médias[2], Lazarsfeld s'associe à Katz et présente un autre modèle. Les médias n'influencent pas le public directement *(one-step flow),* mais par l'intermédiaire de groupes ou de leaders qui reprennent ou non le message des médias. Ces leaders d'opinion sont en fait très semblables à ceux qu'ils influencent. Il existe un flux d'influence des médias sur les leaders et de ceux-ci sur l'opinion. Il est évident

1. Elihu Katz et Paul Lazarsfeld, *Personal Influence,* Glencoe Free Press, 1955.

2. Lazarsfeld, le grand ancêtre, conçut la première machine à mesurer l'audience en y incluant la mesure de l'émotivité ; voir Mark Levy, « The Lazarsfeld Stanton program analyser : an historical note », in *Journal of Communication,* automne 1982, t. XXXII, n° 4 ; voir Lazarsfeld et Stanton, *Radio Research,* Dnell 1944, Sloan New York ; voir aussi Lazarsfeld, Berelson et Gaudet, *The People's Choice,* Columbia University Press, 1944.

que, ainsi posé, le problème reste celui d'une origine fléchée de l'information, qui appartient toujours à l'émetteur, même si l'émetteur est double.

Mais, comme on le verra dans l'évolution actuelle de Katz, il n'est pas innocent de déplacer ainsi la question. Car, à tant insister sur les symboles partagés par les leaders et ceux qui les écoutent, on finit par développer des analyses de plus en plus fines de sociopsychologie du destinataire. L'important est seulement ici de noter le *two-step flow* comme une étape, comme une fêlure dans l'ancien système fonctionnaliste, informatif, représentatif de la sociologie américaine.

Dans ces modèles, les choses restent distinctes : stimuli, effets, même s'il y a parfois interaction entre les deux, quand les analyses deviennent plus fines. Mais le message est réel, objectif, les acteurs restent séparés. La représentation est encore reine.

2. *Le modèle de Ianis et Hovland*

La même indécision se reflète dans le modèle de Ianis et Hovland[1] S'attachant au phénomène de persuasion, ces deux auteurs se placent du côté de l'émetteur avec la notion behavioriste de *« communication stimuli »* et de *« communication effects »*. Mais comme ils s'intéressent à la profondeur de la persuasion, c'est-à-dire, par-delà le changement de mots, aux changements de perception, d'affects et d'action, ils sont amenés à s'intéresser à la psychologie du récepteur et à sa part d'autonomie relative. Reste que cette autonomie est toujours linéairement dépendante *(effects)* des stimuli originaires. Comme le montre le schéma de la page 120.

1. « An overview of persuability research », in *Foundations of Communication Theory,* 1970, p. 226.

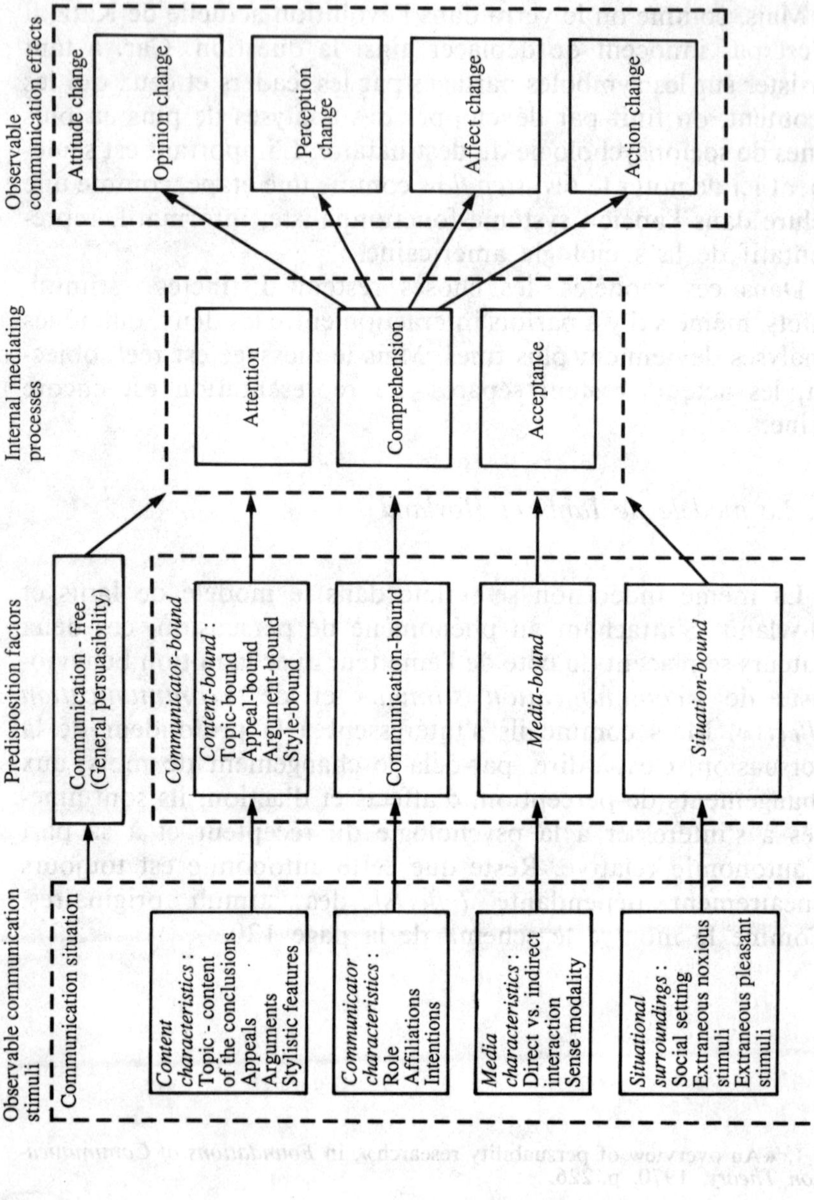
Observable communication stimuli
Communication situation
Content characteristics : Topic - content of the conclusions Appeals Arguments Stylistic features
Communicator characteristics : Role Affiliations Intentions
Media characteristics : Direct vs. indirect interaction Sense modality
Situational surroundings : Social setting Extraneous noxious stimuli Extraneous pleasant stimuli
Predisposition factors
Communication - free (General persuasibility)
Communicator-bound
Content-bound : Topic-bound Appeal-bound Argument-bound Style-bound
Communication-bound
Media-bound
Situation-bound
Internal mediating processes
Attention
Comprehension
Acceptance
Observable communication effects
Attitude change
Opinion change
Perception change
Affect change
Action change

Dans tous ces modèles, les choses restent distinctes : stimuli, effets, même s'il y a parfois interaction entre les deux, quand les analyses se raffinent. Mais le message est réel, objectif, les acteurs restent séparés. La représentation est encore reine. Même si l'émetteur a perdu une part de pouvoir, le représentant et le représenté restent localisés en des lieux différents. Le schéma, quoique plus compliqué, n'est pas pour autant complexe au sens d'une différence entre complication et complexité.

3. *Autre type d'ambivalence : l'analyse de contenu*

L'analyse de contenu est trop connue dans les sciences sociales pour qu'on y insiste.

Nous l'avons nous-mêmes utilisée dans quelques enquêtes, de « L'opération de décentralisation industrielle à Rangeuil-Lespinet » à « Discours Saint-Nom[1] ». En France, dans le domaine de la rhétorique politique, émergent les recherches sur ordinateur de Jean-Marie Cotteret[2]. Aux États-Unis, la tradition est plus ancienne, mais je donnerai pour exemple les travaux plus récents de Cherwitz ou de Hart[3].

A l'évidence, l'analyse de contenu de Cotteret se place du côté des gouvernants puisqu'elle porte sur de Gaulle, Giscard ou Mitterrand. Mieux encore, dans son premier livre, Cotteret semble penser qu'« à travers les mots se dégagent des images que les gouvernants imposent aux gouvernés » et que « par les moyens audiovisuels s'établissent de nouvelles relations entre

1. Documents ronéotés CREDAP (Centre de recherche et d'études sur la décision administrative et politique).

2. *Le Vocabulaire du général de Gaulle,* Fondation nationale des sciences politiques, 1969, ou *Giscard/Mitterrand : 54774 mots pour convaincre,* même éditeur, 1975.

3. Richard Cherwitz, « Lyndon Johnson and the crisis of Tonkin Gulf : a president's justification of war », in *Western Journal of Speech Communication,* printemps 1978, p. 93 ; « Imperial mission and manifest destiny, a case study of political myth in rhetorical discourse », in *The Southern Speech Communication Journal,* printemps 1978, p. 213. Roderick Hart, *The Political Pulpit,* Indiana, Purdue University Press, 1977 ; « A commentary on popular assumptions about political communication », in *Human Communication Research,* été 1982, vol. 8, n° 4, p. 366.

gouvernants et gouvernés, les premiers dirigeant et conditionnant les seconds»[1]. Analyse classique.

Mais l'auteur ajoute aussitôt qu'une seconde voie possible «serait un approfondissement de l'univers du général de Gaulle à partir de l'analyse des mots». C'est en fait la voie qu'il suivra dans toutes ses analyses. Ce point de vue est tout à fait différent. Il ne s'agit plus de travailler sur l'influence d'un discours, mais sur ce discours en tant que porteur d'un univers intrinsèque. De la même manière, lorsque nous avions travaillé sur Saint-Nom-La-Bretèche, nous avions voulu dégager les univers respectifs des différents actants et des groupes de la population, sans nous intéresser à l'influence des uns sur les autres. Il est déjà très utile de connaître tel trait particulier et surprenant du vocabulaire de tel homme politique, ou de savoir que les discours-appels de de Gaulle étaient différents des discours-bilans ; comme il n'est pas inutile de savoir que le discours de besoin, à Saint-Nom, est prononcé davantage par les classes les plus favorisées et que les autres, sur ce point, sont presque muettes.

De la même façon, Cherwitz montre que le discours de crise de Johnson s'insère dans une rhétorique plus large relayée par les médias, typiquement américaine, différente de la rhétorique impériale anglaise, et qui consiste ni plus ni moins à sauver le monde du mal. Dans tous ces cas, on se place du côté de l'émetteur-gouvernant (Cotteret), de l'émetteur gouverné et gouvernant (équipe CREDAP), ou encore dans la recherche des mythes unificateurs d'une société (Cherwitz, mais aussi Sfez dans *L'Enfer et le Paradis*[2]).

Dans tous ces cas, si les objets et procédés sont différents, la place de l'analyse de contenu dans le dispositif émission-réception est identique : l'analyse de contenu ne dit pas superbement : «Je vous décris ce qui influence.» Elle dit seulement : «Je vous démonte ce qui est dit.»

Mais démonter ce qui est dit entraîne des effets dans les métacompréhensions des discours, des effets aussi sur les pratiques. Savoir que le discours de besoin est peu exprimé par les

1. *Vocabulaire du général de Gaulle, op. cit.*, p. 9 et 10.
2. PUF, 1978, et dans divers travaux empiriques de l'équipe CREDAP, par exemple les mémoires de «Carros» (document ronéoté, 1981).

classes défavorisées ne signifie pas qu'elles n'expriment aucune revendication, mais signifie que les discours politiques comme les documents administratifs – du Plan par exemple – n'ont pas de sens, sont, littéralement, une langue étrangère aux populations. Le terme de demande sociale formulée (toujours en fait formulé par des responsables) remplace alors le terme de « besoins » objectifs et naturels, utilisé précédemment. On pourrait en dire autant aujourd'hui du vocable envahissant de « communication », mis à toutes les sauces, et qui est de moins en moins entendu, c'est-à-dire compris. Influence ici des analyses de contenu, non pas en tant que leur effort porterait sur les dispositifs d'influence des contenus, mais en tant que leur connaissance entraîne à la longue des changements de pratiques. Leur seule publication (et leur financement) suppose implicitement que le récepteur n'est pas passif et peut s'inventer d'autres comportements.

On peut en dire autant des recherches de Cotteret : mesurer précisément les évolutions du discours de Mitterrand n'est pas sans conséquences sur notre compréhension de la vie politique. Plus encore, la diffusion par les grands médias des analyses de Cotteret doit avoir des conséquences (au moins indirectes) sur le style du discours politique : encore un champ de recherche à explorer. Au moins peut-on constater dès aujourd'hui que le projet de l'analyse de contenu reste neutre dans la querelle théorique de l'émetteur et du récepteur, même si, enfermée dans la langue, elle est parfois tentée de se prendre pour parole. Travaillant sur le code, elle ne peut vraiment traiter des images actives et polyvalentes qui nous font agir. Mais elle peut déterminer ce qui, dans ces images, fonctionne comme règle préalable partagée entre l'émetteur et le récepteur. Qu'elle se garde bien d'aller au-delà[1].

Plus avant dans la complication, on voit se dessiner la subtilité des analyses de Mac Comb avec la possibilité d'agir indirectement sur le destinataire par les *agenda-setting*. Mais peut-être ici entrons-nous déjà *timidement* dans le mouvement de l'expression, là où le destinataire va détrôner l'émetteur.

1. Voir Jacques Guillaumou dans la revue *Dialectiques* (novembre 1975) et notre position dans *L'Enfer et le Paradis* (en particulier dans la 2e partie), *op. cit.*

4. *L'« agenda-setting » de Mac Comb*[1]

Mac Comb et Shaw introduisent, en 1972, une nouvelle figure des médias : l'*agenda-setting.* Les éditeurs et les programmateurs jouent un rôle important dans la formation de la réalité sociale par la sélection et le classement des informations. Ils sont, en somme, les auteurs d'un véritable agenda public qui ordonne et organise notre monde.

Avec l'*agenda-setting,* Mac Comb entend jeter un pont entre la théorie d'un effet direct des médias et la théorie psychologique et cognitive des *uses and gratifications.* La première n'a pas donné de grands résultats, comme l'ont constaté Katz et Lazarsfeld dans leur *Personal Influence*[2]. La seconde est trop utilitariste et fonctionnelle. Elle suppose un « besoin d'orientation » caractérisé par un intérêt pour un objet et une incertitude sur cet objet, intérêt et incertitude qui créent un manque, que le consommateur comble par l'information. Théorie rationnelle et cognitive qui, selon McGuire, expliquerait que les individus s'informeraient et rapporteraient vraiment l'information à leur « comment vivre, dans telles circonstances et dans tels rôles ». La politique obéirait aux règles d'un *problem solving* analogue au *problem solving* de Simon. Il suffirait alors de dresser la carte cognitive de chacun et de tous. Brr...

Mac Comb essaie d'éviter les inconvénients de ces deux théories, et son *agenda-setting* se situe entre les deux. Oui, il y a des effets des médias. Mais ce ne sont pas des effets directs. Oui, il y a bien des usages et des gratifications recherchées, mais le besoin d'orientation est bien plus souple, moins rationnel, moins cognitif qu'on ne croit. Tout dépend d'ailleurs des questions : si le spectateur est directement concerné (la hausse des prix ou même l'inflation), son jugement restera indépendant des médias. S'agit-il, au contraire, d'objets avec lesquels sa relation

1. Mac Comb, *Media Agenda Setting in a Presidential Election,* Praeger, 1981 ; *Using Communication Theory,* Prentice Hall, 1979 ; Mac Comb et Weaver, « Toward a merger of gratifications and agenda-setting research », in *Media Gratifications Research,* Karl Rosengren, non publié, 1985.

2. Malgré les nuances exprimées à ce sujet par certains auteurs et Katz lui-même. Voir Francis Balle, *Médias et Société,* Éd. Montchrestien, 1988, 4e édition, p. 570 *sq.*

est *distante* ou inexistante (la diplomatie), le téléspectateur suivra avec attention l'agenda présenté par les médias.

Mac Comb développe ici l'idée selon laquelle les médias sont sans effet sur le *quoi* penser (contenu), mais qu'en revanche ils nous disent *comment* il faut penser (mise en forme) à tel sujet, conférant alors statuts, stéréotypes et images au réel. L'*agenda-setting* est axé sur l'influence à long terme des médias, à la différence des conceptions cognitives du « besoin d'orientation ». Car la presse ne nous influence pas sur le contenu, mais sur la perception des objets et de leurs attributs. Par ce qu'ils soulignent ou excluent, les médias nous offrent une réalité de seconde main. Mais il se trouve que l'émetteur n'est pas seul en cause. Il existe de substantielles corrélations entre les agendas de la presse et les préoccupations du public.

Place intermédiaire de l'*agenda-setting* qui renvoie à la place ambivalente d'une théorie marchande, échangiste, entre la domination de l'émetteur et celle du récepteur.

C. LE DESTINATAIRE DÉTRÔNE L'ÉMETTEUR[1]

1. *Le modèle de Kelman*

On prend ici Kelman pour exemple, avec sa trilogie « acquiescement, identification ou internalisation[2] ». Partant de l'idée classique en psychologie sociale de l'auto-invention du réel, Kelman met au point une combinatoire des trois procès de l'influence sociale. Soit on acquiesce, sans plus. Soit on s'identifie en conformité stricte avec l'ordre social. Soit on intériorise,

1. Voir Louis Marin, « Pouvoir du récit et récit du pouvoir », in *Actes de la recherche en sciences sociales,* n° 25, 1979, p. 23 ; voir aussi Louis Quéré, *Des miroirs équivoques,* Aubier-Montaigne, 1982, p. 154.

2. Kelman et Warwick, « Bridging micro and macro approaches to social change : a socio-psychological perspective », in *Process and Phenomena of Social Change* (Gerald Zaltman ed.), John Wiley and Son, 1973 ; aussi Kelman et Lawrence, « Assignment of responsibility », in « The case of LT Calley », in *Journal of Social Issues,* vol. 28, n° 1, 1972 ; Kelman, « The role of the group in the induction of therapeutic change », in *International Journal of Group Psychotherapy,* vol. XIII, n° 4, octobre 1963 ; Kelman, « Processes of cognition change », in *Foundations of Communication Theory,* précité, p. 267 ; Kelman, « Further thoughts in the processes of compliance, identification and internalisation », in *Perspectives on Social Power* (Tedeskied), Chicago Aldine, 1974.

c'est-à-dire qu'un travail interne d'évaluation s'opère en nous, par lequel nous confrontons ce que nous pensons et ce qui nous est demandé en fabriquant finalement une position « personnelle ». Pour ce faire, nous réaménageons peu à peu nos valeurs, nos rapports fin-moyens, notre perception.

Nous présentons ce modèle de Kelman, moins pour sa valeur propre qu'en tant qu'il est une illustration d'une tendance de la psychosociologie qui savait depuis belle lurette ce que les spécialistes des mass media ne savaient pas et qu'ils découvrent sur le tard : tout passe par les conditions psychologiques et par celui qui crée en recevant. Comme le montre le schéma ci-contre.

2. *Le modèle de Ghiglione : « Le contrat de communication »*[1]

Ghiglione et son équipe proposent un modèle psycholinguistique fondé sur deux choix : d'une part des signes, des sujets et une société présentant un ensemble de règles systémiques, d'autre part une mise en œuvre par les sujets des systèmes de signes dans la mesure des enjeux à un moment situé, « qui instruisent le caractère potentiellement discursif de la relation, dont la transformation en dialogue régulier est médiatisée par la mise en œuvre d'un contrat de communication »[2].

Trois conséquences : la définition d'une situation comme potentiellement discursive, parce que liée à des enjeux, entraîne la notion de stratégie rhétorique ; la mise en œuvre d'un contrat de communication pertinent aux enjeux est seule capable de transformer la situation potentiellement discursive en dialogue et entraîne la notion de dicibilité qui implique la connaissance des objets en cause, des règles conversationnelles et des déterminismes des sujets les uns sur les autres ; la réussite ou l'échec de « la parole d'influence » inscrite dans un contrat de communication rend nécessaire de faire appel aux modèles du changement d'attitude.

1. Sous ce titre recherches dirigées par R. Ghiglione, *Enjeux théoriques et expérimentaux,* Presses et Publications de l'université de Paris VIII, 1983.
2. *Ibid.* Voir aussi R. Ghiglione, *L'Homme communiquant*, A. Colin, 1986, et, sous sa direction, *Je vous ai compris, ou l'analyse des discours politiques,* A. Colin, 1989.

Processes of opinion change			
	Compliance	*Identification*	*Internalization*
Antecedents :			
1. Basis for the *importance of the induction*	Concern with social effect of behavior	Concern with social anchorage of behavior	Concern with value congruence of behavior
2. Source of *power of the influencing agent*	Means control	Attractiveness	Credibility
3. Manner of achieving prepotency of the induced response	Limitation of choice behavior	Delineation of role requirements	Reorganization of means-ends framework
Consequents :			
1. Conditions of performance of induced response	Surveillance by influencing agent	Salience of relation-ship to agent	Relevance of values to issue
2. Conditions of change and extinction of induced response	Changed perception of conditions for social rewards	Changed perception of conditions for satisfying self-defining relationships	Changed perception of conditions for value maximization
3. Type of behavior system in which induced response is embedded	External demands of a specific setting	Expectations defining a specific role	Person's value system

La condition nécessaire d'un dialogue régulier – à savoir la connaissance minimale partagée des objets thématiques en cause dans les enjeux – suppose une connaissance initiale et une connaissance progressivement acquises par « transfert de dénomination d'un objet thématique dont la connaissance est partagée à un objet thématique dont la connaissance n'est détenue que par une seule des entités sujets[1] ». Il faut aussi connaître – autre condition – le type de proposition où se trouvent inclus les objets thématiques dont la connaissance est partagée ou à partager. De façon plus générale, Ghiglione estime que les cognitions des sujets sont structurées par des objets thématiques inclus dans des modèles généraux ou modèles argumentatifs qui définissent les relations de ces objets à d'autres objets, actions, qualifications... par le jeu des catégorisations verbales employées.

En d'autres termes, les facteurs psychologiques de la communication ne se réduisent pas à l'analyse des personnalités façon Kelman, mais s'inscrivent dans une psychologie linguistique fondée sur l'intention de communiquer qui se nomme « contrat de communication ». Ce contrat est adhésion consentie à des règles et à des objets minimum, préalables au contrat. Le récepteur du message est ici encore un créateur de message par son adhésion au contrat de communication, par sa compréhension individuelle, ou appropriation des règles et objets préalables et par le dévoilement progressif qu'il opère dans l'instauration d'un dialogue régulier. Il peut sans cesse stopper ou développer ce dialogue, compte tenu des connaissances préalables qui sont les siennes. Il peut nouer et dénouer, lier et délier.

3. *Le modèle de Barnlund*[2]

Le modèle de Barnlund est transactionnel, mais « orienté définitivement vers le destinataire[3] ». Barnlund exprime clairement l'idée que le tout d'un message est dans le message, dans les mots non dits qu'il appelle, mais aussi dans toute l'at-

1. *Ibid.*, p.21.
2. « A transactional model of communication », in *Fondations of Communication Theory, op. cit.,* p. 83.
3. Ravault, *op. cit.,* p. 200.

mosphère dans laquelle ces mots sont dits et écoutés : c'est cela, et tout cela la communication. La communication n'est donc ni une réaction ni une interaction, mais pleinement une transaction « dans laquelle l'homme invente et attribue des significations pour réaliser ses projets ». En somme, le sens est plus inventé que reçu.

Barnlund insiste sur nos propres capacités internes d'interprétation et de contrôle. Tout dépend de l'aptitude de chacun à bien interpréter l'environnement, à se situer par rapport à lui. Voilà un modèle de communication intrapersonnelle qui va de moi à moi-même exclusivement. Transaction interne.

Deux interlocuteurs, avant même de s'être parlé, ont été attentifs l'un à l'autre. Chacun commence par réguler les messages qu'il émet en fonction de ce que l'autre peut en interpréter, et interprétera ensuite ses propres actes... comme s'il était l'autre. Ainsi se fait l'identification des messages interpersonnels. Transaction interne encore. Le destinataire est devenu roi. Nous voilà tout proches du modèle de Thayer.

4. *Le modèle de Thayer*[1]

Thayer veut éviter de sur-rationaliser le rôle de l'émetteur. L'hypothèse d'un émetteur détenant un message qu'il veut intentionnellement transmettre n'est pas nécessaire à la communication. Il se peut qu'il y en ait un. Il se peut aussi qu'il y ait information sans intention d'un sujet émetteur. En revanche, le récepteur est indispensable à la communication, car il faut bien que quelqu'un écoute, voie, perçoive, interprète. La présence d'un émetteur n'est pas une exigence fondamentale de la communication. Celle d'un récepteur, oui[2].

Car la compréhension du récepteur va bien au-delà du pur contenu du message de l'émetteur. Il doit souvent prendre en compte ce qu'il perçoit de l'intention de l'émetteur (ou de son absence d'intention), la situation, l'histoire de ses rencontres avec l'émetteur, ses propres intentions, les conséquences prévi-

1. « Communication and communication systems », *Honewood I*, 11, Richard D. Irwin, 1968.
2. *Ibid.*, p. 122.

sibles de sa compréhension et/ou son accord avec ce qu'il perçoit de ce que l'émetteur dit, etc.[1].

Le récepteur est, dit Thayer, «*de facto* créateur de tout message[2]». Bien au-delà du «champ d'expérience» de Schramm, cette création accueille un facteur temporel, celui d'un autodéveloppement soumis à la loi d'Ashby sur la variété : pour qu'il y ait communication entre deux séries, il faut qu'elles possèdent une complexité comparable. Il faut donc examiner l'aptitude du récepteur et sa capacité réelle à la variété, afin de déterminer ses possibilités de créer des messages. Cette création ne s'évalue que par ses rapports à l'environnement. Le rapport sera maximal si la complexité du message est comparable à celle de l'environnement[3].

Nous voilà totalement dans le «dans». Nous sommes passés de la représentation linéaire à une représentation plus souple, celle des intermédiaires, puis à l'expression, là où le destinataire est à l'origine du message. Le bruit extérieur que font les médias se réorganise en forme de messages à l'intérieur de la pensée du récepteur. Quant aux médias, ils jouent un rôle de déclic, de déclencheur identique au rôle joué par les déclencheurs dans la biologie *autopoïetique* de Maturana et Varela : nous ne recevons que de simples intensités lumineuses que nous reconstruisons dans notre cerveau en formes, couleurs et objets. Nous avons quitté ici le royaume représentatif des «avec».

Il n'y a pas de communication s'il n'y a pas activité du récepteur, laquelle semble pouvoir se suffire à elle-même, dans la mesure de son rapport à une situation.

5. *Facteurs socioculturels*

Les facteurs socioculturels ont également une immense portée. Les anthropologues nous l'avaient dit depuis bien longtemps. Aujourd'hui, Katz, Liebes et une équipe travaillent sur l'effet mondial du feuilleton télévisé *Dallas,* continent par

1. *Ibid.,* p. 123.
2. *Ibid.,* p. 123.
3. Thayer, «Communication : *sine qua non* of the behavioral sciences», Air Force Office of Scientific Research, 13th science seminar, Albuquerque, New Mexico, 13-14 juin 1968, p. 13.

continent. Ce matériel n'est pas encore publié, nous n'en avons que des traces[1]. Tout dépend, disent les auteurs, du segment de communication et du groupe qui regarde. Pas de contrainte univoque, mais une négociation de la compréhension selon une culture. Comment tel événement ou telle fiction font-ils sens dans une culture donnée? Telle est la question à laquelle veut répondre l'enquête. L'objet *Dallas* est bien choisi, car chacun peut s'investir dans l'histoire d'une famille en discutant les rôles respectifs des personnages, en cherchant à faire partager l'information à ceux qui n'ont pas vu le dernier épisode. On s'aperçoit alors que la perception de *Dallas* change selon les groupes. Les Arabes peuvent être «désinformés», nous dit Katz, car ils *inventent* que Sue Ellen a quitté son mari pour rejoindre son père. Ils ne supposent pas un instant qu'une fille vive seule, sans protection d'un mâle. Chacun interprète sa famille et sa vie à l'aide du feuilleton : *Dallas* analyseur.

Un kibboutznik regarde *Dallas* et apprécie sa vie, meilleure que celle de la famille Ewing dominée par l'argent. «Heureux est notre destin d'être juif», disent d'autres, tandis que d'autres encore approuvent, car la richesse rend la vie facile et «chacun veut être riche». Ici encore le récepteur invente sa perception à façon[2].

6. *La coer-séduction de Ravault*

Dans le droit fil de cette enquête sur *Dallas,* on peut citer aussi les analyses de Ravault[3]. Cet auteur se fonde notamment sur les travaux de Stuart Hall[4], qui propose de regrouper le décodage des messages en trois catégories :

1. Elihu Katz et Tamar Liebes, «Decoding *Dallas* overseas», in *Media Values,* été 1985, n° 32, p. 14 *sq.*

2. Il faut signaler ici les travaux précurseurs de Michel Souchon, dans *La Télévision des adolescents,* Éd. Ouvrières, 1969. Dans le chapitre IV, «L'intelligence de la narration», il montre comment les adolescents changent la fin des films qui ne leur conviennent pas.

3. Dans sa thèse précitée, mais aussi dans *Défense de l'identité culturelle par les réseaux traditionnels de coer-séduction,* acte de la 4e conférence internationale pour l'identité culturelle organisée par l'Institut France-Monde, à Dakar, les 15, 16 et 17 mai 1985.

4. *Encoding and Decoding in the Television Message,* Center for contemporary cultural studies, Birmingham, 1973.

– le téléspectateur décode le message suivant les termes mêmes de référence de l'émetteur ;

– le destinataire estime que le message est élaboré dans un code « négociable », et, dans ce cas, il y a mélange d'adaptation et d'opposition ;

– le destinataire s'approprie le message, mais en interprète la signification en fonction d'un code totalement différent.

Le premier cas est rare : ainsi des Suisses romands dans leur relation à la France ou des Canadiens anglais à l'égard des États-Unis.

Le deuxième cas est fréquent : ainsi de l'Allemagne de l'Ouest ou du Japon qui importent massivement des produits culturels américains, mais qui, en partie, les appliquent à eux-mêmes, en partie retournent le message à l'envoyeur. Comment ? S'appropriant la culture et la langue américaines, ils savent négocier avec les Américains et exportent donc leurs produits aux États-Unis. Alors que les Américains, isolationnistes jusqu'au bout des ongles, ne connaissent ni les langues ni les cultures étrangères, s'empêchent par là de négocier d'égal à égal avec les étrangers et donc exportent difficilement d'autres produits... que les produits audiovisuels eux-mêmes. Ainsi s'expliquerait en partie le déficit de la balance commerciale américaine avec certains pays développés. Originalité de la thèse de Ravault : cette liaison inversée qu'il pose entre l'exportation facile de produits culturels américains et des exportations commerciales difficiles de l'Amérique du Nord. Plus on dévoile son identité, plus on est vulnérable dans les négociations, d'autant que le dévoilement se fait à sens unique et que les Américains croient connaître, mais ignorent massivement les cultures étrangères.

Le troisième cas est plus brutal encore : certains pays sous-développés reçoivent un flux de cultures étrangères, en particulier américaines. Mais leurs groupes culturels dirigeants retournent le message empoisonné. Mowlana a montré, à propos de l'Iran, que les révolutionnaires comptaient sur les réseaux traditionnels, tels que les « bazars et mosquées[1] », car l'image de l'impérialisme, de sa sexualité révoltante était inter-

1. Mowlana Hamid, « Technology versus tradition », in *Journal of Communication,* t. XXIX, été 1979, n° 3, p. 107.

prétée en ces lieux. On regardait beaucoup la télévision déjà du temps du shah. Mais, jour après jour, les images étrangères fournissaient de nouvelles armes aux rebelles. Tandis que le shah, qui apparaissait trop fréquemment sur les écrans, se voyait dépouiller de son mystère de droit divin. Tandis que son image moderniste, associée au modernisme délétère de l'Occident, se dégradait cruellement. Même analyse que celle de Shils, Janowitz et Morris à propos de la Wehrmacht[1] : les Alliés se trouvèrent surpris de l'ultime résistance allemande dans les Ardennes. Ils avaient multiplié les tracts expliquant aux soldats allemands que la guerre était perdue pour eux. Mais la propagande nazie sut se servir de ces tracts qu'elle diffusa elle-même en petit nombre, y apposant seulement une mention : «Propagande ennemie». Les soldats allemands en conclurent qu'il s'agissait d'un dernier sursaut des Alliés destiné à masquer leur prochaine défaite. Ils reprirent courage...

Tout cela s'explique, nous dit Ravault, par la puissance des réseaux de «coer-séduction», faits de coercition et de séduction. Ce sont eux qui prennent en main le message de l'émetteur et l'inversent. Ils inventent par là un second message qui devient levier de combat. Ravault renforce ici le *second step* de la communication qui domine le premier.

Katz et Ravault sont proches : ils tentent tous deux, par des moyens différents, de jeter un pont entre l'école dite des *uses and gratifications* et l'école proprement culturelle, dite *popular culture*[2]. La première, plus mécaniste, plus modeste aussi, travaille sur les effets des médias en tant que réponses à des gratifications recherchées. La seconde, plus complexe, plus théoricienne, entend inscrire ces effets dans les rites et dans la symbolique d'une société. Longtemps hostiles l'un à l'autre, ces deux courants cherchent aujourd'hui les voies d'un rapproche-

1. «Cohesion and desintegration in the Wehrmacht in world war», *II,* in Berelson et Janowicz (eds), *Readers in Public Opinion and Communication,* New York, The Free Press, p. 407.

2. Voir Carey, en particulier ses deux articles : «A cultural approach to communication», in *Communication,* t. II, n° 2, avril 1975, p. 173 ; Carey and Kreiling, «Popular culture and uses and gratifications : notes toward an accomodation», in *The Uses of Mass Communication : Current Perspectives on Gratifications Research,* ouvrage collectif sous la direction de Jay Blumber et d'Elihu Katz ed., Sage, 1975, p. 225.

ment. Les modèles du type Barnlund ou Thayer, sans être devenus populaires, ont atteint leur but critique, je dirais volontiers analytique. Si le récepteur invente les messages qu'il reçoit, il est désormais impossible d'ignorer que la culture qui le porte et dont il n'est que le support joue un rôle crucial dans cette invention du réel. Le pragmatisme des gratifications recherchées devient indissociable des rites et des symboles qui les portent.

On peut aussi observer la parenté de Katz et de Ravault sous un autre aspect. Retour boomerang de la culture de l'émetteur à l'émetteur lui-même, car le récepteur, connaissant bien le code culturel de l'émetteur, négocie avec lui et l'emporte : telle est la thèse de Ravault et de Hall. Or Katz travaille actuellement sur les rapports entre la télévision américaine et les télévisions européennes. Il montre que les Européens, qui consomment de nombreux programmes américains, commencent à en adapter les méthodes pour leur propre production. Les producteurs américains, encore sûrs d'eux-mêmes, s'interrogent : si les méthodes américaines sont un jour largement utilisées en Europe, qu'adviendra-t-il de l'exportation des programmes américains? Effet boomerang ici encore. Ou, dirais-je mieux, surcodage subversif analogue à celui de Flavius Josèphe[1], général juif passé à l'ennemi, traître donc, mais lecteur admirable des deux codes juif et romain, pérennisant ainsi, à l'intérieur même de la culture latine, la culture juive en voie d'extinction. Car user des méthodes américaines pour les combattre, c'est aussi, par ce biais, s'offrir la possibilité d'exporter l'identité culturelle européenne.

On saisit ici sur le vif la fonction pratique des modèles qui posent l'inventivité du message par le récepteur. Ils conduisent à insérer le message créé-reçu dans une culture, dans les règles partagées d'un langage spécifique, dans la constitution primitive des personnalités. Du coup s'instaure une sorte d'interactivité pratique entre ces différents facteurs et en particulier entre cultures différentes. Vision toute pragmatique. Et optimiste.

1. Décrit par Vidal-Naquet dans *La Guerre des juifs,* et que j'ai décrit en tant que surcodeur subversif dans *L'Enfer et le Paradis, op. cit.,* dernier chapitre.

7. *L'acculturation selon Gerbner*[1]

Pour l'analyse de Gerbner le destinataire n'est pas neutre non plus : il a sa part dans la communication médiatique, mais à la condition expresse qu'il exerce sa critique sur le « système » des messages. Il y a bien une possibilité d'interprétation critique de la part du destinataire, mais seulement s'il prend conscience non d'un message isolé mais de l'ensemble des constructions fictives qu'offrent les programmes télévisés.

L'intérêt de Gerbner se porte quasi exclusivement sur le média Télévision. En effet, explique-t-il, l'importance accrue de son écoute par un nombre toujours croissant de population – âges, sexes et classes sociales confondus – en fait l'instrument, sans égal dans l'histoire des médias, d'une « acculturation » à long terme.

C'est dire qu'ici nous ne devons pas nous occuper d'un message isolé, d'une série particulière, d'une « nouvelle » singulière, mais bien de l'ensemble de tous les messages reçus. C'est leur structure – répétitive, continue –, le flot, le « main-stream » des communications qui l'emporte sur la teneur de tel ou tel message. Nous sommes emportés malgré nous dans un tel flux d'informations diverses que même si nous pouvons critiquer l'une ou l'autre des émissions ou des programmes de manière ponctuelle nous sommes cependant plongés dans un « monde » entièrement fabriqué par et pour les grands intérêts économiques des trusts de communication.

Ainsi le monde dont nous parlent et que nous montrent les programmes est-il un monde illusoire, fait pour plaire au plus grand nombre, et qui n'a que peu de rapports avec la réalité sociale et politique. La manière dont les émissions sont conçues, que ce soient les nouvelles ou les séries dramatiques, nous offre une vision toujours la même d'une fiction sociale, et installe ainsi une structure de perception qui nous envahit entièrement.

1. Voir entre autres *World Communications : a Handbook,* Marsha Siefert (ed.), New York and London, Annenberg/Longman Communication Books, 1984 ; *Communications in Twenty First Century,* Robert W. Haigh and Richard B. Byrne (eds), New York, Oxford University Press, 1980.

Et pour démontrer cette invasion insidieuse G. Gerbner utilise deux méthodes, qui se complètent.

La première : une analyse empirique des contenus du système de messages. En faisant l'étude minutieuse de ces contenus on s'aperçoit que les programmes donnent une vision de la démographie complètement fallacieuse : cinq hommes pour une femme, un Noir pour quatre Blancs, deux personnes âgées pour une dizaine d'hommes blancs dans la force de l'âge, un « mauvais » docteur pour huit « bons », deux savants pervers pour seulement quatre « bons », un « mauvais » policier ou juge pour dix « bons » et enfin deux hommes victimes de violence pour huit victimes femmes. Ces proportions sont en désaccord avec le rapport réel des populations concernées. La méthode des « indicateurs culturels » montre ouvertement ce hiatus[1].

Il s'agit alors – seconde méthode et seconde étape – de mesurer l'acculturation ainsi produite : ce sera la « Cultivation Analysis ». Quel est l'impact de cette vision structurée du monde quand elle se répète à longueur de journée pour les « heavy viewers » ? Gerbner démontre que ceux-ci – ceux qui voient le plus la télévision – ont tendance à se conformer à ce monde de la télévision qu'ils croient réel[2]. Ils se comporteront en victimes, deviendront aisément manipulables, normalisés, ce sont ceux qui seront les plus répressifs contre tous les marginaux, réclameront des châtiments sévères pour les rebelles de tous ordres[3].

Car la violence montrée dans tous les programmes ne produit pas directement de la violence mais au contraire une insécurité, un malaise et, par là même, un repli vers les valeurs les plus conservatrices de la société.

Ce point de vue emprunte à la fois :

– à l'analyse de McLuhan sur la nature du média TV, dif-

1. « Mass media discourse : message system analysis as a component of cultural indicators », in *Discourse and Communication : New Approaches to the Analysis of Mass Media Discourse,* Berlin, Walter de Guyter and Co, 1985.

2. *Television as new religion,* New Catholic World, 1978, et *The mainstreaming of America : Violence Profile* n° 11 (*Journal of Communication* 1980, vol. 30, 3).

3. « Cultural indicators : the third voice », in *Communications : Technology and Social Policy : Understanding the New Cultural Revolution,* Larry P. Gross and William H. Melody (eds), John Wiley and Sons, 1973.

férente de celle des autres médias : le canal de transmission ici structure le temps, homogénise la masse des téléspectateurs, et les normalise ;

– à l'analyse contextuelle des culturalistes : nous recréons le monde à travers nos filtres symboliques ;

– au système en feed back : la construction illusoire produite par le média a un effet-retour sur le réel, qu'elle reconstruit suivant ses lois fictives. Le récepteur en ce cas est bien « actif » : il reconstruit bien une réalité, mais c'est une réalité seconde, directement puisée dans les contenus du « système de messages ».

Reste alors à critiquer, à exercer une surveillance particulière en confrontant scientifiquement cette réalité seconde aux faits. Seule voie d'accès à la désaliénation : la critique de Gerbner est ici d'inspiration marxiste. Car il ne suffit pas, pour Gerbner, de constater et de dire : « c'est ainsi, il y a boucle, on n'y peut rien ». Ou encore de se confier à de supposées lois de la communication linguistique, espérant que le récepteur interprétera les messages selon son individualité culturelle. (Optimisme de Katz.) Ce serait là comme une défaite de la raison, une vision par trop optimiste des capacités de résistance au matraquage télévisé. On ne peut interpréter un message que si l'on critique l'ensemble des structures de message[1]. Et si l'on dénonce avec vigueur le procès de décision des faiseurs de programmes, et si l'on travaille à élever le niveau critique des spectateurs.

8. *Et les Français ?*

A mesure qu'une connaissance plus fine des effets des médias se fait jour par l'analyse des produits comme des moyens, est prise en compte une pragmatique dont la théorisation n'est pas encore advenue pleinement.

De Certeau, par exemple, reconnaît bien les phénomènes de « désidentification » et de déréalisation du sujet. Mais il dit aussi que le sujet sait se mettre à distance des médias. Les médias eux-mêmes permettent cette mise à distance. Le sujet

1. *Ministry of Culture, the USA and the Free Marketplace of Ideas,* National forum, Fall 1987.

peut alors recomposer les fragments qu'il reçoit, les met en scène pour sa propre représentation personnelle et prend conscience du contexte utile ou ludique dans lequel il s'insère. Affaire de situation[1]. De leur côté, Duvignaud et Corbeau[2] montrent bien, dans leurs enquêtes, qu'il y a déréalisation, mais ils donnent à ce terme un sens actif : il permet un jeu du sujet individuel ou de groupe en tant qu'il a une histoire personnelle. Esthétisation de la quotidienneté liée à la déréalisation du vécu. Edgar Morin, lui aussi, reste ouvert : la culture de masse fabrique des rêves et expulse dans l'imaginaire des rêves qui ne peuvent s'exprimer, suscite des comportements mimétiques, mais intègre des mythes et des idées-forces[3].

Philippe Maarek, dans son excellente étude sur le cinéma, vient encore conforter ce point de vue : le spectateur d'un film est à la fois passif et actif. Le cinéma est ambivalent. Force de pénétration et de conviction agissant sur le cerveau humain, il favorise le libre arbitre du spectateur[4].

Sartre et Barthes, tout en reconnaissant la contrainte idéologique instaurée par les appareils ou les modes, disaient aussi qu'un lecteur refait le texte. La lecture est réécriture. Dans la même optique, Missika et Wolton nous parlent avec finesse de réalité fictionnelle. Cette hybridation porte les traces conjuguées d'une double création : celle de la fabrication d'un domaine mis à distance du monde par les médias, et celle d'un sujet récepteur qui en recompose les bribes pour son propre usage. L'image animée, ils la voient comme « fiction réelle », « chose extérieure perçue par le regard au même titre qu'une table ou une chose. Mais la fugacité et l'irréalité de l'image lui donnent le caractère d'une vision, d'une fiction [...]. L'image enregistrée est un entre-deux [... elle] tisse ainsi des liens avec les images mentales et donc avec la pensée[5] ». Missika et Wolton multiplient alors les exemples pour prouver, en un empirisme certes peu glorieux

1. *La Culture au pluriel,* UGE, 1974; *L'Invention du quotidien : les arts de faire,* UGE, 1980.
2. *Les Tabous des Français,* Hachette, 1980.
3. « Culture de masse », in *Encyclopaedia Universalis,* 1968, et *Les Stars,* Éd. du Seuil, 1968.
4. *Média et Malentendus,* Médiathèque, 1986.
5. *La Folle du logis,* Gallimard, 1983, p. 174.

mais pénétrant, que la liberté créative du récepteur subsiste et persiste.

Ont-ils quelque chance de se faire entendre dans le contexte de la tradition critique européenne ? Voilà qui est douteux. Car nous restons attachés à une critique radicale des structures.

D. UN POINT FIXE : LA TRADITION EUROPÉENNE

Faisons ici un point fixe, comme les avions qui avant le décollage font tourner les réacteurs à pleine turbine, dans un décor immobile. Le mouvement qui de l'émetteur tout-puissant va vers la capacité créative du récepteur, sa capacité d'interprétation, sa liberté vis-à-vis des énoncés audiovisuels, n'est pas sans provoquer des réactions du côté de la critique des idéologies. Le décor immobile réside ici dans les deux traditions différentes, l'anglo-saxonne et l'européenne (France, Allemagne, Italie).

Si la recherche s'effectue dans les pays anglo-saxons sur la base des enquêtes empiriques donnant lieu à des constructions de modèles, ce mouvement est freiné en Europe par la tradition « critique » : pèse toujours sur l'émetteur le soupçon de manipulation et sur la « masse » du public celui d'une aliénation consentie. Aucun énoncé n'est neutre, dit-on, la politique intervient dans la fabrication des images, dans le mode de production. On dit aussi qu'il y a désinformation, les divisions en dominés/dominants résistent au flux de la consommation. Enfin, la technocratie technologique est accusée de renforcer le pouvoir des hiérarchies sociales. Un pessimisme se développe qui s'entretient d'un discours sur la normalisation par l'image, sur les effets d'abrutissement causé par le défilement sur l'écran de miettes de savoir judicieusement montrées pour donner l'illusion de connaître quelque chose de ce monde que l'écran nous cache.

Plusieurs éléments entrent en jeu dans ce point de vue :

– L'acceptation des thèses de McLuhan sur la toute-puissance de la technique des messages. C'est elle qui agirait ainsi directement sur la société comme élément idéologique à l'état brut.

– L'acceptation des thèses marxistes, de l'École de Francfort, de Bourdieu et d'Ellul : dans la mesure où la technique ne peut se développer que grâce aux intérêts économiques en jeu et par le biais des groupes qui en détiennent le maniement, le produit n'échappe pas à la critique systématique. De ce point de vue sont considérées comme fautives les analyses qui tentent de donner une certaine créativité au récepteur : illusion psychologique, disent tout uniment des auteurs aussi différents qu'Habermas, Ellul, Bourdieu ou Althusser. Car ils pensent que le public est une « masse » homogène dans sa diversité même. Le récepteur s'anonymise, en partie faute d'éducation critique, en partie par ce qu'il est rendu tel par la manipulation elle-même. Bourdieu ne pose des distinctions que par rapport à la machine toute-puissante qui en règle les mécanismes. Ce sont là fausses distinctions destinées à cacher la réelle homogénéisation et banalisation voulue par les émetteurs. Travail des appareils idéologiques d'État, dit aussi Althusser.

– L'acceptation d'une transposition de la rationalité technologique dans nos comportements : l'image dans sa reproductibilité technique est accusée en tant que telle. Ce ne sont que séries, continûment émises, d'apparence sans fondement. Le rapport que l'image entretient avec la réalité est un rapport de simulation, de séduction, de consommation sans distinction. Ce flux de produits identiques, séparés de manière illusoire par des diversités dans leurs nominations (variétés, films, nouvelles politiques, entretiens, documents, émissions culturelles), joue sur la continuité du désir de consommation et reproduit mécaniquement la demande du *même,* toujours disponible, par le geste identique de brancher, débrancher l'appareil de télévision. Fausses coupures qui donnent l'illusion d'une liberté du geste, alors qu'une pulsion vers la nourriture toute mâchée rend les individus dépendants d'une nourrice totalitaire[1]. Voilà le style commun à bien des auteurs.

A partir de ces présupposés s'étagent les théories les plus diverses, qui ont aussi en commun, cependant, de se saisir d'un effet de déréalisation du sujet.

1. Voir l'analyse de Beverle Houston, « Viewing television : the metapsychology of cudless consumption », in *Quarterly Review of Film Studies,* été 1984, p. 183.

Que cette déréalisation soit l'effet d'un immense complot du pouvoir lui-même à son insu, pris dans ce mouvement qui l'affecterait d'une même inconsistance et directement en prise sur les moyens qu'il se donne pour informer la masse ; ou qu'elle soit l'effet d'un mécanisme propre à l'établissement d'un régime de mass media fabricateur de simulacres, le pouvoir n'ayant pas alors affaire directement avec la communication de masse et se contentant de surveiller et de soutenir l'effervescence, voire l'inflorescence des nouveaux moyens médiatiques : la communication médiatique n'en est pas moins ressentie comme une injure à la vérité des rapports sociaux, à celle d'une « véritable » communication. C'est le sens des analyses d'un Ellul qui en centrant son travail sur la puissance des technologies, puissance fragmentale, nous rend un monde en miettes où nous ne trouverions plus notre unicité humaine.

Paradoxalement, c'est bien aussi le point de départ des analyses structuralistes qui s'en saisissent pour prophétiser la mort certaine du sujet. C'est en effet en travaillant sur le système clos sur lui-même des communications de masse qu'apparaîtrait la dilution du sujet individuel, autant celle de l'émetteur que celle du récepteur : ils sont réduits à rien tous les deux, puisque c'est le circuit des informations qui est tout-puissant.

C'est dans cette lignée que l'on pourrait percevoir le travail de Baudrillard. Même si le brillant de l'analyse, la fascination exercée par la perte des référents, le vide dans lequel la société continue à tourner pour la consommation nous meuvent et captent notre attention, il n'en reste pas moins que c'est bien par une radicalisation d'une critique idéologique des médias que des effets de déréalisation sont pointés. Les analyses en termes de paradoxes, de mouvement paradoxal de la circulation bouclée des informations, relèvent de la même logique. Yves Barel dans *La Société du vide*[1], qui insiste sur le vide social et paradoxal, n'est pas loin de reprendre, comme Baudrillard, la critique de la puissance de l'émetteur. Ce faisant, ces auteurs se rendent contredépendants de ce qu'ils dénoncent, même si cette dénonciation prend les allures inverses d'une exaltation des

1. Éd. du Seuil, 1984.

résultats : la nullité des effets des médias dans l'annulation de la réalité elle-même.

Il semble alors que le mouvement qui dans les études empiriques des Anglo-Saxons allait de phases en phases de la reconnaissance de la diversité des sujets, par la médiation de filtres de plus en plus importants, d'une recontextualisation plus fine, jusqu'à la reconnaissance d'une certaine créativité du sujet récepteur, en passant par la reconnaissance d'un affaiblissement du pouvoir de l'émetteur du message et de son contenu, soit, en Europe, évincé par un rapport direct entre la critique du pouvoir de l'émetteur comme puissante et la nullité des effets, sans contrepartie chez le récepteur, toujours soumis au pouvoir du système.

Nous voici préparés au décollage, ceintures accrochées pour un vol aller simple, sans retour, le vol hors l'histoire, dont on ne peut revenir, nous dit Baudrillard, une fois passé « le point Canetti ». Vol sans volant de direction, sans pédale d'accélération ou de freinage. Sidération. Clôture de la tradition européenne, bouclée à triple tour sur elle-même.

E. LA BOUCLE TAUTISTIQUE DE BAUDRILLARD

On peut commencer ici le voyage « en passant » chez Katz et Dayan qui ont entrepris une autre recherche intellectuellement excitante. Dans ce monde où nous nous sentons solitaires, dans cet espace public morcelé à l'extrême ou disparu, dans notre système où il n'existe plus – et encore – que la famille, la télévision pourrait bien aider à reconstituer l'espace public à partir de quelques grandes cérémonies de portée mondiale : le voyage de Sadate à Jérusalem ou encore le voyage du pape en Pologne sont alors étudiés par Katz et Dayan comme espaces cérémoniels mis à la disposition des familles rassemblées autour de la télévision. Mais quel effet de réalité peut encore émerger dans cette affaire[1] ?

1. Recherches non publiées. Une brève esquisse en est donnée dans les *Annales* (janvier 1982), et une communication a été faite par Katz et Dayan, au colloque du CNCA, le 8 janvier 1986, publication du Centre Georges-

La boucle est ici achevée : à force d'insister sur les capacités inventives du récepteur, on frôle (Barnlund-Thayer), puis on finit par pénétrer dans la société hors l'histoire, ou société du simulacre généralisée de Baudrillard.

Barnlund et Thayer – tout comme Gerbner – s'arrêtent net à l'entrée de l'édifice : il existe encore pour eux des *event data* à négocier. Il n'y en a plus ici. Il n'y a plus que des *loops*.

Ainsi, par des *loops* continuels, nous sommes passés de l'effet direct aux effets de plus en plus indirects jusqu'à une communication médiatique qui s'enveloppe elle-même. Nous sommes entrés, sans pouvoir en sortir, dans une communication organique, une autofabrication des données extérieures, une *autopoïesis* individuelle et de groupe, mais sans le déclic d'une réalité extérieure qui la déclencherait, ce qui revient à dire que non seulement il n'y aurait pas d'objet extérieur dont l'image serait représentée par les mass media, mais qu'il n'y aurait pas plus de sujet communiquant doté de pouvoir de construction ou d'influence. La communication se déploie à travers un réseau tournant et sans fin (comme sans but), élargissant son champ à chaque tour dans un procès tautologique[1].

Ce qui est vrai de la communication elle-même l'est aussi des recherches sur la communication médiatique : les analyses théoriques se déploient en cercles ouverts les uns sur les autres. Parties d'une vision linéaire et objectivante, elles culminent, sans s'y achever, dans l'élargissement du champ lui-même, aux disciplines les plus variées. Englobant ainsi la question de l'objet et du sujet dans une dissolution progressive. On reconnaît alors qu'il existe des situations de communication occasionnelles, déterminées ponctuellement, qui dépendent de variables diverses, telles que les consensus partiels sur des objets thématiques, préalables à la communication elle-même. Le contexte occupe alors une place primordiale en tant qu'il apparaît indis-

Pompidou, 1986 ; voir aussi Dayan, Katz et Kern, « Armchairs pilgrimages : the trips of Pope John Paul II and their television public », in *Media Linkages of the Social Fabrication,* American Sociological Association, San Antonio, août 1984. On pourrait ici « commencer le voyage » par le livre de Michel Mathien, *Le Système médiatique* (Hachette, 1989), situé au croisement de la tradition européenne et du systémisme d'origine nord-américaine.

1. Jusqu'à une véritable *Esthétique de la disparition.* Voir, sous ce titre, le livre de Paul Virilio, Balland, 1980.

sociable du récepteur. C'est désormais le récepteur contexte qui reçoit-crée le sens des messages qui occurrent.

On est ici au dernier tour de l'hélice.

La communication organise le corps du récepteur et le structure comme sujet second d'une réalité seconde. Ce n'est plus le sujet classique, c'est un *support médié*. Toutes les disciplines sont appelées à l'aide, puisque l'environnement et le sujet sont confondus.

Hérédité, génétique, apprentissage, langue, sous-culture, système écobiophysique deviennent objets de la science « Communication ». Moment ininterrompu et fébrile de va-et-vient. Nous ne pouvons plus poser les questions classiques de la décision, chère à Lasswell : « qui dit quoi à qui, à travers quel canal et avec quel effet », sans savoir désormais que le « qui » est multiple et impersonnel et que le « quoi » équivaut au « qui ».

Le destinataire, créateur du message qu'il reçoit, dépend lui-même des usages sociaux modifiés par les situations ponctuelles occasionnelles dans lesquelles il se trouve pris. En dernière instance, c'est l'interaction des différents messages reçus et leur entrelacement complexe qui définit l'usage possible du message. La boucle est bouclée. La réalité de la communication et celle des influences possibles que peut avoir un message se mesurent toutes deux à l'état global de la communication à un moment donné, toujours transitoire (flux perpétuel). C'est dire que la réalité de la communication ne peut se définir si l'on considère le message en soi, indépendamment de l'ensemble.

Mouvement hélicoïdal qui reprend le sujet – devenu récepteur –, lui redonne sa force créative, puis le replace dans la société où il se dissout et ne subsiste qu'en tant qu'objet de... communication.

Le procès de la communication ne prend en compte que le simple va-et-vient d'un dialogue sans personnage. Ne prend en compte que lui-même, c'est-à-dire la communication dans son propre objet. Tautologie.

On peut donner un premier exemple de ce mécanisme dans le phénomène publicitaire.

La publicité contemporaine est tautistique

La publicité entend prouver la société de communication comme le suggèrent plusieurs enquêtes, en particulier sur les Télécom[1].

Il s'agira moins de persuader à propos d'objets de consommation (déjà la société dite *de consommmation* s'éloigne) que de persuader de l'existence d'une société *de communication* : la publicité règne sur le domaine qu'elle a elle-même constitué, puisqu'il s'agit de se vanter et de vendre un contenu vide de tout objet qui est l'image d'un processus : celui par lequel la société se constitue et consiste par le lien communicatif. Or, ce lien, aucun moyen ne l'assure plus que la publicité. Car la publicité rend vivant et présent ce qui est commun à tous. Elle tisse les réseaux de la sensibilité, du goût, de la pensée : une identité. On peut voir à l'insu de tous se renverser le schéma jadis en usage. Au lieu que la publicité intervienne comme fiction dans le cours d'une réalité décrite, dans cette dernière étape, c'est la réalité qui prend place en tant que fiction dans le tissu narratif imagé de la publicité.

La publicité entend aussi prouver l'avenir. Autre fonctionnement : le tissu narratif de la «pub» est lui-même porté à un haut niveau d'abstraction : ici on quitte les rivages, même allusifs à des objets techniques «pointus», et on vogue vers l'image désirable d'un avenir sans caractéristiques autres que d'être un avenir. La dernière campagne des Télécom a lancé cet «avenir d'avance» dont elles se portent garantes... comme n'importe lequel d'entre nous quand nous employons le futur pour parler de ce qui peut arriver. Car, cet avenir, elles le laissent singulièrement vide de tout contenu – vivant en cela la loi tautistique de la dernière étape –, se contentant d'affirmer que l'avenir est « devant», ce dont on pourrait se douter... Le ciel traversé de nuages, vogue le bleu, couleur de la fidélité et des espaces sidéraux. Rien d'autre que l'affirmation réitérée que cet espace est signé : *signé Télécommunications.* C'est la nature elle-même,

1. Voir *Avance sur image*, Anne Cauquelin et Lucien Sfez, CREDAP, 1990.

ses éléments qui sont les référents mondiaux planétaires des entreprises elles-mêmes mondiales.

La signature donne l'existence. Sans les télécommunications, pas de ciel, pas d'avenir, pas de monde.

Insistons-y encore : les théories américaines abandonnent ici plus ou moins la lutte. Elles ne vont pas jusqu'à prétendre – il y faut chez nous un Baudrillard – que les médias ne contiennent et ne délivrent aucun message : que se produit seulement du bruit qui organise la construction d'une seconde réalité – analogue au second self de Turkle – où chaque message renvoie à un autre, sans possibilité de déterminer lequel est premier dans cette longue chaîne tournante.

Examinons de plus près, à travers notre catégorie de tautisme, la position de Baudrillard, où la réalité renvoie à la fiction et où la fiction est réalité même[1].

Le pape, les Polonais et les simulacres

Reprenons l'exemple du pape et des Polonais.

Dans les grandes cérémonies travaillées par Katz et Dayan, il y a bien représentation et même une double représentation, celle qui est donnée immédiatement sur le terrain par des Polonais enfermés recevant leur pape polonais salvateur, celle que nous recevons sur nos écrans en famille, nouvel espace public, nous dit Dayan. La première représentation est d'ordre théâtral, là où les spectateurs situés et souffrants participent activement de la dramaturgie et purgent leurs passions comme dans toute dramaturgie. Ici, la représentation n'est pas prise comme expression. Elle permet l'expression du public par la séparation même, représentant-représenté, qu'elle implique. Santé ou retour à la santé par la purgation des passions. La seconde représentation est celle que nous recevons sur nos écrans. Le tout, représentants-représentés, acteurs-spectateurs, purgateurs-purgés, nous est donné ensemble. On nous appelle alors à voir un spectacle de purgation (représentation), mais on nous présente aussi ce spectacle comme nous appelant à l'adhésion, à la

1. *Simulacres et Simulation,* Galilée, 1981 ; *Les Stratégies fatales,* Grasset, 1983.

fusion (expression). Dans un double jeu oscillatoire, la représentation se donne comme expression et l'expression comme représentation.

Le spectateur croit maîtriser le monde en représentation en *s'exprimant* en famille[1]. Il n'est jamais qu'un élément recevant des ondes lumineuses qu'il prend pour la réalité même. Baudrillard parle alors de sidération. Je dis qu'il en devient muet, quasi autistique et que, à partir de là, il ne peut plus rien nous dire. Chacun dans sa boîte, c'est-à-dire dans sa maison, croit entrer en contact simultané, immédiat avec tous les autres, dans un grand tout synchrone, écosystémique, voire autogestionnaire. Mais tous n'entrent en contact qu'avec eux-mêmes. Solitude de l'autisme, tempérée, il est vrai, par l'interaction familiale. Autisme tautologique par lequel on répète interminablement la même cérémonie abstraite. Autisme totalisant par lequel nous sommes dilués dans l'absolu du monde, faute de nous être séparés de lui pour le comprendre. Fausse communion.

Mais si le simulacre est un des avenirs qui nous attendent, il s'en faut de beaucoup encore pour que ce schéma un peu fou fonctionne effectivement. En effet, ce que nous présente J. Baudrillard est une scène duelle. Or l'analyse nous montre que la cérémonie diffusée par les médias est triadique : représentant-représenté et spectateur.

Dans ce triangle, l'occasion, la détermination culturelle de chaque groupe, une certaine disposition intérieure au jugement ou tout au moins aux goûts singuliers jouent encore leur rôle.

Prenons Baudrillard pour ce qu'il est : un conteur de prodiges, à la Perrault, juste là – mais quel rôle ! – pour déclencher l'imagination et nous aider, à son insu, lui qui dénie toute place au sujet, à sauver notre identité.

Les théories les plus avancées ont beau jouer de la prospective et de la fiction, elles sont elles-mêmes prises dans ce qu'elles énoncent. Si la réalité est devenue une notion sans contenu réel, si le message n'a plus de sens, s'il n'y a plus de frontières entre le dehors et le dedans, si l'expression elle-même devient une

1. Voir Daniel Dayan et Elihu Katz, « Au-delà de la fragmentation des publics : cérémonies télévisées, la reconstitution d'un espace communautaire », *in* colloque CNCA. *Nouveaux Programmes et Communication audiovisuelle,* publications du Centre Georges-Pompidou, 1986, p. 146.

construction creuse puisqu'elle ne peut que se répéter indéfiniment comme son même, sans différences, alors le message de ces prophètes est à traiter de la même manière. Ils n'ont pas plus de réalité ni de poids pour dire ce qui se passe que n'en a aucun des autres messages qui diraient le contraire... Puisqu'ils ne diraient rien...

Or nous pouvons échapper au tautisme, au tautisme médiatique, comme à la science tautistique du tautisme, qui s'appelle elle-même cognitive. Nous n'y parviendrons qu'en « serrant » de près le phénomène. Et pour commencer, appelons à l'aide quelques analyses critiques d'importance.

CHAPITRE III

Les théories explicatives

Face au phénomène tautistique, nouveau venu, sommes-nous totalement démunis ?

Baudrillard ne fait que le décrire sans l'expliquer, et il est vrai que les théories explicatives connues de nos jours ne le prennent pas en compte dans sa totalité, dans sa structure. Aussi bien le tautisme n'a-t-il achevé sa forme que trop récemment. D'ailleurs, les analyses critiques que nous présentons ici n'ont pas eu pour visée essentielle la communication, mais la société communicative (Habermas), la technologie, son idéologie et ses méfaits (Habermas et Ellul), ou l'amour nécessaire des intermédiaires entre le ciel et la terre, amour du censeur ou des ancêtres (Legendre). Tous ces auteurs, pourtant, contribuent à nous éclairer. Chacun trace une piste utile, même si la juxtaposition de ces recherches ne saurait nous satisfaire. Car le phénomène tautistique, global, structuré, articulé, doit recevoir une réponse à sa mesure.

I. Habermas : communication et société[1]

A. LE SOCLE DE LA SOCIÉTÉ BOURGEOISE : L'ESPACE PUBLIC

Le problème de la communication sociale a toujours préoccupé Habermas depuis *L'Espace public,* où la dimension de la

1. *L'Espace public,* Payot, 1978, traduit de *Strukcturwandel des Offentlich,* Keit Herman Luchterhand Verlag, 1962 ; *The Theory of Communicative Action,* Beacon Press, 1984, traduction de *Theorie des Kommunicativen Handelns,* Suhrkamp Verlag, 1981 ; en français *Théorie de l'agir communicationnel,* Fayard, 2 vol., 1987.

publicité en tant que constitutive de la société bourgeoise était indiquée dans le sous-titre[1]. Qu'une société se construise par et à travers la gestion de ses communications, voilà qui permet de suivre pas à pas le développement d'une « sphère publique politique » et de tester, grâce à ce témoin, l'état d'une liaison interne qui donne sa cohérence aux éléments sociaux. Fort de cette constatation, Habermas démontait alors avec finesse et précision l'évolution historique d'une telle instance.

Comment la bourgeoisie, exerçant ses talents dans le domaine privé, en transporte les effets dans la société civile jusqu'à constituer une sphère publique politique. Comment cette constitution est possible grâce aux intermédiaires que sont les clubs, la presse et le marché des biens culturels, et comment prend alors naissance l'opinion publique. C'est ce qu'une étude du XVIIIe siècle fait paraître. Cette opinion publique joue alors un rôle de médiation entre les besoins sociaux et l'État. Elle est critique, elle est « de raison ». C'est l'apogée.

S'annonce, cependant, le déclin de cette sphère quand les médias deviennent agents d'intégration aux normes étatiques, instruments de manipulation investis d'une fonction de service public, qui représentent en même temps des groupes sociaux auxquels l'État a transféré une partie de ses pouvoirs. C'est la fonction critique de l'opinion qui disparaît alors, asservie qu'elle est aux idéologies en cours. La raison qui en était le principe et en assurait l'autonomie s'est résorbée dans des raisons subordonnées, instrumentales. Tableau consternant qui laisse cependant une ouverture : l'intermédiaire que constitue la publicité interne des organisations entre, « d'une part, le circuit neutralisé de l'opinion publique et, d'autre part, le domaine informel des opinions jusque-là non publiques[2] ».

1. *L'Espace public – Archéologie de la publicité comme dimension de la société bourgeoise.*
2. *Ibid.*, p. 260.

B. « LA THÉORIE DE L'ACTION COMMUNICATIVE[1] »

Dans les deux volumes de cet ouvrage, Habermas entend traiter de la raison et de la rationalisation de la société, puis de la *Lebenswelt* (ou monde vécu) dans son rapport avec le système, cherchant ici les voies d'une critique de la raison fonctionnaliste. Sa méthode ? La construction, visiblement douloureuse, d'une théorie de la communication sociale. Pour cela, Habermas convoque les grands ancêtres : Weber et Marx, Lukacs et Adorno, Mead, Durkheim ou Parsons. Son projet ? Poser les fondements conceptuels d'une nouvelle raison critique, autonome, adaptée à notre temps.

1. *Le recours aux ancêtres*

Barbus et imberbes, ils défilent impeccablement. Habermas partage avec Weber l'idée d'un désenchantement du monde par la disparition des superstitions traditionnelles, des préjugés ou des erreurs. Ce désenchantement s'accompagne d'une perte du sens et de l'unité de la vie. Plus de sens éthique. On contrôle mieux le monde, mais au prix d'une perte de sens. Le contrôle qui s'exhibe comme neutre est instrumental, sans projet. La sphère du politique doit être alors comprise comme sphère de décision et de pouvoir, et non de raison. La loi n'est plus expression de volonté rationnelle, mais de compromis établis selon des procédures. Cette raison instrumentale n'entraîne pas la liberté, mais la domination de forces économiques et bureaucratiques impersonnelles. Voilà du Weber pur, traduit par Habermas et, depuis *L'Espace public,* utilisé par lui.

Horkheimer et Adorno, marxistes influencés par Weber, sont tout aussi pessimistes : ils renversent l'éloge (marxiste) de la technologie et la perçoivent comme instrument de domination, développant un bon appareil critique. Heidegger déjà avait parlé d'« arraisonnement » de la technique par la technologie.

1. Ou « agir communicationnel », selon le sous-titre de l'ouvrage en français précité.

Arraisonner, mettre à raison, arrêter comme point définitif de raison. La technique, servante rusée, faisait fonctionner la machine depuis la naissance de la Grèce démocratique[1]. La technologie, ou logos technique, gouverne désormais en maîtresse[2]. Horkheimer et Adorno disent, mais autrement, que la technologie a arraisonné la société tout entière et l'a soumise à ses vues. Habermas, à son tour, développe cette perspective, mais cherche à éviter toute résignation[3]. Il veut aussi éviter les impasses de Lukacs et d'Adorno, qui ne voyaient dans la rationalisation qu'une réification.

2. *L'enveloppe Habermas*

L'auteur propose alors une démarche en deux temps : d'une part, aller d'une conception téléologique de l'action vers les concepts d'action communicative et de *Lebenswelt*[4]*;* d'autre part, joindre ce vécu du monde à la théorie des systèmes en usant des travaux de George Herbert Mead ou d'Émile Durkheim.

Contre l'individualisme méthodologique en vogue, Habermas, à la suite de Mead, montre que l'individu n'est pas dissociable de la société, du langage, de la culture. A ce titre, les intentions et les intérêts individuels sont susceptibles d'interprétation, de discussion et de changement.

C'est ici que se place la recherche d'une rationalité communicative, intersubjective, fondée sur une compréhension mutuelle, une libre reconnaissance, une autodétermination assortie d'une autoréalisation. Vision utopique, sans doute, et qui ressemble sur le mode nostalgique à l'opinion publique critique et bourgeoise du temps de sa naissance. Cette intersubjectivité recherchée sera autocritique.

Durkheim, quant à lui, est invoqué à partir des thèmes des

1. Voir le cours de François Laruelle au Collège international de philosophie, qui marque de façon féconde tous les rapprochements et discordances entre la philosophie de Heidegger et la pensée de Habermas (ronéoté 1985-1986).
2. Heidegger, « Qu'est-ce que la technique ? », in *Essais et Conférences,* Gallimard, 1973.
3. *La Technique et la Science comme idéologie,* Gallimard, 1973.
4. Que je traduis imparfaitement par « monde vécu » ou, mieux, par le « vécu du monde ».

Formes élémentaires de la vie religieuse. L'autorité morale des normes sociales a ses racines dans le sacré. Mais ce sacré laïcisé n'est plus accepté comme tel. Il est commenté, discuté. Cette « linguistification du sacré », ou sacré devenu langagier, a opéré une rationalisation du monde vécu. Prenons pourtant bien garde que la *Lebenswelt* de Habermas ne soit en rien phénoménologique, mais liée à la culture, enracinée en des ordres institutionnels et en des structures de personnalités. C'est elle qui permet, dans la vie de tous les jours, d'assurer les fonctions de reproduction symboliques. Aussi l'auteur lie-t-il la théorie des systèmes et des structures à la *Lebenswelt,* afin d'éviter son dérapage en herméneutique idéaliste. *Lebenswelt* et théorie des systèmes sont les deux faces d'une même chose : une face regarde vers les « vécus » culturels, l'autre vers l'activité de groupes socialement intégrés.

Mais la *Lebenswelt* semble de plus en plus colonisée par le système, de moins en moins autonome. Là où, pour la renforcer, devraient se développer de plus hauts niveaux de conscience morale et légale émergent plutôt des « abstractions réelles », déjà critiquées par Marx. Les nouveaux conflits non institutionnels, non régulateurs (type combats écologiques) reflètent précisément la réification des domaines habituels de l'action communicative.

Comment les faire émerger ? En assurant une meilleure distribution de la raison. Ce n'est pas la faute de la raison si se développe la domination, mais parce qu'au contraire la raison est mal distribuée et qu'en conséquence l'action communicative se situe à la marge. Recherchons alors les raisons concrètes des déformations entraînées par la modernisation capitaliste, mais dans la modestie, sans la prétention d'incertaines lois de l'histoire. Et considérons qu'il s'agit là d'une « hypothèse pratique ». C'est dans ce projet théorico-politique qu'on peut comprendre la théorie communicative.

3. *La théorie communicative*

On peut supposer que la société « tient » sur des actes de communication qui lient les éléments civils entre eux. Ces actes sont dirigés vers une *entente* ou vers un *succès.* Si les seconds – les actes visant le succès – sont référés à des entreprises communes et exigent un programme, une confrontation des visées, des compromis et somme toute des actes politiques qui passent par le rationnel, les actes dirigés vers l'entente sont un tantinet plus difficiles à cerner, car, pour la plupart, ils échappent à l'analyse rationnelle. Ils s'installent, en effet, sur des *a priori* inconnus de ceux-là mêmes qui les mettent en pratique. *A priori* que l'on peut qualifier d'horizon culturel, forme de vie à haute teneur symbolique, qui ne se dit pas, mais est implicite : coutumes, comportements hérités. Cette notion de *Lebenswelt,* Habermas l'emprunte à la phénoménologie (Husserl) comme recherche d'un consensus en deçà des raisons et des justifications.

C'est un « fonds » commun à un groupe d'individus unis par cet arrière-plan non explicité.

La question de Habermas est alors la suivante : comment faire coïncider cette *Lebenswelt* et le système social ? Autrement dit, peut-il y avoir une relation formalisable entre l'horizon du vécu et tout ce qu'il comporte de flou, d'incertain, de changeant et de stable à la fois, et une structure institutionnelle réglée ? Quels seraient les modes de passage entre ces deux instances par lesquels une société peut prétendre s'identifier ?

L'équilibre entre les deux versants tient à leur interpénétration réciproque, et c'est bien là une difficulté majeure pour la sociologie compréhensive : différence de niveaux, de problématique et enchaînements malaisés de l'un à l'autre. Le point de vue objectif externe, mis en avant par une analyse en termes de systèmes, se heurte à celui de l'auto-interprétation de la *Lebenswelt,* où l'analyse plonge dans l'intériorité et aboutit à un idéalisme herméneutique.

Traiter la société en général d'un point de vue particulier, celui des systèmes, ou celui de la *Lebenswelt,* porte chaque fois à s'embarquer dans des dérives soit institutionnelles en ignorant le poids de la culture et de la tradition, soit à rencontrer inévitablement le vécu comme point de vue cette fois psychologisant (« Perspective interne qui occulte tout ce qui agit de l'extérieur sur une *Lebenswelt* socioculturelle »). Et encore : « Le point de vue de la *Lebenswelt* [...] attire tous les processus sociaux dans le faisceau lumineux des processus coopératifs d'interprétation [...] ce qui nous fait consentir à trois fictions : nous présumons l'autonomie des acteurs, l'autonomie de la culture et la transparence de la communication[1].»

Dans une société aux médias fortement institutionnalisés et de nature technique, comme la nôtre, la *Lebenswelt* n'est plus qu'un environnement repoussé dans le lointain : en fait, il ne s'agit plus tant d'entente implicite que de procès rationnels, de compromis en vue d'une liaison explicite. C'est dire que la technique communicationnelle, par l'intermédiaire des médias, se substitue largement aux modes d'entente traditionnels, que sont le langage quotidien et les cultures sous-jacentes auxquelles ce langage fait appel.

Habermas appelle «médias de pilotage» ceux qui détachent de la *Lebenswelt* des fragments de coordination qui valent alors en eux-mêmes. C'est là une technicisation de la *Lebenswelt,* qui la décharge des risques de l'interprétation. En somme, c'est une voie assumée par une société qui se veut décisionnelle et programmatique, dirigée vers le succès (le progrès).

D'autre part, la technologie est au service des sphères publiques, elle sert de lien entre les réseaux d'information contrôlés et la tradition culturelle. Par là, elle préserve le monopole des décideurs.

Cela signifie que le discours technique de la communication est obligatoirement commun (rationnel ou universel), alors que toute *Lebenswelt* transporte avec elle des normes à demi subjectives et préconscientes. Être public signifie être explicite. Mais dès que la communication devient l'objet de transactions dans la sphère publique, elle tombe immédiatement dans les mains et sous la domination d'acteurs qui la captent.

La technique intervient bien ici chez Habermas de manière indirecte : d'un côté, elle dégage la *Lebenswelt* et l'objective en quelque sorte; d'un autre, elle crée des zones de dissentiment, puisque toute visée devient discutable et problématisée.

Or dans la *Lebenswelt,* il y a un holisme de base. Le tout est

1. *Théorie de l'agir communicationnel,* t. II, chap. VI, p. 163 et 164.

donné d'emblée comme allant de soi et n'est problématisé qu'en cas d'incident.

Pour prendre un exemple, il est d'usage, dans la pratique universitaire, que je prenne un siège même s'il n'y a pas assez de sièges pour tout le monde : je suis le professeur. Usage aussi que certains prennent des notes tandis que je parle et que je ne sois pas interrompu, à moins d'un rituel bien précis par lequel la parole est demandée.

Mais si entre dans la salle un étranger qui n'est pas au courant de nos mœurs, qu'il soit étranger au groupe, à l'université ou à la communauté linguistique, il faudra lui expliquer comment se comporter, que c'est là l'usage. De même, si j'entends une plaisanterie faite dans une langue étrangère dont je possède le lexique et la syntaxe, il est hors de doute que j'en comprendrai les termes (et je m'apercevrai, au nombre de rieurs et à la qualité du rire, qu'il s'agit là d'un *joke*), mais je n'en saisirai pas les implications, les résonances qui feraient appel à quelque chose que je ne partage pas : la communauté implicite de la *Lebenswelt.* C'est alors à propos de cette rupture de contrat, de ce manque que l'implicite sur lequel nous vivons sans en avoir clairement conscience devient clairement pour nous une partie fondamentale de la communication.

A ce compte, l'objectivation des médias (la réification technique de la communication d'entente) est objectivement un frein à l'intégration de la société avec elle-même et se traduit en une circularité qui est paradoxe et confusion. On peut dire que, en communiquant avec elle-même, la technique du programme et du succès s'interdit de se différencier de ce qu'elle a pour mission de transmettre, soit : les valeurs, les normes, les attentes[1].

4. *Conditions du lien social*

En partant de ces propositions sur la *Lebenswelt,* sur l'implication des données de l'entente, Habermas, cherchant à définir le « lien » qui unit la société avec elle-même, en vient à dénoncer la technique comme ce qui repousse le symbolique, le barre, ou

1. Jurgen Habermas, *Théorie de l'agir communicationnel, op. cit.*

quelquefois l'interdit. Cette analyse prend appui sur le mouvement pragmatique actuel qui met l'usage au centre de l'échange. Ce qui veut dire que l'échange est fondé sur l'usage, ne s'en sépare jamais, et qu'il existe, au sein de la parole constituée comme fondement « implicite », un usage social semblable à une *Lebenswelt.* S'apercevoir que la langue est sociale ou n'est pas, c'est renoncer à la traiter comme une entité, subjective ou objective. La communication langagière est inscrite dans les institutions et les usages qu'elle a pour mission de faire perdurer. La structure communicationnelle est donc intimement liée à la structure technopratique d'une société.

De fait, pour notre objet qui est de désigner les points critiques de l'idéologie de la communication, une telle observation sur ce qui échappe à l'explication et requiert un large éventail de connaissances développées autour de la communication elle-même est tout à fait utile. Elle nous met sur la voie d'une analyse du complexe, d'une analyse qui se soucie autant de la fabrication du message, de son envoi que de sa réception : signes discrets en représentation, enveloppement contextuel et mise en commun ; ce sont là trois éléments qui sont présents simultanément quand nous communiquons.

Autrement dit, si nous voulons arriver à une communication substantielle, entre nous et avec le monde, nous devons référer sans cesse à trois perspectives (la dualité exige pour être surmontée l'emploi d'un schéma tripartite), à trois principes ou options :

– au monde de l'extérieur, c'est-à-dire à un événement appartenant au monde objectif au sujet duquel la communication doit révéler quelque chose de « vrai », un principe de validité ;

– à la situation des locuteurs eux-mêmes : le monde social des interactions réglées de manière légitime par rapport à un contexte normatif existant ;

– à l'expression juste de l'intention de communiquer (relatif à la subjectivité de chacun).

Constat (objectif), régulation (normative) et représentation d'intention (ou expression), trois attitudes fondamentales toutes nécessaires, mais dont l'une peut prédominer. Or elles sont toutes nécessaires à la distinction («péniblement mise en œuvre») entre monde et *Lebenswelt*[1].

Ce que nous allons voir se développer, avec les pratiques et les théories de l'information et de la communication, qu'elles soient représentatives ou expressives, c'est l'une ou l'autre de ces composantes au détriment des deux autres. La plus méconnue peut-être étant la dernière citée. Celle qui, à nos yeux, est sans doute la part déterminante d'une communication : sans cette mise en commun, en effet, que reste-t-il de la communication ? Dimension volontiers oubliée, qui est celle du politique, du social, et qui reste voilée d'absence dans la plupart des cas...

On peut, ici, résumer la contribution de Habermas : la communication est dans le social, dans la langue qui est sociale, dans l'implicite, le pré-jugé. La communication n'est pas machinique, mais compréhensive. Elle émerge au moment de ruptures. Le vécu du monde est capté, technicisé par des acteurs responsables. Il est alors transformé et colonisé. Mais il a encore ses chances... A condition, bien sûr, d'échapper aux stratégies linéaires du *succès* et de s'orienter vers l'*entente.* Car la stratégie du succès ne peut assurer la transmission des valeurs.

C. LIMITES OU INSUFFISANCES

1. On observe d'abord le régime des dichotomies auxquelles Habermas entend nous soumettre. Entente s'oppose à succès, société critique à État, manipulé à manipulateur. Le bien et le mal, l'ombre et la lumière, autant d'oppositions enracinées dans l'utopie d'une réconciliation définitive des hommes entre eux et avec la nature. Que ce mythe, toujours ressuscité, se soit appelé règne de Dieu sur terre, ou plus tard communisme, ne semble pas gêner notre prophète. Autant ses analyses sont fines et approfondies en aval, autant il reste muet devant ces présupposés naïfs. Ces catégories sont d'ordre moral et psychologique, restent marquées d'un fort relent kantien (impératifs catégo-

1. *Moralbewusstsein und kommunikatives Handeln* (1983, p. 143-152); traduit en français sous le titre *Morale et Communication,* Éd. du Cerf, 1987.

riques) et semblent gêner notre auteur. Il les encercle alors d'une protection d'airain : la théorie du système, des structures et des pouvoirs institutionnels politiques, économiques et sociaux confondus, dont il nous dit bien qu'ils sont indissociables de la *Lebenswelt.* Mais ces couples d'opposition qu'il installe ne relèvent-ils pas de l'horizon de la *Lebenswelt ?* Et ne sont-ils pas, à ce titre, indissociables des systèmes puissants de manipulation ? Qui nous dira jamais si ces dichotomies ne sont pas tout bonnement produites par un système de manipulation qui les reconnaîtrait d'autant plus qu'elles le gêneraient le moins ? Je le montre avec insistance depuis *L'Enfer et le Paradis* et je fais observer au surplus que la charge de la preuve contraire incombe à Habermas, compte tenu du système d'analyse qu'il se donne.

2. L'auteur décrit sans prouver. La description des faits *(L'Espace public)* et des théories *(Théorie de l'agir communicationnel)* est riche et nuancée. Elle donne à réfléchir sur un domaine trop peu défriché de nos jours. Mais une description n'est pas une preuve. Et discuter de théories n'est pas créer des concepts. La chronologie des faits, comme celle des grands ancêtres, n'est pas raison.

3. Surtout, on ne trouve rien dans l'œuvre qui nous informe sur la communication *aujourd'hui*. Des généralités, un décor qui peut servir de guide : tel est l'apport de sa visée philosophique réellement critique. Mais si, comme Habermas l'affirme, la communication est au cœur du lien social (tout comme la fausse communication qui légitime la domination), il devient curieux de ne trouver aucune référence à ce que j'appelle « les technologies de l'esprit », qui sont au cœur des pratiques communicatives d'aujourd'hui. Rien sur l'intelligence artificielle, rien sur la science cognitive, rien sur les transformations de la biologie, rien sur les psychothérapies individuelles ou de masse, rien sur les changements de paradigme dans les sciences, indissociables des théories de la communication, rien sur la linguistique ou seulement ici des généralités. Traiter de la communication sans faire une place à ces domaines, sans les insérer dans un appareil critique, c'est ne pas traiter de la communication. Et croire que la critique des mass media écrits ou audiovisuels épuise la question, c'est prendre l'arbre pour la forêt.

D'autant qu'Habermas, exclusivement installé dans une critique ultra-classique de la représentation, ne comprend pas les confusions qu'il dénonce. Ce n'est pas seulement la représentation qui est à critiquer, mais aussi l'expression. Car c'est le système de correction de l'une par l'autre – que je nomme « politique symbolique » – qui s'est effondré. De là un mécanisme, le tautisme, qu'Habermas ne peut entrevoir : prendre le représenter pour l'exprimer et l'exprimer pour le représenter.

4. Reste notre accord sur une idée qu'Habermas doit à Weber et développe : la difficulté de cette société où nous sommes à se resacraliser et surtout à le faire à partir de la science. Mais il n'est pas sûr que le sacré – même discuté par le commentaire – nous ait définitivement échappé. La question se pose, en tout cas, pour la communication elle-même qui s'exhibe aujourd'hui comme source de tous les consensus à venir. Une nouvelle religion, à tout le moins une nouvelle théologie, n'est-elle pas en train de naître ? Celle d'une communication sans partage, celle d'une société qui se regarde elle-même comme son double, divin, qui la transfigure ? Celle d'une nouvelle religion républicaine à la Durkheim, mais adaptée à notre temps technologique et multinational, servie par ses technologues, savants ou prêtres, qui disent le vrai de la science et de l'amour, adorée par des millions de consommateurs éclairés[1] ?

II. Jacques Ellul : technologie et société[2]

C'est à Ellul, dix ans après Adorno et Horkheimer, que nous devons, dans l'Europe d'après la guerre, la critique la plus approfondie de l'enjeu de la technique et du système technicien. Habermas n'a publié son livre en allemand que quatorze ans

1. Nous développerons cette hypothèse dans la troisième partie de ce livre, chap. I, II et III.

2. Voir *La Technique et l'Enjeu du siècle,* A. Colin, 1954 ; *Le Système technicien,* Calmann-Lévy, 1977 ; *L'Empire du non-sens,* PUF, 1980.

après *La Technique et l'Enjeu du siècle*[1], et sa critique de la technique, pour aussi pénétrante qu'elle soit, ne constitue pas le sommet de son œuvre. Trop marquée par des considérations sociales et philosophiques, elle ne prend pas en compte les aspects spécifiques du phénomène technicien dans ses derniers aboutissements contemporains.

Autant dire qu'Ellul est toujours le premier dans ce domaine, même si ses analyses mériteraient aujourd'hui quelques adaptations, surtout pour penser la communication.

1. *Les caractères du système technicien*

Le système technicien supprime la coupure objet/sujet. Système qui se veut neutre, il neutralise tout ce qui l'entoure. Sans s'identifier à la société elle-même, marquée par ses résistances et son irrationalité, il l'influence en profondeur. Tout devient échangeable, le social devient abstrait.

Ellul approuve Weber pour qui la technique s'oppose au *sens,* et Baudrillard qui montre que la communion de chair et de sang a dégénéré en communication par échange de signes. L'opinion est préformée, impuissante, car la technique est devenue notre milieu de vie. La société ne se définit plus par des fins ni même par des objets (*contra* Baudrillard), mais par des moyens. Simplifier, réduire, opérer, instrumenter, réordonner pour s'adapter aux changements qu'elle produit, telles sont les actions principales de la technique qui, par ailleurs, crée des complexes de plus en plus fragiles, enchevêtrés, dont la tâche est d'abstraire et de contrôler. La technique nous enclôt.

Le réel et le fictif deviennent similaires. Le langage perd de sa magie quand il passe au crible de l'analyse structurale. La décision n'existe plus, absorbée par la complexité des structures. Le citoyen devient « propagande[2] », et l'homme politique est victime d'illusions de liberté[3].

Le système technicien n'entraîne aucun contenu, ne suscite aucun sens : il est pourtant déterminant, car il donne la forme

1. *La Technique et la Science comme idéologie,* Gallimard, 1973, traduction de Ladmiral du texte paru, en 1968, chez Suhrkamp.
2. *Propagandes,* A. Colin, 1963.
3. *L'Illusion politique,* Laffont, 1965.

unifiée des comportements et des structures. Il est la puissance même. La technique est égalitariste[1]. La technique progresse d'elle-même, sans contrôle, comme un cancer. Ellul la définit comme auto-adaptable aux changements qu'elle suscite, indépendante, globale et irréversible (loi de la stabilité acquise). Le droit est impuissant devant sa prolifération. Régionalisme et décentralisation raffinent les différences et ne sont que des branches de la technocratie moderne.

Quant aux prétendues résistances, Ellul n'en fait, peut-on dire, qu'une bouchée : Alphaville et Fahrenheit 451 ne sont que des images repoussoirs, là pour justifier l'existant ; le non-conformisme d'un Crozier n'est qu'apparence au service de la fonctionnalité ; Edgar Morin n'est pas mieux traité, qui, à son insu, accomplit le fantasme philosophique de l'unité. La science n'est plus innocente comme le montre Krzysztov Pomian[2], car indissociable de la technique. L'économie subit le même sort. Quant à l'éthique de la connaissance, prônée par Jacques Monod, sa distance glacée par rapport à l'histoire et au social se faisant n'est que l'expression de l'éthique technicienne.

Universelle, elle efface les différences entre États-Unis et URSS. Les équipes au pouvoir ont beau changer, elles font la même chose, nous dit Ellul, citant ici Illich et moi-même, et nous opposant alors à juste titre Habermas, qui croit encore dans la résurrection possible de « bonnes » décisions, empreintes d'une « vraie » raison. La technique est unitaire, lie les techniques entre elles et les contrôles sociaux entre eux. L'électronique, pointe la plus pénétrante de la technique, unifie les « grands » (grands pays, grandes firmes) et différencie, coupe, fragmente les petits.

Il y a technicisation de l'amour, de la religion et de l'art : l'art emprunte ses traits à la technique[3]. Ni beauté, ni plaisir, ni sens : l'art répète le temps servilement. Il ne se préoccupe plus que de *son* unité de style. L'art n'est qu'un discours *tautologique.* Car la technique engendre un art idéologique ou un

1. Je conteste ce point, d'ailleurs contrebattu par Ellul lui-même, qui montre aussi le contraire. Voir mes *Leçons sur l'égalité,* FNSP, 1984.
2. « Le malaise de la science », in *Les Terreurs de l'an 2000,* Hachette, 1976 ; colloque de Jouy-en-Josas, 27-30 septembre 1975, avant-propos de G. Suffert.
3. *L'Empire du non-sens, op. cit.*

ludisme compensatoire de l'existant, ou encore un formalisme théorique qui ne fait qu'exprimer la perte du sens. L'artiste aura beau fantasmer sur sa liberté de génie créateur, le critique le remettra à sa place, lui qui fait de l'art une simple technique. L'erreur de Malraux fut considérable : il inscrivit l'art contemporain dans la continuité classique, alors qu'il y a ici véritable rupture avec ce qui fut son essence. Le langage éclate, tout comme la société; c'est la fin de la communication.

2. *Théologie de la technique*

L'aliénation totale, provoquée par la technique, permettrait, paraît-il, de recevoir la *grâce.* Ainsi d'un projet japonais qui veut techniciser l'ensemble de la société en commençant par une unité expérimentale de cent mille habitants : la société se réduirait à un certain nombre de cellules et de fonctions. La jonction serait assurée par l'ordinateur[1].

La relation de l'homme et de la technique n'est pas médiatisée. En ce sens, McLuhan a raison : *medium is message.* C'est que la technique est incapable de médiatiser, de symboliser. Elle se veut elle-même médiatrice exclusive. Elle est *autosymbolisante,* rejetant dans les ténèbres toutes les autres symboliques, devenues par là archaïques et vaines. L'Enfer et le Paradis se résument en elle; elle permet seulement des inversions de signes. C'est un tour de passe-passe idéaliste que celui des marxistes qui nous présentent une technique débarrassée de ses scories en URSS. Même observation pour Habermas, qui souhaite l'insérer dans la Raison. Le système technique s'est érigé lui-même en système symbolique exclusif : rien, ni personne, ni aucune structure, n'y échappe. Les mots théologiques d'aujourd'hui s'appellent planification, productivité, prospective, informatique, management. Autant de *théologies de la forme* sans contenu. Or cet illimité, éclaté, ne peut fonder la rupture nécessaire à une symbolisation puisque le symbolique unifie après avoir rompu. Ce n'est plus l'univers du représentable, mais du présentable. La technique engendre seulement du *spectacle*

1. On pourrait en dire autant du projet japonais de cinquième génération des ordinateurs, qui doit apporter égalité, harmonie et bonheur à toute l'humanité...

communiel, et ici Ellul approuve Debord et sa « société du spectacle ». Ce communiel, *directement* créé par la technique, est une fausse communion, car il est fondé sur l'annihilation de l'individu qui adhère ensuite passivement à un spectacle où l'on feint d'obtenir sa participation[1].

En fait, Ellul veut le retour du sujet, de l'intention, du sens, de la transmission (communication) au-delà de tous ces objets ou opérations[2].

3. *La contribution de Jacques Ellul*

1. Deux points forts apparaissent immédiatement. Le premier : les caractéristiques du système technicien qui empêchent la communication, car elles la neutralisent, fragmentant et divisant à l'infini les hommes entre eux. Babel moderne, sorte de nouvelle punition divine. La communication est encore empêchée à la racine par des confusions généralisées de la science et de la technique, de l'économie et de la technique, du social et de la technique, du politique et de la technique. Confusion entre le sujet et l'objet, le réel et le fictif, la cause et l'effet. Le tout se répétant indéfiniment, en autoprogression cancéreuse, sans contrôle aucun. Il n'y a plus de limites. Autant d'éléments qui viennent informer le secteur des sciences de la communication et des pratiques sociales dites communicatives. J'ai appelé ce phénomène *tautisme,* construisant une analyse d'un autre type, mais des éléments importants du tautisme ont été décrits par Ellul, en tant que caractéristiques du système technicien.

Le second : la théologie de la technique. Par cette aliénation totale qu'elle provoque, elle suscite des communions spécifiques appropriées à sa structure.

Elle exclut toute autre symbolisation, en même temps qu'elle est incapable d'opérer une médiatisation entre l'homme et elle. Elle s'autosymbolise, et cela seul suffit.

La piste est intéressante et importante. Je ne l'emprunterai pas telle quelle. Mais l'intuition générale paraît juste.

2. Je ne reprocherai pas à Ellul de n'avoir pas choisi la

1. *L'Empire du non-sens,* p. 139 *sq.*
2. *Ibid.,* p. 196.

communication en tant qu'objet d'analyse. La liberté de l'auteur fait ici loi et laisse le champ à d'autres... Mais lorsque, par incidentes, il traite des technologies de la communication, il reste imprécis et souvent inexact[1]. Ainsi de ce qu'il conte sur l'ordinateur. Même si j'approuve sa critique de l'utopie de von Neuman, avec son ordinateur qui s'autoreproduit, pense et vit[2], je ne peux en aucun cas partager sa colère contre l'ordinateur binaire, qui empêcherait toute pensée dialectique[3], car il confond ici le langage digital interne à l'ordinateur (et d'ailleurs provisoire) avec le langage ordinatique qui s'enrichit tous les jours[4]. Je ne peux pas plus, et en aucun cas, accepter l'idée, aujourd'hui refusée par tous les spécialistes, que l'ordinateur n'est que calculs appliquant un programme humain qui leur est imposé de l'extérieur : idée inadéquate, vraie et fausse en même temps, car l'ordinateur, sans pour autant «penser» comme le croient quelques esprits primaires, s'engage en des circuits imprévisibles, souvent aléatoires. Là où on veut le faire aller à droite, il va à gauche, et ce, sans erreur de programmation, interpellant alors le programmeur sur ses propres valeurs implicites et l'amenant à réviser ses programmes[5]. Il est donc vain, comme le suggère Ellul, d'opposer décision humaine, capable de rupture, et l'ordinateur seulement capable de reproduction. Ses propres aléas, tout au contraire, peuvent se cumuler avec les aléas humains, stimuler la réflexion, engendrer à terme du neuf. Non, la domination de l'ordinateur et plus généralement des technologies de la communication est plus subtile, plus insidieuse, plus profonde encore que ne le croit notre auteur, puisque, par elle, une véritable «science» est née, la science cognitive, qui prétend se substituer à toutes les autres, à toutes les épistémologies, accomplissant ainsi toutes les prédictions d'Ellul sur les prétentions de la technique.

Alors, contre cette invasion, nous resterait-il seulement à pleurer ? Ou n'avons-nous pour arme que le sujet, l'intention, le

1. Tenons compte aussi que son livre fut écrit il y a dix ans et n'est que le reflet ici des discussions ambiantes sur ce point.
2. *Le Système technicien, op. cit.,* p. 108.
3. *Ibid.,* p. 108 *sq.*
4. Voir Pylischyn, *Computation et Cognition* (Bradford Book, 1984), que je critique, mais pour d'autres raisons, dans cet ouvrage, 3e partie, chap. II.
5. Voir ici H. Atlan, dans *A tort et à raison,* Éd. du Seuil, 1986, p. 343 *sq.*

sens et la transmission, tels que les définit Ellul ? Peut-être, mais à la condition d'actualiser ces enseignements vieux comme notre monde, de les débarrasser de leurs poussières et scories, de les faire parler aujourd'hui, ici et maintenant, plutôt que de les faire parler comme hier. Pourrai-je jamais convaincre Ellul d'oublier son style « ronchon » et sa manière « rétro », capables d'affaiblir la plus belle des causes ?

III. Pierre Legendre : l'amour de l'absolu

L'œuvre de Legendre est *complexe*[1]. Il est vain de la réduire en quelques paragraphes, seraient-ils bienveillants. Alors ne rien dire ? Ignorer une des tentatives les plus originales de décryptage des manuscrits morts-vivants qui nous gouvernent et nous agissent ? Silence impossible ou complice, d'autant que Legendre traite de la communication et nous indique un lieu privilégié pour l'observer : l'État et notre amour très ancestral pour ses fonctions et sa personne, en chair et en os. Tentons donc d'emprunter quelques pistes dans une œuvre touffue et parfois obscure.

Car *L'Amour du censeur* fut mal lu en son temps, ou plutôt lu à sens unique, en une époque foucaldienne où le pouvoir était vu comme Diable à l'affût, prêt à encercler, à quadriller, à diluer ou à épurer. Avec Pierre Legendre, une autre face de l'État apparaît, intermédiaire obligé entre la Terre et le Ciel[2], pour éviter le « collage » à l'absolu, le délire, la folie.

1. Voir, entre autres ouvrages, *L'Amour du censeur,* Éd. du Seuil, 1974; *Paroles poétiques échappées du texte,* Éd. du Seuil, 1982 ; *L'Empire de la vérité,* Fayard, 1983 ; *L'Inestimable Objet de la transmission,* Fayard, 1985.
2. Voir mon étude sur Naples, *Je reviendrai des terres nouvelles,* Hachette Littérature, 1980.

A. L'EMPIRE DE L'AMOUR

1. *L'amour de la censure*

Que nous dit d'abord *L'Amour du censeur,* premier essai sur l'ordre dogmatique ? Proposition essentielle : il faut « prétendre au sens des choses sous leur couverture juridique, travailler à découvrir le mode opératoire commun à toute censure, déterrer le rapport qui joint la psychanalyse à la tradition d'Occident encore présente derrière l'avènement des grandes bureaucraties[1] ». Le travail du juriste est d'inventer des paroles rassurantes, d'indiquer l'objet d'amour où la politique place le prestige et de manipuler les menaces primordiales. Le super-ego de la culture n'est autre qu'un *discours canonique,* là pour instaurer l'ordre d'une censure. C'est un discours de science, et même de science de toutes les sciences. Il faut donc connaître ce savoir dogmatique, ses canaux et ses moyens de défense, malgré l'institution moderne qui ensevelit les traditions... sur lesquelles elle se fonde. Le savoir dogmatique trouve son point culminant au Moyen Age. Il entend couvrir l'universalité de la science et « comprend tout, absolument ». Il profère la parole légitime, et ce, par signature *sacerdotale.* Il est géniteur de la *Parole.* Le pontife est là pour justifier ou vérifier tout énoncé, si bien qu'on ne sait jamais où vient finir le père. « L'institution se définit comme instance logique, rendant possible, à chaque sujet, l'amour du Pouvoir[2] », engendrant ainsi une « mécanique de la communication des deux plans (entre la base et le sommet, l'en bas et l'en haut) si nous voyons pourtant l'énergie qui s'y trouve investie[3] ».

La scolastique devient alors pérenne, car elle s'arrange pour subtiliser successivement les objets de censure et leur refaire un abri, après chaque rupture épistémologique et malgré les révolutions affirmées du pouvoir. Le discours dogmatique tamise la

1. *L'Amour du censeur, op. cit.,* p. 14.
2. *Ibid.,* p. 74.
3. *Ibid.,* p. 75.

vérité. Croyance politique et dressage passent par là, par cette illusion qu'il n'y a de vérité que par un texte, objet authentiquement sacré : *le Livre.* Le commentaire est un rituel qui peut moduler son contenu, selon le lieu, le temps et la personne. Il existe une logique de la Loi pour tous les temps, que les Romains ont découverte. L'assurance du juriste est dès lors légendaire, nous dit Legendre, dans un ironique *Traité de la prestance du docteur* (chapitre III). Il a le pouvoir d'entretenir le doute et institue le simulacre, procédant en grammairien, prenant des exemples types et les faisant varier à l'infini.

Dans ces conditions, le sujet est possédé par l'institution, qui règle et mesure la peur, avec sa dialectique du malheur et de la jouissance : « Constance du thème sexuel pour souligner avec ostentation, au sein du système canonique, l'irrécusable de la Loi[1]. »

Le politique lui-même « s'est frayé sa voie par l'effort *monothéiste* dont nous connaissons l'aboutissement. Le grand homme héroïque et la science du pouvoir[2]. »

Cette science a cependant évolué. Le droit libéral français et bourgeois, successeur des canons médiévaux, se trouve aujourd'hui dépossédé par les sciences dites humaines du rôle de topique du pouvoir. Ces sciences humaines aspirent à devenir sciences gouvernementales, car le fait national implique la vénération du pouvoir. Aussi faut-il étudier l'utopie patriote et sa loi.

Les juristes français, porteurs de la Loi patriote, poursuivent « l'entreprise ancestrale : nommer les choses, ces choses qui sont la matière du Droit, [...] estimer et reconnaître le jeu des conduites, la relation vitale avec le texte[3] ». L'État centraliste devient le substitut du monothéisme[4]. L'amour porté à l'État passe par une dévotion de la Loi, si bien que la première science sociale – le droit – assure une fonction d'escamotage. Il en est de même des sciences sociales actuelles. Il faut soumettre, de tout temps, les sujets, et les soumettre religieusement, dans l'ordre

1. *Ibid.*, p. 125 et p. 165.
2. *Ibid.*, p. 186.
3. *Ibid.*, p. 193-194.
4. *Ibid.*, p. 195. Dans le même sens, mais autrement, voir mon ouvrage *L'Enfer et le Paradis, op. cit.*

laïque même, avec ses censures. L'État est toujours maître de toute police et père de famille. *Religion cléricale et religion républicaine* fonctionnent alors en « double commande ». La bureaucratie devient univers heureux et coupable. Tirant ses origines du droit canon[1], son travail est de faire croire au Père, en une pratique où prend valeur le signe féodal : « Le fonctionnariat est aménagé comme régime de propriété, et cette capture du sujet a permis de garantir par la Loi l'amour des chefs[2]. » Si bien que l'administration française « doit être traitée en paysannerie, ni plus ni moins[3] ». L'État libéral n'est autre que l'État pontife.

Mais qui tient aujourd'hui la place du canoniste ? Sachons que l'institution fonctionne aussi comme instance de distinction, pour récupérer la bonne science. Aujourd'hui, avec les sciences humaines, on va tout nous montrer et nous dire. Communication généralisée ? Non pas, car cette frénésie de l'explicite, stimulée par le système industriel, a pour résultat essentiel de dévaloriser l'ancienne rhétorique nationaliste, mais non de démolir l'État et ses classes. La publicité et les propagandes restaurent la casuistique, altèrent le droit romain et les canons médiévaux, mais en poursuivent les buts. La religion, aujourd'hui *religion industrielle,* reste le principal objet de la police.

2. *Une vérité impériale*

Jusque-là, nous ressentons l'amour du censeur comme dénonciation de la censure et non comme son éloge. *L'Empire de la vérité* continue le propos en l'adaptant aux « espaces dogmatiques industriels », mais on y trouve déjà trace d'une vision plus nuancée du travail dogmatique.

Première notation : à la base des sciences sociales gestionnaires est inscrit le racisme, indéracinable parce que méconnu. « Une légalité, pour fonctionner, suppose la communication

1. G. Le Bras, *Les Origines canoniques du droit administratif, études en l'honneur d'Achille Mestre,* Éd. Sirey, 1956, p. 395.
2. *L'Amour du censeur, op. cit.,* p. 223.
3. *Ibid.,* p. 224.

sociale dans la méconnaissance[1].» Il s'agit d'établir une vérité autodémontrée dans l'Écrit qui pose le développement, la révolution, Dieu, la lutte des classes, la République ou la marque Toyota. La fonction médiatrice des images permet de coller à la vérité, c'est-à-dire un seul sujet pour tous. Le dogmatisme juridique permet cela, tout en empêchant la poussée naturelle à la psychose : voilà son utilité, il barre la route à la folie. Le dogmatique « manifeste la relation humaine au savoir absolu et fonde la certitude psychologique d'une instance [...] d'où procède socialement la parole[2] ». C'est du « comme si », et la fonction de la fiction, nécessaire à la reproduction de l'humanité, passe par des montagnes de textes. Ces textes prennent appui sur « le texte » qui seul permet la différenciation des textes, partant, une différenciation des espaces légaux. Il faut donc distinguer le Texte et les commentaires.

Or « le système industriel mène une guerre par le commentaire[3] ». Le vrai a pour équivalent le « c'est écrit ». Traduction en terme de communication : en toute société, le pouvoir doit parler et les sujets doivent communiquer avec lui, et entre eux par son nom. « L'État est muet et cependant il parle[4]. » La patrie, c'est lui et non le Livre, dans la tradition du catholicisme. Pour les juifs, le Livre est patrie, car ils sont circoncis : ce marquage signifie : « Jusqu'à ta mort, tu n'es pas le phallus. » Tu n'es pas l'absolu. Ils passent donc par d'innombrables commentaires, indétachables du Texte initial, mais sans jamais parvenir directement au Texte absolu. *Il n'y a que des intermédiaires,* sans cesse réinterprétables[5]. La voilà, la véritable perspective critique, qualifiée de folie par le droit romain chrétien. Pour lui, il n'y a d'amour possible que pour le Texte absolu, qui fonde tous les autres. De là, une séparation entre le sujet et le politique, qui le surplombe.

Amour politique qui fonde toutes les hiérarchies et tous les ordres généalogiques. Le lien qui unit-sépare le sujet de l'absolu

1. *L'Empire de la vérité, op. cit.,* p. 18.
2. *Ibid.,* p. 32.
3. *Ibid.,* p. 42.
4. *Ibid.,* p. 57.
5. *Ibid.,* p. 65.

politique permet, dans la version romano-chrétienne, de poser la limite, c'est-à-dire la Loi.

Dans ces conditions, la communication se réduit à celle de la loi : « La loi de la communication et la communication de la loi[1]. » Question de symbolisation qui assigne le gouvernement social dans le registre du langage, et ce, contre les écoles « béhavioristes » qui transplantent abusivement dans le domaine institutionnel les découvertes des théories de l'information. Car il ne s'agit pas d'explication, mais d'implication, celle de *l'implicite immémorial des institutions.* Efficacité sociale du symbolique[2], qui manœuvre les savoirs, fascine et réglemente la parole. Contre elle : les sciences humaines d'aujourd'hui, idéologiques, qui prétendent que la vérité fonctionne désormais à ciel ouvert et qui, si elles triomphaient, entraîneraient la folie universelle, car nous avons besoin de l'ombre, de l'implicite, de ce qui laisse au mensonge une place, celle-là même du désir. « Il s'agit de métaboliser la division, c'est-à-dire d'instaurer dans l'ordre social ce qu'il faut bien appeler un principe de division qui s'attache[3]. » Il s'agit alors de transmettre ce principe de division, non sur le mode informatique, documentaire, mais sur le mode mythologique, l'Empereur tenant lieu du nom divin. Elles ne font pas autre chose, aujourd'hui, les sciences gestionnaires : elles sont inscrites, comme malgré elles, dans la logique d'une transmission de message mythologique, alors que la forme actuelle de la transmission est de type documentaire. Elles font du droit, sans le savoir. En même temps que, effaçant les institutions intermédiaires, effaçant la division du sujet inconscient et la nécessité du mensonge, elles font main basse sur les pulsions et, prétendant avoir directement prise sur l'absolu du corps et de l'esprit, elles ouvrent la porte à la folie. « L'idéologie de la communication universelle et les fantasmes de langue totale se donnent libre cours comme une suite naturelle de la civilisation romaine[4]. » Fantasme de toute-puissance.

Permettre le désir, aimer la censure, c'est ne pas être en prise

1. *Ibid.*, p. 93.
2. Dans le même sens, mais autrement, voir mon livre *L'Enfer et le Paradis, op. cit.*
3. *L'Empire de la vérité, op. cit.*, p. 143.
4. *Ibid.*, p. 209.

avec un délire de collage total avec l'absolu, dont l'entreprise de communication universelle est le dernier avatar : folie pure. Contre ce danger, Legendre invoque alors, en son dernier livre, *L'Inestimable Objet de la transmission,* ou étude sur le principe généalogique en Occident.

B. UNE GÉNÉALOGIE... POÉTIQUE

1. *Une généalogie qui protège contre la folie*

Si, pour le sujet, la mise généalogique est perdue, la vie ne vit pas. Il est donc nécessaire de fabriquer le lien institutionnel qui noue biologie, social et inconscient. Car la légalité conserve l'espace de la différenciation. Il ne faut jamais rompre avec la lignée des ancêtres, non plus qu'avec celle des commentateurs. Car ce qui compte, ce n'est pas le contenu du message, mais la *transmission* du message. Ce qui compte, ce ne sont même pas les parents, mais les grands-parents, assez proches en tant qu'intermédiaires, mais pas trop proches comme l'est, en particulier, la mère.

La généalogie permet de classer et de nous situer dans le classement. Les prétendues ruptures de l'ordre industriel affirment créer l'homme nouveau : inépuisable fantasme de puissance qui répète les très anciennes finalités du droit romain. La généalogie engage le sujet humain dans l'ordre des classifications. Elle suppose le traitement juridique de l'inceste. « S'il n'était fait obstacle à la poussée incestueuse – non pas en tant que pulsion de l'individu, mais comme fantasme inconscient du sujet de la parole –, l'individualisation du sujet serait impossible, l'humanité deviendrait folle et, dans ces conditions, aucune société ne survivrait[1]. »

La société construit par là un *écart* par lequel on repère le pouvoir absolu, qui fonde la parole et la limite. L'outil de la division est le père et l'ancêtre. Narcisse enlacé dans son désir, c'est le fanatisme à l'état pur. Il en meurt. Sa propre image est

1. *L'Inestimable Objet de la transmission, op. cit.,* p. 37.

un leurre, et il ne le sait pas. Nécessité d'une « vraie » image, celle des ascendants.

Pour produire de l'enfant, il faut produire de l'interdit. Représentation vitale par laquelle le sujet renonce à se fonder lui-même, renonçant à la prétention d'être un dieu. Où l'on voit ici que la filiation est concept d'essence politique et que l'enjeu incestueux n'est pas un monopole familial.

La fonction élémentaire de la généalogie est de donner consistance civile à l'objet mythique. Nous naissons dans le collage à la mère. Il faut donc fabriquer l'écart. « La filiation n'est pas un fait brut, elle est fondamentalement une construction du discours [...], l'artifice le plus directement lié [...] aux données immédiates de la reproduction de la vie[1]. » « La mère doit perdre celui qu'elle a porté[2]. » Et sur le plan politique, nous descendons tous de la République française. Nous sommes tous « enfants de la Patrie ». Seul Dieu fonde, mes ancêtres engendrent. C'est dans ces engendrements successifs que gît la transmission, c'est-à-dire la communication.

2. *Communiquer, c'est mettre en commun*

Elle est normative, la communication. Elle fait communiquer – mettre en commun – ce qui ne doit pas rester privé. Elle consiste à mettre en œuvre le lien politique de naissance, et ce par le moyen du droit qui crée l'écart et produit l'altérité permettant l'identification. La famille est donc fondée politiquement, et le père n'est qu'une fiction qui renvoie à ce qui fonde le système. Le politique civilise l'objet mythique par le pouvoir de représenter toutes les fictions successives de la transmission. Quant à la science d'aujourd'hui, en tant que signifiant absolu, elle prend en charge la garantie de frontières entre nous et les choses. La raison fonctionne ici sur la lancée du légalisme. Or le savoir total est un mythe, car le seul savoir total, qui est là pour cacher, nous dit qu'au commencement est le père et la Patrie.

Erreur du management moderne : il « invente une humanité d'avant la chute, un paradis, l'harmonie souriante que décrit

1. *Ibid.,* p. 127.
2. *Ibid.,* p. 135.

cette littérature bigote, aujourd'hui répandue à l'échelle planétaire[1] ». Rectitude de science, de justice et d'efficacité managériale qui entraîne la folie, car elle ignore tout le système boiteux, mensonger, intermédiaire entre l'absolu et nous de la transmission. Le monde d'Orwell est précisément un monde sans généalogie, là où la frontière n'est pas tracée entre moi et l'autre.

Seul le droit institue l'écart, Legendre y insiste sans cesse. Il se moque des avatars récents du néo-mécanicisme qui s'appelle aujourd'hui autoréférence ou néo-béhaviorisme, et lui oppose l'interprétation[2], qui est mise à distance, et le droit, qui notifie dans la société le principe généalogique, même si aujourd'hui les énoncés politiques sont adressés comme messages publicitaires et transforment la généalogie en produit industriel. Nouvelle menace, car l'industrie casse le sujet.

3. *Les leçons sur la communication industrielle*

Tentons maintenant de préciser l'objet communication dans l'œuvre de Legendre et faisons appel, pour finir, à ses *Paroles poétiques échappées du texte* ou *Leçons sur la communication industrielle,* paru en 1982.

« Je déteste le mot communication [...]. Socialement, la parole est l'empire de la force. La communication est un dogme, un réseau de propositions qui nous renvoient au principe d'autorité[3]. »

La communication est une « religion sociale » qui n'abolira pas l'écriture, car « le plus écrit de tous les écrits, c'est le corps humain, le premier des médias[4] ». On n'échappe pas aussi facilement à l'écrit dogmatique, sauf par la poésie, écrit inexplicable, politiquement précieux, « démenti radical d'une théorie fonctionnaliste de la communication humaine. L'écrivain du poème s'adresse à lui-même : quelque chose en toi gémit au milieu du silence[5] ».

Le système industriel produit une foule d'écrits, « poubelles

1. *L'Inestimable Objet..., op. cit.,* p. 248.
2. *Ibid.,* p. 368.
3. *Paroles poétiques échappées du texte, op. cit.,* p. 9.
4. *Ibid.,* p. 10.
5. *Ibid.,* p. 12.

de texte» que le savoir épistémologique (universitaire) refuse de lire. La masse ne les lit pas non plus. Voilà une société qui produit des écrits que personne ne lit. L'ordinateur les lira pour nous. Or la communication dogmatique demeure aujourd'hui en tant que système d'écrits de la vérité. Et ce, du marketing et de la publicité aux travaux de la Commission trilatérale et à ceux des théoriciens du management béhavioriste qui répandent l'autorité dogmatique. Tous ces écrits réinventent «sans fin les sujets monstrueux d'une Parole d'État».

Car l'écrit n'est pas seulement de papier. Il peut s'agir du corps fantastique d'un souverain ou du souverain (une foule). «Communiquer avec des écrits, c'est tout cela, une variété immense de graphies qui rend possible et pensable le jeu violent des institutions[1].» La communication de masse est dogmatique. Ce qui signifie que le sujet se distingue des autres en adhérant à un *Texte idéal.* Nous parlons entre nous en faisant usage d'écrits. De plus, les écrits nous parlent et nous leur parlons. Les théories managériales et celles des *mass media studies* reconnaissent que nous parlons en faisant usage d'écrits, mais dénient que les écrits nous parlent et que nous leur parlions. Elles dénient l'inconscient et, par là, dénient que, souvent, penser veut dire adhérer. Adhésion à un Texte idéal, sans prix, mis en œuvre par un type d'écriture juridique qui répand l'autorité «cérémonieusement».

Mais l'idéologie d'une rationalité totale, renforcée par la science-fiction, joue sa partie, nous livrant «au bon plaisir d'un Autre absolu et des Providences mécaniques[2]». On nous fait alors entrer en religion, avec toutes ses promesses de Monde nouveau assorties de gratifications poétiques. Ainsi se fabrique une *théogonie* avec un dieu inusable, plus ou moins catholique, qui, selon une forte remarque d'Emerson, ce grand témoin du XIXe siècle, ne traite pas à la légère la «livre sterling[3]».

Contre ce nouveau dieu, une arme : la poésie, ou léger déplacement vers l'inefficacité productive. Car le poème est illégal.

Nous cherchons aujourd'hui à ne pas être manipulés. Rabâ-

1. *Ibid.,* p. 30.
2. *Ibid.,* p. 49.
3. *Ibid.,* p. 49.

chage de tous les scientistes qui prétend éliminer le jeu imaginaire du pouvoir caché. Or les mass media ne sont qu'un cas particulier d'institution qui fonctionne « sur le registre cérémoniel, c'est-à-dire par collage d'une masse indistincte de sujets dans un discours-texte arrangé pour les faire jouir de quelque chose qui n'est pas dans la littéralité du discours. Avec les médias, nous lisons entre les lignes, nous n'écoutons pas vraiment ce qu'on nous dit, il s'agit de l'enlacement avec un message[1] ». Or la communication n'est pas là pour garantir la réalité, ou donner satisfaction, ou satisfaire à l'objectivité. C'est un leurre, qui est gai, euphorisant, qui est là pour cacher la violence, pour refaire la façade. On la convoque ainsi théâtralement « en tablant sur l'imbécillité et sur notre infantilisme[2] ». Mais quand l'enjeu scientiste est critiqué et démonté, l'enjeu poétique apparaît. Il faut alors déménager, en changeant de registre et de discours. « Les affaires de communication soulèvent la question de nos droits poétiques[3]. »

4. *Si Legendre n'existait pas, il faudrait l'inventer*

Nous devons beaucoup à Legendre, même si la plupart l'ignorent poliment. Sa culture d'historien du droit, jointe au maniement de l'analyse lacanienne, produit des effets détonants.

Les théories américaines de la communication baignent dans un milieu où l'État ne compte pas, ou peu. Elles sont contre-dépendantes des objets qu'elles analysent, même les plus critiques d'entre elles : un Thayer ne connaît pas l'État. Elles sont déjà à ce titre critiquables, même dans leur contexte américain, car l'État aux États-Unis compte infiniment plus qu'on ne veut le reconnaître. Que cessent donc ces rêveries empruntées à la Déclaration d'indépendance, qui sont là aujourd'hui à point nommé pour empêcher de voir l'État moderne et ses mégamachines, privées et publiques.

Rejetons *a fortiori* les transpositions sauvages des États-Unis

1. *Ibid.*, p. 63-64.
2. *Ibid.*, p. 233.
3. *Ibid.*, p. 243.

à la société européenne, ou même japonaise, sociétés à État puissant. Quant à la vague du libéralisme extrême qui vient conforter pour un moment toutes les «crozierieries», elle passera, elle aussi, comme toutes les autres. Tel est le premier apport de Legendre à une théorie de la communication industrielle, leçon assortie d'une forte précision : privé et public ne s'opposent pas. Ils fonctionnent en double commande, s'empruntant leurs motifs et leurs structures, accomplissant une unique mission de référence au dogme, Texte sans sujet. Pas de communication sans droit ni sans État.

Le second apport essentiel de Legendre réside dans son éloge de la censure institutionnelle, censure qui noue de multiples intermédiaires entre l'Absolu, Indicible, Innommable (Élohim pour les juifs) et nous. Car le collage à l'absolu, à la mère, au Père comme seconde mère, à l'État fondateur, au Texte initial sans sujet, est délire et conduit à la folie. Legendre nous fait voir tous les aspects possibles de ce collage : des psychosomaticiens qui nous font coller à notre corps, sans percevoir que l'inconscient est lui-même divisé, aux théoriciens du management qui entendent imposer leur vérité publicitaire *directement,* aux fanatismes religieux ou politiques par lesquels on veut nous faire adhérer au corps souverain, sans précaution aucune.

Éloge ici de la pensée juive qui sait que seuls le commentaire et le commentaire de commentaire sont rois. C'est lui qui, rattaché au Texte absolu, nous en sépare. Car personne ne peut se dire Dieu, ou trop proche de lui. Dans ses rapports avec Lui, Moïse s'est toujours voilé la face, tandis que les musulmans se voient interdire de reproduire son image.

Il y a de l'*indicible,* de l'*implicite.* Ils sont nécessaires au Désir, à la santé, à la reproduction. Et la science elle-même dans sa volonté d'explication n'y pourra rien, sauf à rajouter des commentaires supplémentaires à la dogmatique initiale. Un ennemi absolu pourtant : la dogmatique du système industriel qui entend précisément casser le mystère, les intermédiaires, se présenter elle-même comme Dieu vivant, en usant des procédés de l'ancienne dogmatique, protectrice, généalogique.

Ce second apport de Legendre est encore plus décisif pour notre affaire. Car ce que je dénonce dans cette *Critique de la communication* entre en relation avec le «tripot» legendrien. Dénonciation du *tautisme,* en tant qu'autistique et médusant, tautologique et totalisant, voire totalitaire. Le tautisme, c'est du collage, du collage à quoi ? Cela, Legendre ne le dit pas, sauf à référer à l'absolu de l'absolu. Il est là, le vide laissé par son œuvre, et par là peut commencer la critique.

Je ne dis pas que la vision est fausse, mais je la crois imprécise, non topiquement adaptée à la société actuelle, autrement que par une vision presbyte qui voit bien de loin, mais ne pénètre pas dans le détail.

Legendre est répétitif. Il suffit de lire superficiellement ses livres pour s'en convaincre. Il nous répète toujours la même *chose,* ce en quoi il n'a pas tort. Car on veut la cacher, cette chose-là, unique. Mais il nous répète aussi les mêmes *choses,* adaptant le dogme à de multiples lieux, situations ou personnes, répétant en d'inépuisables commentaires la fonction dogmatique elle-même, en canoniste qu'il demeure volontairement. Le défaut de sa méthode n'est que l'envers de ses éclatantes qualités : repérant de très loin, de très haut, il raplatit l'actualité de façon magistrale... et s'empêche de l'analyser avec la même minutie que les décrétales de Gratien. Car s'il est vrai que la science moderne et la dogmatique industrielle qu'elle accompagne sont logées dans de très anciennes Écritures, elles n'en ont pas moins une *forme* précise, celle de notre temps, celle que je veux circonscrire, voire circoncire, dirait Legendre, pour la marquer.

Sans doute encore attiré par une frénésie explicative qu'il réprouve, je veux éperdument savoir comment la communication contemporaine est morte le jour de sa naissance, comment la société de communication peut travailler à sa propre tautologie, de quoi est composé le tautisme, quels sont ses éléments constitutifs, de quels effets il se prévaut pour triompher sans combattre, quel est au juste encore cet univers de machines, machines à communiquer, à représenter et à exprimer, et comment, par quels biais, jeux ou entrelacs, cet univers machinique a produit le tautisme et sa science, la science cognitive, et sa théologie, qui emprunte, n'en doutons pas, aux théologiens et aux canonistes, mais sous une forme différente, plus protestante et industrieuse.

Je veux savoir tout cela en bloc et en détail, par appétit de faire, par *libido sciendi,* mais aussi parce que l'enjeu est de taille : comment s'opposer à la nouvelle dogmatique ? C'est bien la même question que se pose Legendre, et l'ennemi est bien le même. Il répond à la menace par le jeu de nos anciennes mémoires, institutionnelles, généalogiques, en sédiments juxtaposés. Réponse heureuse et insuffisante. Car encore faut-il avoir situé l'ennemi, dessiné ses contours, quadrillé son corps incorporel, démonté ses mouvements. C'est ensuite seulement qu'il faut tirer, après l'avoir approché de près. Or Legendre tire de loin, c'est le moins qu'on puisse écrire. Je tenterai d'user de son matériel, de celui de quelques autres et du mien en un tir à moyenne, voire à courte portée.

***

Trois auteurs, un savant-philosophe, un savant-théologien, un savant-canoniste poète. Trois pensées aussi différentes que possible.

Mais qui convergent dans l'objet de leurs critiques : l'idéologie moderne, le système technicien, la dogmatique industrielle. Peu importent les mots. La visée est la même : retrouver le sujet critique, cassé par l'industrie. Retrouver aussi d'hypothétiques intermédiaires sur le mode de la raison et de l'opinion dix-huitiémistes, sur le mode Réformé de la rupture avec les faux intermédiaires, dogmaticiens porteurs de mensonge, ou sur le mode du commentaire analytique d'une dogmatique classique, souvent dangereuse, mais indispensable pour faire écran, nous empêcher de voir en face l'Absolu.

Trois pensées qui intéressent au plus haut point ce nouveau chef-d'œuvre de la production industrielle et machinique : le *tautisme.* J'aurai sans doute à me servir de tel ou tel élément de ces doctrines. Mais disons que je préfère cerner plus frontalement l'objet, qu'elles négligent, alors qu'elles le critiquent. On verra plus tard ma réponse. Allons d'abord sur le terrain, celui des machines à communiquer, qui présentent les composants élémentaires de ce fameux tautisme.

DEUXIÈME PARTIE

Les fondements du tautisme

Le tautisme, ce n'est pas la représentation cartésienne.

Ce n'est pas plus l'expression spinoziste. L'une et l'autre avaient conduit à deux définitions différentes de la communication. Aucune des deux n'était tautistique, c'est-à-dire tautologique, totalitaire, autistique. L'une et l'autre s'ouvraient sur le monde, sans prétention impérialiste. L'une corrigeant l'autre, l'expression assouplissant les excès d'une représentation en cascades, linéaire, rigide; la représentation, corrigeant le vagabondage, l'imprécision, les difficultés de repérages de niveaux de l'expression. Mieux encore, les deux visions du monde partageaient un bien commun fondamental : l'existence de hiérarchies, cloisonnées dans le système représentatif, à niveaux enchevêtrés dans le système expressif. Comme on l'a vu dans l'histoire de la politique symbolique[1], représentation et expression coexistaient paisiblement, servaient même de remède l'une à l'autre : l'autogestion venait à point nommé au secours de la représentation en détresse, tandis que les signes représentatifs limitaient la confusion expressive.

Deux visions, deux définitions de la communication déjà entrevues dans la première partie.

A ces deux visions correspondaient deux métaphores, la boule de billard et le Creatura. Or ces deux métaphores peuvent s'emballer jusqu'à délirer. Leur délire peut conduire au tautisme. Comment s'en étonner depuis que l'on sait, grâce à Atlan, que la machine biologique avec téléonomie, loin de s'opposer à la machine-programme, lui apporte son secours[2] ?

1. *L'Enfer et le Paradis, op. cit.*

2. Voir *A tort et à raison* (Éd. du Seuil, 1986), surtout, sur ce point, les chapitres II, V et VI.

CHAPITRE I

La boule de billard en délire

TOKYO, 10 AVRIL 1985

J'ai vainement cherché depuis quelques jours une introduction quelconque pour pénétrer à l'ICOT, instance suprême où se joue l'avenir de la cinquième génération d'ordinateurs. Ceux qui doivent parler, nous répondre de façon intelligente et dont le grand inspirateur a dit qu'ils apporteraient l'harmonie et le bonheur à tous les peuples du monde.

Nos services de l'ambassade de France n'y peuvent rien : résistance opiniâtre des services japonais du MITI[1]. *Mais j'ai la chance de dîner avec l'ancien ambassadeur du Japon à Paris, très « ami de la France ». Il m'obtient mon rendez-vous. Le grand jour – 10 avril – est arrivé.*

Imaginez une salle de deux cents mètres carrés environ. Une quarantaine de bureaux, sans cloisons entre eux, à la japonaise. Trente chercheurs sont là et pianotent sur des ordinateurs perfectionnés[2]. *Ils sont au courant de tout, du dernier article de Winograd dans l'*American Scientific, *comme du dernier* draft *de*

1. Structure de l'industrie aux pouvoirs considérables, et très liée au patronat japonais.

2. Trente sont là, les autres sont dans leur entreprise ou dans leur université. Noria ininterrompue entre l'ICOT et l'extérieur. Les chercheurs sont payés par les entreprises et les universités. L'ICOT est le lieu de pilotage et de coordination de toutes les recherches japonaises. Organisation à méditer.

Minsky. Je séjourne souvent aux États-Unis : je ne les ai pas pris en défaut une minute. Ils travaillent essentiellement sur le langage, un des principaux objectifs de leur projet.

La traduction simultanée par l'ordinateur est essentielle au japonais, langue enclavée dans le Sud-Est asiatique. S'ils réussissent, coup double : désenclavement du japonais, exportation immédiate de la technique dans les autres langues du monde. Il est vrai que l'ordinateur peut déjà traduire des rapports administratifs, à langue pauvre. Mais ils veulent mieux et plus, comme les chercheurs américains : ils veulent traduire du langage ordinaire. Leur volonté est grande, mais leurs propos sont modestes. Quand je leur demande leur avis sur les propos enthousiastes de leurs dirigeants, ils répondent : « Oui, bien sûr, ce sont des paroles de managers. Mais nous, nous ferons une série de petites choses, qui s'accumuleront un jour. »

Modestie estimable, en l'occurrence, dans un domaine marqué par d'extravagantes prophéties. Celles des managers comme celles de Simon, de Newell ou de Minsky. Il serait pourtant injuste de tenir ces auteurs en dérision. Leur contribution à une théorie mécanistique de l'ordinateur est considérable. Sans eux, les recherches actuelles – qui les contestent – n'existeraient pas. Sans eux, nos ordinateurs professionnels ou domestiques ne seraient que des calculettes. Tentons donc de trier. En même temps qu'ils prophétisent, les mécaniciens opèrent, effectivement.

Observons d'abord les effets de Simon et de Newell, avant de dégager leurs imprécisions et le délire Minsky qui s'ensuit.

On examinera ici la machine à représenter, ou le délire de la boule de billard, qu'on peut aussi bien appeler la folie Minsky, du nom du leader du MIT ; la machine à exprimer ou la tentation Varela, du nom d'un biologiste chilien qui tourne inlassablement dans le soi du soi ; enfin les thérapies qui tentent de porter remède à tous ces excès.

I. L'intelligence très artificielle de Simon et Newell[1]

A. CINQ POSTULATS

Postulat n° 1. La question est réduite au problem solving : *un être individuel, normal, à court terme.*

Sur quoi nos auteurs veulent-ils essentiellement travailler ? Réponse : « La présente étude est concernée par la performance des adultes intelligents dans notre culture.[2] » Les tâches discutées sont donc courtes (une demi-heure) et visent des problèmes de nature symbolique d'une difficulté modérée[3].

Quelles tâches ? Jeu d'échecs, *logic theorist,* puzzle cryptarithmétique. Les problèmes moteurs ou perceptifs sont exclus, de même que les variables personnelles. Rien non plus sur le développement, les différences dues à l'âge. Très peu sur l'apprentissage. But essentiel : la performance sur des tâches courtes, sans long terme. Naturellement, car nos auteurs sont consciencieux, ils n'excluent pas d'examiner, en cas de nécessité, l'apprentissage, la perception et la mémoire de ces tâches courtes. Tout cela porte la marque de l'« opportunisme philosophique », clairement revendiqué par Simon, qui use tour à tour des travaux de Miller, d'Austin et de Chomsky.

L'objet de la recherche reste la pensée, « ou cette sous-espèce de la pensée appelée solution de problèmes[4] ». Cette vue « soutient spécifiquement que la pensée peut être expliquée par les moyens d'une théorie du procès d'information [...]. La présente théorie voit l'homme comme un processeur d'information [...]. Un ordinateur est une instance de processeur d'information.

1. Dans *Human Problem Solving,* Prentice Hall Inc., Englewoods Cliffs, New Jersey, 1972.
2. *Ibid.,* p. 3.
3. Nous verrons *infra* ce que Simon et Newell entendent par symboles et qui n'a rien à voir avec nos conceptions d'une symbolique connotative.
4. *Human Problem Solving, op. cit.,* p. 5.

Cela voudrait suggérer que la phrase est une métaphore : l'homme doit avoir pour modèle l'ordinateur digital[1] ».

Forme de la théorie[2]

Mais quelle est donc la forme de la théorie de l'IPS *(information processing system)?* Cette théorie met en place un ensemble de mécanismes qui reproduisent le comportement de l'homme qui pense. Théorie réductionniste. Elle se propose d'expliquer le *behavior,* non de le décrire, même si les auteurs reconnaissent la précarité de cette distinction.

C'est aussi une théorie qui porte non sur le procès, mais sur le contenu. Une bonne théorie de l'IPS, du jeu d'échecs, de l'écriture d'un roman, de l'apprentissage de la lecture donnera réellement un bon jeu d'échecs, l'écriture d'un roman et une lecture compréhensive.

Il n'y a rien de mystérieux dans tout cela. Cela n'existe pas encore, mais il faut *avoir la foi* que ce soit possible un jour.

Autre trait : c'est une théorie empirique, mais non expérimentale, car on ne peut expérimenter les activités individuelles, seulement ajouter dans chaque cas des données. C'est le terme de *sufficiency* qui compte : la théorie doit produire un système de mécanismes *suffisants* pour accomplir les tâches cognitives recherchées[3]. On retrouve ici la notion de rationalité limitée *(bounded rationality),* chère à Simon. Cette rationalité limitée est celle d'un homme normal, individuel, qui agit et pense à court terme. Il sait ce qu'il veut, mais ne sait pas comment le faire. On connaît le but, on ne connaît pas le ou les chemins pour y parvenir. Dans *Reasons in Human Affairs*[4], il nous donne l'exemple de Hitler. Il n'était pas fou, car *ses méthodes* n'étaient pas folles. Elles étaient même très rationnelles. Son but étant posé – le but vient toujours au premier plan –, il a sélectionné rationnellement les moyens d'y parvenir.

1. *Ibid.*
2. On doit lire sur ce point l'article de Joanna Pomian dans *Quaderni* (n° 1, « Genèses de l'intelligence artificielle »), article intitulé « Aux origines de l'intelligence artificielle : *Logic Theorist* et GPS, ou H.A. Simon en père fondateur ».
3. Voir par exemple *Reasons in Human Affairs,* Stanford University Press, 1983.
4. *Ibid.,* p. 11.

Dans *Models of Thought*[1], Simon montre qu'un organisme logé dans un environnement donné doit, pour survivre, obéir à la règle de la sélection des moyens pour atteindre le but (la nourriture). S'il se conduit au hasard *(random),* ses chances de survie sont négligeables. Quel que soit l'environnement externe, la démarche de tri d'information et de choix sélectif reste la même (chapitre intitulé « Rational choice and the structure of environment », p. 20 à 28). Voilà qui explique la faible part accordée à l'environnement, qui n'est jamais vu principalement comme interaction indissociable du sujet[2], puisqu'il faut à Simon fonder l'universalité de cette rationalité limitée qui rapproche tout homme de tout autre, de Hitler au singe à la recherche d'une banane[3].

Voilà qui écarte toute indécision fondamentale sur nos avenirs aléatoires, qui chasse les miasmes délétères de la nouvelle histoire, de la psychanalyse et de l'anthropologie. Voilà qui révèle de façon criante les limites... de la rationalité limitée et l'inscrit à jamais comme déguisement bon enfant (ou humoristique ?) de la vieille rationalité universelle, dictatoriale.

Remarquons déjà que, s'il est vrai que l'homme agisse par sélection successive de moyens pour atteindre un but défini à l'avance, alors il est tentant d'établir un rapport de similitude entre cette démarche du « pas à pas » et celle de l'ordinateur... jusqu'au point de les faire coïncider et d'assurer que l'homme opère comme un système de procès d'information (IPS).

Postulat n° 2. L'humain opère comme un système de procès d'information (IPS) : cela est reconnu comme postulat qui ne mérite pas d'être justifié et qui doit être seulement clarifié. La question de la plausibilité d'un tel postulat est écartée (p. 19).

Postulat n° 3. Un système de procès d'information (IPS) est un système de signes.

Un IPS est un système consistant en une mémoire contenant

1. New Haven and London, Yale University Press, 1979.
2. Sur ce point, voir tout au long *La Science des systèmes, science de l'artificiel,* Éd. de l'Épi, 1974, préface de J.-L. Le Moigne.
3. Dans *Models of Discovery,* Reidel Publishing Company, 1977, p. 236.

des structures de signe[1], un processeur, des effecteurs et des récepteurs. Diverses conséquences en découlent (p. 20 *sq.*).

Postulat n° 4. Ce système de signes repose sur une conception exclusivement représentative.

Une fois connu le postulat n° 3, le postulat n° 4 ne saurait nous étonner. Si l'IPS est un système de signes, une conception représentative s'ensuit. Il en eût été tout autrement si les *symbol structures* avaient été des structures symboliques actives, alternativement en état d'éclatement et de fusion, tendant en permanence à réunifier les fragments épars, les signes éclatés[2].

Dès lors qu'il s'agit de signes désignant des objets, la représentation s'impose avec ses simplifications (falsifications?), ses additions juxtaposées, l'esprit d'analyse qui fragmente toujours plus les problèmes pour les résoudre. Sartre n'avait-il pas écrit déjà que l'analyse tue ce sur quoi elle porte?

«Ainsi la théorie est centrée sur la méthode : une collection de procès d'information qui combine une série de moyens à atteindre et de fins» (p. 91). Conséquence, la théorie se découpe en un certain nombre de parties, concernant chacune la formulation d'un problème particulier.

Dans le livre de Newell et de Simon, la représentation apparaît à tout moment, et d'abord dans le rapport du langage au monde : il y aurait deux sortes de langage (en usant pour les deux du même mot «langage», p. 66) : la structure de surface du langage qui n'est pas nécessaire à la pensée, mais seulement la transporte; cette structure de surface (ce que nous parlons et écrivons) *représente* la structure linguistique profonde qui n'est pas la pensée, mais qui est nécessaire pour penser. Nous possèderions une série d'associations qui *représenteraient* elles-mêmes nos mouvements externes, nous pourrions dire *a priori*. Cascade de représentation : la langue qui *représente* les structures linguistiques profondes qui *représentent a priori* le monde.

1. «Signe» est la seule traduction convenable de *token*. Toute la conception de Simon se cristallise ici : il ne s'agit pas de *symboles* (réunification active après coupure) au sens grec ou au sens de l'Eucharistie, mais de *signes*, c'est-à-dire d'éléments qui désignent des objets. Conception exclusivement *représentative* et pas du tout symbolique. Le signe de Simon dénote, le symbole connote.

2. Voir Lucien Sfez, *L'Enfer et le Paradis*, *op. cit.*, 2e partie, introduction générale et chap. V.

La représentation, nécessaire à l'IPS pour fonctionner, induit une conception de l'espace. Il s'agit là du thème qui connecte l'ensemble des postulats.

Postulat n° 5. La représentation est spatiale.

Dans cette représentation, si une partie est réellement liée aux sujets (leur psychologie) et à leurs différences, une partie reste invariante : le fait même de se représenter la tâche, de la cadrer, de l'isoler et de la *localiser* dans l'*espace* des autres tâches. En un mot, la représentation met en action un processus constant, la spatialisation, même si l'utilisation de ce processus est diversifiée par des individus singuliers, compte tenu de l'importance et de la spécificité de la tâche. Ce qui est à remarquer, c'est l'*extériorité* de cette représentation de la tâche : je la tiens *devant* moi, comme un paysage, je l'*envisage* comme un objet situé dans l'espace où elle occupe elle-même un certain lieu[1]. Le programme pour accomplir cette tâche est le résultat de ce positionnement.

Les mémoires sont elles-mêmes traitées en extériorité. Les contenus, associés en forme de structures de signes, correspondent à des stimuli externes, eux-mêmes présentés sous forme de signes associés. En somme, la représentation interne est la juste réplique de ce qui est donné à l'extérieur sous forme de *chunks* aux signes associés. Dualisme de Simon très fidèle au dualisme cartésien : il y a des *ready-made structures* dans l'esprit, prêtes à attraper des signes déjà associés dans la réalité. Structures associatives de l'esprit qui correspondent à l'associativité des choses dans le monde. Rien là que de très banalement connu ; c'est l'antique théorie d'une correspondance terme à terme entre les sensations venues de l'environnement et leur représentation « interne ». Deux espaces communiquent, que l'expérience a appris à lier. Le temps de réponse d'une mémoire *contenant* des unités de signes ou stimuli qui affectent une forme reconnaissable est proportionnel à la taille de ce contenant. Il sera d'autant plus grand qu'il contient plus de symboles qu'il sera nécessaire de trier (*Human Problem Solving*, p. 793).

1. « Task environment is represented as a problem space », in *Human Problem Solving, op. cit.*, p. 789.

Simon assortit cette affirmation d'une hypothèse. Si les stimuli, au lieu d'être externes comme des sensations, sont internes comme le procès d'information lui-même, en d'autres termes s'il y a représentation de la représentation, le schéma reste le même. Il s'agit toujours de *chunks* et de leur correspondance avec des agrégats de symboles (*ibid.*, p. 794).

Les arbres de Winston

Toute structure n'est pénétrable que si elle offre une visibilité, un possible schéma d'organisation. L'explicitation de toutes ses parties, en dehors les unes des autres.

Elles fixent la place des unités de base grammaticales, accompagnées des règles explicites permettant non seulement de construire des énoncés langagiers – que l'on peut programmer par ce moyen – mais aussi, entreprise plus hasardeuse, de reconstruire des formes sur l'espace de l'écran. Le discours de la langue se traduit en structure spatiale qui vaut aussi bien pour notre appréhension de la réalité. Ainsi, comment percevons-nous ce qu'est un banc, un pont, une table ? A l'aide d'un minimum de traits de base (horizontalité, verticalité, haut-bas, ligne de soutien, quantité de parties) d'où nous inférerions la pesanteur ou la grâce, le volume et le droit, etc. Avec ce lexique spatial, il suffit de règles de montage pour parvenir à saisir (et à faire saisir par l'ordinateur) ce qu'est réellement (c'est-à-dire structuralement) ce pont, ce tabouret, cette arche. Une fois ceci fait, nous aurons des unités composées, à l'aide desquelles nous pouvons construire tout objet du monde. Le concept n'est que la règle appliquée au lexique et sa généralisation.

Les modèles d'apprentissage pour l'ordinateur que Winston préconise[1] sont de ceux qui déploient des parties préalablement découpées le long d'arbres de décision dans un espace de représentation. La représentation est la clef de toute opération de recherche de buts, de reconnaissance de forme, de transformation d'objets, de mouvements effectués par l'ordinateur. On lit

1. Patrick Henry Winston, *Artificial Intelligence,* Addison Webley Pub. Company, 2e édition, juin 1984 (en français, *Intelligence artificielle,* Inter-Éditions, 1988).

en effet (p. 24 de *Artificial Intelligence*) la série de propositions suivantes qui ne déparent pas le tableau des machines à représenter dont nous avons déjà parlé.

« – De bonnes représentations rendent les choses explicites.

– Elles exposent les contraintes naturelles facilitant ainsi la computation.

– Elles sont complètes. Nous pouvons dire tout ce qui doit être dit.

– Elles sont concises. Nous pouvons dire les choses efficacement.

– Elles facilitent la computation : nous pouvons stocker et retrouver des informations rapidement.

– Elles suppriment les détails. Nous pouvons garder hors de la vue certaines informations, mais nous pouvons les retrouver s'il est nécessaire.

– Elles sont computables par une procédure existante. »

On ne peut mieux dire...

Ainsi, pour reconnaître une forme comme une arche, il suffit de construire un schéma qui se donne comme une *« décision tree »,* ou un *« goal tree ».* De proche en proche, par les liens jetés entre différents états, nous pouvons construire, à l'aide d'éléments primitifs, soit du langage, soit « des histoires », soit des objets. C'est ainsi que *Macbeth* peut être démonté et remonté, et servir de cadre pour d'autres histoires, par analogie structurale. Car l'intérêt de ces représentations est d'arriver à établir plusieurs structures « comparables », parmi lesquelles on peut choisir une solution à un problème donné. Ce que Winston appelle « analogie » est la procédure par laquelle d'une description on passe à une comparaison, pour trier et sélectionner ensuite la bonne règle de transformation d'une structure dans l'autre. L'apprentissage se fait ainsi par buts explicites qui tendent à se diviser en sous-buts et peuvent ensuite être divisés à l'infini (ou presque). Il faut poursuivre l'arbre jusqu'à rencontrer la réponse la plus élégante à un problème. Nous sommes encore dans le *« general problem solver »* (GPS), dans le monde des blocs de T. Winograd, même si nous tentons une percée vers la grammaire ou vers les narrations. Et Winston nous assure que la computation vient à bout de toute règle de transformation, et peut donc s'attaquer à n'importe quel problème.

Les MAPS et les MOPS

S'il ne s'agit pas toujours de *K-lines* et de *« society of agencies »,* c'est cependant sur des représentations quelque peu semblables que se construisent chez d'autres auteurs mémoire et pensée. Pour Shank, la mémoire est le lieu d'une topologie, non pas celle du cerveau, simple contenant où l'on peut localiser les centres spécialisés, mais une topologie constructive. Quand je cherche à localiser un souvenir, à reconnaître une forme, j'explore ma mémoire comme une carte de géographie (MAP). C'est d'abord un plan, une carte d'ensemble, puis des parcelles de plan activées par la représentation. Ce plan est un plan d'action qui se construit peu à peu en MOPS *(memory organisation packets)*[1]. Unité du mouvement créé par l'attention au souvenir par MAPS et MOPS : toute la scène s'active et me permet d'agir d'après le contenu qu'elle dévoile. Ainsi, en allant au restaurant, je me représente un plan, un scénario qui contient *x* possibilités de résolution (des MOPS) : autant de structures schématiques dans lesquelles je peux reconnaître et agir.

Ces scénarios sont donc structurés et structurants en tant que tels sur la scène du langage. Ils permettent de « comprendre » à demi-mot les actions et les paroles échangées. Contenues dans les limites de cette MAP et de ces MOPS, mes paroles sont facilement prévisibles. Peu de variations peuvent intervenir. D'où la possibilité de doter l'ordinateur de structures de mémoire en forme de MOPS, qui limitent et structurent le langage en « scènes ». Même modèle chez Zipser.

Il propose que la totalité des informations localisantes soient découpées en unités discrètes appelées *« view-maps »*[2]. Chaque *view-map* contiendrait des informations qui localisent un petit nombre de marques relatives à un *view point* singulier. Une instance de localisation, un signe de localisation *(symbol),* l'instance de vision et la *viewcarte* : voilà qui constitue un réseau descriptible en un algorithme « vérifié » avec le programme. Les

1. *Dynamic Memory,* Cambridge University Press, 1982.
2. Zipser, *Representation of Maps,* Institute for Cognitive Science, université de San Diego, 1983.

« maps » (cartes) ou ensemble de MOPS assortis de *frames* (cadres), de scripts et de scènes, sont des structures souples : les scripts qui sont des séquences pré-empaquetées de chaînes causales sont utiles mais limités : le fait d'entrer au restaurant ne signifie pas qu'on va y manger. Aussi faut-il les mettre dans la *« situation memory »* par le moyen de cadres, scènes et MOPS. Structures souples, mais structures représentatives comme l'étaient celles de Simon dans son *« problem space » :* limitation obligatoire[1].

Ces travaux sur la représentation localisée de la mémoire ont été bien schématisés dans l'article de Norman et Rumelhart, « Representation in memory ». La représentation du monde inclut à la fois sa représentation (unités de connaissance discrètes) et le processus par lequel ces unités adviennent à se grouper pour former une représentation. On peut alors envisager différents systèmes de représentation :

– systèmes où le monde est représenté en états formels,

– systèmes où la représentation est analogique en variables continues,

– systèmes où la représentation est procédurale (pour démonter un mot par exemple),

– systèmes fondés sur la représentation de connaissance distribuée largement en réseau.

Ainsi la représentation est-elle à la fois déclarative et procédurale : distinction déjà repérable dans les systèmes experts. « L'homme est un mécanisme de procès d'information construit sur un substrat biologique, résultat d'années d'évolution et de changement, existant dans et influencé par la société et la culture[2]. »

Ainsi Don Norman, Zipser, Shank, accompagnés de Fodor et de Pilishyn, s'ils versent dans la science de la cognition, mélange instable de représentation en extériorité et de processus expressifs autoréférants, sont-ils au départ d'accord sur un certain nombre de propositions telles que :

1. *Dynamic Memory op. cit.* ; voir aussi « Language and memory », in *Perspectives on Cognitive Science, op. cit.,* Ablex Publishing Corporation, Hillslade, NY, Lawrence Erlbaum Associates.

2. In *The LNR Approach to Human Information Processing,* Cognition IO, Elsevier Sequoia SA, Lausanne, 1981, p. 235 à 240.

– On peut représenter les états mentaux (il y a donc des « états » grâce à un système de symboles physiques) ;

– Ce système est découpé en fonctions, elles-mêmes décomposables en fonctions de simplicité croissante. On arrive ainsi à des « primitifs » ;

– Ces fonctions primitives sont mises en série pour reproduire le processus mental ;

– Il y a ainsi, entre l'expérience (que nous connaissons généralement pour la vivre) et sa représentation par le système, un niveau informationnel (de signes appelés improprement symboles) qui rend compte de la relation d'équivalence entre système et représentation.

Le mot d'ordre sera alors « pas de cognition sans représentation[1] ». Ou encore « on ne peut faire de cognition sans représentation[2] ».

B. LES RÉSULTATS INDISCUTABLES : LES SYSTÈMES EXPERTS

Il faut bien avouer que ces simplifications, qui paraissent abusives, ont cependant produit des résultats. La totalité des systèmes experts ou des machines à traitement de texte actuellement sur le marché se fonde sur ce type de pensée. Chacun sait ce qu'est un système expert : un ordinateur dont le programme est monté à partir d'énoncés experts de milieux professionnels, de la géologie au droit, de la chimie à la médecine.

Dans le cas de la médecine, l'ordinateur dialogue avec l'utilisateur et lui permet de trouver un diagnostic par un jeu de questions-réponses finement travaillé.

On donne ici un exemple de dialogue en matière médicale[3] :

MYCIN : Mes recommandations thérapeutiques seront fondées sur les infections probables et les organismes infectieux

1. Zipser, *Representation of Location,* Institute for Cognitive Science, université de San Diego, 1983.
2. Norman et Rumelhart, *Representation in Memory,* Institute for Cognitive Science, université de San Diego, 1983.
3. Tiré de Jean-Louis Laurière, *Intelligence artificielle, résolutions de problèmes par l'homme et la machine,* Eyrolles, 1986.

potentiels suivants. L'organisme peut être : 1) *pseudomania aeruginosa*; 2) *klebsellia pneumoniae*; 3) *eschericia coli*; 4) *bacteroides fragilis*; 5) *enterobacter*; 6) *proteus non mirabilis*.

Voulez-vous me donner la gravité de la maladie de M. Fred Smith sur une échelle croissante de 0 à 4?

UTILISATEUR : 3.

MYCIN : M. Fred Smith présente-t-il des réactions allergiques à un quelconque agent microbien?

UTILISATEUR : Non.

MYCIN : Quel est son poids en kilos?

UTILISATEUR : 70.

MYCIN : Ma recommandation thérapeutique sera : en premier choix pour couvrir les points (1, 2, 3, 5, 6), prescrire de la gentamicine, dose 119 mg 98 h IV, pendant 10 jours. Pour couvrir le point 4, prescrire de la clindamycine, dose 595 mg 96 h IV, pendant 14 jours.

Désirez-vous éventuellement éliminer certains médicaments?

UTILISATEUR : Oui, la clindamycine.

MYCIN : Pour couvrir les points (2, 3, 4, 5, 6), donner du chloramphénicol dose 1 g 96 h IV, pendant 14 jours;

– surveiller le taux de globules blancs du patient.

Pour couvrir le point 1, donner de la gentamicine, dose 119 mg 98 h IV, pendant 10 jours;

– modifier la dose en cas de faiblesse rénale.

Tous ces systèmes experts, les machines à traitement de texte et les ordinateurs de calcul perfectionnés, reposent sur les cinq postulats simoniens. Rendons ici à Simon un hommage sans ambiguïté. Mais cet auteur se pose – et nous pose, par ailleurs –

des questions sans réponse, jusqu'à l'enlisement. Prenons l'exemple du langage ordinaire.

C. L'ENLISEMENT : LE LANGAGE ORDINAIRE

1. *Simon n'est pas Darwin*

Bien sûr, on rencontre, dans cet effort pour capter en représentation des systèmes mentaux sous forme d'états descriptibles, bien des limites et des impuissances. Ces limites et ces impuissances n'échappent pas à l'autocritique des auteurs cités. Ce sont ces autocritiques qui porteront à aller chercher du côté de l'expression un complément et un remède à la représentation qui porte le nom de cognitivisme.

Il ne reste plus à Don Norman, par exemple, qu'à faire la liste (*twelve issues,* douze problèmes) de ce que nous ne savons pas et qu'il nous faudrait explorer pour constituer cette fameuse science cognitive[1] : de la conscience et de l'attention, nous ne savons rien ; du développement, pas grand-chose ; ni de l'émotion ; nous savons un peu de l'interaction avec l'environnement ; également du langage ; très peu de l'apprentissage ; quant à la mémoire, nous en savons moins que ce qu'on en dit, même si les travaux sont nombreux ; et d'ailleurs qu'est-ce que performer, et qu'est-ce qu'être habile ? De la pensée elle-même, nous savons beaucoup sur le mode mathématique, mais très peu sur le mode de l'expérience. En bref, un immense travail nous attend. Nous voilà loin des tartarinades initiales. Des déclarations de Newell, par exemple, pour qui la théorie du système de symbole physique est à la science cognitive ce que la théorie de l'évolution est à la biologie[2]. Simon et Newell comme *Darwin brothers* de la science cognitive, voilà qui est clairement annoncé par Newell[3]. Très peu en semblent convaincus. La science cognitive n'en finit pas de chercher et de se chercher. Car si la ligne est directe et opératoire de la boule de billard à la

1. Voir dans *Perspectives or Cognitive Science,* Ablex, 1981, le dernier article intitulé « Twelve issues ».
2. *Perspectives or Cognitive Science, op. cit.*
3. *Ibid.,* p. 84.

théorie du symbole physique et aux systèmes experts, elle devient sinueuse, remplie de dos-d'âne, démultipliée en chemins labyrinthiques, des difficultés du langage ordinaire à celles de la biologie, de la question de l'attention à celle de l'émotion et de la croyance. Que faire?

On a alors tenté d'assouplir le schématisme simonien par un schématisme «situationnel», en demeurant dans le cadre conceptuel de la représentation.

2. *Le schématisme situationnel*

Il s'agit du travail de Barwise et de Perry, et de leur équipe, largement dotée de moyens financiers à Stanford.

Le programme de Stanford

La «pensée» de l'ordinateur est celle-là même du monde des scientifiques et des ingénieurs. Elle a du mal à s'adapter aux paroles du sens commun, mélange d'informations et de ouï-dire, de références à des usages et à des pratiques singulières.

Cela ne décourage nullement des chercheurs comme Barwise et Perry, suivis des chercheurs japonais de la cinquième génération qui s'en inspirent.

Comment faire pour capter cette langue ordinaire? John Barwise[1] propose tout d'abord de renoncer à la logique de premier ordre (relation causale, déduction, clause logique). La conversation quotidienne ne s'embarrasse ni de liaisons internes du langage ni de logique formelle. Les inférences que fait le sens commun dépassant largement les relations de causalité. Dans ce cas, il est nécessaire de tracer une vaste enveloppe de toutes les situations sémantiques possibles où se trouvent pris les énoncés. Sans plus se préoccuper de la relation (toujours problématique dans la philosophie analytique) de l'énoncé avec l'objet réel du monde. On décrira seulement des situations[2].

Ces situations sont de deux sortes. La situation singulière de l'énoncé ordinaire, et la situation type dans laquelle cet énoncé

1. *Situations in Logic I,* Center for the study of language and information, Stanford University, 1984.

2. Voir John Perry, *Situations and Attitudes,* CSLI, Ventura Hall, Stanford University, 1984.

est emboîté. On peut dresser un lexique des situations types (ou scénarios) contenant la plupart des situations particulières qui peuvent se rencontrer. « Quelle heure est-il ? » ou « Je veux un hamburger » se trouvent dans des situations types. La première concerne la montre, l'horaire, le temps, l'action à accomplir, la seconde concerne tout ce qui se rapporte au restaurant. Ces situations sont considérées comme primitives. Elle sont déjà, à ce niveau, des situations sémantiques. C'est à l'intérieur de ces descriptions que les unités lexicales peuvent avoir un sens non ambigu. Les situations sont de véritables contextes posés au départ et dont il faudrait pousser l'énumération jusqu'à couvrir le champ entier des possibilités pour qu'une parole, même doxique, soit affectée d'un sens. Il s'agira ensuite de localiser les énoncés singuliers à l'intérieur de types, et, pour cela, une logique des propriétés suffit. Inutile de s'embarrasser d'une logique des prédicats. Les auteurs partent à la recherche d'une logique des significations contextuelles. Mathématiser ce type de logique est-il possible ? Barwise et Perry ne le savent pas encore.

Le schématisme « situationnel » déborde donc le système de Simon en élargissant les limites de l'IPS, en essayant de capter l'environnement ordinaire et de renoncer à une linéarité simpliste. Le « parler », et non la langue, est ici convoqué. Et dans ces perspectives, il y a alliance de ce type de recherche avec celles que poursuivent Schank avec ses MOPS (ou paquets d'organisations de mémoire), et Zipser avec ses MAPS (sortes de cartes qui englobent plusieurs MOPS). Ces deux auteurs tentent aussi de contextualiser les situations de parole[1]. Du spatial toujours.

Non seulement il faut alors dépasser et élargir la logique vers une logique générale des attitudes (Barwise), poser le problème de la reconnaissance des énoncés en faisant appel à des « scripts » qui permettent d'enlever aux termes leur ambiguïté (Schank), concevoir l'esprit comme une société politique (Minsky et Papert), mais encore faut-il revoir la linguistique

1. Dans son dernier article, Schank lie mémoire et langage ordinaire : « The quest to understand thinking », in *Byte,* avril 1985, p. 143 ; voir aussi *Dynamic Memory, op. cit.*

traditionnelle à trois niveaux et y superposer un quatrième niveau qui serait peut-être le premier, le niveau pragmatique.

3. *Et Winograd?*

C'est ce que suggèrent les deux types d'approche et c'est ce que précise Terry Winograd dans un article d'*American Scientific*[1]. Bien qu'il n'entre pas dans les vues optimistes de ses collègues, jugeant improbable qu'aucun langage artificiel n'approche jamais la complexité du langage humain, il affirme, cependant, que, dans certaines limites, on peut arriver à produire du langage. Il faut pour cela tenir compte d'un bon lexique, à la fois étymologique et morphologique, choisir une syntaxe, soit générative à la Chomsky, soit distributive. Deuxième point : pour le niveau sémantique, il faut trouver de bons items pour encoder les significations. Ce qui devient pratiquement infaisable avec le langage ordinaire qui déduit moins qu'il ne métaphorise[2]. Enfin, il faut penser au niveau pragmatique qui prendrait en compte la singularité du temps et des pronoms, les anaphores ou références au passé du locuteur et les *speech-acts* (Austin, Searle) ou catégories d'actions voulues par l'énonciateur. Cette théorie des *speech-acts,* développée par Austin puis par Searle, focalise sur l'intention (le vouloir dire) souvent distincte de l'énoncé, qui reste comme en dehors de ce qui est effectivement dit et dont la prise en compte est indispensable pour comprendre tout langage. L'injonction, la requête, l'engagement, l'assertion doivent être repérés. Il existe actuellement des systèmes de repérage des *speech-acts,* les coordinateurs, qui permettent de trier les messages et d'en enrichir le sens[3].

Ainsi, bien que la visée lui soit étrangère et qu'il ne croie pas à

1. «Computer software for working with language», septembre 1984.
2. Voir les travaux d'Anne Cauquelin, *Cinévilles,* 10/18, 1980; *Essai de philosophie urbaine,* PUF, 1983; *Court Traité du fragment,* Aubier-Montaigne, 1986.
3. Voir «What does it mean to understand language?», in *Perspectives in Cognitive Science,* p. 230; voir aussi son livre avec Florès, *Understanding Computer and Cognition, a New Fondation for Design,* Ablex, 1986, chap. II, V et IX. En français, *L'Intelligence artificielle en question,* PUF, 1989.

l'expansion de la langue artificielle vers le langage commun, Winograd entre cependant dans le «jeu» et décrit quelques systèmes supplémentaires qui pourraient aider à contextualiser et à décrypter ce que la parole nous dérobe le plus souvent. Ses recherches restent encore balbutiantes, en partie à cause de leur difficulté même, en partie à cause des obstacles épistémologiques qu'elles rencontrent.

Winograd le sait bien. Il y a longtemps déjà que «le Newton du computer» (comme on l'appelle) a quitté l'univers exclusivement représentatif pour pénétrer dans un entre-deux créateur, l'univers des thérapeutes.

II. Dérapages et délires

Les dérapages de Simon s'expliquent par des interprétations abusives des propositions de Turing et de Chomsky. En elles-mêmes non nuisibles, celles-ci décomposent le champ, dissolvent les limites. Elles sont alors interprétées de façon délirante par Minsky et Don Norman, entre autres.

A. LES DÉRAPAGES SIMON

Dans l'œuvre de Simon, tous les éléments que nous avons déjà signalés appartiennent au vocabulaire des tenants d'une position ustensilaire de la machine, qu'elle soit un ordinateur ou une pelle à tarte. Et cependant, quelque chose comme un glissement se produit, où la machine devient en quelque sorte ce par quoi l'homme se définit. De la préposition «avec», qui caractérise les premiers essais de Simon sur l'automatisation des décisions, rendant plus aisée la tâche du preneur de décisions, on passe à la préposition «par», qui suppose l'arrivée d'un nouvel homme-machine ou d'une nouvelle machine-homme, position assez confuse, pleine de repentir et à la fois d'audacieuses prophéties. Ainsi, «afin d'être Proust, l'ordinateur devrait posséder une vaste connaissance de la langue française[1] » ; ainsi encore du « credo » que Simon nous livre dans *Le Nouveau Management*[2] : la machine qui lit, pense, apprend et crée (p. 4). Ses limites ne sont-elles pas celles de l'homme lui-même (p. 6) ? L'ordinateur est flexible. De plus, le sentiment pourrait bien être pris en compte par la nouvelle génération d'ordinateurs qui peut tout comprendre.

Tout est lisible

Il n'y a aucun secret : il est tout à fait possible de mettre *tout* en lumière (p. 63). Freud est heureusement loin derrière nous. C'est que l'homme nouveau sera indissociable de la machine. Il n'est plus unique maître et roi de l'univers. La nouvelle position de l'humain est alors à définir.

Dans *La Science des systèmes, science de l'artificiel*[3], Simon insiste sur l'unité des systèmes naturels et artificiels (p. 11). L'artificiel comme la nature a partie liée avec la complexité. L'artefact n'est pas hors de la nature. Lorsque changent les buts de l'homme, changent les artefacts... et réciproquement. Pour l'homme comme pour la machine, il y a quasi-indépendance vis-à-vis de l'environnement externe. Par des procédés internes, hommes et machines s'y adaptent (p. 24). « Si les ordinateurs sont organisés plus ou moins à l'image de l'homme, alors l'ordinateur devient un moyen évident pour évaluer les conséquences de bien des hypothèses sur le comportement humain » (p. 38). Fourmi, l'homme ou ordinateur, c'est tout un : ils sont simples, et l'apparente complexité de leur comportement est le reflet adaptatif de l'environnement où ils se trouvent (p. 39 *sq.*). D'ailleurs, le type de mémoire est le même (p. 52 à 64). Cela n'est pas surprenant puisque psychologie cognitive et linguistique transformationnelle chomskienne s'appuient, l'une sur l'autre, sur la même conception de l'esprit humain (p. 64). Homme et machine sont « basiquement » séquentiels dans

1. Entretien avec Guitta Pessis Pasternak, *Le Monde*, 1er mars 1984. Les robots pourraient avoir leur Einstein, lui répond en écho Feigenbaum (entretien avec Guitta Pessis Pasternak dans *Les Nouvelles littéraires* du 27 février 1986). « L'humanité n'est qu'une mécanique », paraît-il.
2. Éd. Economica, 1980.
3. Éd. de l'Épi, 1974.

l'exercice de pensée (p. 70). Pas surprenant non plus, puisque la rationalité limitée couvre les deux activités de l'homme et de la machine : les deux ne pratiquent pas l'optimum, mais des choix seulement satisfaisants (p. 83), et le *General Problem Solver* est bien le programme approprié pour traiter des deux (p. 85 *sq.*). Les choses sont toujours quasi décomposables à court terme, elles ne s'agrègent qu'à long terme (p. 121), sans que la faiblesse de notre esprit nous permette de comprendre comment on peut distinguer les deux. Comme si la tâche à court terme la plus modeste – comme la manière de tenir son couteau et sa fourchette – n'était pas le fruit d'une très ancienne culture et d'une éducation qui dure ce que dure la vie d'un homme. Les systèmes sociaux sont aussi, paraît-il, quasi décomposables (p. 123) : ainsi des opérations de planification réussies ! Une perle encore : puisque nous sommes séquentiels, tout comme la machine, nous ne pouvons tenir qu'une conversation à la fois ! La surimpression des souvenirs et la simultanéité de nos attentions sur des objets différents sont escamotées par Simon qui dénonce la théorie platonicienne de l'apprentissage fondée sur le souvenir (p. 134).

Autant de points qui situent la philosophie simonienne de l'homme dans une position assez inconfortable ; mélange indécis, selon l'humeur des pages, du « avec », pratique ustensilaire d'une machine traitée en pièces détachées articulées en séquences, machine extérieure à l'homme et qui laisse à celui-ci sa pleine identité, et du « par », qui induit une philosophie où l'homme est le reflet de la machine et la machine reflet de l'homme, là où l'identité humaine ne se définit plus que *par* la machine, patrie du *second self,* selon la formule de Sherry Turkle.

Une certitude : si notre auteur se situe dans la catégorie hybride du avec-par, il exclut de façon réitérée toute préposition « dans » : l'homme s'adapte au milieu, mais par des processus internes. L'environnement lui reste extérieur. Le seul élément de son environnement qui lui soit intérieur, c'est la machine. Paradoxe assez comique, mais qui s'explique par la conception simonienne de l'artificiel, système unifié des artefacts homme-machine[1]. A ce compte, le couple machine-humain s'articule sur cette propriété générale, chaque élément du couple à sa manière, comme deux sous-espaces d'un Espace général. Ou encore l'espace de la propriété générale, symbolisée par la pensée ordinatique qui en dit le tout, ne serait-il pas l'espace dont l'homme ne serait qu'un genre ?

Ce sont là des conclusions que Simon, avec prudence, ne prononce pas directement. Mais il nous laisse les tirer à sa place : disons qu'il met tout en œuvre pour que nous les tirions, se réservant le droit d'en réfuter la formulation, s'il advient par mégarde qu'on l'interprète. Juste prudence et quelque peu perverse. Humour aussi, paraît-il. Mais Freud, dont Simon mésuse et qu'il entend oublier, nous dit depuis longtemps qu'il n'y a pas de plaisanterie.

Cependant, pour avoir une vue complète du système simonien – et de ses limites –, il convient de se souvenir qu'il produit des résultats remarquables. Qu'en d'autres termes il est opératoire, même si ses opérations ne sont pas susceptibles d'excessives généralisations. On peut saisir sur le vif ses procédures, ses résultats et... ses limites dans le cas de « Logic Theorist[2] ».

« Logic Theorist »

Logic Theorist est un programme écrit par Newell, Shaw et Simon et rendu public en 1956. Il démontre des théorèmes de logique formelle (calcul des propositions) à partir d'un certain nombre d'axiomes définis dans les *Principia mathematica*[3] de Whitehead et Russell, surtout dans le second chapitre.

Le programme travaille sur des expressions logiques du type $(P \supset NP)$ NP, composées des constantes (P), des connectives ($\supset$), ou des sous-expressions $(P \supset NP)$. Il cherche à résoudre un problème mais sans garantir la solution : en cela, il prétend se rapprocher de la démarche même d'un mathématicien.

1. Conception que Le Moigne dans sa postface à *La Science des systèmes* (p. 143) croit pouvoir rapprocher de celle de Valéry pour qui il y a « une mécanique de la pensée ».
2. Je me sers ici d'une très bonne mise au point de Joanna Pomian (note du 30 juin 1985, CREDAP).
3. Cambridge University Press, 2e édition, t. I, p. 37.

A partir des axiomes qui lui ont été fournis, Logic Theorist a démontré 38 des 52 théorèmes des *Principia*. Pour ce faire, il applique à une expression de départ quatre règles d'inférences. Le procédé consiste à construire un espace de recherche dont certains chemins sont explorés et d'autres abandonnés. L'algorithme général utilise la stratégie de profondeur d'abord : cela consiste à aller jusqu'au bout d'un chemin qui se montre prometteur : s'il s'avère être un échec, on remonte à l'état qui a constitué le début de ce chemin.

Les règles d'inférences

– La *substitution* : à partir de deux expressions X et T, on vérifie s'il est possible de transformer X en T, compte tenu des règles sur le remplacement de variables et des connectives.

– Le *détachement* : pour prouver X, on cherche un axiome du type A ⊃ X puis on cherche à prouver A.

Cela revient à appliquer la règle du *modus ponens, i.e.*

si p ⊃ g et p vrai, alors g vrai

C'est une règle d'inférence couramment appliquée dans les systèmes experts.

– Le *chaînage avant* : pour prouver X, et si X est de la forme A ⊃ C, on cherche à prouver qu'il existe A ⊃ B et que B ⊃ C.

Cela revient à la transitivité, *i.e.*

si A ⊃ B et B ⊃ C, alors A ⊃ C

– Le *chaînage arrière* : pour prouver X et si X est de la forme A ⊃ C, pour prouver C on cherchera à prouver B ⊃ C avec B vrai, et pour prouver A on cherchera à prouver A ⊃ B avec A vrai.

La procédure générale

On part de *l'état initial* qui correspond au théorème à démontrer. On applique successivement à chaque axiome le test de substitution.

S'il y a échec, alors le problème est qualifié comme ouvert et mémorisé comme tel. Sinon, il y a réussite.

Dans un deuxième temps, on extrait un problème de la liste des problèmes ouverts et on cherche à appliquer chacun de trois opérateurs (détachement, chaînage avant, chaînage arrière). On génère le maximum de chemins possibles. On considère qu'il y a réussite si on a trouvé un chemin complet à partir d'un axiome jusqu'au problème initial.

Ce procédé a permis de démontrer 38 des 52 théorèmes des *Principia.* Les auteurs considèrent que cette réussite a été permise grâce aux principes suivants du traitement de l'information :

– générer seulement les éléments de l'ensemble qui garantissent la possession d'un certain nombre de propriétés pour une solution ;

– utiliser l'information obtenue séquentiellement au cours de la génération des solutions possibles pour guider la recherche : utilisation de l'histoire de la recherche ;

– utiliser des tests de similarité entre expressions.

Logic Theorist contient des concepts nouveaux pour leur temps et qui ont eu des suites.

La recherche heuristique, la substitution, les différents types d'inférences ont abouti à des réalisations en démonstration automatique des théorèmes et surtout en systèmes experts.

Tous les concepts décrits ci-dessus peuvent être considérés comme des notions clefs : ils font partie des bases théoriques de l'édifice appelé *intelligence artificielle.* On peut même aller plus loin et dire que peu de concepts nouveaux ou même pas du tout, en ce qui concerne *la résolution de problèmes,* ont été apportés depuis Logic Theorist. C'est la réussite relative du programme qui a poussé ses auteurs à un optimisme qui leur a valu tant de critiques par la suite, et les a poussés à concevoir le programme

General Problem Solver. L'idée qui guidait la démarche, idée complètement remise en cause depuis, était que, puisqu'on pouvait dériver des théorèmes à partir d'axiomes, on pouvait *généraliser cette démarche à n'importe quel type de problème* où un certain nombre de prémisses ou d'états sont donnés au départ, où on opère une série de transformations sur ces prémisses, et où on a une chance d'arriver ainsi à un résultat. Le particulier a nécessité deux ans d'efforts (1954-1956), le général a englouti dix ans de travail avec un résultat contesté. Mais ceci est une autre histoire (celle du GPS). Voilà qui nous introduit au réductionnisme simonien.

L'ambiguïté vient des limites mêmes de la représentation opératoire, comme chacun le reconnaît, pour toute construction mécanique, et pour son analyse mathématique rigoureuse, que les scientistes appellent improprement processus supérieurs (?) de la pensée. L'impuissance en découle, tout naturellement, pour tous les actes et pensées de la vie courante, qui ne sont pas tous routiniers, pour l'invention aussi, la plus modeste, comme la plus radicale.

Simon est ici le grand responsable des progrès décisifs de l'intelligence artificielle comme de son piétinement actuel dans ses ornières représentatives. Que faire avec le langage ordinaire ? Et que faire avec l'apprentissage ? Et que faire encore avec l'invention ? Aucune de ces trois questions ne trouve de réponse dans la rationalité limitée des petits pas juxtaposés. Ni Newton ni Einstein n'ont inventé ainsi. On ne peut en être surpris quand la question est réduite à une représentation, localisée dans l'espace, extérieure à l'objet qu'elle représente, rationnelle (sommes-nous vraiment toujours rationnels, même approximativement ?) et linéaire. Tout serait alors transparent, visible et lisible, sans opacité aucune. Vision machinique pure, que l'homme a produite (il en est donc capable), mais qui ne concerne qu'une faible part de son activité. Problème bien connu des théoriciens modernes de la décision. Il est vrai que l'homme parfois décide rationnellement ; il est tout aussi vrai que cette pratique est rare. Il y a là plus qu'un reste : le monde. Et là où le bât blesse avec l'artificieuse intellection de Simon, c'est lorsqu'elle entend s'occuper du monde.

Mais je préviens le lecteur : ces critiques sont à manier avec prudence et sagesse. Peut-on, en effet, contester Simon lorsqu'il affirme vouloir user consciemment d'une méthode opératoire qui a sa pleine cohérence interne et d'évidents résultats (les systèmes experts) ? Non, à l'évidence. C'est son droit d'explorer et même souvent de réussir – en s'enfermant lui-même dans un système clos. Réduction, mais réduction pour travailler. J'ai beau lui faire observer que sa rationalité est précisément... très limitée et son intelligence... très artificielle, mes arguments viennent buter sur sa forteresse close, sur son architecture interne rigoureuse et souple, et sur ses résultats, partiels, mais indiscutables[1].

Mais pourquoi diable faut-il qu'il ajoute souvent, trop souvent, que sa rationalité est celle d'un individu normal ? Qu'est-ce au juste que ce « normal » ? Et qu'est-ce qu'un individu isolé des autres ? Que la solution des problèmes est celle du court terme, alors que nos visées sont indissociables du moyen et long terme ? Que la pensée est un procès d'information, alors que l'homme cherche un sens ? Que l'information est système de signes, alors que l'homme cherche la symbolisation ? Que lui, Simon, a découvert *le general problem solver* (au fait, s'agit-il de la solution du problème général ou de la solution générale de tout problème ?). Que l'ordinateur simule le procès mental humain interne[2] ? Et d'autres sottises. Propos boulevardiers, contraires, on le verra, à toutes les analyses philosophiques, scientifiques, psychologiques. Sottises, ou au moins affirmations mirobolantes, jamais démontrées par quiconque, encore moins par lui-même, qui joue de l'imprécision des termes et du charme primesautier de ses recherches, toujours fluctuantes, prêtes à l'éveil[3].

1. « Réductionnisme faible », indispensable à la science, dit, à juste titre, Atlan, qui ne conteste que le réductionnisme « fort » (voir *A tort et à raison, op. cit.*).

2. Terry Winograd dénie toute possibilité à cette assimilation, car, à la différence de l'homme, « ce qu'un ordinateur peut apprendre est déterminé d'une certaine manière par ce qu'il sait déjà », ce qui n'exclut pas un dispositif initial qui lui donne quelque souplesse (entretien avec Guitta Pessis Pasternak, *Le Monde,* 2 janvier 1983) ; voir aussi toutes mes critiques dans mon débat avec Simon, colloque de La Grande-Motte, publié en 1986, sous la direction d'A. Demailly et de J.-L. Le Moigne, aux PUL, sous le titre *Sciences de l'intelligence, sciences de l'artificiel.* Je présente ce débat en annexe de ce livre.

3. Les sottises de Simon s'inscrivent dans le scientisme, qui révère une science neutre et objective. Je conseille à Simon et à ses émules la lecture de deux ouvrages de J.-M. Lévy-Leblond : *(Auto)Critique de la science,* Éd. du

B. LES INSPIRATEURS : CHOMSKY ET TURING

Ainsi la métaphore machinique livre-t-elle à travers les théories que nous venons d'évoquer son contenu représentationnel et linéaire. Elle livre aussi, au-delà des expériences qu'elle suscite et qui toutes sont utiles, des éléments d'argumentation du pouvoir de l'homme sur son environnement, une philosophie de la maîtrise. Un instrumentalisme. Armé d'outils conceptuels, sachant fabriquer des objets techniques à partir d'une rationalité constructive, c'est d'un optimisme de la raison que se soutiennent les théoriciens et les praticiens-ingénieurs dont nous avons parlés. Les résultats sont là. Ils sont acquis, ils ne sont susceptibles ni d'être ignorés, ni d'être méprisés. Une véritable puissance de la raison se fait jour : l'*Homo faber* créateur, inventeur, fabricant de modèles, est posé tel Prométhée face au chaos du monde que son activité organise.

Au-delà de cette figure achitectonique se profile le paradigme de la séparation entre l'homme et les créatures vivantes ou inanimées. L'homme se détache nettement de ses voisins car il a un pouvoir, lié fondamentalement à l'usage de la raison, qui est celui de parler. De même que les procès du *« general problem solver »* nous ancraient dans le schéma cartésien de la décision (recueil d'information, délibération et choix dichotomique), de même cet innéisme de la faculté de langage ne nous éloigne guère de Descartes : la théorie classique de la langue, dont Descartes trace les linéaments dans le *Discours,* est directement déterminante pour le mécanisme de Simon et de ses collègues.

Car, si Chomsky et Turing sont les inspirateurs directs, les grands ancêtres demeurent Descartes et La Mettrie.

Seuil, 1973, et L'Esprit de sel, Éd. du Seuil, 2e éd., 1983. Toujours décapantes, les analyses de Lévy-Leblond constituent un solide garde-fou. Garde-fou encore, le dernier ouvrage d'Atlan, *A tort et à raison, op. cit.*

1. *Le débat Descartes-La Mettrie*

La question de l'automate

Un passage célèbre du *Discours* est celui dans lequel Descartes trace une frontière, rigide, entre les hommes et les animaux les plus perfectionnés ou les automates les mieux réussis. Cette frontière est constituée par la faculté de parler, faculté qui fait défaut aux autres créatures. Car, dit-il, si l'on peut « concevoir qu'une machine soit tellement faite qu'elle profère des paroles, et même qu'elle en profère quelques-unes à propos d'actions corporelles, qui causeront quelque changement dans ses organes, comme si on la touche en quelque endroit qu'elle demande ce qu'on veut lui dire, si en un autre qu'elle crie qu'on lui fait mal, et choses semblables, mais non pas qu'elle les arrange en sa présence ainsi que les hommes les plus hébétés peuvent faire [...] Un automate ne pourrait user de paroles ni d'autres signes en les composant comme nous faisons pour déclarer aux autres notre pensée [...] Car c'est une chose bien remarquable qu'il n'y a point d'homme si hébété et si stupide sans excepter les insensés, qu'ils ne soient capables d'arranger ensemble diverses paroles et d'en composer un discours par lequel ils fassent entendre leurs pensées et qu'au contraire il n'y a point d'animal tant parfait qu'heureusement né qu'il puisse être, qui fasse le semblable[1]. »

Ces propositions font appel, par-delà l'organisation des corps et des organes, à une faculté propre à l'homme, innée en lui, et qui le distingue de ses congénères. Elle se manifeste par le pouvoir de composition de sons articulés, la variété des émissions possibles et leur illimitation. En un mot, par le pouvoir de générer des discours appropriés aux pensées les plus diverses et qui auraient pour perspective l'horizon d'autrui : la communication des pensées par la langue.

L'argumentation qui consiste à poser l'homme dans sa différence conduit tout uniment à prétendre que le principe de séparation réside dans le fait qu'il a une âme, laquelle se manifeste dans et par la faculté de parler. Argument qui alors peut

1. Descartes, *Discours de la méthode,* 5e partie.

servir de point de départ à un retournement possible : si j'ai démontré qu'une machine parle par composition et arrangement, et que cette parole correspond à une pensée, la différence s'exclut d'elle-même. Nous entrons de ce pas dans la question de l'intelligence artificielle. Celle-ci pourrait bien être une intelligence naturelle, à condition qu'elle puisse parler. Il suffirait pour cela qu'il existât des règles de composition donnant naissance à des langages variés, et que ces règles soient formulables de telle sorte qu'on puisse en doter la machine.

Ce retournement prend sa source... dans la théorie mécaniciste de Descartes lui-même et trouve d'ailleurs une première esquisse dans le débat Descartes-La Mettrie. Pour le premier, seuls les hommes peuvent «composer» et «assembler» de manière diversifiée. Qualité innée et différence fondamentale. Les animaux restent inaptes à produire du langage. Plus lointains encore, les automates n'ont aucune autonomie[1].

Machines et animaux ont un pouvoir limité de composition. Ils ne peuvent *tout* faire. Ils sont, si l'on peut dire, fonctionnellement conçus pour des buts précis, en dehors desquels ils ne peuvent jouer. Celui qui joue de la flûte ne pourra, par décision interne, danser et l'abeille ne pourra, quelle que soit son aptitude à reconnaître l'espace de ses actions possibles, jouer de la flûte ou construire une machine. Faculté de diversifier : tels sont notre critère et notre statut, puisque, aussi bien, les organes sont les mêmes et certaines actions accomplies, avec les mêmes résultats, par l'homme, l'animal ou la machine. Diversification de buts, de procédés[2]. Nous dirions aujourd'hui, en termes systémiques, multifinalité (plusieurs buts possibles) et équifinalité (plusieurs moyens de parvenir à un but). Cette diversité n'est pas due à quelque partie mécanique, mais à la faculté de raison, la fameuse cognition. Autrement dit, un principe d'action qui ne se peut analyser mécaniquement.

D'un côté, donc, des actions limitées à des tâches, de l'autre une diversité dans l'action pratiquement illimitée, qui doit

1. Voir l'article de Pierre Valin, «Le double jeu de l'automate», dans la revue *Quaderni*, n° 2, 1987.

2. Voilà qui est proche des thèmes actuels du systémisme et de l'auto-organisation, à cette différence près que ces thèmes englobent toujours hommes et animaux, parfois même les machines.

avoir un fondement ailleurs que dans la disposition des organes (puisque, aussi bien, les animaux ont tout ce qu'il faut pour les exécuter). Deux principes donc qui sont liés aux deux substances que sont l'étendue et la pensée et qui communiquent : si le principe intelligent fait mouvoir le corps, celui-ci peut mouvoir l'esprit en bien des manières. C'est cette interaction qui ferait défaut aux animaux. Disons que si les sentiments, les passions même, les agitent, faisant pression sur leurs organes en sorte qu'ils se meuvent pour en manifester l'intensité, ils n'ont pas, en échange, le mouvement inverse qui pourrait conduire leurs membres à se mouvoir sous l'influence de l'esprit, et qu'on pourrait nommer « autonomie »[1].

Nous voici donc différents des animaux, comme des machines, en ce que nous avons la capacité de soumettre notre mécanique à un principe moteur qui n'est pas du même ordre.

Mais pourquoi donc, rétorquera-t-on, faudrait-il envisager un principe d'un autre ordre ? Le mécanisme ne suffirait-il pas, s'il était, par exemple, de quelque degré plus complexe, à expliquer tous nos mouvements, y compris ceux de l'esprit ? Si nous acceptons l'idée que les animaux sont des machines, en quelle manière, nous qui en sommes aussi, échapperions-nous au mécanisme ? Question simple de degrés. Au lieu d'une séparation, intervient seulement une évolution. Entre le moins intelligent des animaux et nous, une série continue de complications pourrait faire l'unique différence et nous économiserait l'explication par l'âme raisonneuse...

C'est ainsi que La Mettrie voit l'affaire : l'animal est une machine, dans la même mesure où l'homme en est une aussi[2], pas davantage. L'autre de l'homme ne manque pas d'intelligence, de sentiments, de perceptions. Il n'y a pas de supériorité de « nature », pas de différence d'essence entre l'homme-machine et la machine animale. Seulement une complication d'organes. Voilà qui est très proche des thèmes actuels de l'auto-organisation. Si cela est ainsi, nous dit La Mettrie, poussant en somme jusqu'à son terme le mécanisme cartésien, ne serait-il pas envisageable de concevoir une machine plus machine que

1. Voir *Les Passions de l'âme, op. cit.*
2. « L'homme-machine ».

l'homme ? Plus performante ? Qui ferait tout ce qu'il fait, et plus encore ? De même que l'homme fait plus que l'animal ?

Ainsi, il suffirait de lever des obstacles techniques pour être débarrassé du dualisme cartésien (sa métaphysique) et de la différence substantielle homme/machine, tout en gardant sa méthode. La machine, optimisme de la raison, pourrait alors triompher. Si le langage est la manifestation la plus éclatante de la différence entre l'homme et la machine et si on peut faire parler la machine en usant de la rationalité cartésienne, la différence est abolie. Paradoxe d'une position qui refuse le dualisme de Descartes tout en adoptant sa vision de la raison. Le nom de Chomsky s'inscrit ici en lettres d'or.

2. *La limite Chomsky : la grammaire-machine*

Bien que Chomsky ait toujours dénoncé l'utilisation qui fut faite de sa grammaire universelle en direction des programmes d'ordinateur, il n'en reste pas moins qu'il a été abondamment cité et a servi de caution.

Si la parole humaine est composition et assemblage, elle doit receler une structure qui serait propre aux langues parlées par les hommes. D'autre part, puisque c'est la marque de l'espèce humaine, cette structure doit être universelle, autrement dit formelle. Un petit nombre de principes doivent permettre de la décrire. Il en va de la « capacité cognitive » de l'homme.

En liant capacité cognitive et compétence linguistique, Chomsky se réfère directement au rationalisme de Descartes. Il emprunte au philosophe l'argument selon lequel les hommes hébétés, voire insensés ou interdits de parole par quelque lésion du cerveau, gardent pourtant cette faculté innée, comme en sommeil... sinon ce ne seraient plus des hommes... Un innéisme mitigé règne ici, car il faut de l'apprentissage, de l'expérience pour que se développe cette faculté. Innéisme biologique dont la preuve est confiée à la neurobiologie[1].

Cette capacité génère des compositions variées, sous forme de langues diverses, secteurs particuliers d'un grand tout langagier.

1. Chomsky, *Reflections on Language,* New York, 1975 ; chez Maspero, 1977, pour l'édition française : *Réflexions sur le langage.*

Structure profonde globale et structures de surface particulières renvoient ainsi aux deux niveaux du *hard* et du *soft,* ou à un stockage de règles accompagnées de modalités.

Entre structure profonde et structures de surface existe un développement linéaire. Le message se produit sans qu'il soit tenu compte des situations respectives de l'émetteur et du récepteur. Position neutre, qui laisse entre parenthèses tout ce qui pourrait affecter l'interprétation de la parole énoncée. Cet aspect « objectif » facilite le travail du programmateur qui s'exclut ainsi du procès qu'il engendre. Nous sommes dans la langue et non dans la parole. Celle-ci est considérée comme une extension insignifiante de la structure. On peut donc la laisser de côté.

Cette linéarité exige un commencement (la fameuse compétence innée) et une fin (la signification) laissée à l'interprétation, et donc en dehors du travail de la langue. Entre les deux, la grammaire-machine qui se soutient de règles ordonnées en séquences. Tout se passe comme si des unités lexicales et des règles syntaxiques devaient forcément *produire,* comme leur fin propre, une sémantique.

Il est possible, dès lors, de mettre en rapport le processus de l'ordinateur et celui du langage humain : pour l'ordinateur, la faculté (ou compétence) linguistique peut être considérée comme innée dans la mesure où elle se loge dans le *hard.* Quant à l'interprétation, effet sémantique, elle est laissée à l'utilisateur ; elle s'obtient par le simple déroulement des règles du langage artificiel. Voilà qui arrange bien Herbert Simon et ses comparses.

C'est bien l'univers de la compétence qui est ainsi désigné, au mépris de ce qu'on pourrait appeler « performance », c'est-à-dire les manifestations singulières, occasionnelles de sa réalisation. La structure du dire – la langue – est préférée à l'aléa du « dit », de la parole en situation, qui n'en est alors qu'une conséquence déductible.

Si la forme de la langue est ainsi posée, pour l'ordinateur comme pour l'homme, le contenu, lui, est affaire de représentativité.

Or un grand nombre d'auteurs en matière d'intelligence artificielle estiment que cette voie représentative est la seule à pouvoir être utilisée. Ils vont donc pourchasser les représentations ou images, sous toutes leurs formes. En partant des plus visibles pour aller vers les plus cachées, les images dites « mentales ».

L'impératif du visible régit la machine : les idées claires sont à ce prix. La fortune du Macintosh tient à ce que cet impératif a été non seulement respecté, mais encore ingénieusement utilisé : le WISIWIG[1], ici, domine la scène représentative. Chaque mouvement est analysé partie par partie, comme autant de pièces d'un Mecano à ajuster. Ni Simon ni ses collègues n'enfreignent cette loi de la compétence opératoire pour laquelle il n'existe que de l'explicite. Comme son nom l'indique, l'explicite est le dépliement d'un schéma, son explication. Sortir de l'ombre, mettre en lumière, signifie poser les parties l'une à côté de l'autre. Ce ne sont que schémas heuristiques, construits en arbre pour le GPS, ou grille générative, construite aussi en arbre pour la grammaire de Chomsky[2].

Comprenons ici que Chomsky n'est pas responsable des errements de ses exégètes. Il se contente d'opposer compétence et performance, excluant la performance de son étude. Il oppose de même – comme Saussure – langue et parole, excluant la parole de ses analyses. Mais les exégètes – Simon, Minsky, Don Norman et tant d'autres – prennent la partie pour le tout, la compétence pour la performance, la langue pour la parole. Ils oublient que le champ chomskien n'était qu'un découpage, une réduction délibérée.

Il en ira de même avec les hypothèses de Turing.

3. *La médecine Turing*

Quelques mots rapides d'abord sur Turing[3]. Comme l'indique son biographe Andrew Hodges, les vagues d'inspiration de Turing se sont succédé tous les cinq ans : machine de Turing en

1. *What I see is what I get.*
2. Pour une critique de Chomsky et de l'école de Cambridge, voir Jean-Claude Milner, *Introduction à une science du langage,* Éd. du Seuil, 1989.
3. Voir le livre d'Andrew Hodges, *Alan Turing ou l'énigme de l'intelligence,* véritable biographie scientifique incluant la mise en perspective des travaux de Turing (Payot, 1988).

1935, l'Enigma navale en 1940 (c'est-à-dire ni plus ni moins que le décryptage du système de défense allemand), l'ACE *(automatic computing machinery)* en 1945, le principe morphogénétique en 1950. Si l'on prend pour exemple ses recherches ultimes sur le principe morphogénétique, on se rend compte de l'étendue des intérêts de Turing. Question : comment la matière biologique peut-elle s'organiser en systèmes aussi importants par rapport à la taille des cellules ? Ou comment un assemblage de cellules peut-il savoir qu'il doit former une symétrie radicale d'ordre 5 pour donner une étoile de mer et comment une telle symétrie peut-elle être communiquée à des millions de cellules ? En somme, comment la matière peut-elle prendre forme ?

De la même manière, on peut songer à son rôle précurseur – dans le mode de raisonnement même – sur la transposition d'éléments de processus humains *(human computer)* à la machine ? « Imaginons que l'on divise les opérations accomplies par le calculateur en "opérations simples" tellement élémentaires que l'on ne puisse plus concevoir de les décomposer plus avant. Chaque opération reviendrait à un changement du système physique formé par le calculateur et son ruban... Nous pouvons admettre qu'à une opération simple ne peut correspondre qu'un seul changement de symbole. Toute autre modification devrait être décomposée en "opérations simples"[1]... » Décomposition en éléments simples, changement du système physique, usage du terme *« symbol » :* on croit lire – mais un quart de siècle avant – du Simon et Newell. On comprend mieux ici les contours de cet homme normal pratiquant des tâches simples, décrit par Simon : ses origines sont dans la pensée mathématique de Turing qui souhaitait vivement rester dans le paradis spirituel, purifié de toutes atteintes extérieures, tel que l'avait dessiné un Cantor. On peut observer des traces persistantes de cet irénisme turingien depuis ses phantasmes enfantins jusqu'à ses conversations avec Wittgenstein.

L'enfance : il avait l'habitude de planter en terre ses jouets cassés dans l'espoir de les voir repousser en une sorte d'arbre à jouets neufs. Extraordinaire image qui montre que pour lui il n'y a aucune frontière entre le vivant et le non-vivant de même

1. Andrew Hodges, *Alan Turing ou l'Énigme de l'intelligence, op. cit.*, p. 100.

que l'intelligence artificielle est naturelle ou la naturelle artificielle. Tout un programme ! Plus tard, adulte, il préférait courir en solitaire plutôt que de jardiner, art qui renvoit à des phénomènes aussi secondaires que la vision ou l'odorat. Tout cela ne signifie pas, bien sûr, que l'homme Turing ne s'intéressait pas aux sens, ou était dépourvu d'émotions (il fut au contraire très malheureux), mais sa vision du monde était terriblement intellectualiste et abstraite. Ainsi qu'en témoigne son dialogue avec Wittgenstein[1] : au philosophe qui dit admettre la contradiction et même la prôner, il déclare : « Vous ne pouvez avoir confiance dans l'application de vos calculs jusqu'à ce que vous sachiez qu'ils ne contiennent pas une contradiction cachée. » Wittgenstein : « Il me semble qu'il y a ici une faute énorme... » Turing ne fut jamais convaincu. Pour tout mathématicien pur, la beauté du sujet reste indépendante de sa signification. L'essentiel est que le système construit reste serein, autoconsistant, autolimité. Voilà qui vient éclaircir bien des aspects fondamentaux des débats relatifs à l'intelligence artificielle, intelligence d'origine mathématique... et destinée à le demeurer !

Voilà qui permet d'introduire très heureusement aux raisonnements superbes de la machine de Turing, aux réfutations sur la séparabilité de l'intelligence machinique et de l'intelligence humaine, à l'*« imitation game »*.

Pour assurer l'affaire : la possibilité d'une machine à penser universellement valable, il faut d'abord, pense Turing, réfuter les arguments antimécanicistes. Les neuf points de cette réfutation peuvent être considérés comme la bible de l'intelligence artificielle. Ils sont établis dans l'article célèbre « Computing machinery and intelligence », de 1950[2].

Turing occupe dans la discussion actuelle la place que La Mettrie occupait dans sa discussion avec Descartes. Les réfutations de Turing concernent les séparations entre l'homme et la machine.

1. *Ibid.*, p. 138.
2. In *Mind*, t. XLIX, n° 236, 1950.

4. *Les réfutations de Turing*

– *Points 1 et 2 :* refus de l'objection théologique. Si seuls les hommes pensent, on peut rétorquer que la pensée à ce sujet a longtemps fluctué. Les hommes, mais pas les femmes (Aristote, saint Thomas) ; les hommes, pas les animaux (Descartes) ; les animaux, mais pas tous. L'argument de la supériorité de l'homme est un faux argument.

– *Point 4*[1] *:* réfutation de l'objection de conscience. Penser signifie avoir conscience de penser. Or les machines n'ont pas d'état de conscience de leur conscience. Argument rejeté. Comment puis-je savoir si l'autre pense ou non ? Je ne suis pas à l'intérieur de lui. Pour le savoir, il faudrait que je sois moi-même une machine, ou un animal, voire un autre homme. Qui peut prouver que son voisin est conscient de sa conscience ? Je ne juge que le résultat. Seul critère. A ce compte, toute conduite qui me paraît intelligente laisse supposer qu'elle se produit avec conscience. Ce que je prête aux animaux, je peux le prêter à la machine. Il n'y a pas de vérification possible pour cet animal-là.

– *Points 5, 6 et 7 :* réfutation de l'objection des limites machiniques. Les machines ne pensent pas puisqu'elles se trompent, et n'ont pas la pensée efficace sur *tous* les problèmes. Mais qui d'entre nous peut se vanter 1) de ne jamais se tromper, 2) de tout résoudre ? Nous résolvons des problèmes difficiles en faisant appel à une communauté de savants. On peut, de même, faire appel à plusieurs ordinateurs.

– *Point 8 :* réfutation de l'imprédictibilité machinique. Jamais, dit-on, les machines ne pourront se conduire sans règles, alors que mon comportement, lui, peut s'en passer. C'est là une objection qui confond règles de conduite et lois de comportement. Les règles de conduite sont appropriées à un événement auquel nous répondons consciemment : arrêtez-vous au feu rouge. Les lois de comportement, les questions au sujet de la machine communicative et du mécanisme agissent par unités discrètes spatialisées. En tant que machine, elle suscite à

1. Le point 3 est une réfutation de l'objection mathématique, qui ne nous intéresse pas ici.

la fois la simple utilisation, comme métaphore, elle pousse à l'enthousiasme et aux délires... métaphysiques. Le texte de Turing s'achève sur la vision d'un parapsychisme universel... dont se moque gentiment D.R. Hofstadter[1]. C'est bien là la suite des réflexions de La Mettrie, reprises dans toutes leurs extensions.

Ou bien, en effet, ce qu'accomplit la machine universelle est une imitation en ce qu'elle donne en conclusion une connaissance utile du même type que celle qu'on attendait d'un être humain, et, en ce sens, elle est un outil extraordinaire (rapide, performant). Mais, dans ce cas, il y a *concordance* dans les résultats, il n'y a pas *d'équivalence* dans les procédés de cette connaissance. L'homme et la machine ne «pensent» pas de la même manière, même si l'on peut dire que les deux sont «intelligents». Telle est la position, après Descartes et Turing, de nombreux philosophes qui reconnaissent à la machine la possibilité de performer des raisonnements. Nous sommes dans l'aire de la *connaissance.*

Ou bien il y a équivalence forte entre les procédés de notre pensée, sa manière de travailler incluant émotions et sentiments, aléas et erreurs, innovations et comportements, qu'on peut programmer sur un ordinateur. Cette équivalence concerne à la fois le résultat et les procédés qui y conduisent. On tente alors la création d'un double humain, artefact qui nous apprendrait plus sur nous-mêmes, puisque nous le connaissons de manière heuristique, que toutes les introspections et philosophies du monde. Nous entrons par là en cognition, en science cognitive, ou, au terme, en cognitivisme. *Cognition* ou *connaissance,* processus réel par lequel on finit par savoir, ou manipulation organisée, ne sont pas du même type. Elles subissent des changements et sont imprédictibles. Or le comportement d'une machine de l'avenir est tout aussi imprédictible. Son propre développement peut nous réserver des surprises.

– *Point 9 :* réfutation de l'objection sur les différences de fonctionnement du cerveau et de l'ordinateur.

Mon cerveau neuronal a un régime continu, alors que le

1. Dans *The MIND'I,* par D.R. Hofstadter et Daniel C. Dennett, Basic Books Inc. Publishers, New York, 1981, p. 67 et 68.

cerveau de l'ordinateur agit par unités discrètes. Sans doute. Mais, par cet argument, on ne tire aucun avantage en défaveur de la pensée machinique. L'analyse différentielle ou le computer digital ne diffèrent pas dans leurs résultats.

Ce texte, fameux, est intéressant à plusieurs titres. Il pose d'abord la question sur des assises qui ne seront pas remises en cause, anti-dualisme, simulation, équivalence des résultats, développement prévisible des ordinateurs. Il embrasse ensuite des objections qu'il réfute par avance et qui sont bien celles-là mêmes qui seront opposées à la pensée de l'ordinateur.

Il ouvre enfin à deux sortes de réponse qu'il laisse dans l'ambiguïté (ce qui permettra à chacun de s'y retrouver) : d'une part, il précise qu'il s'agit de simulation de la pensée intelligente dont l'efficace réside dans le résultat ; d'autre part, le texte laisse prévoir que l'ordinateur, après tout, pourrait bien penser comme nous, puisque aucune preuve en sens contraire ne peut tenir, et que l'affaire est proprement invérifiable. Conclusion : ignorons la question métaphysique et faisons « comme si ». Simulation encore.

En tant que machine, *« l'imitation game »* de Turing répond à notre première métaphore – la machinique – de manière paradigmatique. Nous trouvons là une sorte de figure condensée de tous les points que nous avons vus s'inscrire sous cette rubrique. Elle est à la fois machine au sens machinique et machine métaphorique en ce qu'elle pose toute conscience par laquelle on finit par savoir. Voilà deux choses différentes, qui correspondent à deux hypothèses de travail distinctes. On ne gagne rien à les mêler. Ou bien je travaille sur l'ordinateur, je fais du *« problem solving »* spatialisé, en fragmentant les obstacles, et j'obtiens de remarquables résultats. Ou bien je prétends rendre compte du processus réel de la pensée humaine et là je me trouve en face de difficultés que l'ordinateur ne peut aujourd'hui résoudre puisque précisément je voudrais « l'engrosser » des mécanismes humains les plus sophistiqués qu'il ne connaît pas et que je connais à peine. Conclusion, la porte est ouverte à deux sciences, celle de l'intelligence artificielle (connaissance), celle de la science cognitive (cognition). Elles peuvent être utiles l'une à l'autre, à condition de surveiller rigoureusement les frontières ; à condition aussi de ne pas plaquer la philosophie sous-jacente à l'une sur les processus de l'autre. Voilà ce qu'indique de façon fort claire le débat Descartes-La Mettrie, renforcé à sa façon par Turing. Les éléments du débat sont toujours les mêmes aujourd'hui. Bien plus, qu'on le veuille ou non, un dualisme, au moins disciplinaire et technique, subsiste, et fort couramment pratiqué. Le plus drôle encore est le refus unanime du même dualisme par les auteurs américains les plus opposés, de Herbert Simon à John Searle.

5. *L'imitation game*

Il s'agit de trois personnes qui ne se connaissent pas. Un homme, une femme et un observateur. L'homme et la femme sont chacun dans une pièce. L'observateur communique avec eux par télétype. Il doit deviner dans quelle pièce est la femme. Celle-ci tente d'aider par ses réponses l'observateur qui l'interroge. L'homme, en revanche, doit brouiller les pistes, répondant, par exemple, *comme il pense qu'une femme répondrait.* Ce jeu de suppositions montre que l'homme peut tromper l'observateur en se faisant passer pour une femme, à condition qu'il en sache assez sur elle pour l'imiter. La femme, elle, ne triche pas. Elle fait tout, au contraire, pour que l'observateur la reconnaisse comme femme, mais il n'est pas sûr qu'elle gagne. De toute façon, l'observateur hésite.

Telle est la construction du jeu qui peut passer pour un test d'intelligence pour l'ordinateur. Si la machine arrive assez bien à imiter la pensée humaine de telle sorte qu'elle trouble le jeu et fasse hésiter l'observateur, alors, en quelque sorte, elle a gagné ses lettres de *crédit.* Car ce qui vient à la connaissance avec l'ordinateur, c'est l'indistinction de frontières entre ce qu'on appelait jadis le réel, l'homme véritable, et ce qui était seulement la copie du réel, son imitation : par exemple, que la pensée d'un orage ne soit pas un orage réel. L'ordinateur, simulant la réalité du procès d'intelligence, vient mettre à mal cette distinction entre deux ordres de réalité, la physique et la mentale. L'*imitation game* met l'accent sur cette difficulté où nous sommes de désigner la réalité de l'esprit. Est-ce qu'une structure, c'est-à-dire une abstraction, est plus ou moins réelle que la chose qui m'apparaît ? On peut dire que la structure de la chose en est le noyau. C'est ce noyau qui fait apparaître la chose comme réelle. Ainsi, l'*imitation game* incite-t-il à penser au-delà des formes habituellement requises par la reconnaissance de ce qu'est un homme (voix, corps, manières, hésitations, humeurs), quelque chose de semblable (la pensée) qui se produirait sous d'autres apparences, animales ou machiniques. L'homme, du coup, ne détient pas seul cette capacité d'être intelligent. L'intelligence est répandue dans l'univers aussi largement que le bon sens était universellement partagé, pour Descartes. Ce qui ne signifie pas que la machine soit identique à l'homme, mais qu'elle recèle un principe d'intelligence assez poussé pour qu'on puisse la dire semblable et s'y tromper.

C'est donc la structure interne, productrice de certains effets, qui doit être prise en compte. L'*imitation game* ne fait que mettre en évidence, par l'introduction de la chambre close, cet aspect de similitude structurale, en dérobant au regard et aux sens l'appréhension physique de l'homme qui joue à être femme.

Mais le « comme si » n'est pas l'identité et que le « rien n'empêche que » n'est pas une démonstration. Ce que montre le jeu de Searle.

6. *Le jeu de Searle*

A ce jeu de Turing, correspond, à trente ans de distance, un jeu chinois, inventé par John Searle[1], philosophe du langage. *Imitation game* d'un *imitation game* qui a pour objet de contester des conclusions du jeu original de Turing : jouons encore à nous enfermer dans des pièces closes et communiquons avec l'extérieur par un système de téléscripteur pour assurer l'étanchéité. Cette fois-ci, il s'agit seulement d'un joueur, celui qui est enfermé, et d'un observateur, qui est au-dehors. Dans la chambre close, il y a tout ce qu'il faut pour que le joueur A puisse mettre en face l'une de l'autre deux listes de termes (de

1. « Minds, brains and programs », in *The Behavioral and Brain Sciences,* vol. 3, Cambridge University Press, 1980.

symboles-signes) dont une provient de la langue anglaise et l'autre de la langue chinoise. A une question en chinois posée par l'observateur, A peut faire correspondre, grâce à son lexique, une traduction anglaise (et vice versa). Cet exercice de thème et de version est parfait. A est un bon élève. Les réponses qu'il donne par téléscripteur sont justes. Dira-t-on pour autant que A sait le chinois ? *Il semble le connaître, mais ne le connaît pas.* Il ne le comprend qu'en surface. Il n'en a pas la disposition tactile, l'émotion personnelle, comme il a celle de sa langue maternelle. Il lui manque quelque chose. Ce quelque chose qui fait le tout de la différence. Une bonne simulation de la connaissance n'est pas cette connaissance même. Les manipulations de signes auxquelles il se livre sont stochastiques, spasmodiques, stéréotypées. Elles n'ont rien de ce mouvement « fluant », libre, aisé, plein d'humeur, de fantaisie et d'imagination que le joueur aurait dans sa langue. En un mot, si A peut être un A intelligent en anglais, il est tout simplement un idiot Chinois. Ou encore, exercice pratiqué : lors de ma première entrevue avec Searle à Berkeley, il me dit d'un ton définitif, avec un accent parigot : « J'vous préviens, j'parle pas français. » Réponse de votre serviteur : « Non seulement vous parlez français, mais vous le parlez avec l'accent d'un voyou parisien. » Rires et explications : « J'ai appris le français en faisant du stop et dans vos bistrots, si bien que, lorsque je fais une conférence à la Sorbonne, vos collègues sont horrifiés. Je ne parle pas français, je n'en ai pas le maniement, je ne fais que répéter comme un perroquet les recettes apprises dans les bistrots. Il me manque l'*"intentionality"*, l'engagement *(commitment)* en français. »

La machine agit comme le joueur A de Searle, ou encore comme Searle parlant français. A portes fermées sur le monde, son « être du monde » ne peut penser comme un « être au monde ». Elle produit et exhibe des résultats. Point final. Il faut être soi-même un idiot français, anglais ou chinois pour se laisser tromper par cette simulation. La pensée intelligente sait justement faire la différence puisqu'elle est elle-même un jeu de différences. Aussi John Searle, qui n'est pas un idiot, refuse de se laisser prendre à l'*imitation game* et requiert contre Turing, à la manière d'un avocat talentueux. Ce faisant, il réintroduit la querelle réalité/simulation. Dans la réalité, il y a procès de conscience. La conscience de savoir accompagne le savoir et le rend tel qu'il est, un savoir du réel. Sans cet accompagnement d'une conscience qui sait savoir, le savoir n'est qu'un produit mécanique, une simulation de savoir. A ce point de la polémique de Searle contre les idiots de la cognition, plusieurs objections se lèvent. Nous retiendrons celle qui pour nous est la principale, à savoir le retour de Searle à la distinction du sujet, comme à sa réalité essentielle, ce qui n'est pas sans rappeler le *cogito* cartésien dont il a toujours voulu se séparer. Comment, en effet, savoir si l'autre qui est en face de moi a conscience ou non du procès par lequel il m'a livré un résultat ? Et moi-même, comment ai-je conscience de ma conscience ? Il me faut faire le pari d'un sujet à l'intérieur du premier et cela indéfiniment, sujet qui serait institué juge des différentes consciences que j'ai d'avoir conscience. Cette infinie récurrence serait la marque de la réalité, alors qu'elle fantomatise ce petit homoncule, plus homme que l'homme que je suis et qui dirait en dernier ressort : « Oui, tu es bien un homme véritable. » Nous ne sommes pas très loin de l'*Ego cogito* qui lui, au moins, n'était pas si sûr d'exister puisqu'il lui fallait, pour penser qu'il pensait, s'accorder à une cause externe de sa pensée, l'Autre.

L'invention de Turing présente, on le voit, deux faces. L'une, la machine à calcul universel, est le simple prolongement de la boule de billard. L'autre, le jeu de l'imitation, est tournée vers la simulation. Nous voici donc au point où se divise la pensée « opératoire » de la compétence, paradoxalement soutenue par le « comme si » de la simulation machinique et la pensée en abymes où l'acte réfère non pas à son effet extérieur, mais à l'intention, tension interne qui le gouverne et autour de laquelle il s'organise : insensiblement, nous sommes passés de la machine représentative à la machine duplice, de la linéarité extensive à une circularité intensive, de la structure schématique à la prise en compte de la simulation, de la poïesis à la praxis[1].

1. Au sens aristotélicien de la distinction et non en celui que lui donnent aujourd'hui maints théoriciens américains : la poïesis est l'acte de fabrication d'une réalité externe, la praxis est l'acte d'autofabrication.

Une autre vision du monde est alors appelée à fonder en philosophie l'ordonnance d'un corps théorique qui pour s'occuper de la communication se détourne (ou prétend se détourner) du mécanisme, prétend se détourner de la métaphore « machine » et, prenant sa source dans une pensée de la totalité sans parties, s'ouvre alors à l'auto-invention d'un monde simulé. Véritable coup de force.

C. LE DÉLIRE MINSKY

Minsky et consorts n'ont pas assez d'injures pour ce qu'ils pensent être la pré-histoire de la « vraie » philosophie : la seule qui compte, celle de l'ère ordinatique.

*Boston, 5 septembre 1985 : ma visite au MIT, entre autres. Minsky toujours lunaire et péremptoire. Il fait semblant d'ignorer le structuralisme de Lévi-Strauss. Je lui fais observer que lui, ses collègues et disciples usent souvent d'arbres structuralistes, que Lévi-Strauss y avait beaucoup travaillé et qu'il serait bon d'aller voir un peu... Réponse cinglante : « Je ne m'en soucie pas. Ça ne vaut même pas la peine d'en parler. » Haussement d'épaules. La seule vraie philosophie commence avec l'ordinateur. Avant, il n'y a rien (*Society of Minds, *ronéoté 1985, tout au début du texte*[1]*).*

Cette position non critique qui consiste à prendre pour acquis universel les conditions de possibilité de leur activité et à les nommer objectivité et rigueur a elle-même un nom : « idéologie ». Idéologie qui s'exhibe à découvert, comme on le remarque chez Minsky avec sa société des esprits valant comme bréviaire de la pensée « moderne », et décalque pur et simple de la démocratie à l'américaine. Naïveté ou ruse, c'est là nous prendre pour des enfants.

1. Traduit en français sous le titre *La Société de l'esprit,* InterÉditions, 1988.

1. *« K-lines » et « society of minds »*

Presque trop beau ! Les *K-lines* (où le terme *line* renvoie directement à la linéarité) sont des dispositifs qui « engramment » des souvenirs (représentations) et s'activent quand elles rencontrent une image semblable à celles qu'elles ont liées une première fois dans la mémoire. Ces *K-lines* proviennent d'une compétence innée et, s'actualisant progressivement, forment alors comme un stock à disposition. Qui ne verra là une traduction de la psychologie traditionnelle à base d'empreintes ?

Mieux encore, dans la « société des esprits », les compétences ou facultés de l'esprit (appelées cerveau) sont vues comme autant d'agences dotées d'organisation, avec des divisions fonctionnelles, avec des sous-spécialités appelées « agents ». Chaque agent a deux états, un état passif et un état actif ; s'il y a conflit entre agents, des compromis apparaîtront par le moyen de mécanismes locaux, précurseurs du raisonnement.

L'esprit (le cerveau) abrite conflits et compromis, typiques de la société libérale. Dès lors, l'information vient latéralement ou en pyramide : chaque agent envoie des connexions qui inhibent les autres agents. Il est donc difficile que plus d'un agent de chaque groupe soit actif à tout moment. Cette société est, de plus, très hiérarchisée : les possibilités temporelles dépendent de la place de l'agent dans la hiérarchie. Les états des agents inférieurs changent fréquemment sur ordre. Les états des agents supérieurs sont à long terme, liés comme ils le sont à un plan général de développement. Il y a aussi, dans la société de Minsky et Papert, des « cadres », agents intermédiaires entre les agents supérieurs et les agents inférieurs. Ils sont importants, ces cadres, car leur activation permet de lier, en une action donnée, des passés mémorables et des buts très présents. Chaque partie de l'esprit ne connaît que peu celle des autres. Il n'y a pas de point de vue central. Chaque groupe a sa signification à soi, et même son épistémologie propre. C'est la mise en relation de ces zones hétérogènes qui fait la grandeur de la compréhension.

Tous les traits de la société occidentale – en particulier américaine du Nord – défilent ici : le pouvoir disséminé entre des groupes, chacun avec son autonomie, conflits et compromis, pas de point de vue central, hiérarchies sociales, cadres supérieurs et un plan de développement. Nous nous croyons à New Haven[1].

2. *Freud au placard*

Un autre exemple délirant : que dit Don Norman de la mémoire ? Qu'elle est une sorte de module à programmes. Poursuivant un souvenir, entreprenant un discours ou une action (l'une passe par l'autre, le modèle est sémiologique), je développe une « ligne » sur laquelle je retrouve mes « engrammes », ou mon scénario dynamique (le MOP de Schank). Ainsi puis-je bifurquer vers un programme voisin, me trompant d'embranchement et mêlant deux programmes connexes : ce sera le lapsus. Foin de Freud. L'explication de l'erreur est ainsi renvoyée à un embrouillage de la « ligne », et le lapsus est décrit en termes d'opérations d'agences, comme chez Minsky. Freud au placard : l'explicite a pris le pas sur l'implicite. Car, dit Norman suivant ainsi Minsky, « ses idées [celles de Freud] sont sophistiquées, ses analyses ne sont pas requises pour comprendre le mécanisme qui sous-tend les lapsus [...], les contributions de Freud peuvent être réinterprétées dans une terminologie moderne en séparant les deux différents aspects de la " machinerie cognitive " dont il faisait usage : le processus (d'information) et le savoir[2] ».

Le lapsus, simple dysfonction purement mécanique, appartient à la description d'un système en représentation. Ce qui lie Don Norman et ses collègues au système machinique du représenter, malgré quelques glissades pour rejoindre le camp des cognitivistes, c'est bien l'attirance pour l'IPS *(information processing system).*

Ce lien est bien marqué dans « Twelve issues for cognitive science[3] ». « Quand j'ai commencé mes études de psychologie, je me suis intéressé aux mécanismes du procès d'information

1. Ville décrite en ces termes par R. Dahl dans *Qui décide ?* (Armand Colin). Dahl fait de cette description morcelée le modèle d'une analyse sociologique convenant à toute la société américaine.
2. « Categorisation of action slips », in *Psychology Review,* t. XXCVIII, n° 1, 1981.
3. In *Perspectives in Cognitive Science,* ouvrage sous la direction de Don Norman, p. 265 *sq.*

humain. Ce procès d'information humain a cependant des limites qu'il s'agit de dépasser. C'est cependant bien là le noyau de la cognition et le schéma organisateur des recherches.» «L'homme est un mécanisme de procès d'information construit sur un substrat biologique, résultat d'années d'évolution et de changement, existant dans et influencé par la société et la culture[1].»

Question : peut-on qualifier les analyses de Minsky et de Don Norman sans se référer aux délires de la machine représentative?

Effet foudroyant de l'idéologie représentative, son retour boomerang sur les pratiques humaines. Elle pousse à créer de véritables systèmes experts humains, froids comme la machine, et en dehors de toute machine.

III. Un exemple de système expert humain : le DSM III-R[2]

Les troubles psychiques sont en si grand nombre et liés à tant de facteurs divers, et de tous ordres, que les critères diagnostiques sont eux-mêmes fort complexes. Rien d'étonnant, alors, qu'on tente une classification permettant d'imputer, rapidement et avec le moindre taux d'erreurs, tels symptômes à tel grand type de troubles. Le nosologue a toujours eu un faible pour la taxinomie, ce qui implique la hiérarchisation. Il est vrai que, même «vide», cette hiérarchie est utile pour savoir à quelle étape du trouble en est le patient. «Léger, moyen, sévère, en rémission partielle ou rémission complète» peuvent paraître des catégories un peu «légères» elles-mêmes, mais ont leur utilité dans la conduite à tenir par le clinicien (p. 47). On peut aussi hiérarchiser les niveaux de certitude diagnostique, compte tenu des informations que l'on possède (p. 36). On peut enfin établir de grands «axes» pour orienter et le diagnostic et le

1. In *The LNR Approach to Human Information Processing, op. cit.*, p. 235 à 240.
2. *Mini DSM III-R. Critères diagnostiques,* Masson, 1989.

traitement : troubles mentaux et affections physiques, troubles du développement et de la personnalité, syndromes cliniques, par exemple. Un manuel qui recueille ces différentes informations et les classe, permettant ainsi de faire jouer tous les paramètres et de déceler le bon diagnostic, est tout à fait appréciable. Mais, et c'est là que les choses commencent à devenir moins simples, il est nécessaire, dans la perspective d'une taxinomie générale, de tenter une réunification des codes utilisés par les psychiatres américains (l'American Psychiatric Association) et des codes en usage en Europe et particulièrement en France. En 1980, paraît aux USA le *Diagnostic and Statistical Manual of Mental Disorders, III,* qui faisait suite au *DSM II,* lui-même proche de la classification internationale des maladies adoptée par l'Organisation mondiale de la santé. Ce *DSM III* présentait de notables modifications par rapport au *II,* et il devenait urgent d'arriver à une convergence avec les anciennes « normes » de l'OMS. Travail en cours qui sera réalisé sans doute en 1992. En attendant, le *DSM III-R* a été traduit en français, italien et espagnol. Ce manuel se présente comme un « a-théorisme descriptif systématique ». Soit comme un classement des données de la réalité, sans aucun parti pris théorique. En allant jusqu'à admettre que cet « a-théorisme descriptif » soit possible (après tout, dira-t-on, il existe aussi des codex, et les dictionnaires ne sont pas *a priori* « orientés »), restent plusieurs questions concernant les arbres de décision recommandés par le manuel, en application des catégories préalablement définies.

Ces arbres sont construits sur une dichotomie (oui et non) relativement aux entrées axialisées et codées. Exemple : de 295 10 à 295 95 s'étagent 21 espèces de shizophrénie, codées sur l'axe II (trouble du comportement). Chaque numéro du code se divise ensuite en plusieurs sous-espèces, A, B, C, D... En admettant que l'une soit exclusive de l'autre, il suffit d'en réduire le nombre à deux pour arriver au « bon » diagnostic. Le système fonctionne donc comme un système expert, et la seule différence est que l'un, le DSM III, est « manuel » alors que l'autre (le système expert) est informatique. Moins amusant qu'Elisa, dont on pouvait croire qu'il était répétition ironique du discours psychanalytique, l'arbre à décision du DSM III-R conduit au vertige numérique en donnant l'illusion, quand on arrive à conclure, d'une «vraie» décision, c'est-à-dire d'une décision «objective», dûment atteinte par exploration minutieuse de toutes les possibilités. Il en est ici comme de toutes les décisions inscrites dans une linéarité arborescente : sur le plan de l'efficacité, elles sont généralement redondantes, voire inutiles : j'aurai, par une longue suite de bifurcations «oui-non», renforcé ma première impression (par exemple, le patient souffre d'un trouble spécifié ou non spécifié dans la classification dont je me sers). C'est la classification qui est justifiée, et non mon diagnostic. Sur le plan théorique, elles sont justement dites «a-théoriques» (?), ce qui est un comble, et «objectives», ce qui est, à mon sens, la pire chose qu'on puisse reprocher à une décision médicale...

Cependant, la prime de plaisir n'est pas négligeable : le clinicien a dans sa poche, sous la main (le *DSM III-R* est un «mini» manuel) de quoi faire le poids devant l'écran-expert. Et, s'il ne dispose pas de l'écran magique, il possède tout au moins le procédé, le protocole imparable de la décision-miracle, il est magicien, lui aussi.

CHAPITRE II

La tentation du Creatura

Boston, 3 septembre 1985

Je suis au centre du monde, ou de ce qui se croit tel : MIT, trois lettres magiques. Après avoir rencontré quelques fous dans les couloirs, fanatiques de leur machine, qui dorment et mangent près d'elle, et qui tiennent par ailleurs des propos peu cohérents, j'attends avec impatience le rendez-vous avec Minsky, prince lunaire de la machine. J'ai vu hier Weizenbaum, son grand critique humaniste. Je rencontre aujourd'hui le sympathique Vichniac, dont je sais qu'il collabore avec Atlan. Nous passons la journée ensemble.

Sa spécialité ? Indéfinissable. Physique théorique sûrement, ce qui veut tout dire. Je retiendrai bien sûr les documents précieux qu'il m'a remis, dont je ferai usage. Mais surtout les heures passées devant un écran multicolore où Vichniac s'amusait à engendrer un monde. Un déclic – il faut bien une chiquenaude du Seigneur pour créer l'univers –, puis une série de transformations de points lumineux qui, d'eux-mêmes, se créaient en formes, sans cesse changeantes, jusqu'à un point fixe, stable, final. Nous étions là, dans un petit royaume, perdu dans l'Empire mécanistique. Spectacle d'une rare beauté, dans une pièce minuscule et sombre, assorti des commentaires toujours gais et incisifs de Vichniac.

Jusqu'au dernier : « Vous voyez, je suis une espèce de dieu, je crée le monde, comme à l'origine. » Non, il ne délirait pas. Il s'amusait. Nous étions loin ici de la clôture rigide de Varela, encore plus loin des folies des hackers, *ou des fidèles candides de la religion Ehrard, qui leur serine sans cesse : « Vous êtes dieu » (avec un petit d).*

Les termes d'autonomie et de hiérarchie se prêtent à des applications hasardeuses, dont seule l'« origine scientifique » justifie l'emploi. L'on n'a que mépris pour le néo-darwinisme social, mais l'autonomie et l'auto-organisation jouissent encore d'une certaine audience, alors que la méthode de transport n'en est ni plus rigoureuse ni moins injustifiée.

Si, en revanche, allant chacun de leur pas, l'intelligence artificielle peut produire des systèmes efficaces, et l'auto-organisation conduire à de fines analyses de comportements vivants, c'est à la condition pour l'une de ne pas céder au *totalitarisme* ramenant toute activité de l'esprit à l'activité de l'ordinateur, pour la seconde de « freiner » à temps la tentation de l'*autisme,* pour les deux de ne pas opérer de transports entre leurs spécificités qui est tentation *tautologique* par excellence. Or le mouvement qui se dessine actuellement est un mouvement qui va nouer, non plus esprit et ordinateur, non plus calcul logique et comportement, mais calcul et cerveau, modèle logique et activité concrète... Ce sera là la nouvelle utopie, celle que préparent les néo-connexionnistes, qui se situent exactement entre Machine et Creatura.

Partis de la cybernétique, lieu commun de leurs débuts dans la communication, tout comme les ingénieurs théoriciens de l'intelligence artificielle, les philosophes de l'expression ont travaillé à sa reformulation et se sont séparés de la représentation. La boule de billard est rejetée : l'ère du Creatura se dessine. Cependant, son dessin n'est pas dénué d'ambiguïté.

C'est que, comme nous l'avons déjà dit[1], le message de la première cybernétique, avec Wiener d'un côté et McCulloch de l'autre, ouvrait des possibilités multiples. La voie du Creatura suivra alternativement et quelquefois simultanément les deux tendances, modulant les questions et les réponses selon les angles d'attaque. A la suite de G. Bateson, délaissant les travaux d'ingénieur, l'école de Palo Alto s'occupera de comportements et d'interprétation du monde selon le modèle circulaire et para-

1. 1re partie, chap. I.

doxal auquel incline la boucle rétroactive, mais fera usage d'une logique des classes qui calme le jeu et permet la pratique.

De plus, l'expérience y est « réelle », concrète, même si la notion de réalité y est fortement contestée. Ainsi les thérapeutes de Palo Alto ne tombent pas dans le piège du solipsisme, ni dans celui, non moins présent, d'une récursivité à l'infini.

Dans une autre direction, autour de la notion d'auto-organisation développée au BCL[1], sous l'instigation de von Foerster, on s'éloigne de la pratique concrète pour construire des modèles théoriques, en se prévalant du calcul logique (représentationnel, quoi qu'on en ait) et du modèle biologique : interviennent à la fois alors les notions d'énergie et d'information. Mais, repoussant le béhaviorisme et renonçant au réductionnisme qu'il suscite, on tourne à d'autres sortes de réductionnismes et on évacue le sujet. Il n'est jamais que la vision d'un point où se nouent les calculs qui peuvent être effectués. Ici, la tentation se fait plus forte de travailler sans filet, avec des références uniquement modulées par l'« esprit ». Ainsi arrive-t-on bientôt à cette étrange proposition qui décrit un appareil « logique », bien ancré dans un corps, cervicalisé en quelque sorte, mais sans sujet. Un comportement « pur », sans propos – ou dont le propos est de ne pas en avoir – ..., une machine en somme, qui tourne sur elle-même et se suffit de la « réalité » du second degré qu'elle produit, sans tenir compte des inputs. Sans tenir compte, non plus, des effets ou applications externes.

Proposition peu tenable, qu'une glissade évite de justesse... en montant immédiatement en parallèle d'autres machines de la même sorte, que l'on appelle alors « connectées ». Cette porte de sortie est bien connue des philosophes qui ne se font pas faute de sortir du solipsisme en faisant supporter la nature de la réalité extérieure à une assemblée consensuelle des sujets solitaires.

C'est qu'il faut bien ancrer quelque part ce consensus au sujet du monde, il faut bien, comme dit Atlan, que les normes viennent d'ailleurs... où s'originent la croyance et la plausibilité.

Appel alors à la société, à l'éthique, à l'esthétique : le monde symbolique ne peut s'absenter indéfiniment sans nous plonger

1. *Biological Computer Laboratory.*

dans le tautisme. Il nous faut dresser de solides barrières entre les recherches entreprises localement, avec l'aide de modèles théoriques expérimentaux, et... le « reste » qui est bien le contexte sociopolitique, l'ordre symbolique où nous vivons, parlons et travaillons.

Ainsi, de part et d'autre, sommes-nous menacés par le vertige des machines ou par celui, plus subtil, de l'auto-organisation. Pour éviter de tomber dans l'abîme machinique ou « créaturant », il nous faudra de solides appuis. Et par exemple assez de rigueur épistémologique pour ne pas transporter ce qui appartient à l'analyse locale dans le système global.

Tentation toujours présente qui aboutit, dans le domaine du social, au transport du modèle en boucles rétroactives, à niveaux interconnectés et hiérarchisés, qui appartient à une recherche biologique locale sur les problèmes plus généraux d'organisation des vivants.

Écart mal compris de ceux qui, hâtivement, s'enferrent dans le « désir de tautologie », rien n'étant plus capable d'exciter l'esprit vers des généralisations que la répétition à l'identique d'une formule appliquée sur tout ce qui s'offre à modéliser.

Cela vaut d'autant plus pour les sociétés humaines prises dans leur globalité. Là, les transports s'emballent comme en un domaine privilégié. Ce transport aboutit à des inconséquences ou à des impasses, d'autant que la « notion » d'auto-organisation est plutôt un « mot d'ordre » qu'un concept[1] et que chacun peut, sous sa bannière, ranger n'importe quel objet ou point de vue, ce que montrent excellemment Pierre Livet ou Yves Barel.

Ici encore, les philosophes de l'expression ont joué un rôle utile d'assouplissement, de correction des théories de la représentation. Mieux, ils ont permis l'invention. Présentons donc d'abord les effets bénéfiques, avant d'analyser les retombées.

1. « Mot d'ordre », nous dit Pierre Livet, qui montre alors son aspect agissant. Me serait-il permis de compléter l'analyse en définissant ce mot d'ordre comme « image symbolique » ou condensé en un point d'éléments contradictoires qui suscitent simultanément les investissements les plus divers, les plus contraires ? Voir *L'Enfer et le Paradis, op. cit.*, introduction et chap. I de la 2e partie.

I. Les inventions de Palo Alto

Inspirée par Bateson et von Foerster, l'école de Palo Alto se situe, sans conteste, dans la métaphore de l'organisme, dans la philosophie de l'expression.

La communication a projeté autour d'elle des machines destinées à la soutenir, à l'améliorer, à la contenir.

Peu à peu, ces machines ont envahi la place, de telle sorte que, derrière cet écran, on en oublie ce que communiquer signifie et on ne sait même pas si la communication a jamais eu d'autre contenu que la propriété quasi indéfinie de provoquer la construction des machines. Elles semblent communiquer avec elles-mêmes, se renvoyer les unes aux autres.

Tissu inextricable dont nous avons tenté de rendre – s'il est possible – le dessin plus clair et qui se résume au simple fait que nous devons, pour survivre, échanger « quelque chose » par le biais du langage, au sujet de ce que nous supposons être le monde, notre enveloppe, notre environnement.

Constatation banale, mais oubliée, que nous sommes *dans* le monde, partie intégrante du système qui nous fait autant que nous le faisons. S'il en est ainsi, nous devons renoncer à poser des objets distincts en face de nous, avec la prétention de pouvoir les comprendre, les expliquer, les pénétrer. Nous devons plutôt nous demander comment nous avons l'illusion de les voir comme objets et, parallèlement, nous interroger sur la manière dont nous les produisons alors que nous en sommes des parties... Autrement dit, l'environnement, à qui nous attribuons la propriété exclusive d'être en dehors de nous, est, en fait, à l'intérieur. Ces machines, ces théories, ces communications, ces « Autres », c'est nous qui les portons, ils font partie de nous.

Formulation nouvelle de notre rapport au monde. Si « communication » est le terme qui désigne ce rapport, il est bien certain que nous devons alors changer les termes, les définitions, les concepts qui en soutenaient, tout à l'heure, l'analyse.

Nous ne communiquons pas d'atomes séparés à atomes séparés, par un canal isolé, mais par des parties égales au tout, lui-même égal aux parties. Inclusion réciproque. Le « germe » se substitue au programme en extension. Le représenter cède la place à l'exprimer.

L'effet, qui, par un mouvement retour, affecte la cause, ne lui est pas inférieur. Pas de dégradation ni de perte dans le mouvement comme c'était le cas pour la boule de billard et les machines. L'organisme se construit en spirale. L'organisme croît, c'est là un aspect de son organisation que d'aucuns appelleront « autoproduction ».

Ainsi, l'organisme, par opposition à la machine, ignore la détermination extérieure, l'impulsion qui pousse le mécanisme vers une fin prévue. Sa finalité est en lui. Ce modèle, qui porte la métaphore organique, est un modèle logique. Il a une problématique propre. Nous ne faisons plus *avec* des instruments en vue de communiquer. Nous communiquons directement avec le corps entier des hommes et de la nature, dans les deux dimensions de la présence (synchronique) et du devenir (diachronique). La préposition qui domine ici est le *dans*.

De secteur de la connaissance, la communication passe au rang de contenant général. Tout est communication. On ne peut lui échapper. Toute activité, scientifique ou ordinaire, se situe à l'intérieur d'une enveloppe qui s'appelle communication. La communication fournit les règles d'appréhension pour toute chose au monde. Car la science, l'art ou les pratiques quotidiennes ne sont plus que des secteurs contenus dans le contenant communication. La communication va refléter tout le jeu du savoir et des activités. Ses règles seront universelles. En ce sens, elle devient reine. Nouvelle religion laïque. Encore devrait-on réellement démontrer sa laïcité...

La communication est désormais statut général de tout processus mental et de toute la nature. N'est-ce pas la communication qui transmet dans la nature les caractères héréditaires ? L'évolution ne passe-t-elle pas par elle pour entraîner dans son changement les espèces, comme les individus ? Elle devient enveloppe et forme de toute activité, qu'il s'agisse de l'homme, de l'animal ou de la nature. En tant que la communication devient l'affaire majeure, qui englobe toute activité, le langage, le comportement, y compris le comportement scientifique, deviennent sujets de son empire. La formulation, les définitions pertinentes, les chaînes causales explicatives, la vérification et même la réalité, la déduction et l'induction ne sont plus qu'une très petite partie de l'iceberg qui en sous-tend les effets : le non-verbal, le gestuel, le contradictoire, le singulier, le cas non généralisable entrent en scène.

A. DE L'INDIVIDU À L'ORCHESTRE

« Ce modèle de la communication n'est pas fondé sur l'image du téléphone ou du ping-pong – un émetteur envoie un message à un récepteur, qui devient à son tour un émetteur –, mais sur la métaphore de l'orchestre [...]. Mais dans ce vaste orchestre culturel, il n'y a ni chef ni partition. Chacun joue en s'accordant sur l'autre[1]. »

Le « collège invisible[2] » désigne les chercheurs qui en font partie. Il fonctionne en synchronie, en homéostasie avec l'extérieur qui le borde. Les interactions internes lui donnent une réelle homogénéité, et les principes mêmes d'une cybernétique *psychothérapique,* orchestrale gouvernent fermement l'ensemble.

Orchestre ? Symphonie ? Certes. Ou encore ballet : quand l'un était biologiste, l'autre était cybernéticien, quand l'un (le premier) arrive au systémisme, le cybernéticien passe à la linguistique. C'est alors que le premier passe à l'anthropologie, tandis que les thérapeutes font de la logique de classe, puis de la cybernétique... Préciser le rapport de ces disciplines avec chacun des membres devient, de ce fait, inutile : c'est l'ensemble qui compte.

1. *La Nouvelle Communication,* textes présentés par Yves Winkin, Éd. du Seuil, 1981.
2. Comme l'appelle Yves Winkin.

1. *Le fameux « double bind »*

On peut prendre ici pour exemple le fameux *double bind* ou double contrainte. Dans un contexte où deux ou plusieurs personnes sont prises dans une relation intense, un message est émis, structuré de manière telle qu'il affirme quelque chose, affirmant aussi quelque chose sur sa propre affirmation. Or ces deux affirmations s'excluent. « Si le message est une injonction, il faut lui désobéir pour lui obéir. Le sens du message est donc indécidable[1]. » On ne peut pas ne pas réagir à ce message. On ne peut y réagir.

Plus encore, il est interdit de manifester qu'il y a contradiction. « Un individu, pris dans une situation de double contrainte, risque donc de se trouver puni (ou tout du moins de se sentir coupable) quand il perçoit correctement les choses et d'être dit " méchant " ou " fou " pour avoir ne serait-ce qu'insinué que, peut-être, il y a une discordance entre ce qu'il voit et ce qu'il devrait voir[2]. »

Exemple : faites deux cadeaux à votre fils ; il ouvre le paquet du premier et admire son contenu. Vous lui dites : « Alors ? L'autre ne te plaît pas ? » Tête de votre fils. Ou encore, le bien connu « Sois spontané », ordre qui demande l'anarchie[3] ! Ou encore, la délicieuse histoire racontée par Watzlawick : « Nous, les Alvaredo, épousons toujours des femmes qui nous sont supérieures », dit M. Alvaredo à son fils qui voit tous les jours sa propre mère méprisée. Traduction : Nous, les Alvaredo, sommes des gens supérieurs, puisque nous épousons des femmes supérieures, lesquelles sont inférieures dans la vie quotidienne. Nous qui sommes supérieurs puisque nous épousons des femmes supérieures, nous sommes donc inférieurs à nos femmes, lesquelles sont d'ailleurs inférieures à nous dans la pratique[4].

1. Watzlawick *et alii, Une logique de la communication,* Éd. du Seuil, 1979, p. 213.
2. *Ibid.,* p. 213.
3. Watzlawick, *La Réalité de la réalité,* Éd. du Seuil, 1984 ; ou, du même auteur, *Changements,* Éd. du Seuil, 1981, p. 82.
4. *Une logique..., op. cit.,* p. 209.

En écoutant ces histoires, on pense alors que le *double blind* semble appartenir au champ de la thérapie familiale, où le phénomène est observé.

2. *L'anthropologie*

Mais le *double bind* se rattache aussi à des structures sociales plus larges, où il a été remarqué par Bateson dans les sociétés à contraintes symétriques ou à contraintes complémentaires.

En 1935, Bateson a relaté une interaction observée en Nouvelle-Guinée dans la tribu des Iatmuls[1]. Il a appelé le phénomène shismogenèse : soit, par exemple, un des modèles de comportement culturellement approprié à l'individu A et considéré comme un modèle autoritaire. B peut y répondre par la soumission. A deviendra de plus en plus autoritaire et B de plus en plus soumis. Premier type de changement, appelé par Bateson complémentaire, et qui l'oppose à un deuxième type, qu'il appelle symétrique : si la vantardise constitue le modèle d'un groupe et que l'autre y répond par la vantardise, la compétition mènera bientôt à la surenchère. Ainsi des tribus kabyles analysées par Bourdieu qui se ruinaient à force de dons de plus en plus somptuaires qu'elles se faisaient l'une à l'autre[2]. La théorie du *double bind* s'en trouve alors affectée : d'une part, le *double bind* s'avère pris dans un système d'ensemble et ne peut être isolé de lui ; d'autre part, sa portée sera différente selon que la relation sera symétrique ou complémentaire[3]. Le *double bind* nous a donc entraînés en anthropologie. Mais nous n'y restons pas longtemps.

1. Gregory Bateson, « Culture contact and shismogenis », *Man,* 35, 1935, p. 178 ; il a décrit plus en détail le même phénomène dans son livre *La Cérémonie du Naven,* Éd. de Minuit ; voir aussi, du même auteur, *Vers une écologie de l'esprit,* Éd. du Seuil, 1977, t. I, p. 83 *sq.*
2. Pierre Bourdieu, *Esquisse d'une théorie de la pratique,* Droz.
3. Watzlawick en a fait application à la psychiatrie dans « An Anthology of human communication », *Text and Tape science and Behavior Books,* Palo Alto, 1964, p. 7 *sq.,* p. 143 *sq.*

3. *La logique des classes*

Car, pour bien en démonter le mécanisme, Palo Alto Illimited Company entend en justifier les éléments – et surmonter la contradiction – par la logique des classes, logique de Russell à qui est empruntée la réflexion sur le paradoxe : les classes logiques permettent de régler le problème : il y a bien deux messages qui s'annulent en apparence, mais, en réalité, ils ne peuvent s'annuler puisque l'un et l'autre relèvent de classes logiques différentes. Ou encore, ils relèvent tous deux de la même classe et, dans ce cas, ils s'annulent et on peut prendre conscience du non-sens. Un axiome essentiel de la théorie des types logiques est que ce qui comprend tous les membres d'une collection ne peut être un membre de la collection, selon Whitehead et Russell[1]. Ainsi l'économie d'une ville de quatre millions d'habitants ne peut-elle se réduire à l'économie d'un individu multipliée par quatre millions. L'individu est membre d'une classe, mais la multiplication des individus ne donne pas la classe. Malheureusement, dans le langage naturel, il est malaisé de différencier nettement membre et classe.

Vue sous cet angle, la schizophrénie n'est plus le pur produit du cerveau, comme le croient certains psychiatres, elle est le fruit d'un *système* familial ou social. De même, comme le souligne Bateson, l'art, l'humour, l'amour ou la religion peuvent être travaillés par la même double contrainte.

4. *La cybernétique*

La communication cybernétique et informationnelle vient ici à point nommé ! Elle généralise cette structure comportementale en termes de feedbacks rétroactifs, permettant de fixer la notion dans le domaine de la thermodynamique (deuxième loi) : l'homéostasie semble correspondre à la stabilisation d'un système à thermostat. On est ainsi renvoyé au projet de produire une logique (une algèbre) de l'interaction, où interviennent les notions d'ordre, de régulation d'entropie et de néguentropie,

1. *Principia mathematica, op. cit.*

qu'il faut éclaircir pour revenir au problème pratique de la thérapie. Comment les palo-altistes interprètent-ils ou adaptent-ils ces notions venues d'ailleurs ?

Freud, l'énergéticien, nous disent-ils, s'occupait de l'intra-psychique et non des rapports de l'individu et du milieu. Une théorie de la communication ne peut naître de l'énergie. Les rapports avec le milieu passent par un ordre de complexité différent qui ne se définit plus par l'énergie, mais par l'information. Coupure épistémologique.

Ceci les conduit à user de la nouvelle épistémologie cybernétique qui dépasse la vieille querelle philosophique du déterminisme et de la finalité, paraît-il. « L'avènement de la cybernétique a tout changé en montrant comment ces deux principes pouvaient coexister dans un cadre plus large[1]. » La causalité circulaire du feedback (rétroaction) se substitue à la causalité linéaire. Rétroaction négative qui caractérise l'homéostasie (ou état stable). Cette rétroaction négative joue ce rôle de stabilisation car elle a pour fonction « de réduire l'écart de ce qui sort par rapport à une norme fixée ou déviation – d'où l'épithète de négative – tandis que, dans le cas de la rétroaction positive, la même information agit comme une mesure de l'amplification de la déviation de ce qui sort[2] ».

Sont alors considérés comme boucles de rétroaction les divers systèmes interpersonnels : groupes d'étrangers, familles, couples, relations psychothérapeutiques et même relations internationales, « soit que les entrées d'informations s'amplifient jusqu'à provoquer un changement, soit qu'elles soient contrecarrées pour maintenir la stabilité, selon que les mécanismes de rétroaction sont positifs ou négatifs[3] ».

Là où l'on montre que l'existence du malade est essentielle à la stabilité du système familial au point que, redevenu bien portant, le malade se voit remplacé dans sa fonction de malade par un autre membre de la famille. En somme, les systèmes autorégulés appellent à une « philosophie dans laquelle les concepts de modèle *(pattern)* et d'information seraient aussi

1. Watzlawick *et alii, Logique de la communication, op. cit.*, p. 25.
2. *Ibid.*, p. 26.
3. *Ibid.*, p. 26.

fondamentaux que ceux de matière et d'énergie au début du siècle[1] ».

Les cas d'application thérapeutiques sont innombrables : l'homéostat d'Ashby en fournit le modèle[2]. A et B supposent l'un et l'autre qu'ils se contentent de réagir au comportement de leur partenaire sans s'apercevoir qu'ils influencent leur partenaire par leur propre réaction. Ainsi du couple où les deux partenaires gardent une certaine distance et où le moindre pas du premier vers le second entraîne un retrait du second qui entraîne un retrait du premier. Système ultra-stable. Ou encore dans les relations internationales l'incroyable course aux armements qui ne se maîtrise par aucune régulation : loi d'accroissement d'une rétroaction sans cesse positive.

5. *Thérapie*

La méthode consiste à demander au patient de se comporter comme il le fait déjà, ce qui équivaut au paradoxe « Soyez spontané ». « Si l'on demande à quelqu'un d'adapter un certain type de comportement, jugé jusque-là comme spontané, il ne peut plus être spontané, parce que le fait de l'exiger rend sa spontanéité impossible[3]. » Du coup, l'injonction paradoxale impose au patient une modification de son comportement. Le patient est alors contraint de sortir de son jeu, de commencer par là à le maîtriser, car il est tout à fait différent « de faire quelque chose[4], parce que je ne peux m'en empêcher, et d'adapter le même comportement, parce que mon thérapeute me l'a dit ». Mais la prescription de symptôme n'est qu'une technique parmi d'autres : « de moins de la même chose » et « de l'explication de l'implicite » en passant par « annoncer au lieu de cacher », « grands effets, petites causes » ou le « coup de Bellac », jusqu'à l'« usage de la résistance » aux « bienfaits de l'indifférence » ou à la bonne manière de « déborder les utopies[5] ».

1. *Ibid.*, p. 27.
2. Watzlawick, Weakland et Fisch, *Changements*, Éd. du Seuil, 1981, p. 34.
3. Watzlawick *et alii, Logique..., op. cit.*, p. 241.
4. *Ibid.*, p. 241.
5. Watzlawick *et alii, Changements, op. cit.*, p. 139 *sq.*

B. DE LA THÉORIE À L'EXPÉRIENCE

1. *La place de la théorie*

La science traditionnelle ne prouve jamais rien, car tantôt elle améliore des hypothèses, tantôt elle les réfute. Mais elle ne peut prouver : la vérité impliquerait une adéquation précise entre la chose décrite et la description qui en est faite. Le codage, la traduction simplifient toujours à l'extrême ce qui est fait de chair, de sang et d'action[1]. La science procède par déduction. Qu'est-ce à dire ? D'abord elle décrit, puis elle explique, séparant description et explication. L'explication ne sert jamais qu'à fournir des liens supplémentaires aux éléments de la description. En somme, en expliquant, on répète ce qu'on décrit. La déduction se transforme en tautologie. Elle ne donne pas d'informations supplémentaires. C'est une cartographie de l'explication, ou encore une mise en relation de l'explication et de la description[2]. Il faut remplacer ce modèle répétitif, stérile, par l'abduction ou transposition comparative[3]. Ou encore, « superposition comparative[4] ». En un mot, il s'agit d'analogie.

La démarche scientifique est donc totalement inversée. Les « fondamentaux » doivent être trouvés en dernier. Comprenons bien qu'il ne s'agit pas là d'un empirisme, car les données premières ne sont pas des données de sens. Elles sont déjà construites par le langage et sont le produit d'un processus de formation inconscient[5]. « On n'a jamais affaire à des données brutes ou crues[6]. »

1. *La Nature et la Pensée,* Éd. du Seuil, 1984, p. 33.
2. *Ibid.,* p. 87 à 89.
3. *Ibid.,* p. 94 et 149.
4. *Ibid.,* p. 87.
5. Ici Bateson décrit toutes les expériences sur la vision : *La Nature et la Pensée, op. cit.,* p. 38 *sq.*
6. *Vers une écologie..., op. cit.,* t. I, p. 14.

2. *Le langage ordinaire*

En usant du langage ordinaire, on finit toujours par savoir ce qu'on recherche. *A fortiori* dans le champ thérapeutique, là où l'efficacité est la plus clairement visée, le langage ordinaire doit être systématiquement utilisé : quand, comment, dans quelles conditions, avec qui, telles sont les questions maîtresses auxquelles il convient de répondre. Watzlawick, Weakland, Don Jackson, Fisch reflètent ainsi dans leurs pratiques la pratique batesonienne. C'est que, dans tous les cas, il s'agit de recherche-action, de recherche tendant au changement.

3. *Le temps de la recherche-action*

La recherche-action est efficace. Son temps est différent de celui de la recherche classique. L'acte thérapeutique est bref. Il concerne un moment précis, une situation donnée. Il ne concerne pas les causes lointaines (foin des longues analyses freudiennes). Il est relatif au contexte actuel. Si le présent est conditionné en partie par le passé, la recherche des causes passées est aventureuse; d'autant qu'on sait bien que ce que « A dit à B de son passé est étroitement lié à la relation actuellement en cours entre A et B et déterminé par elle[1] ». Il convient donc d'étudier directement la communication d'un individu avec son entourage. Approche d'un cas débarrassé d'un sens symbolique, de motivations ou de causes tirées du passé. Les causes sont peu importantes, les effets fondamentaux. Le symptôme est le fruit de l'interaction contextuelle, plus que le résultat de forces intrapsychiques supposées. « Quand la cause d'un segment de comportement demeure obscure, questionner sa finalité peut néanmoins fournir une réponse valable[2]. »

On comprend alors que la thérapie soit plus brève que dans la psychanalyse classique, que sa brièveté puisse même être recommandée systématiquement dans certains cas et que le Mental Research Institute de Palo Alto ait créé un Brief The-

1. Watzlawick *et alii, Logique..., op. cit.*, p. 40.
2. *Ibid.*, p. 41.

rapy Center[1]. On verra plus tard l'usage qu'en feront Ehrard et Shaw, et l'incroyable accélération de la *quick therapy.*

4. *Les métaphores du «will» et du «self»*

L'accent est mis dans tous les cas et dans toutes les disciplines de Palo Alto sur le changement immédiat. Pragmatisme, car c'est l'action *possible* qui est envisagée par un individu déterminé, en situation, à qui on rend ses capacités inventives et sa volonté. Ce changement ne fonctionne donc que par discontinuité : il est soudain, inattendu, illogique, non déductif, comme toutes les grandes visions volontaires, celles qui créent des nouveaux contextes[2].

Tout cela est fort différent du système classique, même dans sa métaphore organique essentiellement descriptive, qui ne songeait pas à l'action, encore moins au sujet agissant, aux acteurs de changement. Ce *will* et ce *self* demeurent à l'horizon comme concepts à établir. Watzlawick, dans son dernier livre humoristique, y fait sans cesse référence. Sa prescription de symptômes prend pour nom aujourd'hui «Faites vous-même votre malheur[3]». Autrement dit, si vivre dans le malheur est à portée du premier venu, on peut encore améliorer la performance en usant de recettes éprouvées. «Faites vous-même votre bonheur», nous dit en somme Watzlawick, rejoignant les propos volontaristes d'Ehrard et de Shaw dont il est devenu, malgré lui, très proche.

Quant à Bateson, son dernier mot est très politique, ainsi qu'en témoigne son mémorandum aux régents de l'université de Californie[4].

«Qu'est-ce qu'une plus vaste perspective? Une perspective à propos de perspectives. La question qui se pose alors est la suivante : en notre qualité de membres du conseil, encouragerons-nous tout ce qui va contribuer à faire naître chez les étudiants, que ce soit dans la faculté ou à la table même de notre conseil, ces perspectives plus vastes qui redonneront à notre

1. Watzlawick *et alii, Changements..., op. cit.,* p. 12.
2. *Ibid.,* avant-propos, p. 7.
3. Titre de son livre, Éd. du Seuil, 1984.
4. Publié en annexe dans *La Nature et la Pensée, op. cit.*

système la synchronie ou l'harmonie appropriées entre la rigueur et l'imagination[1] ? »

Où l'on voit ici que l'écosystémisme a carrément tourné en morale prophétique, que celle-ci est désormais très proche de la *quick therapy*. Où l'on s'apercevra qu'il s'agit d'une morale artificielle, morale d'une époque qui construit la volonté et le moi, morale de l'intelligence artificielle elle-même.

C. LES EFFETS PALO ALTO

On peut mentionner ici des effets d'onde concentrique de plus en plus larges, depuis la maladie mentale en passant par les relations culturelles, les effets socio-politiques, enfin les effets en science humaine. On prendra appui ici sur deux nouveaux ouvrages, l'un de Bateson et Ruesch intitulé *Communication et Société*[2], l'autre constitué des actes du colloque de Cerisy organisé par Yves Winkin et intitulé *Bateson : premier état d'un héritage*[3].

1. *Communication et maladie mentale*

Comme le souligne Ruesch, le problème essentiel pour la psychiatrie américaine des années 60 était de remplacer Freud, dit dépassé, en ce que son système de causalité centré sur l'individu lui-même semblait trop linéaire. « De même que Ptolémée postula que notre terre était le centre du monde astrophysique, de même Freud plaça les processus intra-personnels au centre de tous les événements[4]. » Ce sont au contraire les relations interpersonnelles qui doivent primer dans l'interprétation. Pour être convenable, un système psychiatrique doit être circulaire, posséder des caractéristiques autocorrectives, apporter une solution satisfaisante au problème fonctionnel de la partie et du tout, définir enfin la position de l'observateur et son

1. Mémorandum aux régents de l'université de Californie, annexe à *La Nature et la Pensée*, *op. cit.*, p. 231.
2. Éd. du Seuil, 1988.
3. Éd. du Seuil, 1988.
4. Bateson et Ruesch, *op. cit.*, p. 80.

influence sur ce qui est observé. Sans doute des concepts tels que « transfert », « contre-transfert », « catharsis », « association libre » renvoient-ils explicitement aux aspects communicationnels des techniques psychanalytiques. « Mais ces termes ont été conçus pour des systèmes qui étudient l'individu comme une entité isolée plutôt que sur son fonctionnement en tant qu'être social[1]. » Et pourtant les psychiatres croient de plus en plus que les patients qui souffrent de psychopathologie ne peuvent se rétablir que dans une situation sociale déterminée : le contact avec d'autres humains devient une nécessité thérapeutique.

Quand un touriste essaie de parler avec des gens dans un autre pays, il est obligé d'explorer leur système de communication. Ainsi de l'Américain, en visite en Angleterre, entendant la même langue mais ne comprenant pas les nuances subtiles du système anglais de messages. Et le psychiatre qui désire converser avec un patient hébéphrène est dans une position semblable à celle de ce touriste américain : il lui faut décoder le système symbolique du patient.

Conseils au psychiatre

« La meilleure attitude pour comprendre les troubles communicationnels est celle de l'observateur-participant[2]. » Il conviendra :

– de vérifier si le patient a conscience des règles, rôles et nature des situations sociales et s'il est capable d'évaluer correctement le contexte de son système de communication ;

– d'observer si oui ou non le patient s'adapte au réseau de communication dont il participe, en n'omettant ni les facteurs intra-personnels de perturbation de la perception, ni les facteurs relevant des réseaux de groupe et des réseaux culturels ;

– d'analyser les problèmes sémantiques de communication, les aspects linguistiques, la maîtrise des systèmes symboliques ;

– d'évaluer enfin l'efficacité avec laquelle les messages du patient influent sur d'autres personnes.

1. *Ibid.*, p. 99.
2. *Ibid.*, p. 104.

Nouvelles définitions

Cette conception d'une psychiatrie communicationnelle amène à définir de façon un peu différente quelques pathologies, par ailleurs bien connues.

Ainsi la schizophrénie est vue désormais comme tendance à ne pas être conscient que les relations humaines sont multipolaires : le schizophrène s'assigne un rôle et néglige le fait que les rôles sont déterminés par une relation mutuelle. Ce défaut de communication empêche le schizophrène de recevoir correctement des messages et de corriger l'information qu'il possède. Il est alors un modèle déformé de lui-même et du monde qui le conduit à l'isolement[1].

La psychonévrose ? Le défaut de communication ici est différent : les patients inondent les autres de messages et tentent de les forcer à assumer des rôles qu'ils ne veulent pas assumer. Conséquence : une mauvaise interaction. Les névrosés répètent sans le corriger le même message en espérant qu'il sera compris. C'est le cas des hystériques, des psychopathes et des intellectuels compulsifs ou fanatiques[2].

De leur côté, les immatures, incapables d'établir des interrelations, emploient encore les moyens de communiquer qui ont prévalu dans leur petite enfance. Ceci implique que les organes terminaux chimiques et sensoriels l'emportent sur les impressions recueillies par les récepteurs à distance (vision et audition). D'où l'importance, pour l'analyse des personnes immatures, des symptômes physiques : maladies de peau, allergies, affections intestinales ou vasculaires[3].

Les patients psychosomatiques ? Ils ont tendance à supposer que les autres fonctionnent aussi avec le même système de codage-évaluation. Cela revient à supposer qu'eux-mêmes et leur interlocuteur font partie d'une même matrice physique : renvoi à la relation du patient avec sa mère avant la naissance lorsqu'on ne sait pas que la communication interpersonnelle exige que les messages soient transmis dans l'espace et recodés

1. *Ibid.*, p. 107.
2. *Ibid.*, p. 107.
3. *Ibid.*, p. 108.

très souvent[1]. De façon plus générale, toute la médecine relative aux maladies les plus organiques est vue comme cherchant à améliorer les instruments de communication. «Il n'existe aucune différence fondamentale entre le psychothérapeute qui s'occupe des aspects fonctionnels du système interpersonnel, le spécialiste des sciences humaines qui s'intéresse aux systèmes supra-personnels les plus vastes et le physiologiste qui étudie l'interaction d'un organisme avec son milieu en termes de phénomènes physiques et chimiques... Ils s'intéressent au problème d'ordre et de désordre, d'entropie et d'entretien du fonctionnement de l'organisme[2].» Le travail du thérapeute est de comprendre les troubles de la communication et de les réparer. Car, si la pensée est née de l'échec, la communication est un baume[3].

2. *Communication et relations culturelles*

La question clé ici se nomme «perception de la perception». Une situation sociale s'établit quand un échange de communication a lieu. Cet échange commence au moment où les actions de l'autre sont perçues en même temps comme réponses suscitées par le message de l'émetteur précédent et comme un commentaire de ce message. Communication sur la communication sans doute plus difficile, plus implicite qu'explicite et totalement nécessaire pour qu'un échange de messages se produise. Il incombe alors aux participants d'identifier cette situation sociale. Or toute situation sociale est gouvernée par des règles implicites ou explicites. Ces règles sont des directives qui orientent le flux des messages d'une personne à une autre.

Bateson et Ruesch opposent les systèmes de communication simples (à une seule personne, communication de soi à soi ou à deux) aux systèmes de communication plus complexes allant du groupe aux multi-groupes et c'est dans ce cas qu'ils nous parlent de réseau culturel.

1. *Ibid.,* p. 108.
2. *Ibid.,* p. 109.
3. On sait l'influence relative de Palo Alto sur la psychiatrie européenne : voir, par exemple, l'intéressant ouvrage de Mony Elkaïm, *Si tu m'aimes, ne m'aime pas,* Éd. du Seuil, 1989.

Dans les systèmes de communication simples, les participants peuvent suivre un message depuis son origine jusqu'à sa destination. Circularité évidente. Dans l'ensemble, les systèmes simples sont symétriques : chacun dispose de récepteurs, d'émetteurs et d'organes centraux de communication qui peuvent retenir et évaluer l'information. Les systèmes de communication plus complexes comportent des groupes de personnes habituellement asymétriques : messages qui émergent d'un centre ou convergent vers un centre. Soit plusieurs (une foule) communiquent avec une personne, soit une personne communique avec beaucoup. Ainsi d'un homme politique ou d'une instance administrative. Soit la source, soit la destination des messages est anonyme : asymétrie[1]. Les réseaux de communication les plus complexes sont les réseaux culturels.

Réseaux culturels

Un individu sans conscience de l'existence de systèmes culturels plus vastes que le sien acceptera les événements comme naturels. On ne peut pas observer directement la culture en tant que telle. Elle n'existe que sous la forme de généralisations énoncées par les chercheurs en sciences humaines[2]. Car les gens qui appartiennent à une culture donnée sont remarquablement ignorants des prémices auxquelles ils se conforment dans leur système de communication. « Aucun homme n'est réellement capable d'évaluer ses propres comportements en fonction du système plus vaste auquel il appartient[3]. »

La communication culturelle de masse a ceci de caractéristique que ses messages, non repérables dans leurs origines, sont acceptés par la population comme s'ils provenaient de Dieu, d'une figure mythologique, ou de la nature des choses. L'individu ne possède alors ni recours, ni réponse, ni possibilité de correction. Ainsi des messages que les gouvernants adressent aux populations ; ou des transmissions d'énoncés sur la tradition et sur les habitudes relatives aux cérémonies, aux usages commerciaux, à la santé, à l'éducation, etc. ; ou encore des

1. *Ibid.*, p. 54.
2. *Ibid.*, p. 86.
3. *Ibid.*, p. 57.

objets matériels fabriqués par l'homme et la façon dont les gens disposent de ce dont ils s'entourent : systèmes d'objets qui deviennent eux-mêmes communication de masse ; ou enfin des systèmes de symbolisation et de langage que l'on doit apprendre si l'on veut participer à un groupe donné.

Les auteurs peuvent alors aborder la question des valeurs.

Communication et valeurs américaines

La psychologie américaine est régie, d'après le schéma de Jurgen Ruesch, par des principes d'égalité, de socialité, de nécessité et de changements, idées liées aux prémices des morales puritaines et pionnières[1].

Piétisme, condamnation de la passion charnelle, haute valorisation du contrôle de soi, croyance en la responsabilité personnelle envers Dieu se trouvaient au centre de la morale puritaine : toutes ces valeurs ayant pour origine une tendance à l'opposition chez les puritains britanniques. Arrivés en Amérique, habitée par des Indiens hostiles, dotée d'un climat rigoureux, ils développèrent une morale de pionniers : ténacité, esprit d'initiative, décision, pureté, solidarité. L'autorité est investie dans le groupe : l'adulte américain se réfère à l'opinion collective de ses pairs, alors que l'adulte européen s'en remet à des personnes clairement identifiables. Moralité aussi. Dicton : « Un puritain peut faire tout ce qu'il veut tant qu'il n'y prend pas de plaisir. » Tout est acceptable lorsque l'action est faite au service de la communauté ou de sa propre santé ou productivité personnelle. Tout est possible si le groupe considère les actes individuels comme conformes. Frasques, beuveries, bagarres, sexualité de groupe sont alors admises.

Enfin, l'attitude vis-à-vis du pouvoir est assez claire : un homme de pouvoir doit être égoïste et intéressé. Il peut s'enrichir. Mais à ses concitoyens, à la presse et aux lois complexes et contraignantes de le contrôler et de le faire revenir un jour à sa place.

Car une des premières aspirations américaines réside dans *l'égalité.* Égalité des chances au départ qui peut permettre à l'égal de devenir un jour, par son talent et la chance, un supé-

1. *Ibid.*, p. 113 *sq.*

rieur. Mais est-il vraiment un supérieur? Non, en ce que, pour réussir, il a appliqué les normes conformes du groupe. Dans un tel système, un Américain se sentira mal à l'aise dans une culture étrangère dominée par des castes ou dans sa propre culture lorsque des originaux, intellectuels ou artistes, entendent trop se démarquer de leur milieu ambiant. La science américaine souffre d'ailleurs de ce conformisme. On comprendra alors que l'autorité réside dans des comités, que les minorités soient représentées dans les organes dirigeants et que le citoyen américain en rapport avec un représentant de la loi adopte simultanément la double attitude de respect et de convivialité.

La *socialité* constitue une seconde dominante. Les objets ont la seule valeur utilitaire. Technicité aidant, on saute sans barguigner d'un objet à l'autre. Alors que la vie en commun et l'interaction avec les autres sont considérées comme fin en soi. Pour maintenir l'appartenance au groupe, l'Américain doit toujours être grégaire : il vaut mieux éviter de s'impliquer dans une nouvelle connaissance... afin d'avoir le temps de s'impliquer dans de nouvelles connaissances. Maisons à côté les unes des autres, pique-niqueurs toujours mêlés dans les parcs et plages, multitudes d'associations riches en locaux, cocktails parties, autant de signes de cette convivialité nécessaire, voire forcenée. On cherche sans cesse à mesurer sa place au sein du groupe, alors qu'en Europe on est davantage préoccupé de la place de son groupe par rapport à d'autres groupes.

Avoir la meilleure place possible dans son groupe, c'est réussir : la *réussite* comme troisième dominante de la psychologie américaine, qui la mesure en termes quantitatifs : l'argent en est le baromètre principal. Plus, c'est mieux. L'enfant doit être plus mignon, ou plus grand, plus sportif, avec des notes plus élevées.

Le *changement* enfin, quatrième dominante. Le changement est bon en soi, le statisme est mauvais. Il faut bouger. Car le changement est toujours associé à la notion de progrès technique et social confondus. Acheter une nouvelle voiture, c'est servir en même temps le progrès social et le progrès technique. Slogan publicitaire connu : « Changer de laxatif ne peut que vous faire du bien. » On croit en la possibilité de changer les gens. Foi en l'avenir et foi en la technique, introduite dans les problèmes humains. Révérence à l'égard du gadget, de la quantification et de l'action. «La philosophie du béhaviorisme a donc bien été une expression caractéristique de la culture américaine[1].»

Tels sont les différents ingrédients qui nous permettent de nous introduire dans les effets sociopolitiques et surtout de définir les rapports respectifs au pouvoir des Européens et des Américains.

3. *Effets sociopolitiques et rapports au pouvoir*

Un Européen aux États-Unis ne comprend pas le système américain de décisions collectives. Il lui semble qu'aucun des membres d'une assemblée ne dit franchement ce qu'il pense alors qu'en privé les propos sont étonnamment vifs, directs, choquants. En revanche, un Américain trouvera fanatiques les déclarations publiques d'un politicien européen et ne comprendra pas les subtilités de la conversation privée européenne.

C'est ainsi que Ruesch et Bateson commencent leur réflexion sur les problèmes de contrôle et de régulation[2].

Ce type de paradoxe leur paraît s'expliquer par des différences dans le système de contrôle : les politiciens américains trouvent à l'intérieur de leur parti les limites qui les contrôlent : ce sont les idées divergentes d'autres membres. Tandis qu'un parti européen est contrôlé par l'existence de partis d'opposition qui défendent des idéologies contraires. Le point de vue européen peut être représenté par un système externe de contrôle par opposition. Tandis qu'un système interne de contrôle et régulation correspond mieux au modèle américain.

Système interne de contrôle

Dans un parti politique américain, une équipe apparaît avec, à sa tête, un responsable, entouré d'assistants et d'un comité composé de représentants de divers groupes de pression. Au sein de l'organisation – comme dans toute organisation américaine d'une certaine taille –, on dispose d'un échantillon repré-

1. *Ibid.*, p. 146.
2. *Ibid.*, p. 174.

sentatif de toute la population extérieure, reconstituée sous forme d'un conseil de surveillance ou d'administration. Le directeur tente, tant bien que mal, de coordonner l'ensemble. On voit ici que le leadership n'est pas entre les mains d'un seul qui posséderait un pouvoir exécutif absolu, ni même entre les mains d'un seul groupe mais de plusieurs. Chaque groupe représente un éventail d'opinions diverses. Les facteurs d'intégration ne sont pas idéologiques, mais pratiques. Le groupe s'intègre à partir du chevauchement des objectifs. La structure d'un sous-système est une répétition de la structure du tout : nation, partis, groupes de pression ont en commun le fait que chaque entité se caractérise par la diversité des opinions. Et ce trait vaut tout autant pour la famille et l'individu. Caractéristiques essentielles du système interne de contrôle : composé d'éléments hétérogènes qui conservent jusqu'au bout leur hétérogénéité, son fonctionnement revêt un caractère de circularité auto-adaptatif, l'intégration se faisant à partir de buts communs plutôt qu'à partir d'opinions générales.

Système externe de contrôle

Il s'agit ici de systèmes caractéristiques des cultures européennes.

Ici direction et administration sont traitées d'une façon différente de la façon américaine. Le leader européen a confiance dans l'homogénéité relative du groupe qu'il dirige. Ceux qui sont en désaccord avec lui sont extérieurs à son parti. L'homogénéité et l'allégeance conduiraient, dans ce type de système, à une organisation à changements brusques si elle n'était freinée par le contrôle d'autres organisations du même ordre, mais à partir d'idéologies différentes. De plus, que le leader puisse compter sur l'homogénéité de la participation conduit à la formation d'une hiérarchie autoritaire et unique à l'intérieur du parti. Car, si les individus sont formés à l'allégeance, ils cessent de fonctionner comme forces correctrices.

Les auteurs précisent qu'il existe trois types de leaders dans un système de contrôle par opposition :

– l'autorité non partisane, roi ou président de la république (du type Troisième République en France), qui a pour fonction de valider le pouvoir du parti qui a momentanément la majorité au Parlement ;

– le chef d'un groupe ou d'un parti homogène dont l'autorité à l'intérieur de ce parti est rarement contestée ;

– le dictateur qui peut surgir dans un tel système en menant un parti unique au pouvoir absolu. Dans ce cas, celui qui était chef d'un parti arrive à occuper la position de monarque sans abandonner son allégeance partisane.

Caractéristiques essentielles de ce système de régulation par opposition : le système composé d'éléments homogènes chasse les déviants qui forment alors de nouveaux groupes ; ce système doté d'une structure hiérarchique ne change que sous pression externe ou désagrégation interne ; il ne peut exister isolément puisque son existence dépend d'autres systèmes différents de lui et homogènes. Ces deux systèmes, de contrôle interne et de contrôle externe, s'appliquent en fait à l'ensemble de la personnalité et de la famille.

Famille et personnalité

La personnalité de l'individu américain tolère des éléments hétérogènes dans son propre comportement : cela lui permet de changer d'opinion, de travail, de mari ou d'épouse, de lieu de résidence, etc. Un conflit doit toujours être traité en termes d'alternatives, de compromis ou de changement. L'action est valorisée et l'*Ego* freudien est valorisé. A l'opposé, l'Européen est plus fataliste : sa foi en l'action est moindre et il est plus concerné par le *ça* et le *surmoi.* Les différences sont admises, mais entre individus et non à l'intérieur d'une même personne. Le conflit non traité est admis, voire valorisé. Il n'est pas permis de changer d'opinion, de profession ou de lieu de résidence.

Même type d'opposition dans les systèmes familiaux.

Dans la famille américaine, le leadership est imparfaitement défini et sans cesse changeant. Le parent qui remplit provisoirement ce rôle n'est pas certain que ses décisions seront suivies. Il doit agir plutôt comme s'il était en train d'harmoniser une diversité d'opinion, tout comme le leader politique américain, c'est-à-dire en intégrant les sentiments des autres. Dans le discours du père, on doit reconnaître les nuances de la mère et celles des enfants. On voit par là que l'enfant est préparé très tôt à l'intégration dans le groupe total.

Les auteurs ne précisent pas ici les caractéristiques de la famille européenne, par prudence peut-être. Serait-elle, selon eux, soumise au modèle d'une autorité unique, type paternel, même si c'est la mère, une tante, un oncle ou un grand-père qui l'exercent ? Probablement avec tous les effets producteurs et produits sur le plan politique.

4. *Effets en sciences humaines*[1]

Pour l'anthropologie culturelle américaine, l'individu et ses virtualités constituent le fondement des phénomènes sociaux et culturels. L'idéologie libérale ultra-individualiste, appuyée par la psychologie béhavioriste, attribue logiquement la primauté au sujet. Ces données psychologiques s'articulent aux contraintes sociales à travers des procédés de dressage, d'apprentissage ou de normalisation, tandis que la culture est vue comme ensemble des interactions entre individus[2].

Pour Durkheim en revanche, l'individu largement fabriqué par la société n'est qu'un élément résiduel. Transcendante, la société organiserait de l'extérieur nos pensées les plus durables. « La société se trouve donc, à chaque génération nouvelle, en présence d'une table presque rase sur laquelle il lui faut construire à nouveaux frais[3]... »

Bateson, dans *La Cérémonie du Naven*[4], écarte en la qualifiant d'« inutile » la théorie de la conscience collective, mais refuse de ramener l'anthropologie à une psychologie. Pour lui, le grand danger, c'est la dichotomie individu/société, fausse opposition par excellence. Il préfère parler de prémice culturelle et de structure culturelle. « Une prémice est la forme généralisée

1. On s'est servi ici de l'article « Individu, structure, immanence, Gregory Bateson et l'École française de sociologie », par Alban Bensa, in *Bateson : premier état d'un héritage,* colloque de Cerisy dirigé par Yves Winkin, Éd. du Seuil, 1988, p. 153.

2. Voir R. Linton, *The Cultural Background of Personality,* New York, Appleton Century-Croft, 1945 ; E. Sapir, « Cultural anthropology and psychiatry », *Journal of Abnormal and Social Psychology,* n° 27, 1932, p. 509.

3. E. Durkheim, « Le dualisme de la nature humaine et ses conditions sociales », in *La Science sociale et l'Action,* PUF, 1970, p. 314.

4. Éd. de Minuit, 1971, p. 124.

d'une proposition ou une implication particulièrement reconnaissable dans un certain nombre de fragments de conduite culturelle... La structure culturelle... prend des fragments de conduite comme unités et les considère comme liés dans un schème logique, tandis que l'étude de la structure sociale prend pour unité des individus et les considère comme liés à des groupes[1]... »

Par ailleurs, Bateson écarte les pulsions ou l'inconscient comme sources du fait social, se méfiant de la psychanalyse et de *« l'orgie interprétative »* de symboles qui en découle. Ces mises à l'écart successives sont là pour nettoyer le champ. Car, pour notre auteur, les comportements sont avant tout signifiants dans leur interaction structurale et systémique. L'individu n'est pas un en-soi : il est système de relations, d'interaction. Et ce qui est vrai de l'ethnologie l'est tout autant de la psychiatrie[2]. Il décrit les conduites les plus visibles, restant attentif aux interactions et aux contextes sociaux et affectifs : logique de l'immanence, chère à Bateson et étrangère à la transcendance durkheimienne par laquelle l'homme moyen est agi par la société jusque dans son propre corps, comme le proposa Mauss dans son article célèbre[3]. Bateson aussi veut intégrer les schèmes corporels, la récurrence de certains mouvements de base comme insignes et emblèmes sociaux[4], caractéristiques de la culture étudiée et garants d'une bonne communication entre personnes qui s'en reconnaissent membres. Mais son approche « des usages sociaux du corps, loin de réduire l'individu à n'être que l'exécutant obéissant de l'ordre social, fait de lui un acteur riche d'expressions affectives et intellectuelles[5] ». Les comportements individuels sont normalisés par de multiples circuits intégrateurs et autoréglés. Pour lui, les relations structurales sont les relations logiques unissant des fragments de conduites culturelles ou comportements affectifs, intellectuels ou cognitifs. Mais il veut aller plus loin et s'interroger sur les motiva-

1. *Ibid.,* p. 33 et 34.
2. *Vers une écologie de l'esprit, op. cit.,* II, p. 94.
3. « Les techniques du corps », *Journal de Psychologie,* XXXII, n° 3-4, Paris, 1936.
4. Voir *Balinese Character : a Photographic Analysis,* New York, New York Academy of Sciences, 1942.
5. Alban Bensa, article cité.

tions des agents et, à cette fin, il lui paraît nécessaire d'étudier le système culturellement normalisé d'organisation des instincts et des émotions des individus, ce qu'il appelle l'*ethos,* complément indispensable de l'*eidos* ou aptitude au raisonnement logique. L'élucidation de l'*ethos* relève de l'étude des réactions des individus aux réactions des autres individus. En réponse à autrui, chacun puise dans un vocabulaire d'émotions codées et joue de processus intellectuels normalisés. Les modes de pensée sont techniques de communication et non, comme le pense le structuralisme néo-kantien, catégories permanentes de l'esprit humain. Il s'agit de dégager non des catégories mentales, mais des catégories d'organisation contextuelle du comportement. Ces processus d'interaction sont constitutifs des systèmes d'attitudes. Les shismogénèses – comparables à des différences de potentiel génératrices de courants antagonistes (Alban Bensa *dixit*) – suscitent l'émergence de nouvelles pratiques.

Si la visée générale est structurale, Bateson donne à la notion de structure une signification aux antipodes de celle adoptée par Durkheim ou Lévi-Strauss. Alors que pour Durkheim les comportements sont l'expression de catégories mentales renvoyant aux données – abstraites – de la morphologie sociale, et que pour Lévi-Strauss ils s'inscrivent dans une structure cachée enracinée en noyau de procédures logiques universelles, pour Bateson, la pratique, situable seulement dans un contexte, est un ensemble de processus qui développent des relations structurales. Il parle alors de *« structures contextuelles*[1] *».* Le processus détermine la structure autant que la structure détermine le processus. Mieux encore : le contexte est le cadre déterminant[2]. Immanence insistante du propos : les structurations accumulées finissent par former un enchaînement infini de contextes, reliés entre eux dans un réseau de méta-relations[3]. Relation « circuitaire » de la structure et des processus que Bateson appelle curieusement *« mind ».* « Tout système fondé d'événements et d'objets qui dispose d'une complexité de circuits causaux et

1. *Vers une écologie de l'esprit, op. cit.,* II, p. 48.
2. *Ibid.,* I, p. 193.
3. *Ibid.,* II, p. 88.

d'une énergie relationnelle adéquate présente à coup sûr des caractéristiques mentales[1]. »

Aucune rupture, dès lors, entre individu et société puisque l'individu est système complexe de relations. Subordonner le psychologique au sociologique[2], c'est écarter la question de savoir comment les structures sociales passent – car il le faut bien ! – par les individus. Mais, d'un autre côté, Bateson échappe aux tautologies culturalistes américaines qui admettent que « les caractéristiques dominantes de la culture non seulement expriment, mais aussi favorisent la normalisation des individus[3] ».

Les structures ne sont ni dans les sujets ni dans la société, mais résultent des contextes particuliers où se développent les interactions prises dans un « flux communicationnel ».

S'agit-il d'une révolution ? On ne sait. Mais on peut au moins parler d'une mise en doute pertinente, et qui pourrait s'avérer féconde, des principaux fondements dichotomiques de l'anthropologie, de la sociologie et de la psychologie.

II. Évaluation de Palo Alto

A. C'EST UNE THÉRAPIE MORALE

On vient de présenter l'ensemble des théories et pratiques palo-altiques. C'est un ensemble impressionnant de dix à vingt livres, selon qu'on s'intéresse strictement au noyau ou qu'on voyage dans les périphéries.

Ensemble compact, répétitif, hétérogène, avec des glissements conceptuels, l'utilisation de différents référents, la négation ou le prélèvement arbitraire de certains autres. Au total, quelque chose d'irritant pour notre habitude européenne de pensée. « Ils sont naïfs, de mauvaise foi, leur manière de faire n'entre pas

1. *Ibid.*, II, p. 218.
2. Comme l'affirme l'école française, de Durkheim à Lévi-Strauss.
3. *La Cérémonie du Naven, op. cit.*, p. 42.

dans nos mœurs universitaires» : voilà ce que nous sommes tentés d'exprimer à première vue.

Notre gêne

Leurs références ne sont-elles pas émiettées ? Tronquées ? Les auteurs cités ne le sont-ils pas de seconde main ? Ou traités avec désinvolture ? Trois lignes ici et là sur Platon, deux sur Descartes, une sur Aristote peuvent-elles nous satisfaire, ces «morceaux choisis» intervenant à point nommé, quand le besoin s'en fait sentir ? Décidément les coutumes de ces tribus nord-américaines nous paraissent bien étranges, semblent dessiner un jeu négligent avec des auteurs que nous traitons – même si nous les combattons – avec plus de respect. Et cette critique vise, bien sûr, d'autres tribus encore que celle de Palo Alto...

Il faut cependant se garder de juger d'un comportement rationnel avec les critères qui sont les nôtres. Car alors nous n'apprendrions rien, obéirions à une sorte de xénophobie ou d'ethnocentrisme qui bloquerait la compréhension. Pourrions-nous d'ailleurs si facilement critiquer la simplicité du style, l'agrément du langage ordinaire pénétrant enfin la langue scientifique, souvent de bois, les exemples, anecdotes ou tranches de vie, celles-là mêmes que nous trouvons dans l'œuvre de Montesquieu, ou des grands anthropologues, de Radcliffe Brown à Lévi-Strauss en passant par Margaret Mead ? Pourrions-nous si facilement rejeter l'efficacité recherchée, les inventions produites, le travail sur le présent plutôt que sur le passé, sur le «comment» plutôt que sur le «pourquoi», la visée de changement qui s'accomplit en une thérapie morale ? Évitons de nous tendre à nous-mêmes le miroir de vieux professeurs d'un vieux monde ombrageux, et tentons de voir clair, d'entrer en sympathie avec ce déroutant nouveau monde, dussions-nous en rester quelque peu froissés. A cette fin, situons Palo Alto dans son contexte qui est celui d'une nouvelle forme de pragmatisme, en nous gardant de le mépriser, comme il est de bon ton de le faire dans nos salles de séminaire européennes. Car ce pragmatisme anglo-saxon – culture spécifique qui a toujours été singulière – n'est pas un empirisme, mais une philosophie de l'efficace, de l'action. Non pas exactement un utilitarisme. Mais – et en même temps – une philosophie communicative débarrassée du jargon, débarrassée aussi de la métaphysique (adieu substance, le « pourquoi » et l'origine de l'origine, bonjour le « comment » sur lequel on peut agir), débarrassée enfin des références inutiles (on emprunte à bon escient, on est guidé par le bon sens, en situation). Résultat : la réserve de références n'est pas la même que la nôtre, mais elle existe et fournit les bases de la pensée de Palo Alto. Quelles bases ? La logique de Russell et de Carnap, Wittgenstein (lequel ? Il y en eut plusieurs, on n'en a cure), la cybernétique (découverte de Wiener par Bateson), la thérapie analytique de Milton Erikson (praticien génial et grand exemple), le systémisme, le structuralisme, l'écologie. Au loin, Freud, renié, et les auteurs de l'Antiquité ; le vieux monde. Le marxisme ? Absent. Husserl, la phénoménologie, les écoles psychanalytiques dissidentes, Lacan *and Co* : pas là. Mais Laing est cité. Ce rejet du « vieux » va de pair avec une caractéristique du pragmatisme qui se déplace à Palo Alto : une reconnaissance roborative du présent, une philosophie de la simultanéité, plutôt optimiste et débarrassée des nostalgies du commencement. Trait typiquement américain : l'origine et le passé ne sont pas sources de mélancolie, voire d'angoisse. Ils sont simplement archivés. Le « profond », le ténébreux n'intéressent pas. Il est vrai que cette attitude se nuance, chez beaucoup, d'une nostalgie de leur Mai 68, le Berkeley des années 60, appelé là-bas Révolution, origine proche et qui teinte le mouvement actuel. La génération des quarante ans d'aujourd'hui a cette nostalgie-là, comme souvent des professeurs de tout âge. L'écologie, le mouvement hippie, même s'il n'existe plus dans l'ancienne manière, influencent le comportement (interdiction de la cigarette, révérence à la gloire du corps). La lettre très politique de Bateson aux régents de l'université de Californie en porte témoignage.

Cette petite nostalgie d'humains d'âge mûr ne va jamais très loin : ici pas de jeu entre signifiants et signifiés. Refus de tout ce qui pourrait porter trace d'une quelconque métaphysique. Point de substance et point d'attribut. Point de question sur l'être et le néant. Aucune référence à Hegel, même quand elle semblerait s'imposer, dans le cas de la philosophie de l'esprit à laquelle nous convie Bateson, par exemple. Bateson ne cite pas plus Bergson et sa durée, alors même qu'il s'agit d'une réflexion d'inspiration très proche sur le temps, la durée, l'évolution. Bergson est inconnu de ceux-là mêmes qui l'utilisent. Dans un séminaire de Berkeley[1], Bob Shaw usait aussi d'une conception exclusivement bergsonienne du temps, sans connaître l'auteur français, usait aussi d'une rhétorique aristotéticienne, sans le savoir. Redécouverte émouvante de l'ancien monde par le nouveau. *Terrae incognitae* baptisées alors d'un nouveau drapeau. Atlantide inversée. Ainsi, la nouvelle figure de l'épistémé semble couper ses racines avec l'épistémologie occidentale, tout en les retrouvant mais sans le savoir, et donc tordues, mutilées, inversées, transformées.

Soyons pragmatiques

Mais irrévérence et nostalgie vont souvent de pair. L'allègement des références, l'utilisation *ad hoc* des auteurs, pris pour ce qu'ils peuvent donner à la nouvelle philosophie de la communication, portent bien des fruits. D'abord une grande alacrité, vivacité de ton qui purifie les discussions de pure forme qui encombrent nos manières de faire. On va droit au but, on argumente directement. Le philosophe réputé des actes de langage *(speech acts)* John Searle me racontait un jour une discussion avec Foucault : « Pourquoi tu fais tant de phrases, tant de style ? A quoi ça sert ? – Parce que, sans cela, Gallimard ne m'éditerait pas. » Cette réponse ironique n'empêche pas Searle de s'esclaffer. Pourrions-nous le contredire ? A l'efficacité des discussions s'ajoute ensuite l'efficacité thérapeutique. Nous voulons parler ici de cette thérapie de l'acte quotidien qui n'a rien à voir avec notre psychanalyse. Thérapie morale, acte par acte, pris dans un contexte quotidien, diaboliquement rapide et efficace *pour les buts qu'elle se fixe,* à savoir arranger les affaires quand elles se présentent, plutôt que de recourir à nos thérapies de longue durée, inappropriées à l'objet, coûteuses en argent et surtout en énergie. Que cette thérapie se présente par ailleurs

1. Dont nous reparlerons plus loin dans « La *quick therapy* ».

comme totalité, prétende l'emporter dans tous les cas, érige un socle à sa propre gloire, est une autre affaire, contestable celle-là. Mais, pour les buts utiles et limités qu'elle se fixe, reconnaissons sa valeur.

Acceptons donc sans rechigner cette forme de pragmatique et jugeons plutôt les contenus du discours de Palo Alto. Évaluons, apprécions. Demandons-nous si cette absence d'une épistémologie classique confère du nouveau, quels sont les résultats de ce mouvement, tant au point de vue des notions, que du point de vue pratique. Demandons-nous par la même occasion si une théorie de la communication généralisée peut fournir, entreprise comme elle l'est par Palo Alto, une symbolique assez forte pour renouveler notre conception de l'homme et du monde et servir un projet d'unification. Soyons nous-mêmes pragmatiques.

B. LES CONTRADICTIONS ET APORIES DE CE PRAGMATISME. ANTI-ÉPISTÉMOLOGIE OU ÉPISTÉMOLOGIE ?

Passant outre nos énervements culturels, nous nous trouvons face à un ensemble de positions. La première que nous percevons est l'attitude anti-épistémologique qui porte le nom parfois d'antiscience ou qui attaque la science positiviste, son mode d'interprétation et son peu d'efficace. Édifice quelque peu branlant et qui ne vaut que par ses résultats. En physique, en biologie, en mathématiques et par des conclusions – miraculeuses – que la cybernétique et l'analyse des systèmes ont tirées des découvertes théorico-techniques de la grande loi de transformation de l'énergie.

Voilà certes une attitude tout ce qu'il y a de plus classique. Mépris pour les billevesées philosophiques, les discours en l'air, et majoration, respect, des découvertes scientifiques au sens précis du mot. L'édifice hiérarchique des disciplines est ainsi conservé : premier point qui vient en contradiction avec le principe non épistémologique.

Second point : nous, collège invisible, nous faisons une science nouvelle, celle du singulier, du cas particulier, de l'action, toujours situés, et nous avons seulement de bonnes réponses à des problèmes précis, réponses qui tiennent à une ingéniosité talentueuse et personnelle. Les livres de Watzlawick et Bateson fourmillent de cas dont les auteurs révèlent les solutions tout à fait extraordinaires qu'ils leur ont apportées. Jusque-là, rien que de très cohérent, jusqu'au moment où le collège recherche un fondement sérieux, épistémologique (en toutes lettres) qui puisse préserver la doctrine au-delà des résultats. Attitude qu'illustrent les pages répétitives de Bateson dans *La Nature et la Pensée* ou l'entretien de Watzlawick dans *La Nouvelle Communication.* Alors ? Science du singulier, ou science du général à l'ancienne ? Hésitations, dénégations, voire dénis, retours en arrière, emprunts aux classes logiques de Russell pour asseoir la pratique et unifier le mouvement. C'est là un mouvement de fond qui tiraille sans cesse les comptes rendus entre l'anecdote valant pour elle-même et la théorisation. Bateson est le grand spécialiste de la rupture de ton. Il est avec Watzlawick celui qui cherche le plus une fondation dans la théorie. Certes nos auteurs tentent-ils de disposer autrement les éléments de toute enquête, mais c'est pour reconstruire un schéma tout classique : il n'y a pas de données, le fait est interprétation dans un contexte, remplaçons la description des faits et leur explication qui ne sont que tautologie de la science classique, par l'abduction, c'est-à-dire le transport de résultats d'un champ dans un autre champ. Soit. Mais ce corps de bâtiment épistémologique ne nous apprend rien que nous ne sachions déjà. La mise en place d'une réalité construite est bien connue. Quant aux privilèges conférés à l'abduction (c'est-à-dire à l'analogie), il y a belle lurette qu'ils correspondent au travail de toute recherche en sciences exactes ou humaines. Cette méthodologie ne vaut pas la peine du détour, surtout quand on a soi-disant renoncé à faire de la méthodologie.

Théoriser des pratiques après coup est d'ailleurs une entreprise bien connue aux États-Unis. Je l'ai déjà décrite il y a quinze ans dans *Critique de la décision* sous le nom de « pratique théorisée » : « Si l'on suit Bachelard (dans *La Formation de l'esprit scientifique*), on s'aperçoit, en effet, que dans le développement d'une science il est un moment où le reflet de la pratique dans la connaissance objective se heurte à un “ obstacle épistémologique", c'est-à-dire que, s'il y a un point de résistance au niveau théorique, le système entier menace rupture : pour combler cette rupture, nous dit Bachelard, la pensée théorise en déplaçant la question – pour éviter le coûteux effort de réorganiser l'ensemble, ou pire encore, en évitant de poser la question –, ainsi feront toutes les typologies et autres classifications. Cette pensée qui comble les obstacles, qui va donc s'opposer à une critique radicale et qui est, par sa place même, dans le progrès scientifique, négative, apparaît, puisqu'elle sauve les apparences, comme positive. Dans le domaine de la décision, cette contre-pensée, cette résistance suscite : des typologies qui prennent acte de décisions existantes et les classent ; des analyses extrêmement détaillées de points mineurs et de fragments (quelques théories de ce genre dans les livres de *decision making,* études sur l'information, les projets, les coûts, etc.)... Ainsi les analyses dites "pratiques théorisées" ont-elles pour fonction d'obturer la brèche que creusent les incohérences d'une pratique adossée à une théorie vieille de trois siècles[1]. » Ligne à ligne, ces propos peuvent s'appliquer aux théories de Palo Alto et visent d'ailleurs déjà consciemment les théories de la communication. Si la méchanceté de mon propos ne peut tuer l'élégant génie de Bateson et ses trouvailles, la grande ingéniosité de Watzlawick, Weakland ou Erikson, elle leur assigne pourtant une place bien connue dans la démarche scientifique : pratique théorisée qui déplace les questions, qui obture des brèches, qui classifie à la façon de la vieille entomologie, qui analyse de façon fouillée et délicieusement charmante des fragments. Pratique qui n'est ni nouvelle, ni radicalement étrangère aux pratiques théoriques d'un grand nombre de penseurs[2]. Sa séduction est la même, ses procédés – « pratiques » identiques et sa visée éternelle : même respect des « fondamentaux », de la démarche scientifique, même maintien de la hiérarchie science-technique-efficacité face aux ratiocinations pseudo-philosophiques. Attitude de premier degré.

Cernons maintenant certains points particuliers, mais hautement significatifs. Et d'abord la place du sujet.

1. *Critique de la décision, op. cit.,* p. 18.
2. Voir Dominique Lecourt, *L'Épistémologie historique de Gaston Bachelard,* Vrin, 1970.

Un sujet... systémique

Conformément au systémisme, à la cybernétique et au structuralisme, le sujet, ici, n'est jamais individuel, isolé, ayant une substance propre, un *Ego*. Le sujet substantiel est abandonné à son sort métaphysique. Il est toujours en situation, connecté, dans un contexte, déterminé par son environnement, sa famille, son groupe culturel, son quartier. Dans la pratique même de la recherche, ce sujet collectif est bien marqué. Refus de l'auteur isolé et «collège invisible». Le contexte est à tout le monde. Chacun écrit pour et à la place des autres. Voilà qui est net.

Cependant, ce sujet n'est ni le sujet marxiste (marxisme ignoré), déterminé par l'économique et le politique, ni le sujet freudien, mu par son passé et déterminé par lui (adieu Freud). Ce sujet collectif et connecté est *libre*. Pourquoi donc faut-il qu'il le soit? Parce qu'on se préoccupe de changement, qu'il s'agisse des rapports avec des patients (en thérapie), des rapports avec des individus très quotidiens (séminaires de groupes dans des institutions) ou des rapports entre chercheurs eux-mêmes (collège invisible). On ne sait rien ici (ou on ne veut rien savoir) des modes structuraux de changement dessinés par le structuralisme ou de la méthode du surcode, structural et analytique, que j'avais élaborée dans *Critique de la décision*[1]. Du même coup, on se heurte à la difficulté même que le marxisme rencontre : sujet déterminé, produit par l'histoire et la produisant à son tour lorsqu'il devient conscient, organisé et d'avant-garde. Déterminisme ou volontarisme? On ne sait. De là les interminables apories de la théorie de la transition. Même problème ici où le changement passe par un sujet déterminé, produit, mais rendu conscient, par une bonne thérapie, des nécessités de la transformation interactive.

Serait-ce alors qu'on retournerait à une théorie toute classique

1. Lévi-Strauss est toujours sensible à l'injustice de cette critique : le structuralisme serait statique... Et si on prenait la peine de le lire. Quant à la méthode du surcode au carrefour de la théorie de la communication, du structuralisme et de la psychanalyse, elle révèle qu'il n'est pas besoin de recourir au sujet pour l'analyse et la conduite des opérations de changement : il y a bel et bien des processus de changement qui ne doivent rien à la conscience et à la volonté de l'acteur (*Critique de la décision,* 3e partie, chap. II).

de la décision ? Cartésienne, en quelque sorte ? Il semble que oui, puisque ce sujet change, que sa décision est efficace, qu'il est conscient de son choix et qu'il doit opter pour le possible, ce possible qui est une des catégories de la pensée. Dans la mesure où c'est le changement qui est visé, il est nécessaire de faire fond sur le sujet libre et volontaire. C'est le sujet ingénieur ou ingénieux de Descartes qui prépare (décision d'aller voir le thérapeute et de suivre sa prescription) intellectuellement son changement (aidé ici par telle injonction paradoxale qui clarifie la situation), qui le décide (dans un contexte interactif) et l'exécute. La place du sujet est donc soumise à une valse-hésitation, entre sa détermination et sa liberté. Une difficulté identique apparaît avec la place de l'interprétant.

Un interprétant... tout classique

Le sujet (le patient) est aidé par un intervenant mais la place de celui-ci fait tout autant question. On nous explique avec insistance que l'observateur est tout à la fois dedans et dehors. Ceci conduit à de belles analyses sur le paradoxe autoréférentiel et à la création de méta-langage et de méta-théorie qui, sautant à un niveau supérieur de complexité, permettent de résoudre le paradoxe. On nous explique aussi qu'en tant qu'il est dedans l'interprétant se situe dans un contexte interactif avec l'interprété. Tout cela étant posé, on ne nous parle jamais des changements de l'interprétant lui-même à la suite des thérapies qu'il conduit. Ce pan théorique est totalement ignoré. Point aveugle.

Point aveugle nécessaire pour obturer la réalité : car la position du thérapeute de Palo Alto est classique en son entier. Le thérapeute est au-dessus de la mêlée. Nanti de sa science, de son expérience aussi, il analyse, scrute, essaie plusieurs clefs, diagnostique enfin clairement et impose ses vues. Dans un entretien inédit du 10 septembre 1984 à Palo Alto, Watzlawick m'avait surpris par sa sérénité altière sur ce point. Le thérapeute sait, est seul à savoir, à tel point que, si les relations Est-Ouest elles-mêmes pouvaient être soumises à l'analyse de

Watzlawick et de ses amis, bien des problèmes pourraient se dégripper[1]. Les trouvailles de l'École sont toujours présentées comme des coups de force de supersujets : Erikson, Watzlawick, Bateson, Don Jackson ou Weakland apparaissent comme des sortes de héros au talent inventif ou ingénieux.

Si on ne conteste pas ici le réel talent du Collège, on observe simplement qu'il jure – en tant que qualité externe – avec la théorie avancée de l'observateur observé, impliqué dans l'interne d'une opération. Voilà qui est bien différent de l'antipsychiatrie qui efface la coupure patient/soignant et prend d'autres risques. Ainsi, dans la théorie générale de l'interaction comme système, l'observateur est en interrelation avec l'observé mais, dans la pratique, il demeure posé comme interprète très classique. La contradiction, ici, n'est pas mince.

Une transparence... confuse

Cette hésitation, cette contradiction, se remarque encore sur le cas des paradoxes. Ceux-ci, qui sont constitutifs de la pathologie (le *double bind*), demandent à être surmontés (le recours aux classes logiques). On vise ici une transparence.

Mais, pour intervenir, une des manières recommandées est de donner des injonctions paradoxales. Nette contradiction entre une transparence visée (souci épistémologique) et une pratique qui se sert de l'obscurité et de la confusion. C'est la confusion du patient qui est critiquée, jamais celle, volontaire, du thérapeute, *clarum per obscurus.* « Les avantages de la confusion[2] » sont innombrables, mais pas pour le patient, qui en souffre. Pour le thérapeute seulement, qui lui sait. Du même coup, la pratique générale, dans toutes les cultures, d'une confusion bien commode dans les rapports quotidiens, de cette confusion heureuse qui permet tant de souplesse, n'est pas théorisée. Elle est *vue,* intimement comprise par ces thérapeutes de talent. Elle ne devient en aucune manière un concept épistémologique. L'en-

1. Dans cet entretien, Watzlawick n'a pas été jusqu'à dire que les relations Est-Ouest pourraient être soumises aux techniques de l'École, prescription de symptômes ou injonctions paradoxales. Mais c'était tout juste...

2. Titre même de la première partie de *La Réalité de la réalité* par Watzlawick.

treprise est, il est vrai, très difficile, et rares sont ceux qui s'y aventurent[1]. Pour Palo Alto, les statuts conjugués de la confusion et de la transparence restent en suspens.

Un contenant... très contenu

Conséquence de ces valses élégantes : les palo-altistes, pour y échapper, déplacent les domaines, s'engagent dans la fuite en avant, passent aux niveaux supérieurs, élargissent le propos jusqu'à l'Esprit qui régit le monde, fruit du dernier livre de Bateson. Autant de caractéristiques des pratiques théorisées, selon Bachelard, on l'a vu.

C'est comme si le contenu (les pratiques) passait dans le contenant (l'enveloppe) de la théorie générale de la communication. Ils sont soumis au *double bind* qu'ils ont analysé sur les cas pathologiques et prennent, pour y échapper, les voies mêmes qu'ils ont constatées chez les patients (fuite et contradiction).

Ce point est essentiel : la réussite thérapeutique est brillante, les recherches de méthode-objets sont remarquables, mais la théorie est faible. Pourquoi diable l'effort théorique a-t-il été tenté et avec autant d'insistance ? Pour survivre ? Mais les résultats s'étayent d'eux-mêmes. Pour expliquer aux autres thérapeutes ou aux patients ? Mais rien ne s'explique, nous dit-on en même temps. Alors ?

Pour symboliser, pour unifier ce chantier fait de fragments épars, semble-t-il. Parce que l'effort aporétique de théorisation est partie intrinsèque du champ de la communication. La communication se veut contenant, enveloppe théorique universelle de tous les comportements, de tous les contenus, de toutes les situations. A la moindre difficulté particulière de contenu, on répond en sautant à un niveau logique supérieur. Rien n'est jamais réglé en soi, mais par interaction avec d'autres éléments, et ainsi de suite de proche en proche et du bas vers le haut jusqu'à l'abstraction de l'Esprit commun à la nature et à la pensée. La communication est reine, est à elle-même sa propre référence. Aporie interminable de ces frontières qui se

1. Voir Anne Cauquelin et sa *doxa vaga* dans *Cinévilles,* « 10/18 », Christian Bourgois, et dans *Essai de philosophie urbaine,* PUF.

déplacent. Du même coup, difficulté à symboliser car le symbole exige clôture, purge, exclusion et expulsion. Comment alors poser la communication comme symbole universel? Comment légitimer sa royauté, sa divinité? Le recours à Dieu s'explique par là, même s'il s'appelle Esprit, pas encore Saint, mais c'est tout juste. La nouvelle religion ne peut que s'engager dans la direction du sacré. Le sujet conscient et volontaire le permet, la nouvelle Église est là avec ses prêtres thérapeutes ou ceux de la science cognitive, pour la sécréter et la diffuser, tandis que la métaphysique et la morale écosystémique la fondent et que l'Esprit veille. Nous en reparlerons.

Nous en reparlerons car, pour l'instant, l'affaire n'est pas faite. Les inventions sont encore trop éparpillées, faute d'une théorie assez robuste. Quant aux métaphores, elles s'annulent si je songe aux deux principales, celle de la machine illustrée par les boucles rétroactives et le *double bind,* celle de la nature qui en son sein trop généreux a accepté trop d'étreintes. Nature et machine se font contrepoids sans que leur interaction crée une dynamique, une métaphore nouvelle. De là le recours à l'Esprit, autre généralité à laquelle il fut beaucoup emprunté depuis cinq mille ans. Résultat : une symbolicité absente. Symbolicité exige clôture, point d'arrêt, bien et mal. L'École est trop poreuse pour y parvenir. On ne se bat pas aujourd'hui pour Palo Alto. On ne se battra pas demain non plus. Aucune motricité ne peut s'ensuivre de ce *melting pot* séduisant de trouvailles efficaces et de vieilleries, d'inventions et de répétitions, de travail sourd et pénétrant et d'effets médiatiques.

Les seules images publiques qui lui correspondent résident dans ce rêve de communication entre humains ou avec les extraterrestres. Une jeune femme américaine de ma famille déclare avoir pour seul ami un saumon, une autre dialogue avec sa plante tandis qu'E.T. et les Gremlins, animaux hyper et surréalistes, envahissent notre imaginaire. Car il s'agit bien d'imaginaire dans ces douces rêveries, et non de symbolique nous dotant d'une force collective. Thérapeute efficient et chercheur souvent fécond, le collège invisible n'a ni su ni sans doute voulu s'ériger en nouveau Christ. Pour ce faire, la théologie communicative doit alors emprunter d'autres voies, usant de tel ou tel missile palo-altique ou envahissant d'autres champs. Le *« will »* de la *« quick »* thérapie peut-il mieux réussir dans cette voie ? Oui à certains égards, comme on va le voir. Et, mieux encore, les prodigieuses, abracadabrantes parfois, mais toujours fascinantes intelligence artificielle et science cognitive.

III. L'auto-organisation en physique et en biologie

A. LE BOOTSTRAP DES PHYSICIENS

Je ne quitterai pas le territoire du « dedans du dans » sans dire un mot du *bootstrap,* topologique ou non. Hypothèse formulée en 1959 par Chew et utilisée par Chew et Mandestam. Le mot lui-même, *bootstrap,* est intraduisible. Au sens propre, il signifie « tirant de botte », il a pris la signification de « se porter soi-même en tirant sur ses propres bottes ». En un mot, le monde se porterait lui-même par une sorte d'autoconsistance.

Base de la théorie : l'absence de toute brique fondamentale de la réalité physique. Le seul mécanisme, dit Chew, qui satisfasse aux principes généraux de la physique est le mécanisme de la nature : chaque particule nucléaire a trois rôles différents, un rôle de constituant des ensembles composés, un rôle de médiateur de la force responsable de la cohésion de l'ensemble composé, un rôle de système composé. En somme, la partie apparaît en même temps que le tout. La nature est une entité globale, non séparable au niveau fondamental. Comme le dit Nicolescu : « La particule joue le triple rôle d'un système en interaction (irréductible) avec les autres systèmes, ce qui constitue un premier rapprochement entre la théorie du *bootstrap* et la pensée systémique contemporaine[1]. » La notion même d'identité de la particule est mise en cause. Une particule n'existe que par toutes les autres à la fois. Le *bootstrap* est à la fois organisationnel *et*

1. Dans *Nous, la Particule et le Monde,* Le Mail, 1985, p. 42.

structurant, comme l'indique encore Nicolescu[1]. Tout est dans la relation.

Mais le *bootstrap* hadronique de Chew connut son déclin. Si un hadron est composé de tous les hadrons, les hadrons jouissent d'une véritable démocratie nucléaire. Or le concept de sous-constituants des hadrons, les quarks, s'imposait de plus en plus. Démocratie nucléaire incompatible avec ces entités aristocratiques que sont les quarks, sorte de briques à partir desquelles tout le monde des hadrons pouvait être construit.

Il fallut donc inventer un autre *bootstrap,* le *bootstrap* topologique qui permet de prendre en compte trois niveaux du monde : le monde subquantique, de complexité topologique nulle, le monde quantique et notre monde observé. Surtout, la démocratie nucléaire est abandonnée dans la nouvelle théorie. Une hiérarchie de niveaux apparaît, caractérisée par des degrés différents, de complexité topologique. « Les topologies de complexité nulle s'autodéterminent, elles ne peuvent pas être construites à partir de topologies de complexité plus grande[2]. » « C'est la complexité qui engendre la réalité observable. Dans ce sens, le monde observable apparaît comme une approximation[3]. » Réalité quantique qui réside dans un espace multidimensionnel, différent de l'espace-temps du réalisme classique. Le temps n'est plus linéaire ou continu. L'événement est soudain, sans avant ni après. Le temps lui-même est discontinu. Il n'y a plus vraiment une opposition entre objets séparables et événements non séparables. En somme, « le *bootstrap* topologique réussit à concilier unité et structure hiérarchique par la reconnaissance des différents niveaux du monde qui s'engendrent[4]... ».

Nicolescu participe aujourd'hui de la création du *bootstrap* topologique qui semble si bien s'insérer dans notre « dedans du dans ». Tentons de confirmer cette impression par une lecture musardière de son livre. Son titre d'abord : *Nous, la Particule et le Monde.* Ambiguïté délibérée de l'auteur. On ne sait pas très bien si le « nous » est le monde ou face au monde. Cette indéci-

1. *Ibid.,* p. 43.
2. *Ibid.,* p. 51.
3. *Ibid.,* p. 52.
4. *Ibid.,* p. 54.

sion – d'importance – marque l'incertitude de l'auteur sur le statut du réel qui pour lui n'est pas vraiment construit par l'observateur. Il le répète souvent mais en même temps admet que Bell veuille remplacer l'objet « observable » par l'objet *« beable »,* c'est-à-dire qui peut être capable de. Il rapproche cette proposition de Bell du formatisme cherché par Lupasco[1]. Nous voici très proches de von Foerster, d'autant que Nicolescu ajoute que « ce qui est vu serait fait de ce qu'on ne peut voir[2] », qui nous rappelle l'aphorisme von-foersterien, qu'il faut substituer à une logique du ou... ou d'une logique du et... et...[3]. En réalité, Nicolescu est ici sur une mince ligne de crête. Si l'univers s'autocrée, et si l'image la plus convenable est celle du serpent qui se mord la queue[4], autant en tirer les conséquences pour notre propre perception car *nous* faisons partie de l'univers qui s'autocrée, nous autopercevons cette création, nous l'autocréons, puisque comme les neurobiologistes le savent, il n'y a pas de différence à l'interne de l'organisme entre hallucination et perception.

Mis à part ce point d'indécision, tous les thèmes du « dans » se retrouvent chez Nicolescu, y compris son adhésion participative au *bootstrap* topologique.

Le réel est dans l'interaction entre le monde et l'homme qui sont deux facettes d'une même réalité, nous dit Nicolescu dans sa préface (p. 11) ; son livre est à la recherche d'une métaphysique, c'est-à-dire d'une physique de la physique, d'une théorie de la théorie (p. 12). Réalité de deuxième ordre chère aux théoriciens du « dans ». La vieille physique était encombrée d'entités discrètes, marquées par une causalité locale et caractérisées d'un point de vue dynamique par leur énergie et leur quantité de mouvement. Billes (boules de billard) se déplaçant d'une manière continue dans l'espace et dans le temps, décrivant une trajectoire bien précise.

La mécanique quantique bouleverse cette vision : les particules quantiques sont particules *et* ondes à la fois. L'énergie est proportionnelle à la fréquence temporelle (Einstein-Planck) et la

1. *Ibid.,* p. 194.
2. *Ibid.,* p. 213.
3. *Ibid.,* p. 102.
4. *Ibid.,* p. 112.

quantité de mouvement est proportionnelle au nombre d'ondes (De Broglie). Voilà donc une entité nouvelle qui n'est plus *représentable* et qui n'est surtout pas une simple juxtaposition d'un corpuscule et d'une onde. « C'est vrai que les résultats d'une expérience peuvent être néanmoins analysés en termes soit d'un corpuscule soit d'une onde, mais ces concepts classiques s'avèrent être des concepts approximatifs, valables seulement à l'échelle macroscopique. Les deux aspects coexistent dans une expérience[1]. » Unité des contradictoires qui est plus et autre chose que la somme des composantes classiques. Émergence d'une propriété nouvelle que Nicolescu aime à appeler spontanéité quantique. Avec Heisenberg, le déterminisme absolu d'un Laplace s'effondre : la liberté spontanée devient constitutive de la réalité physique, autoconsistante et unitaire.

Excepté une hésitation sur le statut du réel, immédiatement compensée par l'appel à l'imaginaire et au symbolique inséparable du réel dans la création scientifique[2], tous les thèmes du « dans » se retrouvent dans la pensée des physiciens modernes.

B. LES CELLULES AUTOMATES DE VICHNIAC ET D'ATLAN

Un pas peut être fait en direction d'un enveloppement supplémentaire, à l'intérieur de la pensée du « dans ».

Cette pensée que nous avons suivie jusqu'à maintenant nous a fourni bien des « principes » théoriques qui permettent d'imaginer une communication plus « complexe que compliquée ». Elle indique :

– que nous ne sommes pas des sujets discrets devant des objets réels, mais que nous serions jetés au monde dans un magma d'objets entremêlés, peu distinguables en frontalité ;

– que les éléments donnent lieu à une circularité en boucle, hautement organisée, qui, suivant les niveaux, peut être analysée selon le mécanisme ou selon la complexité ;

– que la nouveauté n'est pas simple addition linéaire à partir

1. *Ibid.*, p. 25.
2. Nicolescu consacre tout un chapitre à cette question (« Vision et réalité ») et parle même de la réalité de l'imaginaire (p. 137) à propos d'Einstein, Kepler et Poincaré.

de l'enrichissement d'une structure donnée, mais appelle l'émergence de structures imprévisibles ;

– que déterminisme et indéterminisme sont convoqués tous deux dans des structures appelées « aléatoires ».

Tous ces résultats sont susceptibles d'être expliqués par la seconde loi de la thermodynamique : chaleur, énergie, flux, stabilisation et déstabilisation dépendent alors des lois physiques des états. Or cette source unique d'explication, source venue de la physique, contrevient à la circularité en boucle qui est principe de l'organisme. Quelques chercheurs s'attellent alors à la tâche de renverser la proposition et de faire tourner l'explication.

Si en effet les lois physiques permettent d'utiliser l'informatique, en fournissant un cadre de contraintes, et en énonçant ses règles de fonctionnement, l'informatique, à son tour, peut servir à affiner les lois physiques qui en sont la source. La transformation de ces lois s'opère grâce aux outils qu'elles ont produits et revient sur cet outil même, le transformant en retour. La circularité est alors assurée. Nous sommes pris dans une spirale d'interactions de type complexe. Car il est bien vrai que le compas et la règle ont produit une certaine vision de l'univers et des lois qui semblent le régir. Cette perspective d'un monde en continu a fourni la plupart de nos structures spatiales et temporelles, à peine troublées par l'arrivée du calcul infinitésimal. Or le computer et les unités discrètes qu'il utilise peuvent révolutionner la conception de ce monde continu en permettant d'analyser des *discontinuités dynamiques*...

C'est cette intuition qui guide un certain nombre de chercheurs tels que Vichniac *et alii,* tous disciples d'Atlan qui travaillent avec lui sur les modèles de désordre et d'organisation des cellules automates[1].

Inventées par J. Neumann en 1948, les cellules automates répondaient à l'ambitieux projet de montrer qu'un phénomène

1. Vichniac, « Cellular automata models of disorder and organisation » in Vichniac et Hartman eds, Homogeneous Cellular Automata (INCA), in *Disorder Systems and Biological Organisation.* E. Diemenstava, F. Fogelman, G. Weissbuch, eds (1987) ; Vichniac, « Simulating physics with cellular automata », in *Physics 10D* (1984), p. 96-116 ; Vichniac, Tamayo et Hartman, « Annealed and quenched », in *Homogeneous Cellular Automata* (INCA), 1985.

aussi complexe que la vie (survivance, reproduction et évolution des formes complexes) pouvait être réduit à la dynamique d'éléments simples, capables d'interagir en gardant leur identité. Des unités discrètes, telles des cellules, chacune définie par un nombre fini d'états, évoluent dans un temps discret suivant une règle de transformation locale uniforme. Conway en 1970 produit alors des cellules autonomes nommées «LIFE». Cette invention reflète cette préoccupation biologique. La «similarité» entre le comportement de ces cellules et certaines lois physiques est très suggestive, et c'est dans la voie de cette similitude que Vichniac s'engage.

Dans la mesure où l'énergie dépensée par ces unités discrètes est moins grande que dans les systèmes continus, ce sont des outils computationnels intéressants qui ont la propriété d'être un système dynamique et peuvent entrer en compétition avec les modèles existants qui, eux, sont continus. Un trait intéressant de ces cellules automates est de fournir une alternative aux deux modes connus de solution des problèmes : l'analytique et le numérique. Dans le premier cas, en effet, avec l'analyse, on résout des problèmes exactement mais de manière extrêmement réductrice, dans le second, avec le numérique, on approche seulement la solution. Or les cellules automates sont des modèles «exactement computables» dans la mesure où elles n'engagent que des voisinages, des décisions logiques spatiales et non des simulations numériques.

En travaillant sur ces cellules automates, les notions de déterminisme et d'indéterminisme s'affinent car ce qui est déterminé pour un système (puisqu'il répond à des lois de transition formelle) apparaît comme *surprenant* à l'observateur. Celui-ci voit se former devant lui, à partir de ce qu'on pourrait nommer un chaos inital, des formes régulières qui se répètent et se reproduisent. Il est quasi inévitable de rapprocher ce modèle de celui de l'univers en formation, sorti de la soupe primordiale et s'organisant dans le temps et l'espace d'une façon qui paraît aléatoire.

On note aussi, et ce n'est pas le moindre effet, que le complexe émerge d'une structure extrêmement simple, une seule règle suffisant pour produire à partir d'unités cellulaires une structure riche. Supposons la règle suivante : « Si deux voisins d'une cellule rouge sont noirs, elle est rouge, mais, si plus de trois voisins sont noirs, elle devient noire. » On voit alors se former des agglomérats réguliers prenant des figures géométriques. Si rouge est la vie et noire la mort, on voit se réorganiser le tableau primitif d'après cette simple règle de positionnement par rapport au voisinage immédiat, suivant une loi dynamique irréversible. Le miracle de Dieu créant le monde est ici simulé et, comme le remarque Vichniac avec humour, chaque agglomérat en tant que créature peut se demander : Suis-je libre ? ou : Dieu existe-t-il ?

Or ce modèle semble contredire la loi de la thermodynamique. En effet, l'espace et le temps étant seulement convoqués en tant qu'unités computables, discrètes, l'ordre et le désordre n'ont pas affaire avec l'énergie (dissipée ou non), l'entropie, ni la deuxième loi de la thermodynamique. L'auto-organisation des cellules automates obéit donc au comportement des *structures dissipatives*. Quand l'état du système est discret, des trajectoires émergent. Un seul point (point critique), qui apparaît dans la configuration globale et la perte d'informations ainsi introduites, accroît la symétrie de l'ensemble qui se stabilise à partir de ce point. C'est là une *« attraction étrange »*. L'étude de cellules automates sur des modèles micro permet alors aux physiciens d'analyser les propriétés d'un système irréversible et de biaiser la loi quasi intouchable de la thermodynamique.

Ce que ces cellules nous font paraître ainsi vient renforcer les intuitions des théories de la complexité, marquant les liens que les derniers résultats de la physique dynamique entretiennent avec ceux de la biologie. L'accent porté à partir des théories de l'information sur l'émergence de la nouveauté dans des structures de communication ouvre la voie à cette communication d'un type apparemment très différent qu'est l'intercommunication des individus en groupe. On risque fort en effet d'y rencontrer aussi transformations et « figures » régulières, vides, et nœuds, création et répétition.

IV. Le déni de Palo Alto

A. PRIBRAM : HOLOGRAMME ET CAUSALITÉ

Il y a chez ce *« neuro-scientist »* deux tendances qui entrent en composition. A la question : « Comment communiquons-nous avec le monde sensible qui nous entoure ? », la réponse est tout naturellement : « Par le système de neurones en réseaux qui captent des signaux et en font des représentations. » Versant – disons – professionnel du savant. Le cerveau admet certaines localisations, droite et gauche, frontal et postérieur, où se logent des activités différenciées. Laissant de côté la distribution généralement reconnue du cerveau droit et du cerveau gauche, Pribram propose d'y voir une répartition entre le propositionnel et l'oppositionnel. Le premier est siège de toutes capacités verbales : nominalisation, symbolisation, sémantique. Pas de causalité, ni de complexité à ce niveau-là. Le second est celui des capacités spatiales de configuration[1].

Mais cette répartition est trop générale. Une autre, plus intéressante, est celle qui installe une zone active dans la convexité postérieure et une – ou plusieurs autres – dans le limbo frontal et le temporal.

Entre ce que le cerveau capte et ce qu'il enregistre, ce qui est présent et ce qui est représenté, une intense activité règne qui transforme en permanence les présentations périphériques en icônes et en symboles. En travaillant sur les cerveaux des primates, parallèlement aux travaux sur le cerveau humain, Pribram remarque que la convexité postérieure ne subit pas de changements importants. Elle est le siège d'un *« information processing system »* qui n'a pas recours à la durée. Ce procès se

1. « Complexity and causality » (avril 1984) et « Science and the brain-mind issue » (janvier 1984), textes ronéotés de l'université de Stanford ; « The cognitive revolution and the brain-mind issue », *American Psychologist,* 1985 ; Pribram et Carlton, « Object perception » et « Imaging », textes ronéotés de l'université de Stanford, 1985.

produit en simultanéité avec l'événement qui en déclenche l'opération. Là se forment des représentations spatio-temporelles (comme des empreintes). C'est une macro-structure qui relie les neurones de telle sorte qu'on peut en lire la trace comme celle d'une icône ou d'un signe. L'intérêt de l'étude comparée des primates et des humains, c'est de voir se développer chez l'homme la partie fronto-limbique et temporale qui joue le rôle d'un *« additional brain system »*. Sa fonction est de réguler la représentation périphérique ; elle concerne les aspects intentionnels, sa temporalité est longue, elle admet la durée et rythme l'ensemble de l'activité. C'est le lieu de la symbolisation. Modifiant les icônes de la partie postérieure, elle y indexe le vocal. C'est cette partie frontale qui détermine le contexte pragmatique qui permet d'approcher le monde rythmiquement, en régulant les poussées sexuelles, la douleur, la faim, le chaud et le froid.

Suivant la démarche propre aux mécanicistes des théories de l'information, on peut sommairement comparer les deux activités du cerveau, l'une dans la convexité postérieure vouée à l'enregistrement des data (un stock de données sous formes d'icônes) et l'autre, la frontale, vouée à l'organisation procédurale. On voit ici comment un neurobiologiste appréhende pour sa recherche ce qui vient d'un autre domaine (la science ordinatique)... mais les théories de la communication évoluent, apportant chacune leurs charges conceptuelles. Car cette première répartition ne suffit déjà plus.

L'hologramme de Pribram[1]

Le déterminisme un peu rigide des mécanicistes est révoqué. La causalité n'est pas linéaire. Voici la complexité qui entre en scène. Entre le cerveau postérieur et le fronto-limbique, il y a interaction et causalité récurrente. Le premier n'est pas lié de manière unique au second, mais l'homéostasie régulatrice du fronto-limbique réagit sur les data de la présentation périphé-

1. Pribram, Nuwer, Baron, « The holographic hypothesis of memory structure in brain function and perception », in R.C. Atkinson *et alii, Contemporary Developments in Mathematical Psychology,* San Francisco, Freeman, p. 416-467.

rique. Nous construisons les signaux et les icônes, car la symbolisation qui dépend des micro-structures denditriques explique la relation de l'état interne du cerveau et par là revient sur le système capteur de signes. Des règles de transformation globales interviennent sur le système entier. Un balayage hologrammique s'installe. C'est une réponse complexe au chaos d'événements multiples dans lequel nous sommes plongés. Bien que nous construisions les objets que nous percevons comme s'ils étaient à l'extérieur, ils dépendent de cette appréhension interne de l'état neuronal qui en affecte la forme et surtout la signification : la verbalisation n'est pas un simple produit, mais un niveau d'organisation, lié aux autres niveaux par des allers-retours continuels. L'hypothèse hologrammique de Pribram répond en quelque sorte aux hypothèses des théories de la causalité. Le tout est là avant les éléments, qui cependant se composent pour former le tout. On pourrait dire que le fronto-limbique, avec son système intrinsèque (la vision interne du tout du système qui se fait dans une partie du cerveau), précède dans son activité les perceptions qui ont pour mission de le réguler.

Il ne s'agit donc plus d'une cybernétique de premier ordre, disant par exemple que c'est une règle statistique de répartition des informations qui mesure la complexité des opérations du cerveau. Il s'agit bel et bien d'une complexité structurale, toute semblable à celle que soutient Atlan, ou la physique moderne. Il y aurait un quasi-déterminisme qui manifeste la propriété du contenant (cerveau) mais qui procède au hasard. Seul un événement sur des milliers peut produire une forme. Et cet événement est imprédictible.

Ainsi, les concepts de la théorie de la complexité entrent assez largement dans les observations de Pribram, bien qu'elles donnent l'impression d'être un peu accolées à un ancien système d'explication qui est la théorie de la représentation localisée des mécanicistes. Que veut dire, par exemple, l'assertion selon laquelle il n'y a pas de complexité au niveau du cerveau droit ? La complexité ne se partage pas, ne se localise pas quelque part... Pribram va ainsi au-devant de la mode, et s'en sert. Peut-être, en un sens, l'usage que Changeux va faire de la complexité produit-il un effet plus radical, car Changeux adopte avec énergie le point de vue localiste, représentationnel, spatial, analytique, tout en se laissant envahir malgré lui par le fameux serpent mythologique qui se mord la queue, et qui se nomme aujourd'hui : complexité.

B. CHANGEUX OU LE REFUS DE LA COMPLEXITÉ

Refuser, avec autant d'énergie et de précision, des théories dont... on se sert en partie, cela s'appelle le déni. Déni vigoureux qui, par moments, porte la marque de cela même qu'il dénonce.

Un déni rigoureux

Dans son ouvrage *L'Homme neuronal*[1], Jean-Pierre Changeux a rédigé deux chapitres clefs pour notre affaire : le chapitre IV «Passage à l'acte» et le chapitre V «Les objets mentaux», autour desquels tourne l'ensemble du livre.

Changeux est solidement installé dans l'expérimentation, du chant du grillon, déterminé par des graphes de neurones et par les impulsions qui y circulent (le chant, la fuite), à la stimulation de certaines substances chimiques, en passant par les neurones de jouissance, d'irritation, d'émotion ou d'orgasme. Nous voilà déjà clairement avertis : beaucoup est affaire de localisation. Certes, l'accès à une description des fonctions du cortex en des termes semblables à ceux employés pour le chant du grillon ou la prise de boisson chez le rat paraît utopique. Cependant, une manière de faire très concrète consiste à prendre à la lettre la proposition de J.Z. Young selon laquelle «l'organisme est une représentation de son environnement»[2]. On ne peut en être surpris : une conception spatiale est toujours une conception représentationnelle. Suit alors une description joyeuse d'une cartographie à grande échelle des territoires corticaux, en somme la représentation que le cerveau se fait de la géographie du corps, et ce en excitant localement tel endroit du corps tout en repérant les réponses électriques dans telle aire spécialisée du

1. Fayard, 1983.
2. *Op. cit.*, p. 156.

cerveau. La ressemblance n'est pas parfaite : le corps occupe les trois dimensions de l'espace alors que la figure obtenue n'en a que deux, la perte d'une dimension entraînant une déformation de la projection. Ensuite, la surface relative occupée par certaines régions du corps paraît disproportionnée. Chez le singe, par exemple, la main est gigantesque et occupe une surface quasi égale à celle du corps. Chez le rat, c'est le museau qui occupe cette place immense. Et chez l'homme? On trouve d'énormes lèvres, une main immense, des pieds moins importants, un tronc et un sexe très petits. En somme, la carte représentative du corps dans le cerveau est proportionnelle à la densité des terminaisons sensorielles sur la surface du corps. «Elle constitue une image des points de contacts de l'individu avec le monde extérieur[1].» Les choses se compliquent encore lorsqu'on s'aperçoit que chez le singe il y a jusqu'à huit représentations de la rétine qui se répartissent dans le voisinage de l'aire primaire. Rien n'échappe à ce codage spatial, ni les émotions, ni la jouissance, ni le parler, ni le faire. «La limite ultime de cette spécialisation fonctionnelle est la cellule nerveuse elle-même... Certaines cellules obéissent à un œil, d'autres aux deux; d'autres à des barres lumineuses orientées d'une manière particulière, ou à des points se déplaçant dans une direction privilégiée[2].» Ce qui est très frappant chez Changeux, ce sont les vigueurs de ses affirmations : il critique le béhaviorisme en ce qu'il a conduit à ignorer la boîte noire, puisqu'il décrit des comportements *inputs* qui entrent dans l'organisme qui les travaille et qui produit des réponses *(outputs)*. Cet ensemble stimuli-réponses lui paraît à raison avoir freiné cinquante ans de recherches sur l'organisme lui-même. Le seul malheur est que Changeux, qui évacue le vieux béhaviorisme, le reproduit à l'interne avec ses spécialisations fonctionnelles et ses entreprises de décodage d'impulsions électriques, fonction par fonction. C'est que le béhaviorisme était lui-même installé dans une théorie de la représentation. Il se donnait comme travaillant sur les signes observables qui représentaient à ses yeux *le tout du réel*. Vision réductrice que Changeux réprouve, mais qu'il

1. *Ibid.,* p. 158.
2. *Ibid.,* p. 164.

reprend en partie lorsque, travaillant sur des signes observables à l'intérieur du système, il les interprète comme argent comptant, sans réescompte d'aucune sorte : ces signaux électriques et substances chimiques sont le dernier mot, le dernier cri du réel. Aussi peut-il écrire : « Bergson dans *Matière et Mémoire* écrivait que le système nerveux n'a rien d'un appareil qui servirait à fabriquer ou même à préparer des représentations. La thèse développée... est l'exact contre-pied de celle de Bergson. » Et il ajoute : « L'encéphale de l'homme, que l'on sait *contenir* dans l'organisation anatomique de son cortex des représentations du monde qui l'entoure, est aussi capable d'en construire et de les utiliser dans ses calculs[1]. » Les images mentales sont matérielles. Locke, Hume, Condillac et Taine sont convoqués, de même que Binet et Ribot. Les expériences l'indiquent bien. Parmi d'autres que Changeux décrit, voici celle de l'Ile au Trésor réalisée en 1980 par Kosslyn. On demande aux sujets de dessiner la carte d'une île avec la plage, la hutte, le rocher, les cocotiers, le trésor, disposés en des points de l'île. Puis, ayant fait disparaître la carte, on demande au sujet d'effectuer en imagination une exploration de celle-ci à partir de la plage et on mesure le temps mentalement parcouru pour arriver au cocotier, à la hutte ou au trésor. Fait extraordinaire : la durée de l'exploration mentale varie de manière linéaire avec les distances réelles des points marqués par le sujet sur la carte. « La carte mentale contient donc les mêmes informations sur les distances que la carte réelle[2]. » La matérialité des images mentales est donc incontestable. Qu'est-ce alors qu'un concept ? C'est une image simplifiée, squelettique, il est parent de l'image et du percept. Il a la même matérialité neuronale. C'est même son caractère squelettique, dépouillé des variations des diverses images mentales auxquelles il emprunte, qui permet l'exercice de la pensée, de la création, de l'imagination, puisque cette simplification lui permet d'être au croisement de plusieurs images mentales et de n'être pas affecté par la clôture de chacune d'entre elles. On ne peut donc penser sans images.

Et la question de Changeux devient : « Quels mécanismes

1. *Ibid.*, p. 172-173.
2. *Ibid.*, p. 175.

cellulaires combinent et assemblent les objets mentaux ? » Voici les propositions de Changeux et bien d'autres[1] : l'objet mental est identifié à l'état physique créé par l'entrée en activité électrique et chimique, corrélée et transitoire, d'une large population ou assemblée de neurones distribuées dans plusieurs aires corticales. Le percept primaire est un objet mental dont le graphe et l'activité sont déterminés par l'interaction avec le monde extérieur. L'image est un objet de mémoire autonome et fugace dont l'évocation ne requiert pas une interaction directe avec l'environnement. Elle fonctionne comme couplage de neurones du graphe stable dans le temps et qui préexiste à son évocation. Le concept est un objet de mémoire qui résulte du recrutement des neurones présents dans des aires d'associations aux spécificités sensorielles ou matrices multiples. Les propriétés associatives des objets mentaux leur permettent de s'enchaîner par les neurones, un même neurone faisant partie de plusieurs graphes d'objets mentaux différents. La ressemblance de forme, ou isomorphie, du percept avec l'objet extérieur résulte du fait que son graphe se compose de neurones pris sur des cartes ou d'homoncules qui sont déjà une représentation de l'organe des sens et du monde. Le lobe frontal régule les états émotionnels, la mémoire, l'attention, l'orientation, le langage et la logique. Les deux hémisphères gauche et droit ont deux types de communication différents, le droit analysant et produisant préférentiellement des images, le gauche se spécialisant dans des opérations à la fois verbales et abstraites ; des assemblées de neurones chevauchant à la fois les deux hémisphères assurent l'unité.

Il ressort de tout cela la réalité et la matérialité des images mentales, à tel point qu'il n'est pas utopique d'envisager que l'image d'un objet mental apparaisse un jour sur un écran.

Un retour du refoulé ?

Ne faisons pas de Changeux un petit gestionnaire d'expériences réductrices. Il a tout à fait conscience de ses limites et ses emprunts à la complexité, pourtant déniée, ne font aucun

1. Hebb, Edelmann, Von der Malsburg, Pellionisz et Clinas.

doute. C'est ainsi qu'au niveau du cortex d'association la distinction entre aires motrices et sensorielles (dûment numérotées) s'évanouit (p. 165), l'exemple de l'orgasme ou des émotions montre que les neurones engagés dans une sensation appartiennent à la fois à plusieurs centres : hypothalamus, système limbique, néocortex. « Chez l'homme, la plus simple opération motrice engage de vastes ensembles de cellules nerveuses, *simultanément à plusieurs niveaux* » (p. 167). Propos que ne pourrait désavouer Atlan. « Dans ces conditions, il paraît bien artificiel de découper l'encéphale en pelures successives... ou de subdiviser le cortex en une mosaïque d'aires distinctes, sauf si l'on considère d'emblée que leurs points se situent aux *nœuds critiques* de toiles d'araignée qui s'étendent à la fois verticalement (de la moelle au cortex) et horizontalement (dans le plan du cortex) » (p. 168). Ou encore : « On peut concevoir la formation du percept primaire comme résultant de l'entrée en activité simultanée, par les multiples voies parallèles, des représentations primaires et secondaires du cortex, alors que les voies hiérarchiques participent au bouclage de ces multiples représentations de l'objet » (p. 185). Le mécanisme de la trace de mémoire doit être cherché au niveau des connections elles-mêmes. D'ailleurs, récurrence productive : « La répétition de l'excitation simultanée de deux cellules modifierait l'efficacité des synapses qui les relient. La coopération des deux cellules crée une coopérativité au niveau de leurs liaisons » (p. 192). L'auto-organisation est dûment citée au niveau des principes mêmes. « L'auto-organisation constitue un des traits les plus saillants de la machine cérébrale humaine » (p. 172). Et Atlan, ici cité, est repris, en tant que l'objet mental est à la fois local et délocalisé. Il se situe, « pour reprendre les termes d'Atlan, entre le cristal et la fumée. Il y a liaison coopérative d'activités entre neurones, comme dans un cristal, mais ces cellules se trouvent dispersées en de multiples points du cortex, sans géométrie simple, comme dans la fumée » (p. 190).

Par-delà ces citations, on croirait souvent entendre du Morin ou du Atlan, mélangé il est vrai à du Binet ou du Ribot. Comprenons bien ce que Changeux ne peut pas souffrir : l'idéalisme pour lui évident de la complexité et le concept d'émergence. « Doit-on dire que la conscience émerge de tout cela ?... Il nous suffit de dire que la conscience *est* ce système de régulation en fonctionnement. L'homme n'a dès lors plus rien à faire de "l'Esprit", il lui suffit d'être un Homme neuronal » (p. 227). En somme : « Arrêtez, mes frères, avec votre métaphysique. » Mais cela n'empêche pas Changeux d'user souvent des thèmes de la complexité, indissociables semble-t-il de l'activité neuronale, et présents chaque fois qu'il faut compenser les excès du système représentationnel, spatial, localiste et néo-béhavioriste. Or, comme on l'a vu dans ce retour du refoulé, le remède « complexité » n'apparaît pas sur des points secondaires, de détail, mais sur les grands points structurants, véritablement critiques de la neurobiologie. Quoi qu'il en dise, quoi qu'il veuille, l'énergique Changeux n'y peut rien. Il se situe dans les théories de la complexité, pas vraiment au « dedans du dans », mais du moins, et de façon incontestable, dans sa périphérie, dans le dans du dehors, ou dehors du dans.

V. Varela ou la pente du solipsisme

Von Foerster insistait déjà, on l'a vu, sur le fait que l'émetteur et le récepteur de l'information appartiennent tous deux au même système. Fin brutale de la vieille théorie de la communication entre deux systèmes différents séparés-reliés par un canal éclaté en deux extrémités, tour à tour émettrices et réceptrices. Von Foerster réagissait par là contre les abus de la théorie de l'influence directe du milieu environnant qui ignorait les capacités auto-organisatrices d'un système donné. Elle est ici, centralement, la convergence de von Foerster, de Maturana et de Varela[1].

Examinons les assertions de Maturana et de Varela. Nos auteurs dénoncent plusieurs postulats.

Postulat n° 1. Le monde a une réalité objective, indépendante

1. « Autopoïesis and cognition : the realisation of living », *Boston Studies in the Philosophy of Science,* t. XLII, Reidel, 1980.

de nous en tant qu'observateurs. Ce postulat, confirmé par l'expérience, reste non démontré.

Postulat n° 2. Nous connaissons à l'aide de nos organes sensoriels par un processus de projection de la réalité extérieure objective sur notre système nerveux.

Cette thèse répétée de spécialistes - Changeux en tête - est certainement utile aux expérimentateurs qui montrent que certaines cellules nerveuses jouent le rôle de filtres, opérateurs perceptifs à l'intérieur du système nerveux.

Ces opérateurs peuvent uniquement indiquer que certaines opérations de projection peuvent être effectuées. Mais on ne peut en déduire aucun trait objectif du monde extérieur. En termes clairs, la couleur n'existe pas dans le monde « objectif ». Il n'y a pas de couleur objective. La couleur est une fabrication interne du système nerveux[1].

Postulat n° 3. L'information est une véritable profondeur physique, objectivement mesurée comme propriété d'organisation de tout système observable.

Cette idée d'une information réelle et objective, collectée par des organes sensoriels et source pour les systèmes d'assertions objectives sur le monde extérieur, est fallacieuse. D'une part, parce que l'information est sans valeur sémantique, quoi qu'en pense l'observateur qui attache une valeur sémantique au phénomène biologique qu'il envisage, comme si cette valeur sémantique participait aux mécanismes des réalisations. « Or, il ne peut en être ainsi, car la signification est une relation contextuelle[2] » qui n'a de sens qu'à l'*interne,* et qui, dès lors, n'a plus rien à voir avec une information objective.

D'autre part, parce que l'environnement comme agent perturbant peut jouer « le rôle de circonstance historique seulement à l'égard de leur occurrence, mais non à l'égard de leur détermination[3] ». Il s'ensuit que des incertitudes quant au changement opéré par les organes sensoriels dépendent de l'observation et

1. Maturana, « Biology of language, the epistemology of reality », in *Psychology and Biology of Language and Thought,* N.Y. Academy, 1978.
2. Maturana, « Stratégies cognitives », in *L'Unité de l'homme,* Éd. du Seuil, 1978, t. II, p. 158.
3. *Ibid.*

que la notion d'information est inapplicable au fonctionnement du système nerveux. Les auteurs tirent alors les conséquences de leurs critiques.

S'il existe une réalité objective (?), le monde d'accès à la cognition dépend en réalité seulement du sujet. En fait, il n'y a pas de réalité objective, mais une science du sujet.

Première idée. La faculté de connaissance est constitutive de l'organisation du sujet connaissant. Elle est donc phénomène biologique. Un système autopoïetique est un système homéostatique qui produit sa propre organisation dont les vertus essentielles sont de conserver l'identité du système tout en lui faisant subir les transformations indispensables à sa survie. L'autopoïetique s'oppose alors à l'allopoïetique : les machines allopoïetiques ne produisent pas les composants qui les constituent en unités, et, de ce fait, le produit de leur fonctionnement est différent d'eux-mêmes. L'unité de ces machines est déterminée par des processus qui n'entrent pas dans leur organisation. L'*output* (sortie) est produit de leur fonctionnement. L'*input* (entrée) est ce qu'il transforme pour engendrer ce produit. Ce qu'Edgar Morin reprend de façon frappante : une machine est différente d'un système vivant en ce qu'elle ne se désintègre pas quand elle s'arrête de fonctionner, puisque la source de son énergie est ailleurs qu'en elle-même. Alors qu'un système vivant autoproduit son fonctionnement, assure sa propre générativité et, dès lors, se désintègre s'il arrête de fonctionner[1].

Deuxième idée. Le système nerveux est un réseau clos de neurones latéraux parallèles et agissant les uns sur les autres de manière récursive[2].

Il n'y a ici ni extérieur ni intérieur, mais clôture. Il n'y a, dès lors, aucune distinction à faire entre perception et hallucination. Cette distinction relève seulement d'un observateur extérieur, qui pose des frontières et établit des relations entre des modifi-

1. *La Nature de la nature,* Éd. du Seuil, 1977, p. 170 *sq.* et 194 *sq.;* voir aussi pour la définition autopoïetique du vivant, Zeleny, *Autopoeisis, a Theory of Living Organization,* N.Y., Elsevier North Holland, 1978.
2. Maturana, « Biology of cognition », *op. cit.*

cations d'état du système nerveux et les circonstances environnementales dans lesquelles ces modifications se produisent.

Les hallucinations relèvent d'une analyse, non de l'expérience. Dans son fonctionnement clos, le système nerveux n'agit pas sur l'environnement. Celui-ci n'existe pas pour le système nerveux. Il s'ensuit que ces différents états ne sont des représentants de l'environnement que pour l'observateur extérieur et que les représentations ne jouent aucun rôle dans le fonctionnement du système nerveux comme réseau neuronal.

Troisième idée. Ce système nerveux est couplé à l'organisme qui l'intègre, de façon que sa structure se trouve constamment déterminée par sa participation à l'autopoïese de l'organisme.

Il y a en réalité couplage de deux phénoménologies, l'une atemporelle et close (celle du système nerveux), l'autre historique et ouverte (celle de l'organisme et du milieu ambiant auquel le système nerveux est couplé). Imbrication permanente de l'histoire et de l'atemporalité[1].

1. *Conclusions sociopolitiques*

Les hommes partagent le même pattern d'organisation génétique. Ainsi de leur mode général d'autopoïese, comme de l'architecture de leur système nerveux. Cette unité structurale fonde leur unité culturelle. Quant aux différences culturelles, elles ne sont pas le fruit d'un mode différent de traitement de la même réalité objective, mais elles constituent des domaines cognitifs différents. Toutes les cultures rencontrent le succès dans le domaine prédictif qu'elles définissent. L'erreur serait de croire qu'une culture est un échec en l'envisageant dans la perspective d'une autre culture.

La possibilité de l'unité culturelle de l'homme repose sur celle de créer pour tous les hommes un domaine commun d'expériences qui devrait donner naissance à des éthiques similaires. Quelles expériences choisir pour engendrer une conduite sociale

1. Maturana, « Biology of language », in *Psychology and Biology of Language and Thought, op. cit.*

dans laquelle aucun homme ne se trouve limité par les autres ou subordonné à eux ?

Suit un plaidoyer pour une société sans subordination ni hiérarchie, insérée dans une vision écologique d'un monde fini, qui reconnaît son instabilité, qui doit être sans cesse construit comme une approximation, et dont l'objectif ne serait ni l'accumulation de richesse ni la puissance. Société à population stable et à taille minimale de façon que chacun puisse mener une vie intéressante et diversifiée[1].

Rien de délirant ici.

2. *La clôture Varela*

Varela renforce par son concept de clôture opérationnelle ce que la pensée de l'auto-organisation laissait encore dans le flou. Il entend se situer à l'intérieur même du mécanisme par lequel le vivant s'autoréalise. Il durcit alors le point de vue de l'auto-organisation.

A cette fin, il lui faut surmonter l'obstacle du fameux théorème d'Ashby sur l'impossibilité d'une auto-organisation pure. Il lui faut éliminer le paradoxe d'un métaniveau et d'un niveau simultané, d'un contenant et d'un contenu coalescents, d'un régulateur qui serait en même temps un régulé. Il tente donc de bâtir une théorie des systèmes autonomes qui développe et enveloppe la théorie de l'autopoïese[2]. Si deux espaces isomorphes l'un à l'autre ne peuvent être distingués, on peut, pour contourner Ashby, construire un domaine isomorphe à celui de ses endomorphismes. « Alors les éléments du domaine, représentant les opérandes, seront situés au même niveau descriptif que les applications du domaine dans lui-même qui conservent sa structure représentant les opérateurs et les processus. Opérateurs et opérandes sont devenus indistinguables[3]. » Sans entrer dans les détails, disons qu'il est possible de contourner – dans certains cas – la théorie des classes logiques en usant de certains

1. Maturana, « Stratégies cognitives », *op. cit.*, p. 174, 175 et 176.
2. Dans *Principles of Biological Autonomy,* N.Y. Oxford, Elsevier North Holland, 1979.
3. Comme le dit le présentateur de la séance consacrée à Varela dans *L'Auto-Organisation,* Éd. du Seuil, 1983, p. 143.

travaux sur la sémantique des langages de programmation (Dana Scott[1]) et de la théorie de points fixes du mathématicien Lawvere[2].

Cette possibilité mathématique laisse entrevoir un champ non défriché encore, qui pourrait se définir comme l'installation même d'un contournement du paradoxe[3]. Cela permet à Varela d'opérer les distinctions qui n'avaient pas été entrevues.

L'enjeu est considérable : les théories de l'apprentissage et de la mémoire s'en trouvent profondément altérées. Dans le couplage par *inputs,* on continue à travailler en termes d'information brute, organisée de l'intérieur par une sorte de représentation de l'environnement. Dans le couplage par clôture, le système nerveux est, au contraire, défini par son interconnectivité interne : les activités sensori-motrices ne sont plus travaillées de façon privilégiée, mais s'installent dans une interconnectivité générale. Changement de l'objet d'études. Sans entrer dans les détails, rappelons les travaux de Maturana et de Varela à propos de la vision. «Pour chaque fibre en provenance de la rétine qui pénètre dans le corps genouillé latéral, au moins cinq autres fibres, d'origines diverses, pénètrent au même endroit. Il s'ensuit que le résultat d'une activité rétinale quelconque ne peut être qu'une modulation de l'activité continue du système nerveux[4].»

Il s'ensuit encore que, en matière de mémoire, il n'est plus indispensable de penser en termes de stocks et d'enregistrements puisqu'une transformation peut avoir lieu simultanément à plusieurs endroits et n'a aucune relation directe avec l'agent perturbateur. En somme, «la clef d'un tel système est la synthèse et la diversité de ses comportements propres, plutôt que la nature des perturbations qui les modulent[5]».

N'y aurait-il plus de réalité objective ? Serions-nous en plein solipsisme ?

1. «The lattice of flow programms», in *Lectures Notes in Mathematics,* t. 188, N.Y., Springer-Verlag, 1971.
2. «Diagonal arguments in cartesian closed categories», in *Lecture Notes in Mathematics, op. cit.*
3. Varela, *Principles of Biological Autonomy, op. cit.,* en particulier p. 162 *sq.* sur l'itération d'une fonction tendant vers un point fixe.
4. *Ibid.,* p. 156.
5. *Ibid.,* p. 157.

A cette question, F. Varela répond en se défendant d'avoir jamais pensé construire une théorie de l'autopoïese.

« C'est une notion locale, pas une théorie. Une notion qui sert à poser des questions particulières. C'est toujours une surprise pour moi lorsque les gens identifient une notion et une théorie. Une autre surprise est l'idée que l'autopoïese implique la non-interaction. C'est de la bêtise, du non-sens. L'idée n'est pas de traiter des systèmes clos, mais de reconceptualiser ce qu'est la nature de l'interaction [...]. On a, d'une part, des contraintes imposées par l'interaction avec l'environnement ; ces contraintes ne sont pas suffisantes pour spécifier, seulement pour contraindre. Le chemin réel que le système a choisi a à voir précisément avec sa qualité d'être autonome. On a un vecteur *in/out* et un vecteur *out/in,* et, à l'interface, il y a création du monde pertinent pour l'être autonome[1]... »

Frein de dernière minute, échappatoire dans le « micro » ou véritable mise en garde contre les généralisations abusives... De toute manière, la pente est amorcée, et on n'échappera pas aux correspondances avec des énoncés sur les sociétés d'aujourd'hui.

3. *Le « faire-émerger » et l'« énaction »*

Cette position est de nouveau affirmée dans un petit ouvrage plus récent, qui tient à vrai dire plus de l'opuscule que de l'essai théorique, et dans lequel F. Varela retrace l'histoire évolutive de la science cognitive[2]. Comme nombre de chercheurs en science cognitive, qu'ils soient connexionnistes ou néo-connexionnistes, pour le *« parallel distributed process »* ou non, F. Varela éprouve le besoin de faire le point et de se situer sur la carte, fort éclatée, des recherches en ce domaine. Le titre anglais de son livre en

1. Interview de F. Varela par I. Stengers, in *Cahier du CREA* n° 8, *Généalogie de l'auto-organisation,* novembre 1985.

2. F. Varela, *Cognitive Science. A Cartography of Current Ideas,* 1988 (*Connaître. Les sciences cognitives,* Éd. du Seuil, 1989, pour la traduction française). La même année, chez le même éditeur, on peut consulter F. Varela, *Autonomie et Connaissance,* qui reprend, mais en français, les thèmes que Varela a développés depuis douze ans, mais en anglais ; voir la critique aiguë que J.-C. Milner fait des thèmes de Varela dans *Annuaire philosophique,* Éd. du Seuil, 1989, p. 199 *sq.*

fait foi. En posant quatre étapes successives de l'évolution cognitiviste, il suit l'histoire habituellement reçue de cette nouvelle science, mais, en même temps, il utilise, pour marquer la distance de la quatrième étape (où il se situe lui-même) vis-à-vis de la troisième étape, une argumentation et un « langage » légèrement différents de ceux qu'il utilisait dans le passage que nous venons de citer.

L'argumentation repose sur l'introduction de deux nouveaux termes pour caractériser l'*autopoïesis :* le « faire-émerger » et l'« énaction ». En effet, si le connexionnisme se prévaut de la notion d'« émergence » qui désigne la production au sein d'un ensemble d'une nouvelle « configuration d'états », s'éloignant déjà d'autant d'une analyse en terme de représentation pour se diriger vers une sorte de constructivisme, la marque propre de la quatrième étape, « varélienne », est le passage de la notion d'émergence à celle du « faire-émerger ». Avec le « faire-émerger », on reconnaît qu'il y a un état des choses préexistant, à propos duquel le système fait émerger une configuration d'états. Dynamisation de l'ensemble et poussée vers une adaptation réciproque : l'« énaction » alors (car, c'est ainsi qu'est désignée cette action interactionnelle et émergentielle) est plus qu'une simple interaction, qu'un contact interface, c'est la création de configurations d'états en évolution continue, parmi toutes les configurations possibles.

« Un système cognitif fonctionne de manière appropriée quand il s'adjoint à un monde de signification préexistant en continuel développement ou qu'il en forme un nouveau[1]. »

La position ainsi définie se veut une réponse à l'accusation de solipsisme qui menace toujours les théories constructivistes. Ici, Varela, invoquant l'évolution comme enveloppe historique de l'espèce, et – ce qui est la même chose – l'ontogénèse pour la temporalité d'une vie singulière ou d'une structure sociale, fait état d'une « objectivité », d'une réalité déterminante, extérieure au processus particulier de telle ou telle émergence, mais l'accompagnant et le suscitant. Le sens de l'histoire (si ce n'est son esprit) s'introduit ainsi curieusement comme *Deus ex machina.* Cette virevolte est de style hégélien, dans la mesure où ce qui

1. *Ibid.,* p. 112.

est, en dernier ressort, explicatif des processus décrits, sort du domaine strictement scientifique des protocoles d'expérience pour s'envoler dans le ciel des idées... Pour échapper au solipsisme, F. Varela invoque l'idéalisme d'un sujet absolu : l'histoire. Cet appel à la théorie philosophique marque un tournant que connaissent bien les cognitivistes de la dernière couvée : Winograd et Florès, par exemple, invoquent longuement Heidegger et Gadamer[1]. Avec les notions de rupture, de panne, de faille et celle de « jeté-au-monde » ou de « monde à la portée de la main », du faire, la phénoménologie est appelée au secours de la technologie pour atténuer les effets de la croyance contemporaine – jugée absurde ou délirante – dans son pouvoir. Or le « faire-émerger » varélien ressemble fort au « jeté-au-monde » et au « à la portée de la main », et l'arrière-plan bio-évolutif qu'esquisse Varela derrière l'*autopoïesis* ressemble fort, lui, à ce « monde de derrière le dos », que nous transformons à mesure, certes, mais qui préexiste, en tant que fond *(grund)*, sol, à nos tentatives de construction.

Avec cette « énaction », Varela se range nettement dans la classe des critiques de la technologie cognitiviste opérationnelle et tranche en faveur de la longue durée. C'est là une vision *« historique des compensations viables qui crée des régularités[2] »*. Ce faisant, il marque la scission qui s'est produite au sein des chercheurs en intelligence artificielle et en science cognitive. D'un côté les ingénieurs, de l'autre le parti des « philosophes ». Les références sont alors curieusement tournées vers l'Europe (Foucault est cité), vers une culture, traditionnelle en Occident – il y a peu de temps encore dédaignée, voire méprisée par les cognitivistes –, vers une philosophie analytique qui doit beaucoup à Wittgenstein, et vers un ennemi des sottises d'ingénieurs : John Searle.

En abandonnant complètement le représentationnel, et en appelant l'interprétation à l'aide (la réalité extérieure n'informe pas le cerveau, le cerveau n'est pas un écran, et les neurones ne sont pas des logiciels qui traitent l'information stockée), Varela et une partie des chercheurs de son bord se trouvent nécessaire-

1. Winograd et Florès, *L'Intelligence artificielle en question,* PUF, 1989.
2. *Ibid.,* p. 117.

ment et directement affrontés aux grandes questions de philosophie et d'histoire biologique. Car, si l'on refuse qu'un système puisse s'évaluer par rapport à une réalité extérieure donnée là, et auquel ce système s'adapterait, il faut bien accepter alors que *« l'endogène et l'exogène se définissent mutuellement au fil d'un historique prolongé »*. Cette extension du domaine des sciences cognitives vers la réflexion philosophique est alors amorcée sans que ces « post-néo-connexionnistes » aient véritablement les moyens de « traiter » les questions de la représentation et de l'interprétation (une herméneutique) sur leur terrain. D'où des classifications sommaires, des références de seconde main, et une très réelle confusion des niveaux de pertinence, où les auteurs convoqués sont appelés à la barre. Foucault avoisine Andler, Heidegger est lu à travers Winograd et Florès, ou Searle, dont justement l'intentionalité (tension entre demande et satisfaction) est confondue avec l'intentionalité (intention et niveaux de conscience) de la phénoménologie.

Mais là n'est pas le problème, car ni Varela ni ses pairs ne se posent en historiens de la philosophie ; ce qui importe plutôt, ici, c'est cette démangeaison de nouveauté qui atteint pratiquement tous les chercheurs en cognition. Cette démangeaison les porte à se positionner en permanence, à compter les points, à ne pas manquer de se dire les tenants du dernier cri, de la dernière désignation qui distinguera un courant passé d'un autre, plus actuel. C'est ainsi que, tandis que le néo-connexionnisme se met tout nouvellement en place, que le neuronoïdal se profile à l'horizon, que les *« parallel distributed processus »* font merveille et qu'on en attend mieux encore, ce que j'appelle le « post-néo-connexionnisme » de Varela est formulé et situé en position d'avance, avant même que le néo-connexionnisme soit dépassé. Il faut marquer une avance, quitte à la marquer « en avance » d'un cran et d'un coup. Positionnements et repositionnements qui ne sont, paradoxalement, que la « représentation » des progrès technologiques par ailleurs critiqués sur l'écran social (et médiatisé) de la Recherche.

VI. Vers le neuronoïdal[1]

Avec les machines autopoïetiques de Varela, nous sommes encore dans l'analyse formelle des mécanismes élaborés de l'organisme. Dans l'interface entre environnement contraignant et autonomie. Les modèles présentés ont une pertinence pour la constitution d'une théorie des « passages » à l'intérieur d'un schéma global « auto-organisationnel ».

Le connexionnisme, ou néo-connexionnisme, s'intéresse aussi au schéma auto-organisationnel, surtout dans la mesure où ce schéma – aussi désordonné qu'il soit – a critiqué la première cybernétique. Mais, par-delà la fracture opérée à partir de la cybernétique de premier ordre, il tente de renouer avec l'intelligence artificielle dont les résultats lui paraissent importants. C'est alors à un composé d'intelligence artificielle et d'auto-organisation qu'il se trouve confronté. Étrange affaire que celle-là, rendue possible par les acquis de systèmes experts et par le progrès des analyses en termes de réseaux[2].

La neurologie est convoquée alors qu'elle était restée en marge des travaux de l'intelligence artificielle ; on abandonne pour une part les psychologues à leur sort (ils ont déjà « donné » pour les systèmes experts) et on tente l'alliance des mathématiciens et des physiciens avec des ingénieurs et des biologistes. En somme, on revient sur la fracture prononcée quelque quinze ans auparavant.

Trait caractéristique : abandon des expériences uniquement formelles et essais de fabrication d'une génération d'ordinateurs

1. Pour emprunter le mot de D. Andler, « Le cognitivisme orthodoxe en question », in *Cahier du CREA* n° 9, *Cognition et Complexité,* mars 1986.

2. Voir dans la revue *Byte* (avril 1985) les articles de Carl Hewitt (« The challenge of open systems »), de Michael F. Deering (« Architectures for A.I. »), de John Stevens (« Reverse engineering the brain »), de Jérôme A. Feldmann (« Connections ») et du chef de file G.E. Hinton (« Learning in parallele networks »). Le document le plus fouillé et le plus documenté que nous puissions trouver sur la question, nous le devons à Françoise Fogelman-Soulié, *Le Connexionnisme,* cours fait à Cognitiva, mai 1987.

d'un type nouveau. L'architecture neuronale de ces nouveaux ordinateurs va devenir la chose importante. Est-ce à dire que l'on va tout bonnement reporter la structure des neurones résifiés en termes d'éléments composant les machines? Non.

Les expériences en ce sens ne sont pas porteuses[1]. Il s'agit plutôt de pousser plus avant l'étude des «nœuds» qui composent les centres de passage d'informations entre neurones, et d'inspecter ce qui s'y passe au niveau de la structure des processus.

Or ce passage est pensé en termes d'activation globale du réseau, déterminant ses propriétés – c'est là une notion de la causalité «expressive», telle que nous l'avons définie plus haut –, et non en termes de causalités successives et élémentaires, partie par partie.

Apport de l'auto-organisation, ici, mais reformulé grâce à une théorie des «nœuds» du réseau : comment définir un algorithme local de modification des poids des connexions qui permette de changer une propriété globale du réseau?

Mais apport aussi des ordinateurs montés en parallèle de l'intelligence artificielle classique. La possibilité de simuler des processus parallèles sur des machines séquentielles ayant tenu à l'accroissement de la vitesse et de la capacité de calcul de l'informatique. Le progrès technologique ainsi que les progrès de la neurobiologie sont constitutifs du néo-connexionnisme.

C'est dire que la théorie néo-connexionniste se situe entre un calcul logique et une réalité biologique. Les réseaux, par l'intermédiaire des nœuds (dont la charge peut varier), se comportent de manière quasi autonome, inventant leurs propres règles à mesure de la variation du poids des connexions. Distincts en cela des intelligences artificielles classiques, on ne leur fournit pas des représentations de règles à l'avance.

Ces réseaux sont a-représentationnels. Ils trouvent une stabilité à partir de leur constitution interne, confrontée aux *inputs* externes : ils se mettent à jour à des intervalles aléatoires et atteignent alors des états stables. Ces états forment pour l'en-

1. Tel Fukushima cité par P. Livet, «Cybernétique, auto-organisation et néo-connexionnisme», in *Cahier du CREA* n° 8, *Généalogie de l'auto-organisation,* novembre 1985.

semble du réseau des attracteurs puissants. Le holisme de l'ensemble est donc relativisé.

Reste que, sans représentation de règles, avec des processus autonomes de découvertes de leurs propres activités sur lesquels ils ne peuvent nous renseigner, nous ne pouvons rien prévoir de leurs comportements... et ils ne peuvent donc servir de paradigme pour déchiffrer les inférences, de façon à corriger et à perfectionner les stratégies de re-solution de problèmes. En supposant alors qu'on pourrait arriver à un perfectionnement tel que ces processus heuristiques pourraient être décrits (c'est-à-dire représentés), le vieux rêve d'une machine inorganique fonctionnant *comme* un être vivant serait atteint. Mais nous n'en sommes pas là.

Pour le moment, les néo-connexionnistes travaillent à la frontière d'une simulation du vivant et d'une analyse de la complexité pour elle-même. D'une part, les informaticiens de l'intelligence artificielle classique y sont intéressés pour la construction d'ordinateurs connectés en parallèle et cherchent de nouvelles architectures fonctionnelles sans trop s'occuper de réinterpréter conceptuellement l'activité de connaissance. D'autre part, les néo-connexionnistes se dirigent vers une interprétation, en termes neuronoïdaux, des activités de calcul informatique, ce qui signifie que les nouveaux modèles ne sont pas foncièrement rebelles à une implantation dans le tissu nerveux.

Deux voies qui se frôlent, il faut l'avouer, assez dangereusement ! Du moins pour la tranquillité de nos esprits.

On peut penser que les uns et les autres, passionnés par leurs recherches spécifiques, techniques ou fondamentales, seront assez captifs de leur domaine réciproque pour ne pas tenter la fusion de ce que nous avons nommé « Creatura » avec la « boule de billard » : mais c'est un vœu qui pourrait bien rester lettre morte, car la tentation est grande d'un tautisme généralisé dont les briques sont là. A disposition. Car la « réinterprétation de la cognition », que semble privilégier un Andler pour sa vertu intellectuelle[1], à la différence de la réinterprétation de la réalité qu'effectuait l'auto-organisation, ne se contente pas de travailler

1. L'opposant à la vertu, mineure, des constructeurs et des fabricants.

dans l'« expérimentation épistémologique », elle tente de se réifier dans un double, dans un corps. Celui d'une machine Frankenstein dont les cognitivistes se feront les apologistes[1].

1. Et qui est aux antipodes des positions d'Atlan qui croit au néo-connexionnisme, sans en tirer un enseignement d'« ultime réalité » (dans *A tort et à raison*, *op. cit.*).

CHAPITRE III

La thérapie des bons docteurs

San Francisco, 8 septembre 1985

Je suis à Berkeley. Rendez-vous avec l'illustre John Searle, à 14 heures. L'attaché culturel m'avait prévenu : « Searle prétend que vous aviez rendez-vous la semaine dernière. Mais il n'en était rien. Aujourd'hui, il vient de m'appeler en protestant que vous aviez rendez-vous ce matin. Ce n'est pas plus exact. Soyez, je vous prie, exactement à l'heure pour éviter un incident. »

Je frappe. Une voix de méchante humeur : « Qui est là ? Ah ! je ne vous attendais plus ! Qu'est-ce que vous voulez ? » Tout cela d'une traite, en bon français, à fort accent faubourien. J'esquisse un sourire : « Vous parlez bien français. » – « Non, je ne parle pas français ! » – « Mais si, je vous assure, et même avec l'accent d'un voyou parisien. » Je me défends comme je peux, en attaquant. Une seconde de surprise, puis éclat de rire – « Ouais, j'ai appris à parler français chez vous, quand j'étais jeune et que j'faisais du stop. J'ai appris dans les bistrots, sur les routes. Et quand j'fais une conférence à la Sorbonne, les collègues n'en croient pas leurs oreilles. J'peux pourtant pas les prendre un par un pour leur expliquer. Vous voyez, j'parle pas français. That is exactly the point. J'fais semblant de parler français, j'répète la musique, mais j'connais pas les notes. C'est comme mon jeu de la chambre chinoise. »

J'avais lu, en effet, ce fameux jeu qu'il avait opposé à la simulation de Turing : il avait voulu démontrer qu'on peut toujours tenter de « faire comme si » la machine pensait, mais que le « comme si » n'équivaut pas à « est ». La machine peut faire comme si, mais pas plus qu'un Anglais qui ne connaîtrait pas le chinois. Toute la cohérence du philosophe m'apparut d'emblée, en réponse à ma contre-attaque sur son français. Philosophe? Sans aucun doute. Mais aussi sheriff, *comme on l'appelle aux États-Unis. Celui qui pourchasse l'erreur à grands coups de gueule polémiques, en sortant tous ses revolvers en même temps. J'allais immédiatement m'en rendre compte.*

Je lui parle d'intelligence artificielle. Quel est son avis? « J'connais rien à tout ça. C'est pas ma spécialité. » Humilité vicieuse, procédure coutumière des universitaires dans tous les pays du monde. Il faut le savoir et connaître le code : ils ne « savent » jamais rien. J'insiste en lui parlant de mes lectures, déjà nombreuses, de ma critique de Herbert Simon, depuis quinze ans, dans mon livre Critique de la décision, *je lui dis aussi mon entrevue féconde avec Terry Winograd, à Stanford. Durant mon discours, il regarde ses souliers, puis s'éclaire et devient pétillant de malice : « Ouais, j'ai quelque chose. » Le quelque chose est plusieurs dizaines de feuillets qui relatent ses polémiques récentes avec les mécanicistes. En fait, il est en plein combat contre ce qu'il appelle le « crétinisme de Stanford » (Winograd excepté). « L'abominable imbécillité de la science cognitive, l'absurdité du terme* intelligence *associé à* artificiel. » *Nous y sommes. C'est parti. Car ses propos critiques sont au cœur du débat. Ils nourrissent Winograd et Florès, comme les* speech-acts *aident à bâtir des programmes. Car il n'a rien contre la machine. Il joue constamment avec son ordinateur et me fait admirer ses nombreuses voitures. Non, il en veut seulement à ces « ignares » qui placent l'intelligence où elle n'est pas, car ils ne savent pas ce qu'elle est. Searle est le premier des thérapeutes, hors concours. Ses bases philosophiques sont indiscutables.*

Mais, face au délire qui s'installe dans des champs spéciaux, des mesures d'urgence s'imposent. On fait alors appel, selon les symptômes, à des spécialistes, au Dr Atlan, aux cabinets associés Winograd et Florès, ou à Barel et à Livet. On remarquera pour l'instant qu'ils n'ont jamais été appelés en consultation générale, tous en même temps.

C'est que ce mal, que je tente de définir comme unique et que je nomme *tautisme,* semble au début trouver son origine et son champ d'application dans des terrains différents. A ces différents domaines répondent les spécialistes.

Au délire représentatif, Winograd et Florès tentent de porter leurs soins. Aux délires expressifs, le bon Dr Atlan tente de barrer la route. Aux délires des transports indus des sciences biologiques aux sciences humaines, Barel et Livet proposent leur secours.

I. Un généraliste : le sheriff John Searle

Searle joue à la fois de la machine et de l'organisme, de la représentation et de l'expression.

1. *L'action-langage*

Sans doute, en tant qu'analyste du langage, nourri de philosophie, habitué à dessiner et à recoudre des unités préalablement coupées, John Searle ne peut échapper à la vision représentationnelle. Il y a bien, chez lui, du sujet, un cogito insurmontable où se joue la différence d'avec la machine, dans le pur style d'un Descartes.

L'homme parle. L'animal ni la machine ne le peuvent... A cause, il est vrai, de la structure de leur cerveau respectif, et non de leur âme. N'empêche, le point de vue reste inchangé. D'autre part, on peut voir Searle, muni de cette forte conviction, soutenir une position très opératoire vis-à-vis de la machine. Pas question d'en faire une pensée. L'ordinateur ne pense pas. Il est utile comme toute mécanique, « intelligente » certes, puisqu'il a été conçu pour l'être. De cette intelligence opérative qui est la mesure de notre maîtrise. En cela, John Searle aurait une attitude très pratique, voisine d'un empirisme banal autant qu'efficace, telle que les mécanistes pourraient l'approuver quand ils demeurent modestes.

Mais, à côté de cet aspect représentationnel, un tout autre

aspect s'affirme, qui, lui, se porte tout entier vers l'exprimer. Car les arguments que Searle utilise pour limiter la prétention de l'ordinateur à penser et à parler sont ceux-là mêmes qu'utilise la pensée organistique. Le langage (par quoi l'homme pense et sait qu'il pense) n'est pas un processus linéaire réglé comme une mécanique et dont le déroulement aboutit au sens. Le sens y précède la lettre. Le sens est dans ce monde où nous nous trouvons «jetés», et notre action langagière est un engagement total dans ses multiples intrigues. S'il est dirigé vers l'action comme sa résolution principale, nous ne pouvons le traiter comme une partie composée de parties, mais comme une totalité intentionnelle. Autrement dit, comme un corps à corps du parlant et du parlé, corps à corps qui exprime les relations des sujets avec leur milieu, en définit et en modifie à chaque instant la composition.

Un autre point est à prendre en considération : la théorie du *speech-act* est utilisée par Winograd pour marquer le point extrême, la limite jusqu'où peut aller le programmateur. L'ordinateur peut emprunter quelques éléments de la mise en forme des performatifs. Il y a cependant un au-delà qu'il ne peut pas franchir : le jeu subtil des implications qui en soutient l'exercice et que Searle nomme *in-tension,* c'est-à-dire la référence à l'intention que satisfait l'énoncé, intension vue comme tension sur le modèle biologique.

Dernier point : le jeu chinois que Searle opposait à *l'imitation game* de Turing montre qu'il ne peut y avoir simple observance de règles dans l'action de parler. Aucune action (et le langage est action) ne peut se concevoir à partir de règles explicites. A l'analyse, certes, on peut en dégager, mais, dans l'accomplissement de la parole, la plupart des règles sont implicites, ne sont pas même évoquées. Ici se développe une attaque frontale contre Chomsky et sa grammaire générative[1]. Avec un lexique et une grammaire, je peux faire semblant de parler, mais non parler vraiment. Avec un code de production de symboles, je peux faire semblant de comprendre le chinois, mais je ne le comprends pas. La structure profonde de la langue n'est pas au niveau de la grammaire : elle est en dehors des règles. C'est le

1. Réponse à Chomsky, bref inédit, 1985.

tissu complexe des rapports socioculturels au sein desquels émerge la parole qui fonde cette structure et permet l'*expression.* Dans la langue elle-même, il n'y a point de séparation entre profond et superficiel. Cette distinction est sans fondement et ne rend pas compte du mouvement naturel du parler ; il y a là *totalité,* sans rapport avec des pièces et des morceaux conjoints, reliés par l'artifice de règles.

2. *Une épistémologie antimachinique*

Cela signifie, sur le plan d'une philosophie du langage et sur le plan d'une épistémologie antimachinique :

– qu'il ne saurait y avoir un parallélisme providentiel entre langue et monde, comme liés de toute éternité l'une à l'autre. Ce serait là un mystère impénétrable, qui nous porterait à un spiritualisme que tout bon esprit rejette ;

– qu'il ne saurait non plus exister une sorte d'arbitraire social, une décision ayant pris corps quelque part en un lieu ignoré de l'histoire qui aurait établi des règles de correspondance entre structure du langage et structure du monde physique. Ce serait un autre mystère impénétrable qui conduirait au même spiritualisme.

On doit admettre, en revanche, une invention et de la langue et du monde, allant de pair, qui, malgré leur opacité, s'interpénètrent et se désignent réciproquement. Autonomie de la langue. Autonomie de ce qu'elle tente de désigner. Dans l'entre-deux s'affirment la possibilité de cette disjonction et donc la possibilité quasi infinie de re-composition et d'intervention.

Background (arrière-plan) et *breakdown* (rupture) entrent en piste pour dénoncer la légèreté superficielle d'une grammaire trop explicite. Il y a de l'implicite dans le langage, qu'aucune règle ne pourra déplier, et c'est cet implicite même qui permet la communication.

Dans l'ordinaire de l'action, les règles que l'on suit sont tacites, cachées, non susceptibles d'être analysées : le consensus autour d'une énonciation vient de mœurs, de l'habitude, varie selon le moment et la classe. C'est là l'« arrière-plan », le *background.* Chose étrange, ce consensus – tacite – ne devient manifeste que lors d'une infraction, d'une panne *(breakdown)* ou rupture. Si je dis : « Prenez la porte », l'usage veut que celui à qui j'adresse cette injonction s'en aille, et non pas qu'il démonte la porte pour s'en aller en l'emportant... Plaisanterie de potaches qui a beaucoup servi et qui est un défi total à l'autorité du maître et de la société. Car si l'on prend l'injonction à la lettre, c'est tout le consensus qui se trouve à la fois dénié et mis à jour.

Or, ici encore, l'analyse du langage rejoint un *a priori* philosophique de Searle. C'est l'existence d'une opacité (de la langue) et une *in-tension* du sujet communiquant qui permettent de s'entendre en commun et de se retrouver dans l'action. D'où deux traits qui s'inscrivent dans le courant expressif et organique : intentionnalité et causalité réelle. L'intentionnalité, pour commencer, n'est pas vue par John Searle selon le sens communément prêté à cette notion. Certes, ce terme renvoie à une visée, et sa connotation humaniste est marquée. Seul un sujet peut avoir une intentionnalité, mais le plus important réside dans le contenu épistémologique de la notion. Ce n'est pas une simple velléité, un désir, une tendance qui est désigné, mais une causalité *stricto sensu.* Autrement dit, l'intention cause réellement l'action, y compris cette action qu'est le langage. Elle n'est pas seulement repli intime d'un sujet psychologique, elle est le mode d'action commun. Mais, en même temps, cette causalité n'est pas vue comme linéaire, mécaniste et déterministe. Les stimuli extérieurs ne sont pas requis dans les états mentaux. On entend ici la résonance des thèmes des théoriciens de la complexité.

3. *La causalité selon Searle*

En analyse micro, un état mental est causé par de minuscules transformations neurobiologiques. En analyse macro, on peut décrire un comportement comme l'effet d'une cause agissante. « Ces états mentaux se tiennent sur les deux versants des chaînes causales : d'un côté, ils sont causés par des phénomènes sous-jacents ; de l'autre, ils causent à leur tour d'autres phénomènes[1]. » « Il y a donc au micro-niveau une séquence d'excita-

1. John Searle, *L'Intentionalité*, Minuit, 1985, p. 316.

tions neuronales qui cause une séquence de changements physiologiques. Au micro-niveau, l'intention en action est causée *par* et réalisée *dans* les processus neurologiques, et le mouvement du corps est causé par et réalisé dans les processus physiologiques qui en résultent. Dans sa forme, le schéma est identique à celui "de l'allumage d'un moteur à combustion interne[1]". » Searle qualifie lui-même sa théorie de « naturalisme biologique », car « les états mentaux sont causés par des phénomènes biologiques et sont cause à leur tour d'autres phénomènes biologiques[2] ».

Posée en ces termes, la question de l'activité langagière requiert que soit présent un arrière-plan, sorte de savoir-faire implicite, reconnu globalement et à quoi correspond la visée de l'acte. Ce savoir global enveloppe le langage et lui sert de fond : c'est à partir de lui que les énoncés peuvent être dits « assertifs » ou problématiques. Je peux « croire » qu'il pleut et me tromper. Je peux « craindre » qu'il pleuve ou je peux « affirmer » qu'il pleut. Chaque énoncé correspond à des états intentionnels et à leurs conditions de satisfaction. Un mensonge peut y satisfaire sans pour cela dire quelque chose de réel : le réel se trouve impliqué dans et par l'assertion.

On voit bien alors la distance que suppose cet arrière-plan – condition de condition de satisfaction d'un énoncé langagier, ou d'une perception, ou d'un acte – d'avec une simple représentation. Classiquement, une représentation est l'image décalquée du monde tel qu'il est donné en un tableau complet et explicite. L'état intentionnel, qui est issu des micro-mouvements du cerveau, ne peut être dit « cause » au sens où sa représentation serait cause de l'acte que l'on effectue. Nous ne nous représentons pas les choses, nous les visons.

Il n'y a de sens en dernier lieu que parce qu'il y a un sens en premier lieu (intentionnalité). Dans ce schéma, ni « commencement » ni « fin ». Un sens n'est pas plus achevé dans le futur – il reste ouvert aux interprétations des nouvelles situations – qu'il n'est déterminé dans ses origines.

Il est le résultat toujours variable, toujours potentiellement

1. *Ibid.*, p. 319.
2. *Ibid.*

réajustable d'un contenu intentionnel préexistant. Attaque en règle de la notion de « programme ». Mise en cause d'une grammaire universelle étayée de règles explicites, à la Chomsky. Rétablissement d'une épaisseur, voire d'une opacité, d'un monde « plein » où l'être au monde ne peut se réduire à de stricts processus de comportements déterminés à l'avance.

4. *Autoréférence grammaticale*

Que penser alors de l'autoréférence ?

Exemple : « Je suis un menteur. » Nous sommes ici au cœur de la théorie organique en même temps que sur les bords d'une théorie de la simulation, détruisant à mesure toute interprétation possible. La proposition est grammaticalement correcte et, cependant, ineffectuable, car un des éléments de la proposition enveloppe la totalité de l'énoncé, sur lequel il revient pour en miner toute compréhension. Dans cette proposition, « menteur » n'est pas une épithète comme une autre (comme « grand », « petit » ou « employé de banque »), mais fait partie des attributs de la proposition elle-même et contamine le sujet « je », qui devient indiscernable, indistinct et ne peut plus fonctionner comme sujet à part entière. Construit par l'épithète « menteur », le « je » n'assure plus sa fonction de descripteur. La proposition « Je suis un menteur » ne désigne plus rien qu'elle-même.

Ce point aveugle du dispositif langagier suggère que la langue, comme système, a ses trous noirs, ses opacités dont aucune mise à plat n'est possible. De même, des énoncés comme : « Cette phrase a vingt-huit lettres », qui n'énonce rien en dehors de la boucle qu'elle fait sur elle-même : sujet et attributs y sont confondus et se font vis-à-vis, envers sur endroit, sans avoir affaire au monde environnant.

Ce type de paradoxe, que l'on peut appeler autoréférence, en ce qu'il ferme un système sur lui-même et interdit toute entrée et toute sortie, servait, il n'y a guère, à montrer les limites du langage, son opacité, sa non-transparence au monde qu'il est censé interpréter.

Une pensée de la simulation utilise ce type de figures ambiguës, dont le peintre Escher s'est fait le porte-parole, ou le porte-plume, dont le théorème de Gödel vient fixer théoriquement le dessin général et dont s'emparent les sciences humaines, où les jeux de la simulation et les situations paradoxales sont légion. De la société vide de Barel au *double bind* de Palo Alto, en passant par la simulation comme fin de l'histoire de Baudrillard.

Ces trous noirs, en forme de maelströms dont on ne voit ni commencement ni fin et qu'on ne peut déplier linéairement, nous les trouvons, en dehors des jeux de langage, aussi bien dans l'organisation biologique et physique. On a vu comment des théoriciens de l'auto-organisation comme Maturana montrent le corps organisé en une autoréférence récursive et bouclée en niveaux interreliés et en même temps indépendants. Les phénomènes physiques peuvent être décrits comme des contaminations d'ondes (leur cause), sans que l'on puisse approcher leur origine[1].

Ainsi, dit encore Hofstadter, entendrions-nous peut-être encore l'écho de l'écho d'une fugue de Bach qu'il aurait jouée lui-même, il y a bientôt trois cents ans[2], comme un galet qui ricoche à la surface d'un lac[3].

Rien n'est si éloigné dans le temps que les événements disparaîtraient pour toujours, stochastiquement. Alors qu'un espace vertigineusement ouvert se dessine en abîmes successifs, le temps se contracterait tout aussi vertigineusement... Un temps où il n'y aurait plus de moi balisé par ses compréhensions locales, faites pas à pas dans l'obstination d'un programme digital, mais un concours de pseudo-sujets pris dans le tourbillon de mouvements indéfiniment récurrents.

Nous serions tous autant que nous sommes des phrases de vingt-huit lettres qui se désignent elles-mêmes comme *« self »* et qu'on ne pourrait comprendre qu'en les mettant toutes ensemble pour former une classe d'un niveau plus élevé.

1. *L'Auto-Organisation,* colloque de Cerisy, Éd. du Seuil, 1983, et notre chapitre II de cette partie.
2. Dans *Minds I,* 1981, « Prélude... aunt fugue », p. 154 *sq.* Par un calcul, Hofstadter serait capable de retrouver cette fugue et de la reconstituer, sans qu'on puisse différencier cette reconstitution par l'écho de la fugue originelle. Simulation parfaite.
3. Benny Shanon, in *L'Auto-Organisation, op. cit.,* p. 410.

Que signifie tout ce débat pour une théorie de la communication ? Il veut dire que, si l'on veut construire un ordinateur semblable à l'homme, il faudrait qu'il soit autoréférent, c'est-à-dire opaque à celui même qui l'a construit, et, par là, semblable à son image. Chaque élément devrait être fermé sur lui-même et pourtant compréhensible à la condition de l'intégrer dans un cadre plus vaste. L'élément opaque, inscrit dans un méta-élément, deviendrait transparent. Mais ce méta-élément lui-même serait opaque, sauf à s'inscrire dans un méta-méta-élément, et ainsi de suite. L'ordinateur devrait donc être capable de sécréter indéfiniment des classes logiques supérieures, tout comme l'homme, son semblable. Peut-être même dépasserait-il facilement son créateur qui ne peut imaginer que quelques « métas » emboîtés (quatre ou cinq), alors que la machine pourrait en définir bien davantage. Ce théorème implique que la base même de la communication humaine réside dans l'opacité, que nous n'entrons jamais en communication que pour tenter de la rompre, et que nous parvenons à cette fin en dépassant les opacités premières par des opacités secondes. Régression à l'infini de la communication bien connue de l'école de Palo Alto et que cette école brise par des recettes et des injonctions... paradoxales. Vision générale d'une communication totale impossible, atténuée par un solide pragmatisme qui permet des communications partielles. Reste qu'en théorie l'obstacle est insurmontable : cette construction de la réalité par l'homme, cette autoconstruction de l'homme le laissent désespérément seul, face à lui-même. Or qui est « je » ? Nous voici affrontés à une situation infiniment mouvante. Le solipsisme est producteur de puissance, et je peux à loisir modeler ma vie et le monde : *« All is possible »,* dit Werner Ehrard. Le solipsisme est aussi destructeur de réalité et, par là, d'identité. Comment puis-je générer toutes les séries du possible, si je ne sais pas qui est « je » ?

II. Winograd et Florès : thérapeutes du délire de la communication représentative

Dans leur livre en collaboration[1], Winograd et Florès développent une analyse critique.

On remarquera immédiatement un changement de ton par rapport à l'intelligence artificielle classique. Les premiers mots : « Au peuple du Chili ». Sa préface, consacrée à une mise en question de la technologie qui « nous interroge sur ce que nous faisons et qui nous sommes ». L'association du jeune *computer scientist,* inventeur du SHRDLU, et de l'ancien ministre de l'Économie du gouvernement Allende situe l'effort commun : il s'agit d'une réflexion politique, philosophique et sociale à propos de l'usage de l'ordinateur, mais aussi des pratiques des programmeurs et des théories cognitivistes. Un nouveau dessein nous est proposé, marqué par la phénoménologie, la politique et l'auto-organisation.

Nos auteurs en veulent beaucoup à l'idéologie millénariste de l'ordinateur qui sait tout faire et tout comprendre, ainsi qu'à son produit, l'ordinateur comme partenaire amical, convivial, qui n'est ni caractériel ni sarcastique, donne une réponse droite, sans parler de l'ordinateur prospectif qui serait capable de nous avertir des crises à venir. Toutes ces incongruités sont enracinées dans la prétendue intelligence de l'ordinateur, affirmation qui leur paraît pour le moins exagérée.

Plutôt que de continuer à se poser la question : « Que peuvent faire les ordinateurs ? » demandons-nous plutôt : « Que pouvons-nous faire avec et que sont-ils réellement[2] ? » Aussi n'est-ce pas la question de la conscience de la machine qui importe, mais celle de savoir comment la société a créé une technologie qui altère la société.

1. *Understanding Computers and Cognition : a New Foundation for Design,* Ablex, 1986. Ce livre est traduit en français aux PUF, dans la collection « La politique éclatée », sous le titre *L'Intelligence artificielle en question*, 1989.
2. *Ibid.*

Une quantité d'auteurs est appelée à la rescousse, Heidegger comme Husserl, Ricœur, Merleau-Ponty et Sartre, Habermas et Wittgenstein, Gadamer et Maturana, Austin et Searle[1].

Ainsi Florès et Winograd annoncent-ils leur projet : ils veulent préciser les relations entre les intentions des programmeurs et le comportement en réponse des systèmes ; prendre conscience des limites des ordinateurs, qui ne peuvent ni interpréter ni générer des engagements, et de la science cognitive, qui identifie l'intelligence à la solution de problèmes ; dégager les limites des systèmes experts et de la trop fameuse cinquième génération ; à ces fins, préciser les notions d'environnement et d'« être au monde », et, enfin, proposer leur nouvelle conception.

Appliqués plus directement aux problèmes de l'ordinateur, les thèses de Varela[2] et de Maturana conduisent à montrer les limites des « bébés-systèmes », ceux qui, posant les buts, disposent d'opérateurs efficaces pour y parvenir. Ils sont utiles pour tout système à finalité close, du robot pour construire des automobiles aux jeux relevant de calculs mathématiques. Mais ces *baby systems* ne sont pas pertinents pour les systèmes à finalité ouverte, interactive, dépourvus d'une analyse explicite de buts pré-déterminés. De la même façon, en ce qui concerne les opérateurs, nous pouvons définir le domaine des perturbations possibles, mais ne pouvons modéliser l'activité du système qui les engendre. Nous pouvons simplement définir les directions générales, domaines d'action par domaines d'action. Mais cela n'a pas besoin d'être incorporé sous forme de mécanismes.

« Nous devons limiter notre domaine à ces aires dans lesquelles l'articulation (pour des projets donnés) peut être complète »... « L'idéal d'un donné objectivement connaissable doit être remplacé par la reconnaissance de l'importance de l'environnement et de la conception d'outils qui facilitent le dialogue des pré-notions évolutives chez ceux qui conçoivent le système et l'utilisent[3]. »

1. *Ibid.*, p. 9 et 10.

2. Varela, à la rescousse, pour combattre le délire représentatif : voilà qui est normal. Varela comme pharmacon, remède-poison. Remède à petites doses, poison à grandes.

3. Florès et Winograd, *op. cit.*, p. 70.

Le langage n'est pas un transport d'information. Il est création et mutuelle orientation, c'est-à-dire un modèle entrelacé d'activités. L'engagement, cher à la théorie du *speech-act,* est central, et l'ordinateur en est incapable. Le système expert, dès lors, n'est pas expert, car un expert s'engage. Si l'on admet que l'ordinateur est un outil linguistique qui permet une meilleure communication, il faut développer des machines « sous la main », du type des *coordinators* qui nous aident à reconnaître et à concevoir des structures d'engagement dans nos actes de langage.

La rupture – ou *breakdown* – est fondamentale dans tout le dispositif. Chaque projet de construction est une interprétation des ruptures et une anticipation des ruptures futures. Le « jeter au monde », dans sa brutalité, explique notre oubli des dimensions sociales de la compréhension. La rupture nous les révèle. En somme, nous nous concevons nous-mêmes. Ici, l'ordinateur peut nous aider : loin d'être un reflet représentatif du langage, il génère des possibilités d'entendre et de parler. Pas plus, et c'est déjà beaucoup. Car si nous prêtons par moments à la machine des vertus supplémentaires, ce ne sont jamais que nos propres qualités que nous projetons et que nous n'avons pas conscience de posséder[1].

1. *De l'intelligence*

Critiquant toujours le *problem solving* rationnel de Simon, les auteurs montrent que l'analyse crée l'aveuglement, dans la mesure où elle s'enferme dans les termes qu'elle exprime. Conséquence : le programmeur incorpore l'aveuglement qu'il crée. Or l'intelligence consiste à agir de façon adaptative, quand il n'y a pas simple pré-définition du problème ou de l'espace des états dans lesquels on cherche des solutions. Il est donc difficile de programmer le sens commun, puisqu'il est nécessaire de créer des espaces nouveaux au fur et à mesure. On peut toujours assouplir la représentation analytique par la présentation simultanée de plusieurs espaces représentatifs différents. Mais le tout reste pré-programmé, et l'aveuglement intouché, l'acquisition

1. *Ibid.,* p. 94.

du savoir impossible. Contre Simon, Florès et Winograd maintiennent l'objection selon laquelle la machine fait ce qu'on lui dit de faire, car l'homme fait ce que sa structure établit ce qu'elle lui permet de faire, tandis que l'ordinateur ne fait que ce que vous lui programmez. Pas d'apprentissage dans la machine : l'apprentissage de la machine de Samuel n'évite pas l'aveuglement, puisqu'elle pourvoit seulement à un léger ajustement sur une représentation pré-programmée[1].

2. *Les limites de l'intelligence artificielle*

En somme, il faut faire avec ce qu'on a, qui est déjà bon, mais on doit en préciser les limites. Ainsi des systèmes experts valables pour des domaines étroits. Encore faut-il savoir qu'un expert sait aller au-delà de son champ, ce que les programmes actuels ne savent pas faire; que l'expert (le médecin, par exemple) est doté de sens commun ou de bon sens, si l'on veut, qui lui permet de poser au patient des questions imprévues, ou, par une écoute flottante, d'interpréter le malaise de façon novatrice. Or la programmation du système expert ne sait pas le faire : elle est affectée de *blindness,* d'aveuglement, en dehors de la construction analytique qui la fonde. Ne parlons pas alors des assertions, en partie extravagantes, des responsables japonais de la cinquième génération, qui annoncent le dialogue en langage ordinaire avec l'ordinateur, la compréhension des mécanismes de la vie à travers la réalisation de « robots intelligents », et les bienfaits universels de la communication mondiale, qui, grâce à la traduction automatique en plusieurs langues, supprimera les incompréhensions, les inégalités et l'ignorance[2]. Beau morceau d'idéologie, dirions-nous en France, et auquel les auteurs décochent quelques bonnes flèches, tout en distinguant les aspects utiles et réalistes du projet. Il ne réalisera pas, selon eux, des « buts grandioses », mais produira quelques bons résultats[3].

1. *Ibid.,* p. 94.
2. Moto Oka key note speech, « Challenge for knowledge information processing systems in Japan information processing development center », in *Proceedings of International Conference on Fifth Generation Computer Systems,* 1981, p. 1-85.
3. Consultés, lors d'un voyage que j'ai entrepris au Japon en 1985, les chercheurs de la cinquième génération se sont déclarés amusés par les déclara-

Encore qu'il soit trop enraciné dans la tradition rationaliste, qui formalise et fragmente à l'excès l'intelligence et le langage.

L'ordinateur, qui est déjà un bon outil de management, peut être aussi un bon instrument de conversation et d'échange : on peut faire des programmes qui anticipent *partiellement* des ruptures et réaliser des *réseaux* de conversation qui effectuent de nouvelles possibilités en partant de la bonne question : « Quels sont les états de mes engagements actifs ? » Plus encore : les auteurs croient que les règles de conversation ne sont pas arbitraires, mais « reflètent la nature fondamentale du langage humain[1] ». Nous voilà tout près, si je ne me trompe, de l'universalisme courant dénoncé. Mais, *speech-acts* obligent, semble-t-il. Ils nous poussent à penser que nos actes (engagements) sont situés dans le temps. Ainsi d'une promesse qui n'est plus une promesse lorsqu'elle est réalisée. Or on peut inscrire le temps dans l'ordinateur. Un programme nommé « coordinateur » et inventé par Winograd peut y pourvoir. Mais attention, tout le langage n'est pas réductible aux *speech-acts.* Le reste de la communication passe par les règles et les normes de l'organisation avec ses ruptures et ses dysfonctions.

En conclusion, les auteurs suggèrent qu'une bonne conception de l'ordinateur participe de l'ontologie et du politique. Cela vaut, par-delà l'ordinateur, pour toute technologie. Nous devons nous comporter comme des conducteurs d'automobile qui ne « commandent » pas la voiture, mais la conduisent, en s'adaptant à elle, en anticipant les perturbations possibles, en connaissant ses limites techniques aveugles. Ils proposent quelques voies nouvelles en management, en pratiques de conversation et en matière de systèmes experts qu'ils proposent d'élargir, par-delà la technique particulière (juridique, médicale, chimique ou comptable), aux pratiques d'ensemble de telle ou telle profession[2].

On ne peut maîtriser clairement le changement ni son analyse. Mais nous pouvons travailler à un dévoilement tout en sachant que les machines sont fondamentales pour agir et

tions grandioses de M. Moto Oka. Sérieux et rigoureux, ils espèrent seulement obtenir quelques résultats partiels, suffisants pour égaler ou dépasser les Américains.

1. Florès et Winograd, *op. cit.,* p. 149.
2. *Ibid.,*p. 166.

qu'elles nous amènent à nous demander ce que nous pouvons faire et ce que nous sommes[1].

III. Le bon docteur Atlan soigne les tentations de la communication expressive

On se souvient de la tentation varelienne qui s'enfuit en abîme dans sa propre spirale : la clôture opérationnelle fait-elle office de modèle théorique ou est-elle « une notion locale » ? La question reste posée.

1. *Atlan circonscrit le problème*

A tout cela, Atlan répond en bloc qu'il lui semble évident que les systèmes sont ouverts, car si les échanges avec l'environnement s'arrêtent, ces systèmes meurent. Ces systèmes reçoivent-ils des courants d'information de l'extérieur ou d'un environnement déjà cartographié par les projections du système lui-même, tel que ce qui viendrait de l'environnement ne serait qu'un retour de projection antérieur du système sur l'environnement ? En tout cas, en l'absence d'informations externes, le système ne peut s'auto-organiser, c'est-à-dire changer son organisation[2]. Pas d'auto-organisation au sens strict dans un système fermé, selon le théorème d'Ashby[3]. L'ordre ne peut venir que du bruit extérieur. « Mais quand les facteurs de l'extérieur sont aléatoires par rapport à [illegible] présent d'organisation et que leurs effets sont un changement d'organisation qui n'est pas forcément destructeur, c'est alors qu'on parle quand même d'organisation[4]. » Si, pour l'observateur, les échanges d'informations du

1. Telles sont les ultimes conclusions, *Ibid.*, p. 170.
2. Voir Atlan, *L'Organisation biologique et la Théorie de l'information,* Herman, 1972.
3. Dans son article « Principles of the self-organizing system », in *Principles of Self-Organization,* ouvrage collectif sous la direction de von Foerster et de Zopf, N.Y., Pergamon, 1962.
4. *Unité de l'homme, op. cit.,* p. 181.

dehors vers le dedans ne sont que bruits, pour le système, ce bruit est source d'organisation.

Conception souple d'une auto-organisation *lato sensu* qui s'oppose à une auto-organisation assez... totalitaire, et qui se veut très rigoureuse. Atlan, correcteur de Varela.

Les démarches de Varela et d'Atlan relèvent d'une inspiration commune : l'être vivant est en lui-même le cadre de ses significations, on ne peut donc le penser *en principe* qu'à l'intérieur. C'est ce *en principe* qui pose problème. Car ce principe est nécessaire et impossible selon Atlan, nécessaire et possible pour Varela. A cet égard, Atlan reste dans une ambiguïté délibérée et productive : je ne peux que me situer comme observateur extérieur, mais je vais tenter dans le même instant un mouvement tournant vers l'intérieur. Le fait de savoir que je reste malgré tout observateur extérieur, avec mes propres limites, m'enlève toutes prétentions à une connaissance universelle. En même temps, je ne veux pas renoncer au savoir interne. Je sais qu'il existe, qu'il est d'un autre ordre que celui du savoir «objectif». Je vais donc me plonger dans l'interne ou même seulement faire semblant. Attitude proche du conseil de Pascal à qui est loin de Dieu : agenouille-toi et prie, *cela* viendra. Comportement qui donne lieu à une analyse subtile. Ce qui est bruit pour un observateur extérieur devient signification, source de réorganisation et d'ordre à l'intérieur du système. Le bruit est source d'ordre et génère de nouvelles organisations.

Les travaux déjà anciens sur l'échange d'énergie, la déperdition de chaleur, son utilisation dans un système plus large englobant plusieurs sous-systèmes, les calculs de la mesure de l'entropie comme désordre maximal des particules équiprobables sont autant de pistes non négligeables qui ouvrent la voie à une réflexion du troisième type[1]. Mais qu'elles aillent toutes en direction d'une certaine indétermination de l'ordre affectant un système et convergent vers la seule probabilité qu'un système puisse être mesuré selon son état d'entropie, et elles oublient quelque chose d'essentiel : la signification[2].

1. Ces voies, Atlan les avait déjà explorées dans son livre *L'Organisation biologique et la Théorie de l'information, op. cit.* Ces recherches préparaient le troisième type, entre cristal et fumée.
2. Atlan, *Entre le cristal et la fumée,* Éd. du Seuil, 1979, p. 73.

Aucun phénomène ne peut être perçu indépendamment de la signification qu'il revêt pour un observateur. Qu'est-ce qu'un message qui ne comporterait que des unités calculables et dont les propriétés seraient toutes abstraites? Redondance et nouveautés, quantités d'information, etc.? On oublie que le message porte un sens qui n'est pas celui de la multidirection ou de la direction vectorisée de ses éléments en vue de sa consistance, mais une véritable signification. Or la signification ne se peut trouver qu'à un niveau supérieur de «complexité». *Le bruit ne produit pas de l'ordre,* dit Atlan, *mais de la complexité.* Coup d'État contre von Foerster, à l'intérieur du même État, comme tous les coups d'État... Le terme est lâché.

Le concept se fait jour. On est passé de l'ordre par le désordre (Schrödinger[1]) à l'ordre par le bruit (von Foerster) et à la complexité par le bruit (Atlan). Mais diable, en quoi la complexité apporte-t-elle du nouveau? Et comment reprend-elle pour l'auto-organisation les intuitions et les esquisses d'argumentation de von Foerster, d'Ashby ou d'autres?

2. *Complexité, émergence, émergence de la complexité*

Si la signification doit advenir pour qu'on ait réellement affaire à un système organisé, c'est qu'il nous faut abandonner l'idée d'un échange d'énergie. L'unité qui doit porter tout à la fois la vie et la signification sera l'information. Elle seule est capable de receler à la fois transport et signification. Encore faut-il qu'elle puisse rendre un système complexe de telle sorte qu'il ne soit plus redevable seulement à la loi du code et de la règle (Jacob) ni de la probabilité (Boltzmann). Il faut que son introduction «signifie» pour l'organisme autoréférent une réorganisation selon la complexité pour qu'un niveau de signification *émerge.* Autrement dit, pour ces organismes supérieurs que sont les systèmes auto-organisés, il ne suffit pas qu'ils soient déterminés, serait-ce par une règle relative comprenant la possibilité d'une évolution, mais encore qu'un devenir s'ouvre à eux qui ne puisse être l'objet de calculs, aussi élaborés fussent-ils. Car la complexité n'est pas simple complication, si l'on peut

1. *What is life,* London, Cambridge University Press, 1945.

s'exprimer ainsi. Avec la complication, nous restons dans le semblable ; avec la complexité, nous attaquons un ordre autre d'existence. Il ne s'agit pas du degré d'organisation, mais d'un passage d'univers à un autre, de l'organisation à l'auto-organisation. C'est là le prix de l'émergence des états supérieurs de la pensée, du symbolisme, des possibilités infinies de création de l'esprit.

Ce nouvel ordre, qui est un ordre d'un genre différent, ne signifie pas qu'il y ait deux substances, la matière et l'esprit, séparées l'une de l'autre et redevables chacune d'un « calcul » différent. Il faut qu'une complexité de réactions, à niveaux différents, hiérarchisés et interactifs, fasse communiquer les deux « substances », indûment séparées par deux mille cinq cents années d'histoire de la pensée. L'émergence indique justement la non-séparation et la possibilité pour une matière organique de produire sa propre signification.

3. *Idéalisme et matérialisme*

A ce titre, on peut indifféremment traiter la philosophie de la complexité d'idéalisme ou de matérialisme. C'est tout comme. Il s'agit ici d'une interaction novatrice qui rend compte de l'émergence d'un niveau complexe au sein d'une matière disposée de telle sorte qu'elle en rende possible l'existence. De ce double renvoi, du matérialisme à l'idéalisme et de l'idéalisme au matérialisme, les doubles notions de détermination et d'indétermination, de hiérarchie et de connectivité, d'interaction, de réseaux et de flux sont les correspondants.

4. *Détermination/indétermination*

Le bruit, facteur de complexité, est un événement aléatoire, une erreur dans le procès d'information d'un système. Dans la théorie de l'information, si l'on parle en terme de canal de transmission, le bruit est ce qui va ternir la transparence du message. Mais, dans une théorie de l'auto-organisation où ce qui fait office de programme se modifie sans cesse, de façon non préétablie, sous l'effet de facteurs aléatoires, producteurs d'erreurs dans le système, on en comprend la valeur : à l'inverse d'un programme où l'événement qui survient ne peut être que perturbateur, le système organisé peut transformer le bruit néfaste en élément bénéfique, mais on ne le saura qu'après coup, *a posteriori*. « [...] D'un point de vue intérieur, dans la mesure où l'organisation consiste précisément en une série de désorganisations rattrapées, elles n'apparaissent comme des erreurs qu'à l'instant précis de leur survenue [...]. Autrement, et après cet instant, elles sont insérées, récupérées comme facteurs d'organisation[1]. » En d'autres termes, le hasard est organisationnel, la détermination, au lieu d'être cause, est causée. Il y a là une inversion du temps de la décision humaine, qui remet en question le projet comme programme et prend effet de cette indistinction préalable de l'erreur ou du bruit novateur.

L'irréversibilité du temps, constatée en physique macroscopique, intervient ici, dans la théorie de l'auto-organisation, comme devant inverser notre habitude d'une causalité réversible. Il n'y a pas cause *et* conséquence stable, mais procès de causation indéfinie, circulaire.

5. *Hiérarchie, connectivité, interaction ou bouclage*

Quand on pense hiérarchie, on voit généralement une linéarité ascendante-descendante, pyramidale ou non, avec subordination de chaque point de la ligne au point situé plus avant. Passage obligatoire suivant un canal de pouvoir, de délégations de pouvoir, de représentations successives en cascades. Autant de schémas centralistes à relais.

Selon la complexité, on doit renoncer à ce schéma linéaire : réseau, association, connexité remplacent la hiérarchie, mais sans pour autant nier qu'il y ait effectivement hiérarchie de niveaux[2].

Le local n'est pas le global. Mais cette distinction n'est possible que parce qu'il y a complexité (et non l'inverse). Ainsi, quand il s'agit de langage, le niveau sémantique est-il hiérarchiquement supérieur au lexical. Non parce qu'il s'installerait

1. Atlan, *Entre le cristal et la fumée, op. cit.*, p. 57.
2. Sur ce problème, voir Atlan, *A tort et à raison, op. cit.*, p. 45 *sq.*

postérieurement en fin de parcours comme un produit des termes inférieurs, mais parce qu'il est le tout qui rend possible et le lexical et le syntaxique. On pourrait faire valoir que le sémantique est antérieur à son découpage en niveaux, bien qu'il ne puisse exister sans ces niveaux. Inclusion réciproque, en réalité. Un message ne se construit que parce que d'abord il y a du sens. Mais ce sens ne peut se révéler qu'*a posteriori*. Il en est de même du système auto-organisé du cerveau.

L'événement aléatoire est le bruit qui forme sens *a posteriori,* mais le sens rend l'événement aléatoire à son effet de cause déterminante qu'il ne possédait pas, avant qu'il ne se soit produit du sens. L'événement reste bien, dans son surgissement, aléatoire, cependant qu'intégré dans une réorganisation il prend l'allure d'un déterminant. Bouclage. Inversion, récursion et irréversibilité des événements et des procès.

6. *L'entre-deux du réel*

Un tissu se construit ainsi, entre cristal et fumée, entre le figé, le stable, le structuré et la mouvante architecture de la vie, qui n'appartient ni à l'un ni à l'autre de ces opposés, ni à la matière inerte ni à l'idée qui trans-porte et qui se nomme la vie. L'organisme vivant, auto-organisé, est, de ce fait, cerné par deux dangers, aussi mortels l'un que l'autre : stabilité et évanouissement.

C'est par un va-et-vient entre ces deux formes extrêmes d'organisation que ce tissu se maintient, subsistant dans la consistance qui est la sienne : la vie n'est pas un « état » donné et qui se retire, ce n'est pas une position, un positif. Elle accepte d'être à l'intérieur d'une simple lutte entre deux pôles, et la mort par là même n'est pas non plus son contraire négatif et annihilateur, mais ce qui, à l'interne, entre en conjonction avec le complexe, le tirant vers un état d'équilibre[1].

Comme Atlan nous le suggère[2], Freud n'était pas éloigné d'avoir une semblable conception d'Éros et de Thanatos, et la pulsion de mort n'est pas sans avoir quelque ressemblance avec

1. Atlan, *op. cit.*, p. 57-58.
2. *Ibid.,* p. 157.

le cristal, cristal noir travaillant à stabiliser l'enfant en proie à l'élan désordonné d'Éros.

Et, certes, il ne dépend pas de moi que Thanatos l'emporte. Je n'ai aucun moyen de contrôler ce que je ne connais pas. De même, disait von Foerster, je ne peux voir ce que je ne vois pas, si je ne vois pas ce que je devrais voir si je le voyais[1]. De même, Barel, comme on l'indiquera, qui voudrait bien voir les invisibles sociaux.

Atlan et Barel, ou Livet, savent bien que, si l'« auto » présente un grand intérêt, il y a aussi du signe, de la dénotation, de la représentation et de l'échange.

IV. Le cabinet Barel-Livet : remèdes aux délires sociologiques

A. LA PURGE DU DOCTEUR LIVET

Commençons par Livet l'impitoyable, le purgateur qui nie pratiquement tout intérêt aux extrémismes représentatifs et expressifs, et qui surtout dénie toute légitimité aux transports des analyses de quelques champs scientifiques aux questions de sociétés. Dans ces imports-exports indus, il ne voit que hâte et péril.

D'un point de vue théorique, Pierre Livet décèle les pièges que la pensée de l'auto-organisation peut représenter dans le domaine du social. Il est inquiet de la fascination qu'elle suscite[2].

1. « Si je ne vois pas que je suis aveugle, je suis aveugle. Mais si je vois que je suis aveugle, je vois », in *On Constructing Reality, op. cit.*, p. 37. Prigogine, de son côté, montre bien que, sous notre regard, la matière devient de plus en plus complexe (voir Prigogine et Stengers, *La Nouvelle Alliance,* Gallimard, 1982, en particulier le chap. VIII).

2. Pierre Livet, « La fascination de l'auto-organisation », in *L'Auto-Organisation, op. cit.,* p. 166.

1. *Fascinante auto-organisation*

Philosophiquement, les modèles d'auto-organisation tendent à renoncer à tout système de représentation (isomorphisme entre nos représentations internes et les états du monde extérieur). « La structure des perturbations n'est pas calquée par les compensations des systèmes qui découlent de sa propre organisation. Ainsi, la communication ne sera pas comprise comme la transmission d'un message d'un émetteur à un récepteur, mais comme un couplage circulaire[1]. » Varela indiquait bien que les compensations d'un système sont les perturbations pour l'autre qui les compense ; les compensations de l'un sont des perturbations pour l'autre[2].

Pour les auto-organisateurs de type Varela, une séquence de rythmes peut être engendrée par de multiples formes de réentrées, une même séquence de phénomènes pouvant s'expliquer par de multiples mécanismes de bouclage. La clôture opérationnelle entraîne la non-unicité du modèle. Condition de l'utilisation d'un modèle à boucle : l'observateur doit se relier au système comme à un être hiérarchisé qui ne peut être analysé – comme le montre Atlan – que dans un bouclage ou enchevêtrement de hiérarchies. Le modèle par clôture va-t-il permettre de reconstruire le donné de ces hiérarchies enchevêtrées, de reconstruire les bouclages entre présupposés et objets reconstruits, de lier indissociablement la connaissance que nous avons de l'objet avec la connaissance qu'il aurait de lui-même ?

Nous devons cette très bonne question à l'article démystificateur de Pierre Livet. Il y répond, à juste titre, par la négative, car « reconstruire la relation entre un niveau inférieur et un niveau supérieur ne se fait pas par la production d'un modèle qui assure un bouclage entre les niveaux, mais bien par la production d'un nouveau mode d'accès [...] joint à une nouvelle façon d'interpréter les relations entre les niveaux. Ainsi, la biologie moléculaire ne s'est pas bornée à reconstruire le niveau cellulaire à partir du niveau moléculaire. Elle a introduit le niveau

1. *Principles of Biological Autonomy, op. cit.*, p. 48.
2. Pierre Livet, *op. cit.*, p. 168.

macromoléculaire avec ses propres mécanismes : liaisons non covalentes, catalyse enzymatique[1] ».

Livet distingue bien le modèle de Varela comme nouveau système d'interprétation et la procédure de bouclage varelienne qui ne produit aucun système d'interprétation nouveau, mais seulement une justification des enchevêtrements de hiérarchies dans lesquels se tient l'observateur. Métabouclage entre l'observateur et le système, « idée illusoire et improductive », même si elle est fascinante.

2. *Autobouclage du social*

Tous les modèles sociaux sont des modèles à bouclage. Mais il n'existe pas de théorie du modèle à bouclage social. Ne serait-ce que parce qu'il existe une infinité de modèles sociaux de bouclage, avec chaque fois plusieurs représentations possibles simultanées des pluribouclages... Ne serait-ce que parce qu'on ne peut opposer, dans le social, donné et reconstruit, puisque tout système d'interprétation restructure la totalité du social. Ne serait-ce encore que parce que les hiérarchies sociales enchevêtrées ne sont pas un simple présupposé, mais bien *le* mode d'organisation de l'objet social, qu'elles ne sont pas là pour expliquer, mais pour agir, pour autoconstituer le social.

En bref, Livet n'y croit pas : il se contente d'admettre qu'on peut renvoyer les bouclages autoconstituants aux hiérarchies enchevêtrées des sous-systèmes sociaux et que l'autoreproduction du social ne produit pas seulement les sous-systèmes qui confirment une totalisation du social, mais voit naître entre ces sous-systèmes d'autres totalisations possibles. La productivité de l'interprétation « nous fait découvrir la non-unicité du social ». Mais avait-on vraiment besoin de l'autoréférence pour ce résultat connu en dehors d'elle[2] ? Confirmation par un exemple : lorsque Livet nous explique les échecs des anticipations rationnelles des éleveurs de porcs par le fait qu'ils sont un mixte d'entrepreneurs et de paysans, et ni l'un ni l'autre. Enche-

1. Pierre Livet, *op. cit.,* p. 168.
2. J'avais moi-même, en 1978, fondé et nommé « la politique éclatée comme produite par le déclin d'une certaine politique symbolique » (voir *L'Enfer et le Paradis, op. cit.*).

vêtrements de temporalité qu'Anne Cauquelin et moi-même avions cerné dans plusieurs enquêtes dont celle sur Carros[1] ou sur Naples[2].

Et notre propre surcode décisionnel établi en 1973[3], élargi en surcode social généralisé, en 1980, par les vertus du sous-sol napolitain, était-il jamais passé par l'autoréférence pour faire théorie d'une méfiance à l'égard des absolus sociaux?

Un curieux renversement : il semble, en effet, que l'optimisme et le dynamisme d'une pensée de l'organisme en biologie, en thérapie, voire dans l'application que l'on peut faire de la complexité en linguistique, se retournent en leur contraire, dès que l'on aborde le social : ce qui était hasard aléatoire et ouvrait sur des possibles devient ici déstabilisation, méfiance ou emballement, ce qui revient au même. Bref, un pouvoir de répétition mortifère malencontreusement conjugué avec les ruptures : les rencontres ne sont jamais fructueuses, plutôt catastrophiques au sens habituel du terme. Les ruptures sont des crises graves, la maladie guette, l'auto-organisation est toujours au bord de devenir chaos.

C'est que l'évolution en biologie est d'une sage lenteur. Elle prend des millions d'années pour se transformer. Elle n'a pas l'allure de cyclone ou de raz de marée des phénomènes sociaux. De plus, le changement en psychothérapie affecte un petit groupe d'individus clos sur leurs problèmes, sans contamination en dehors du groupe formé et surveillé par le thérapeute. La vitesse du mouvement social s'oppose à la lenteur biologique, tandis que le rythme de contamination n'est pas le même dans les deux champs.

Du même coup, les analyses, transférées d'un domaine à l'autre, ne peuvent atteindre à la même portée ni à la même tonalité. Elles redupliquent, en revanche, les questions.

La sociologie de l'« auto » questionne la rupture, les passages, les vides, et, ce faisant, elle les creuse en abîmes. Certes, elle « alerte », mais c'est une alerte en forme de sirène. A la fois fascinante et mortelle.

1. Voir *Les Affinités, la Morale et le Temps,* CREDAP, 1980, ronéoté.
2. Voir Lucien Sfez, *Je reviendrai des terres nouvelles,* Hachette Littérature, 1980.
3. Voir *Critique de la décision, op. cit.*

Que la société soit devenue invisible, que les stratégies paradoxales soient son lot, que le vide social soit la donnée première, telles sont les propositions auxquelles aboutit un Yves Barel, un de ceux qui ont le mieux discerné les périls, les pièges, mais aussi les joies d'une pensée de l'« auto » en sociologie.

B. BAREL, LE VOYANT DE L'INVISIBLE

Barel pourra-t-il nous convaincre un jour du passage obligé par l'autoréférence pour mieux penser le social ? Il y parviendra lorsqu'il pourra un peu mieux cerner les méthodes propres à appréhender son intéressante société invisible[1].

Si l'analyse sociale n'a pas beaucoup à gagner – car elle le savait déjà, regardez Montesquieu ou Marx – à prendre en compte, dans son mouvement, récursivité, autoréférence, confusion-séparation des niveaux logiques, on peut penser que Barel est un des mieux armés pour ne pas prendre des vessies pour des lanternes et crier : « Nouveauté, nouveauté », là où ses recherches antérieures et sa culture le pousseraient à la circonspection. De fait, il ne lui viendrait pas à l'esprit de nous dire que penser les affaires humaines en terme de clôture opérationnelle constitue un progrès considérable par rapport à toute pensée archaïque. Grâce à cette fameuse clôture, on en aurait fini avec la pensée magique, la pensée sauvage qui assignait au sacré la simple production d'un système opérationnellement clos. Mais on oublie au passage les efforts de trois siècles, de la grammaire de Port-Royal à Montesquieu, de Diderot et Rousseau au Marx barbu : il y a belle lurette que nous savions cela. Point n'est besoin de passer par la clôture opérationnelle et par René Girard pour le découvrir.

Non, Barel ne se répand pas en naïvetés. Il nous dit plus finement que le blocage social est la situation paradoxale type, puisqu'il recèle toujours en lui des capacités de transformations.

1. Voir Yves Barel, *La Société du vide,* Éd. du Seuil, 1984, et « De la fermeture à l'ouverture en passant par l'autonomie », in *L'Auto-Organisation, op. cit.,* p. 466.

La question est que ces capacités sont souvent découvertes après coup, car, sur l'instant même, elles étaient invisibles. Les analystes contemporains parlent de blocages là où les historiens parlent de transformations. « Il y a une vie historique des événements qui n'est pas la chronologie des faits. D'une certaine manière, les événements de 1981 auront lieu en 2001[1]. » L'invisible social est là, en suspension, déconcertant pour l'analyste, car il doit apprendre à voir l'invisible, à cerner les stratégies paradoxales (qui sont les plus fréquentes), par lesquelles plusieurs objectifs simultanés et contradictoires sont poursuivis. Recherche aussi des idéologies invisibles qui cherchent à maîtriser le paradoxe en faisant circuler, non le *produit idéologique,* mais le *mode de production* de l'idéologie. Exemple : la lutte contre la marginalité qui n'est plus frontale (permissivité), mais qui s'opère par le moyen d'un tiers, neutre en apparence, qui s'appelle le rapport au réel. « Fais ce que tu veux, mon fils, ne travaille pas, drogue-toi, mais tu verras, le réel se venge. » Autonomisation fantasmatique, technicisation du politique, persuasion qui tient lieu d'injonction, médicalisation de la vie sociale, ordre remplacé par animation, interchangeabilité affichée des alternatives, autant d'aspects de l'idéologie invisible qui « peut être la communication de rien ». L'essentiel est que *ça* communique. Conjuration contre un vide social perçu comme dangereux et qui provient de l'invisibilité des institutions et de la société civile. Percevoir ces faisceaux d'invisibilité, c'est « quitter le terrain général des rapports entre autonomie et hétéronomie », observer « le cheminement concret de l'autonomie et explorer son sens ou ses sens », car il n'a jamais un sens univoque, mais « prend place à plusieurs niveaux de la vie sociale, notamment les microniveaux et les macroniveaux [...] à la fois distincts et fusionnés [...] en hiérarchies enchevêtrées », où est indécidable « le problème de savoir où [sont] le centre et la périphérie[2] ». Stratégie paradoxale d'une recherche-action poursuivant le productivisme et le relativisant de manière à « préparer ses obsèques historiques ». A condition, bien sûr, d'obtenir une modification radicale – voilà qui ne relève plus

1. Barel, in *L'Auto-Organisation, op. cit.,* p. 467.
2. *Ibid.,* p. 473-474.

d'une stratégie paradoxale, car il s'agit là d'un désaccord frontal – des orientations scientifiques et techniques, obstacle dirimant (dernière instance peut-être?) à toute entreprise d'autonomie sociale.

Voilà qui est précis et argumenté. Restent deux limites : d'une part, Barel ne nous fournit pas encore les méthodes appropriées pour cerner les invisibles sociaux, qu'il entrevoit plutôt par intuition. D'autre part, Barel flaire bien, sans en assumer encore toutes les conséquences, la simultanéité de deux champs, de deux pratiques, le champ social en partie invisible et ses stratégies paradoxales, qui ont jusqu'ici échoué. Comment obtenir la modification radicale de ce champ? Pourquoi semble-t-il échapper à toute manipulation paradoxale? Questions pour l'instant sans réponse. Mais avouons que l'analyse fine des invisibles sociaux nous semble pleine de promesses. Ici, autoréférence et paradoxes pourraient un jour devenir opérationnels.

Sans doute faudrait-il abandonner l'étude globale des sociétés pour s'attacher à quelque territoire particulier, pour y déceler des connexions avec d'autres territoires des pratiques sociales. S'en tenir à une étude précise, balisant *a priori* un champ déterminé. C'est ce que fait, par exemple, Anne Cauquelin, quand, s'interrogeant sur l'espace esthétique, celui de l'œuvre, elle tâche de le lier à d'autres niveaux de pratiques, montrant que, entre ce qu'elle appelle le doxique (opinions, commentaires, actions ordinaires) et le territoire de l'art, elle voit se former des isomorphismes, des boucles de sens, et révèle ainsi un mouvement interne de va-et-vient entre deux domaines que l'attitude classique vis-à-vis de l'art nous a accoutumés à tenir écartés[1].

Mais, quand on étend le procès de l'auto-organisation à la société tout entière, il s'ensuit une sorte de cacophonie qu'il est tentant d'appeler : pathologie. Le bruit, ici, n'est plus cette particule aléatoire introduite dans le dessin et le destin d'une machine, pour susciter une nouvelle distribution des enjeux : c'est une sourde rumeur, incontrôlable, et dont la progression appartient davantage à la contagion de la peste au XVIIIe siècle qu'à la création démiurgique de nouveaux mondes où vivre...

1. Anne Cauquelin, *Court Traité du fragment,* Aubier-Montaigne, 1986.

C. USAGES ET MÉSUSAGES DE L'« AUTO » EN RECHERCHES SOCIALES

On peut ici esquisser un bilan provisoire de l'utilisation des thèmes de l'« auto » en recherches sociales. Le cahier du CREA intitulé *le Libéralisme et la Question de justice sociale* nous en offre le prétexte[1], avec deux contributions essentielles : l'article de J.-P. Dupuy sur John Rawls[2] et le compte rendu d'un séminaire sur les modèles formels de la philosophie sociale et politique, commenté par Pierre Livet[3] et avec un article du même. L'intérêt, l'inutilité, voire la nocivité des transpositions coexistent allègrement.

1. *Intérêt*

D'abord, bien sûr, l'intérêt d'une communication possible entre des disciplines toujours cloisonnées : faire connaître aux scientifiques que l'« auto » permet de « lire » certains aspects des pratiques sociales, voire quelques œuvres importantes, des libéraux à Marx. Pourquoi pas ? Faire connaître aux professionnels des sciences « molles » les corrélations possibles ponctuelles entre les analyses des sciences sociales et celles des sciences « dures », voilà encore qui est de bon aloi. Rien à dire sur un souhait, vieux comme le monde, d'une curiosité universelle. Sauf à se méfier d'une utopie toujours présente, au point qu'Atlan y consacre son dernier livre[4] : l'utopie d'un Savoir unique, portant sur l'homme, le monde et Dieu. Utopie scientifique à consonance religieuse.

Mais l'« auto » présente encore des intérêts plus spécifiques : ainsi de la question de l'englobement des parties et du tout, des parties dans le tout, pourtant contenu dans les parties. Comme le montre bien J.-P. Dupuy, dans son interprétation de l'œuvre

1. Cahier n° 4, septembre 1984.
2. « John Rawls et l'instabilité de tout modèle de la justice sociale », p. 7 *sq.*
3. « Modèles formels de la philosophie sociale et politique. Programme 1983 : Critique de la Raison libérale ».
4. *A tort et à raison, op. cit.*

de Dumont, «la hiérarchie intègre la société par référence aux valeurs : le mot "intègre", dans cette formule, est évidemment à prendre dans son sens mathématique» (*op. cit.*, p. 32). En d'autres termes, l'«auto» et ses calculs permettent sans doute de mieux comprendre ce que nous exprimons en recherches sociales de façon hasardeuse.

Ainsi encore de la connaissance dans la méconnaissance, version Barel avec ses invisibles sociaux, ou version Dupuy avec son indécidable/décidé : en usant des procédures de l'autoréférence et du paradoxe, ces auteurs font apparaître la coexistence possible et même nécessaire, dans les pratiques sociales, de ce qui est ici et maintenant et de ce qui sera. Décisions toujours aléatoires, disais-je aussi dans *Critique de la décision.* De même encore devons-nous à la critique dépurative de Pierre Livet une réflexion sur un modèle dont chacun des éléments était bien connu séparément, mais qu'il «monte» ensemble en les unifiant par l'«auto» : non-unicité (pluralisme), instabilité qui suscite les différenciations et stabilités relatives, ou recherche sur les points de stabilisation provisoire du social *(op. cit.,* p. 260 *sq.).* On peut aussi rappeler les éléments de l'économie organismique de René Passet[1].

Une économie organismique : René Passet

Traditionnellement, la pensée économique est structurée par les grands modèles de la biologie et de la physique : les lois de transmission des biens, la répartition du pouvoir, production-distribution-consommation, sont calquées sur celles de la production-consommation de l'énergie. La mécanique newtonienne a fourni, pendant deux siècles, le schéma des théories économiques. Les hommes, comme objets du monde physique, ne peuvent échapper aux lois de la gravitation universelle. A l'intérieur de ce schéma, quelques raffinements, surtout venus des lois de la thermodynamique, faisant appel à l'entropie. On sait qu'il y a épuisement de biens, consommation sans retour. Du moins pour les biens non reproductibles. La régulation de l'en-

1. R. Passet, «La thermodynamique d'un monde vivant», *Futuribles,* 1980; *L'Économique et le Vivant,* Payot, 1979, 2e éd., 1983.

tropie ne peut alors dépendre que d'une série de mesures internes, à l'intérieur de ce cadre. La théorie de l'information, qui se réclame de la cybernétique du premier ordre, est requise pour parfaire ce schéma. L'économie est alors cadrée par deux interprétations des lois physiques : celle du modèle newtonien d'un temps réversible, éternellement recommencé, non créateur, et extérieur aux hommes (« Sourd et aveugle, comme le disent Prigogine et Stengers, à quelque monde extérieur, le système fonctionne seul et tous ses états se valent pour lui[1] »), celle d'un modèle autre, qui tient de la thermodynamique et qui est celui du temps irréversible désorganisateur, orienté par l'entropie. C'est le modèle thermodynamique marxien, selon René Passet[2]. Du structuré au non-structuré, la loi de passage s'appuie sur la probabilité. Conservation et dégradation sont dans un rapport dialectique. On se dirige vers la fin de l'histoire. État d'équilibre atteint quand le système devient homogène, constitué d'égaux, possesseurs collectifs des instruments de production. Plus de raison de se transformer : aucun devenir ne l'entraîne plus. A l'encontre, alors, une entropie négative se développe, qui relève du mouvement de la vie, sans qu'on puisse, dans le cadre de Marx, fonder cette seconde force. C'est une des failles, profondes, du système marxien.

Ces deux analyses économiques partent du simple pour aller vers le composé. Mais du simple au composé, le pas est infranchissable : le tout n'est pas une addition des parties. Le systémisme de von Bertalanffy prend appui sur cette globalité. C'est déjà une première approche du processus de complexification, par une prise en compte des relations à l'intérieur d'un tout des niveaux d'organisations et des fonctions. C'est alors que l'économie va rencontrer l'éco-système, la sphère biologique, le problème du vivant. De cette sphère viennent des éclaircissements : « Par un emprunt d'énergie, un système ouvert peut se trouver en mesure de maintenir sa structure (thermodynamique linéaire de déséquilibre) : le bruit ou désordre peut se révéler générateur d'ordre (von Foerster) ou de complexité (Atlan); lorsqu'on s'éloigne des zones de l'équilibre thermodynamique,

1. Passet, article cité, dans *Futuribles,* p. 2.
2. *Ibid.,* p. 13.

un apport énergétique peut provoquer des phénomènes d'auto-organisation et de complexification au niveau même de la matière (théorie des structures dissipatives, Prigogine)[1]. »

Références fort explicites qui conduisent Passet à proposer pour l'économie une aire « macro » où se déployer. L'économie concerne le vivant dans son ensemble et toute la science économique se trouve concernée. « Il y a une pensée économique qui est – ou qui n'est pas – susceptible d'appréhender les phénomènes de la biosphère dans laquelle elle s'inscrit[2]. »

S'inscrire dans la biosphère, c'est se soumettre aux lois du vivant. L'économie est un des niveaux (spécifiques) des activités qui s'y déploient. Il est interconnecté aux autres niveaux, en interdépendance continue. Suivant les règles de la complexification de la matière, qui ouvre sur les possibilités d'échange et de transformation, l'économie s'intéresse aux bruits, porteurs d'ordre et de complexité, à l'auto-organisation qui entraîne l'émergence de la vie, aux structures dissipatives de Prigogine qui montre « comment un apport d'énergie assez important pour éloigner le système de l'équilibre peut déclencher des ruptures de symétrie et des processus d'auto-organisation ou de complexification[3] ». Ces structures associent dépense d'énergie et création d'ordre[4].

C'est introduire ici le temps et son irréversibilité comme création continue. Reconnaissance alors de la pluralité des lois afférant à chaque niveau : « L'entropie décrit la marche vers l'inertie des états d'équilibres produits par compensation statistique ; la thermodynamique linéaire s'applique aux phénomènes proches de l'équilibre ; la thermodynamique des structures dissipatives rend compte des phénomènes énergétiques caractérisant les systèmes éloignés de l'équilibre[5]. »

L'analyse systémique et complexe introduit une interdépendance de ces niveaux entre eux. « Interdépendance entre un système économique et ses environnements socioculturels ou

1. *Ibid.*, p. 12.
2. *Ibid.*, p. 12.
3. Ibid., p. 17.
4. Passet, « Réductionnisme et complexité », *Reflets et Perspectives de la vie économique*, mars 1985, p. 196.
5. Passet, *L'Économique et le Vivant, op. cit.*, et aussi dans *Futuribles*, article cité, p. 21.

naturels dont la logique imprègne son fonctionnement et dont la pérennité commande sa reproduction dans le temps[1]. »

Enfin, cette conception de l'économie introduit l'observateur dans le système observé qui est le gage d'une souplesse et d'une évolution des aménagements proposés. Dépendant de la situation, au moment où il est observé par l'observateur, le système admet des formes sans cesse renouvelées. Ainsi de tous ces préceptes venus d'une théorie du vivant, la science économique peut alors se définir comme la gestion d'un patrimoine énergétique « en vue d'en assurer la reproduction et le développement dans le temps, de structurer, grâce au travail, les flux énergétiques par de l'information, afin de satisfaire, au moindre coût, aux impératifs individuels et sociaux de l'être[2] ».

Ce renouvellement d'une science par l'apport de concepts émanant de la biologie et de la physique prend allure de révolution. C'est que la « nouvelle alliance », avec son esprit philosophique, dépasse de beaucoup la modestie des lois qu'elle découvre sur un terrain particulier. En dépassant le champ d'application où elle s'est trouvée fondée, elle devient principe scientifique et précepte de vie. Nous avons, avec Passet, le type même de l'influence que la théorie du « dans » peut exercer sur des champs déjà constitués.

Tout comme l'économie se trouve plongée dans la biosphère (éco-système) dont elle a tout à tirer, de même se trouve-t-elle environnée du dedans par ces nouvelles théorisations, tâchant alors d'attirer dans son cercle (le nouveau thérapeute est toujours un prosélyte) des régions du sens qui lui semblent capables d'être intégrées. Ainsi en va-t-il de la théorie des catastrophes, réclamée par nombre de partisans plus ou moins proches de cette nouvelle alliance comme venant à l'appui de leurs thèses. Atlan lui consacre un passage dans *Le Cristal et la Fumée,* sentant qu'il y a là quelque chose qui marche « avec » le « dans » (irréversibilité, aléa, rupture, émergence). Passet lui consacre une analyse très fine dans *Thom contre Thom*[3] *:* la mutation

1. « L'approche catastrophique en économie », *Prometheus international,* n° 1, 1984.
2. *Ibid.,* p. 36.
3. Dumouchel, dans son intervention au colloque de Cerisy *(L'Auto-Organisation, op. cit.)* intitulée « Mimétisme et autonomie » (p. 353 *sq.*), après avoir

qualitative du système à certains points critiques peut se référer à la théorie du pli (ou des fronces) mathématiques : « Science du qualitatif et d'une incessante morphogénèse, impliquant le conflit, appelant la régulation et se déroulant dans l'espace de la vie quotidienne, par tous ces caractères qui sont aussi ceux de la théorie des catastrophes, l'économique semble trouver en cette dernière la méthode et le langage qui devraient *a priori* répondre à ses exigences[1]. »

Les systèmes fermés et rigides s'ouvrent ainsi les uns aux autres, pemettant, de proche en proche, un renouvellement de toutes les disciplines du social.

Contrairement aux transpositions partielles des thèmes de l'organisme dans la science des organisations, les analyses de Passet semblent libérer l'économie de ses limites traditionnelles. On peut cependant se poser la question de l'efficacité de ce nouveau transport. D'une part, l'opérationnalisation est partiellement effective : ne plus analyser la rentabilité d'une action en termes immédiats, mais en des futurs proches ou plus éloignés ; tenir compte des passifs qu'elle engendre (pollution par exemple) ; dégager une vue plus globale, plus systématiquement interconnectée des différents facteurs économiques, sociaux, géographiques et historiques. Mais, d'autre part, vue à travers le prisme de l'« auto », l'économie comme science se dissout dans une pensée du politique et du social, en mêlée ouverte sur des pratiques nouvelles. L'économie perd de sa réalité abstraite, c'est-à-dire de son identité spécifique comme science. Une démarche heuristique, des questionnements s'ensuivent, qui sont loin de trouver des réponses. Hésitation sur les limites, questionnement sur une globalité difficilement cernable. Introduction à une sociologie de l'« auto » et aux problèmes insolubles qu'elle soulève.

On peut enfin citer les efforts de Martin Landau, l'imagier du Boeing 747, qui use, bien avant d'autres, des thèmes de la

---

énuméré trois ordres d'autonomie, s'en tient au premier, celui qui concerne les sociétés clôturées sur elles-mêmes. Mais peut-on inférer de cette analyse quelque chose de pertinent pour une autonomie du troisième ordre, comme celle dont parle Castoriadis et qui réfère aux notions de liberté et de non-hiérarchie ?

1. Gutzatz in *L'Auto-Organisation, op. cit.*, « Questions à Cornelius Castoriadis », p. 419.

complexité en les adaptant à l'administration. Il renouvelle par là la question de la décentralisation, des enchevêtrements et des sédiments administratifs par couches superposées, en usant du concept de redondance.

Martin Landau ou la complexité du Boeing 747[1]

Je rappelle ici les premières provocations de Landau, par lesquelles j'ai commencé ce livre : « Savez-vous pourquoi le 747 est l'avion le plus fiable du monde ? C'est que ses quatre systèmes de commandes et de régulation – un pour chaque moteur – sont indépendants les uns des autres. Et qu'en plus, le pilote dispose d'un système de régulation manuel, indépendant des quatre précédents. »

Mais par-delà l'image les analyses de Landau sont classiques et anciennes.

En 1969, il publie un article intitulé « Redundancy, rationality and the problem of duplication and overlap » (« Redondance, rationalité et le problème de la répétition et du chevauchement »). La redondance est souvent vue comme un excès. On cherche souvent dans les organisations une redondance nulle qui serait la preuve de l'économie et de l'efficacité. Un peu comme dans les premiers balbutiements de la théorie de l'information, lorsque toute redondance était chassée, considérée comme inutile. Un télégramme contient encore très peu de mots.

Pourtant l'usage de la redondance est très fréquent. Parce que, nous dit Landau, l'incertitude même où je suis de ma propre pensée, l'incertitude où je suis encore de tenter de la traduire pour les autres me pousse à répéter, à user de plus de mots qu'il n'en faut et en des arrangements grammaticaux plus nombreux qu'il ne serait nécessaire. Car si une communication était marquée réellement par une redondance nulle, je ne pourrais jamais découvrir aucune erreur. C'est la redondance qui

1. « Redundancy, rationality and the problem of duplication and overlap », in *Public Administration Review,* t. XXIX, nº 4, juillet-août 1969 ; « On the concept of self correcting organisation », in *Public Administration Review,* nov.-déc. 1973 ; « On the concept of decentralisation », avec Eva Eagle, texte inédit, Berkeley, mars 1981.

permet de détecter l'erreur. Voilà pourquoi il n'est aucun langage, aucune forme de communication possible sans redondance.

Ceci permet de juger à leur aune les efforts administratifs massifs de réduction des redondances : ils ne réussissent jamais. Aussitôt qu'une instance est supprimée, ou seulement laissée de côté, une autre instance naît : chevauchements, imbrications et institutions en surimpression prolifèrent[1]. Et ce d'autant plus que des compromis sont nécessaires entre experts et politiques, entre la vérité des uns et celle des autres. Le tout s'enroule alors interminablement en une série de chaînes fins-moyens, parfaitement redondantes. Quelles sont donc les fonctions latentes de la redondance ? Elle tend à supprimer l'erreur et à assurer la plus haute fiabilité. Le parallèle entre les circuits neuronaux et les organisations est dûment énoncé par Rappoport et Horvath[2]. Ces informations sont incertaines et la transmission d'informations est un « business » très risqué, nous dit Landau. Un bon moyen réside dans le contrôle de l'information par le centre. Certes, mais cela reporte le problème. Car la fiabilité d'un système est la fiabilité de chacune des parties de ce système. Comment le centre va-t-il contrôler la fiabilité de chaque partie ? D'autant qu'une erreur minime dans un sous-système peut, en s'élargissant aux autres, entraîner des dégâts considérables. Le seul moyen finalement, c'est la redondance, nous dit von Neumann[3]. Dans une organisation, la probabilité d'un échec diminue géométriquement au fur et à mesure que la redondance s'accroît arithmétiquement.

Mais attention, pour qu'une partie du système n'entraîne pas les autres dans ses erreurs, il faut séparer ses parties. Redondances, oui, mais non interconnectées. Sans quoi elles deviennent dangereuses : ainsi du 747 et de cinq commandes hydrauliques redondantes mais autonomes. Ainsi s'expliquent

1. Voir aussi dans ce sens Lucien Sfez, *L'Administration prospective,* 2e partie, A. Colin, 1970.

2. Rappoport et Horvath, *Thoughts on Organization Theory and a Review of Two Conferences,* General systems yearbook, vol. 4, 1959, p. 91.

3. Dans *Probabilistic Logics and the Synthesis of Reliable Organizations from Unreliable Components, in* Shannon and McCarthy (eds), *Automata Studies,* Princeton University Press, 1956 ; voir aussi Shannon et Weaver, *The Mathematical Theory of Communication,* University of Illinois Press, 1949.

aussi tous les chevauchements, analogues à la richesse des réseaux neuronaux en surimpression, en notant que chaque série n'est que partiellement redondante, car elle sert effectivement des fonctions un peu différentes. La fiabilité qu'on peut obtenir par le calcul n'est pas celle qu'on peut obtenir avec des redondances de code ou de canal (McCulloch). Or, dans les cellules nerveuses précisément, il y a quelques résistances à une parfaite différenciation des fonctions : tout se passe comme s'il fallait qu'elles soient capables de faire et ceci et cela (dans certaines limites), de façon à se substituer aux instances défaillantes. Équipotentialité. Un 747 ne peut-il normalement fonctionner sur trois moteurs et assurer encore un transport sans danger avec deux ?

Redondances institutionnelles

En somme, toutes les instances redondantes permettent des réajustements : ainsi de la Constitution américaine qui prévoit de multiples instances dont la compétence porte souvent sur les mêmes objets, ce que Madison dans « Le fédéraliste » appelait les précautions auxiliaires. C'est qu'il faut assurer une grande souplesse de fonctionnement, en tenant compte des changements incessants de buts et de contexte. Grâce aux redondances de lois, de pouvoirs, de systèmes de commandement, le tout est plus fiable que chacune des parties, à l'instar des systèmes vivants auto-organisés. Et ce, par deux moyens qui se surajoutent : une redondance de premier ordre qui est celle de la répétition, une redondance de deuxième ordre qui est celle des parties « équipotentielles », capables de faire ceci et cela en même temps. Landau y insiste : il s'agit d'une stratégie du bord de l'abîme *(brinkmanship)*. Quand un circuit ne marche pas, un autre le remplace, ou espère pouvoir agir ainsi si d'autres erreurs n'apparaissent pas. Dans nos systèmes démocratiques, ce sont la compétition et les contrôles qui assurent la redondance, et, par là, la fiabilité. Le PPBS (Planning Programming and Budgeting System) cher à McNamara s'installe dans ce système marqué par la négociation et les chevauchements et ne peut le modifier. Bien plus, le seul fait qu'on ne puisse pas discuter, dans une négociation, de la valeur des... valeurs accroît l'incertitude et nécessite des procédures de négociations, et des textes finaux marqués par des surcroîts de redondance. Loin d'être un signe d'inefficacité, la redondance permet alors, au contraire, de réduire les erreurs et d'ouvrir à de nouvelles alternatives.

Ainsi s'expliquent les balancements incessants de la centralisation à la décentralisation et l'équilibre toujours instable des deux pôles au sein des organisations[1]. Les décentralisateurs recentralisent souvent, à leur insu, pour mieux décentraliser, paraît-il. Plus un système est développé (complexe), plus il est centralisé. Plus il est centralisé, plus il est sourd aux bruits périphériques. Plus il est sourd à ces bruits, plus il est soumis à des pannes et donc sujet à des changements de cap brutaux vers la décentralisation. Sans doute la hiérarchie réduit-elle les errances du système, d'autant qu'elle n'est pas soumise aux rationalités trop spécialisées des bureaux. Mais sa protection contre l'incertitude conduit à réduire la variété et donc à des excès de simplification. A la limite, la hiérarchie ne peut rien apprendre car on ne peut apprendre qu'expérimentalement, en faisant *(learning by doing)*. On fait alors appel aux forces auto-organisées, autodéterminées, autocoordonnées de la périphérie. Mais ici encore un problème : l'excès de spécialisation des experts, à vision partielle, qui entrent en conflit avec les autorités généralistes. Landau appelle cela conflit entre autorités d'expertise et autorités (juridiquement) compétentes. L'autorité de la connaissance est toujours facteur de désordre. D'où des circuits informels et des équilibres instables entre les deux puissances[2]. Nécessaire redondance. Redondance qui atténue les niveaux de conflits et même augmente la productivité. Complexité ici qui ressemble à l'« incrémentalisme » de Lindblom, là où des actions à la marge permettent par leurs ajustements incessants le gouvernement des hommes et des choses[3]. Le tout en deux pôles qui travaillent conflictuellement de

1. Déjà Chester Barnard dans *The Functions of Executive* (Harvard, 1938) avait parlé de cet équilibre délicat entre éléments formels et informels dans les organisations.
2. Voir Lucien Sfez, *Critique de la décision, op. cit.*, 2e partie.
3. *The Intelligence of Democracy,* New York, The Free Press, 1965.

concert : le pôle décentralisé, autocorrecteur, le pôle hiérarchisé, centralisé.

Darwin, la Mésopotamie et Bill McKelvey

La simple comparaison des efforts d'un Landau avec ceux, plus récents, d'un McKelvey, montrent bien la parenté de Landau, au moins son cousinage, puisqu'il ne s'agit pas de fraternité, avec les théoriciens du « dans ». Dans son livre *Organizational Systematics*[1], Bill McKelvey esquisse au contraire une théorie systématique, classificatoire, des organisations à partir de la théorie de l'évolution. *Organizational Systematics* étudie les différences organisationnelles et les isomorphismes entre des organisations les plus apparemment éloignées les unes des autres. Il n'hésite pas à tenter une théorie de l'évolution sociale et culturelle, malgré l'antipathie suscitée par les sociodarwinistes (p. 5). Il plaide pour des analogies entre machines, systèmes biologiques et sociétés (p. 6) et tente alors de dégager les conditions d'une science de la diversité (chapitre II) en s'appuyant sur deux piliers, les théories empiristes et les théories de l'évolution. Il applique même (chapitre X) à l'ancienne Mésopotamie ses premiers résultats et dégage les cinq principales formes d'organisation mésopotamiennes. Il s'excuse, faute de place et de temps, de ne pas faire de même pour des époques moins reculées et nous promet une suite... Il entend, à partir de Darwin, casser avec les chaînes causales de la logique newtonienne car (chapitre III) le paradigme darwinien est explicatif sans être prédictif. L'auteur est contre tous les réductionnismes et pour la diversité (p. 36), contre tous les essentialismes qui recherchent la nature cachée des choses (p. 37) et contre le nominalisme (p. 41). L'environnement, selon lui, produit des groupes d'organisation possédant un grand nombre de caractéristiques communes (p. 43). Suivent tous les usages possibles de l'explication darwinienne. Il souhaite utiliser la méthode philétique et phénétique en même temps, car elles peuvent se compléter (p. 54). Les variations génotypiques qui vont du simple au complexe, les modèles autogéniques et allogéniques

1. *Organizational Systematics,* University of California Press, 1982.

sont utilisés et permettent de fonder l'idée d'une autonomie des organisations enracinée dans la spontanéité de leurs sous-systèmes (p. 104 *sq.*). Il cherche là un modèle asymptotique où les contraintes d'environnement définissent les voies de la survie, *via* les sources autogéniques de variation. Ce sont les sous-systèmes dotés d'une sorte d'autonomie myope qui assurent ces adaptations. Il cherche alors les conditions d'un proto-système (chapitre v). Elles sont au nombre de deux : il doit y avoir des variations dans l'environnement, et l'environnement doit affecter les formes d'organisation. McKelvey cherche alors logiquement les pré-requisits d'un concept d'espèces organisationnelles (chapitre vi) : si certaines unités opérationnelles d'une prison sont celles d'un collège ou d'un hôpital (éléments communs), la différence vient de la tâche dominante de chaque organisation observée, tâche au service de la survie de populations spécifiques. Sa perspective évolutive le conduit à présenter un tableau des correspondances entre l'évolution biologique et l'évolution culturelle (chapitre viii, p. 234 *sq.*), jusqu'au concept d'hérédité qui est essentiel aux organisations culturelles et sociales (même chapitre). Hybridation, théories saltationnistes et gradualisme sont appelés à la rescousse (chapitre ix). Les cinq formes d'organisation mésopotamiennes viennent couronner l'ensemble (chapitre x). Chacune d'entre elles émanant d'une précédente, après changement de l'environnement. Il parle dans ce cas d'excroissance d'une compétence dominante à partir d'une forme ancestrale (p. 334). Il tente de généraliser sa méthode en proposant une théorie des caractères taxonomiques (chapitres xi et xii) et une théorie populationnelle appliquée au social (chapitre xiii).

Que dire de cet étrange travail, sinon qu'il nous rappelle maints travaux européens et en particulier français, situés et datés au xixe siècle ? Les vues ingénieuses abondent. Une vision décloisonnante emporte sinon l'enthousiasme, du moins l'attention. Mais la conviction ne supplée pas l'absence de démonstration. Il n'est pas du tout évident qu'on puisse parler d'évolution culturelle après les ouvrages de Sahlins, encore moins d'hérédité d'organisation, puisque souvent elles émergent et disparaissent sans laisser de traces.

Mais notre propos ici n'est pas tant d'opérer une critique systématique des thèses de McKelvey. Il est d'observer que ce théoricien... de l'organisme ne cite jamais ni von Foerster, ni Maturana, ni Varela, ni Atlan. Que ce théoricien qui parle lui aussi de complexité se réfère à des travaux comme ceux de Miller[1], qu'en conséquence son systémisme paraît être celui d'une complexité de premier ordre. Que surtout il se situe dans l'axe même de la théorie de la sélection naturelle dont Varela disait qu'il ne voulait pas l'exclure, qu'elle pouvait être utile, là où la théorie de l'auto-organisation restait aveugle et muette. Deux branches en conflit de la biologie, mais deux branches qui ont chacune leur compétence propre, selon l'aveu pluraliste de Varela. Deux branches, en tout cas, dont les racines sont différentes, dont la culture est incompatible. L'une plongée dans les mécanismes de l'évolution et de l'hérédité, l'autre dans les couples structuraux et fonctionnels de l'organisation interne de l'organisme ou auto-organisation. On voit ici toute la différence entre un Landau et un McKelvey. Alors que Landau est tout proche des théoriciens de la complexité, McKelvey en est distant de mille lieues. Se doute-t-il seulement de leur utilité pour ses recherches, en particulier lorsqu'il traite des correspondances entre l'évolution biologique et l'évolution culturelle? L'essentiel, pour l'auteur, est de classer, hiérarchiser en des formes idéal-typiques stables, on écrirait volontiers sécures.

Landau, McKelvey (l'un attiré par les théories de l'organisme, l'autre qui y est indifférent) ont tous deux la même difficulté ou répugnance à jouer le jeu de «l'autre» : mais n'est-ce pas pour la raison que l'organisation en société a justement pour fonction de stopper l'incertitude, de stabiliser les flux de devenirs complexes ? Qui s'intéresse à l'organisation est censé en protéger le rôle et en décrire les mécanismes de régulation, plutôt qu'à l'inverse à en liquider la solidité. Disons que l'organisation est ici vue comme enveloppe, comme un contenant entretenant la vie de ce qui y est contenu, et de manière traditionnelle comme équilibre de forces plutôt que comme errance aléatoire, démarche inhérente à l'auto-organisation.

Il faut bien l'avouer, le bilan de la contribution de l'«auto»

1. *Living Systems,* New York, McGraw Hill, 1978.

n'est pas toujours positif : l'« auto » est souvent inutile, voire nocif.

2. *Inutilité ou nocivité*

S'agit-il de l'impérialisme d'un mouvement déjà mûr et qui, pour se survivre, tente des incursions chez les voisins ? On ne sait. Mais enfoncer des portes ouvertes ne permet pas des conquêtes réelles, et même les empêche. Il est sans doute sympathique d'inviter Marcel Gauchet à présenter ses thèses, à tenter de trouver avec lui un langage commun en termes d'« auto », mais nous n'apprenons rien de plus que nous ne sachions déjà – par Gauchet – sur la tribu, l'Empire et la Nation. J'en dirai autant de la discussion sur Lefort. La rentabilité de l'usage de l'« auto » est ici encore égale à zéro. On peut aussi tenter de relire les grandes œuvres politiques à la manière de l'« auto », Marx, par exemple. Je doute des résultats. Pour avoir tenté déjà de lire Montesquieu avec la grille de l'analyse de système[1], je témoigne que ce fut amusant, innocent et inutile. Mais l'innocence ne l'emporte pas dans tous les cas.

Pierre Livet a l'art de dénoncer les cercles vicieux. Ainsi reproche-t-il à Nozick quelques fantaisies sur son État minimal, ou état de fait qui n'est que pure fiction et dont la seule comparaison avec l'État actuel (non justifié) le fait apparaître comme effectif (*op. cit.,* p. 202).

Je crains d'avoir ici, et pour les mêmes raisons, à manifester un désaccord avec J.-P. Dupuy sur son interprétation violemment critique de l'œuvre de Pierre Bourdieu. On ne sait trop ce qui l'a entraîné dans cette galère. Je remarque seulement qu'il assigne aux libéraux extrêmes et à Pierre Bourdieu la même confusion entre l'immobilisme conservateur et la critique sociale contemporaine, confusion qui serait celle de l'ordre et de la crise[2]. Que les libéraux confondent en permanence le fait et la norme est une vieille histoire, et l'on ne voit que trop, par là, ce

1. Dans *L'Enfer et le Paradis, op. cit.,* 1re partie, chap. I.
2. « John Rawls et l'instabilité de tout modèle de la justice sociale », *op. cit.,* p. 52 *sq.*

qu'ils nous serinent : « ce qui est est juste ». Mais que vient faire Bourdieu dans cette aventure ?

Bourdieu, « darwinien », serait-il conduit par la « main invisible » et « individualiste » de son habitus à côtoyer le « programme nazi » au point de ne pouvoir se distinguer de lui[1] ? Bizarre, quand même !

Je crains que, cherchant l'auto-organisation partout, sans la trouver toujours, Dupuy ne force quelque peu la note, jusqu'à déstabiliser ses propres analyses, par ailleurs stimulantes. Je crains qu'il ait mal lu *Esquisse d'une théorie de la pratique,* dont il ne perçoit que le versant économique (et diable, ce ne serait pas bien ?), sans considérer que la description de la société kabyle s'inscrit dans une politique symbolique dont Bourdieu sait très bien – et les anthropologues avec lui – qu'elle est particulière, irréductible à l'État moderne. Bref, Bourdieu n'a jamais confondu l'ordre et la crise, comme le font les libéraux extrêmes.

Plus précisément, l'État ne serait que l'une des formes tardives que prend le lien social – cohésion des parties dans un tout – dans nos sociétés. Cette cohésion aurait ses propres lois et obéirait à des structures élémentaires de réciprocité. Le terme de réciprocité peut effectivement faire penser à la circularité auto-organisationnelle, de même que le « tout » dans son rapport aux parties pourrait renvoyer à une analyse de la cybernétique de second ordre et à la complexité par le bruit avec ses hiérarchies interconnectées et ses niveaux de complexité croissante. Mais c'est là une métaphore qu'il s'agirait d'affiner pour la suivre à travers des analyses concrètes, et dont la formulation « mathématique » – si elle pouvait être fournie – s'apparenterait au structuralisme d'un Lévi-Strauss par ailleurs très peu « auto ». En revanche, le travail d'un Mauss, qui établit la cohésion sur une série de prestations sociales, enchevêtrées, serait davantage dans les « cordes » de l'auto-organisation, mais sa théorie de l'échange s'appuie sur celle du don et du contre-don, ou dette infinie. Cette dette a ceci de particulier – qui échappe au schéma auto-organisationnel – qu'elle se déploie sur deux axes non symétriques : celui de l'échange horizontal entre indi-

1. *Ibid.,* p. 44-45.

vidus vivants, et celui de l'échange, sur l'axe vertical, entre générations.

Celui-ci n'induit aucun bouclage ni circuit. Il est réglementé nécessairement par le rituel. Procès constitutif du lien social donné d'emblée et matrice symbolique de toute société[1]. C'est bien d'un «ailleurs» que le lien vient surplomber hiérarchies et échanges. Cet ailleurs inconcevable pour l'auto-organisation.

On voit bien où le bât blesse : dans l'extériorité spécifique aux champs sociaux et dans le symbolique où l'auto-organisation ne parvient pas à pénétrer. J'ai pu moi-même proposer une machine qui mesure l'efficacité des «Figures» symboliques[2]. Cette machine est, si l'on veut, cybernétique, à tout le moins systémique, en ce qu'elle regroupe trois facteurs en interaction constante : la *visée identitaire,* la capacité de *liaison,* la *mutabilité,* ou auto-adaptabilité des Figures. Mais ce n'est qu'une machine, un appareil de mesure, utile après coup. Or les pratiques sociales ne sont pas des machines. Jamais. Les groupes qui se donnent telle Figure symbolique ne se demandent jamais, en se la donnant, si leur visée est bien identitaire, si la Figure est bien apte à lier et si elle est auto-adaptable (comment le sauraient-ils, les malheureux ?). Et je préfère infiniment les analyses d'un Dupuy qui montre la nécessité de la méconnaissance dans la connaissance. De la même façon, Bourdieu propose deux grilles différentes de déchiffrement, celle des très anciennes sociétés et celle qui peut utilement décrypter quelques éléments (pas tous, loin de là) de nos sociétés actuelles. Point commun aux deux grilles : le symbolique, indissociable des pratiques sociales, aux antipodes des procédés machiniques du premier ordre, du second ou de tous ceux qu'on voudra[3]. L'auto-organisation n'a rien à voir avec cela, ne peut rien en faire ni y rajouter. Elle est seulement ici source de confusions.

Nous voici en présence d'une pathologie. Pathologie du sociologue ou pathologie du *socius?*

1. Voir à ce sujet l'article de Lucien Scubla, «Jamais deux sans trois?», *in Cahier du CREA* n° 6, *Logique de la réciprocité,* septembre 1985.
2. *Leçons sur l'égalité,* Presses de la Fondation nationale des sciences politiques, 1984, 4e partie.
3. Pour comprendre cette place d'antipode, je recommande la lecture de la grammaire de Port-Royal, l'utilisation que j'en ai faite dans *L'Enfer et le Paradis, op. cit.,* et les analyses d'Henri Atlan dans *A tort et à raison, op. cit.*

3. *Pathologie du « socius »*

Pathologie d'une société atteinte de mégalomanie et que l'on pourrait analyser comme la rencontre de deux antagonismes : la machine et son système de représentation classique, l'organisme et son appareil circulaire, holistique. L'un comme l'autre ont leur efficace quand ils déterminent l'objet propre de leur réflexion. Une machine fonctionne, un organisme vit. Qu'en est-il quand la société est prise à la fois dans les métaphores de l'une et de l'autre ? Malgré les efforts en direction d'une pensée paradoxale, nous manquons à saisir à la fois deux registres de pensée. En somme, le paradoxe est vivable à la condition d'en cerner les bords, comme l'assurent Bateson et les thérapeutes de Palo Alto. Il est vivable à la condition d'être surmonté par l'inclusion dans une classe supérieure de concepts *du même genre.* Il ne l'est plus quand il lie, en les opposant, des essences disparates : le représentatif peut être *traduit* en symbolique expressive, le symbolique expressif peut *s'expliciter* en représentation : ils ne peuvent être saisis *ensemble,* car ils s'annulent réciproquement.

Or les temps Frankenstein semblent ignorer cette contrainte de notre faculté de connaissance. Ils assument pleinement le fait de mêler deux régimes de pensée, comme le paradoxe du cercle et celui de la maîtrise absolue de l'homme sur son environnement. Le résultat en est passablement troublant... Nous entrons dans l'histoire confuse d'une connaissance qui se connaît elle-même comme inconnaissance, qui se nie au profit d'un connaissant non humain auquel elle sacrifie, journellement, à la fois ses capacités d'analyse et ses imageries symboliques, dans un délire d'anéantissement.

C'est dire alors que les thérapies estimables des « bons docteurs » paraissent aujourd'hui insuffisantes. Adaptées chaque fois à des terrains spécialisés, elles ne correspondent plus à la situation d'aujourd'hui, marquée par une infection généralisée que je nomme *tautisme.* Ce ne sont plus les délires par excès de la boule de billard ou du Creatura, par caricature de la représentation ou par celle de l'expression, qui comptent. Car, au-delà de ces symptômes annonciateurs ou conditions nécessaires du tautisme, s'est installée une structure maligne, unifiée, qu'il faut affronter en tant que telle : le *tautisme,* ne l'oublions pas, dispose désormais d'une science qui le fonde, la science cognitive, d'une morale qui le régit, la morale artificielle, et d'une théologie qui le légitime, la théologie Frankenstein.

Il est temps de démonter systématiquement ce sacré phénomène.

TROISIÈME PARTIE

L'avenir d'une illusion

Par dérision, ce titre emprunté à Freud nous fait pénétrer dans le ventre de la bête qui produit l'illusion, en vit et s'exhibe comme seule réalité, elle qui, enveloppée dans ses spirales, dénie toute réalité.

Car la maladie à guérir n'est plus celle, paradoxale, d'un Varela expressif, ou d'un Minsky, délirant intense de la représentation mais à délire localisé, ou de sociologues peu avertis : chacun a trouvé son médecin. Winograd et Florès, Atlan, Barel et Livet suffisent à la tâche, redoutable il est vrai, mais circonscrite à des milieux spécialisés, voire élitistes.

Mais il s'agit là d'un phénomène beaucoup plus étendu, il concerne des disciplines entières, des pans entiers de société et des groupes nombreux et puissants. Qu'il s'agisse des adolescents ou des adultes fanatiques de l'ordinateur (des centaines de milliers aux États-Unis), ou des psychothérapies à la mode californienne (des millions), ou encore des milieux scientifiques (j'évoque les noms magiques du MIT ou de Stanford). Tout ce monde-là est marqué par les technologies de l'âme, celles du *self* et celles de l'esprit.

Sans compter la science cognitive, qui, naissante en Europe, fait l'objet d'un véritable culte aux États-Unis et prétend gouverner la totalité des sciences mondiales.

Couronnement : la recherche spécifiquement américaine d'une morale et d'une théologie enracinées dans la religiosité d'outre-Atlantique, se jouant des différences au nom du syncrétisme, réunifiant peu à peu les myriades de sectes et de contre-mouvements et prenant appui sur les psychothérapies de groupe, les technologies de l'esprit et la science cognitive. Il est là tout entier, Frankenstein, doté d'ubiquité. Tautisme religieux de la science cognitive. Tautisme à prétention théologique universelle.

Contre lui, une seule arme forgée depuis des millénaires, en mémoires juxtaposées et sédimentées, *doxa vive*, dirait Anne Cauquelin, ou encore, selon moi, la résistance de l'interprétation, celle des religions révélées, qui rejoint celle du sens ordinaire, qui est extraordinaire, et celle des savants, modestes, prudents, commentateurs avertis des deux rives de l'Atlantique et du Pacifique.

CHAPITRE I

Les technologies de l'âme

On pourrait s'étonner de voir ici apparaître l'âme, terme désuet relégué dans les ténèbres d'un Moyen Age ignorant au regard d'une époque dominée par la science, telle que la nôtre. Pâle clarté d'essence spirituelle, l'âme désignait à la fois intellect et sentiments, capacité de connaissance et sensibilité à ce qui échappe. Elle couvrait les diverses facultés (ou facultés de l'âme) ; l'aspiration au bien et au vrai, mais aussi les défaillances et les impuissances d'un être parfait en quête de la réalisation supérieure. On lui opposait le corps, mortel et limité, enveloppe matérielle dont elle s'échappe (« il, elle a rendu l'âme ») pour subsister, immortelle comme le destin humain. Aujourd'hui, nous ne parlons plus d'elle, sinon par dérision, et cependant...

Cependant, les élans technologiques contemporains, la croyance en la toute-puissance du principe de la science instaurent des pratiques très voisines d'une culture spirituelle. Des interrogations sur la nature de l'être se développent avec des relents métaphysiques, tandis que se constituent, à partir des objets « pensants » que seraient les ordinateurs, toute une morale, une conduite de vie, des pratiques rituelles, centrées sur une relation spirituelle ou intellectuelle avec le monde des machines où règne le paradigme ordinatique. Mieux encore, les anciennes « facultés » (de l'âme) sont remises au goût du jour[1].

Pratiques rituelles du premier degré : celle des *hackers* (fanatiques de l'ordinateur), sortes de moines ascètes qui dorment et mangent près de la machine et sont voués à son culte ; celles, toutes morales, que j'appelle « morale artificielle », développée

1. Ainsi d'un Jerry Fodor dans *Les Modularités de l'esprit,* Éd. de Minuit, 1986 ; ou, du même auteur, *Representations,* Bradford Books MIT Press, 1981.

par des gourous ou des grands prêtres comme Ehrard, pour leurs pénitents. Je nomme ces pratiques « technologies du *self* ». Ou encore, au second degré, des pratiques intellectuelles, celles des ingénieurs et des savants d'une bonne partie des sciences humaines, qui fournissent au dieu machinique des arguments pour convaincre et des bataillons de concepts pour prouver son existence. Les saint Thomas d'Aquin ne manquent pas et leurs « Sommes » intruisent le champ littéraire. Il y a une culture technologique, comme il y a une culture chrétienne. Je nomme ces pratiques « technologies de l'esprit ».

Le *self* et l'esprit, les deux conjugués, n'était-ce pas ce qu'on appelait l'âme, en des temps non anciens ?

I. Les technologies du « self »

Le *second self,* ou deuxième moi-même trouvé dans l'ordinateur, est une pratique sociale totale, délirante, où adolescents et adultes échangent leur corps et leur esprit avec la machine. Cette pratique, très fréquente aux États-Unis, menace certainement l'Europe à terme. La psychothérapie Ehrard, du nom du mage californien qui l'invente et la diffuse, a moins d'avenir en Europe, compte tenu de son inspiration proprement religieuse, propre à la société américaine.

A. LE « SECOND SELF »

Il s'agit là d'un pas décisif : le *self,* l'identité sont construits par la machine Frankenstein elle-même. Qui est-elle ?

La machine Frankenstein est indissociablement l'homme machinisé et la machine humanisée. La question d'un dialogue interactif entre l'homme et la machine est supprimée. L'homme est totalement construit de façon machinique, et, pour la part d'illusion qui lui reste, ses relations avec un ordinateur intelligent la lui enlèvent. Quant à la machine, c'est un esprit de la même nature que l'esprit humain doté de malice et de tricherie, ou de bienveillance conviviale. Le *second self* est arrivé.

1. *Le transfert Frankenstein*

J'emprunte la formule du transfert à l'ironique ouvrage de Sherry Turkle, *The Second Self*[1]. L'auteur, sociologue au MIT, a fait une enquête auprès d'enfants et d'adultes pour déterminer les effets des pratiques de l'ordinateur sur le comportement humain, pour déterminer aussi quelle image nous nous faisons de la machine et comment cette image nous transforme.

Turkle distingue trois étapes dans les rapports des enfants avec l'ordinateur : l'âge métaphysique, où les très jeunes enfants croient que l'ordinateur pense, sent et vit ; l'âge de la maîtrise (à partir de sept ans), où il s'agit de défier l'ordinateur et de le vaincre ; l'âge de l'identité (à partir de quinze ans), où la pratique ordinatique entraîne à une réflexion sur soi, où la construction de l'identité passe par la pratique ordinatique. Ces trois âges, on les retrouve souvent indissociables dans la culture de l'intelligence artificielle. La connexion entre les spécialistes d'intelligence artificielle et de l'« ordinateur métaphysique » est évidente, puisque ces spécialistes étudient l'esprit humain pour bâtir des programmes et usent des programmes pour penser l'esprit. « Tout dépend du fait que les gens tendent à percevoir une machine qui pense *[that thinks]* comme une machine qui pense *[who thinks]*[2]. »

L'ordinateur vit

Une enquête approfondie suit, dont nous épargnerons les détails au lecteur. On peut cavalièrement rappeler que l'enfant dans son âge métaphysique pense que la machine peut tricher, doit donc avoir des intentions[3]. L'ordinateur devient source d'émotion : l'autoréférence est toujours troublante comme le

1. Simon and Shuster, New York, 1984 ; trad. fr., *Les Enfants de l'ordinateur*, Denoël, 1986.
2. *Ibid.*, p. 25.
3. Voilà qui vient troubler les classifications de Piaget pour qui l'enfant sépare les propriétés psychologiques et physiques en deux grands domaines. La pierre a des propriétés physiques. L'homme a des propriétés psychologiques. Mais voilà que l'ordinateur, qui est un objet physique, aurait une psychologie...

paradoxe ou le sentiment de l'infinité. La «tricherie» de l'ordinateur suscite le fantasme d'une machine hors de contrôle, qui travaillerait pour elle-même. On s'interroge alors sur la vie. L'adulte a les mêmes hésitations : le programme Eliza, qui imite le psychanalyste, puisqu'il reprend certains mots du patient pour les retourner ou les détourner, et dont chacun sait qu'il ne sait pas ce qu'il dit, est vu par ses utilisateurs avec un grand respect : on prend bien soin de ne pas lui poser des questions qui provoqueraient des confusions de programme et des non-sens. On veut qu'il soit réellement psychanalyste alors qu'on sait très bien qu'il ne l'est pas. L'adulte, comme grand enfant métaphysique.

Avec une différence fort intéressante : la question de la *conscience* (pourra-t-on fabriquer un ordinateur conscient ?) est importante pour les spécialistes d'intelligence artificielle. Pour les enfants, au contraire, cette question ne provoque aucun remous, et l'idée d'une conscience artificielle ne semble en aucune façon les gêner. Nouvelle génération, nouvelle culture, celle de la simulation.

2. *L'ordinateur construit l'identité*

Après l'âge métaphysique où l'enfant s'interroge sur la «vraie» nature de l'ordinateur (jusqu'à huit ans), après l'âge de la maîtrise (de huit à quinze ans) vient l'adolescence, où la pratique de l'ordinateur conduit à une réflexion sur soi-même. Quelle que soit cette réflexion. A Deborah infantilisée, qui ne fait rien par elle-même, qui se croit malade, faible et grosse, qui n'a pas de conscience de ses limites ni aucune aptitude à dire non, l'ordinateur fait d'abord peur, elle craint que la machine ne hurle pour la gronder si elle se trompe. Mais bientôt Deborah peut, par l'ordinateur, créer un monde à part, avec des limites, où elle peut élaborer un nouvel ensemble de distinctions pour se penser elle-même. L'ordinateur lui permet de se fonder en solitaire sans avoir le sentiment de la solitude.

Toute différente est la situation de Bruce, mais cela revient au même : il est créatif, individualiste et quelque peu chaotique. On lui a appris à ne pas être comme les autres. Mais, du coup, il ne sait pas comment se contrôler. Se contrôlera-t-il grâce à l'ordinateur? Mais une angoisse naît aussitôt : le robot ne serait-il pas lui-même imprévisible? Comment interagir avec lui[1]? Projections...

Par l'ordinateur, Deborah veut l'ordre, Bruce le désordre. Tous deux créent un micromonde pour réguler leurs problèmes.

Carla, enfant pauvre, très rangée, pense qu'elle est programmée comme un ordinateur, ce qui la... rassure. Car on peut toujours changer de programme! Denis défie son père, professeur de science politique, qu'il admire. Ce défi passe par deux identifications à l'ordinateur. «Nous sommes deux très différentes machines[2]...» Georges voit l'esprit comme un programme et la dépression comme un *bug*[3]. Optimisme de la métaphore, puisqu'il suffit de «débugger» pour échapper à la dépression. Et ses limites, car la dépression a des sources rarement locales...

Comprendre les *hackers,* c'est comprendre la mentalité du jeune ingénieur qui tend à séparer la science de la sensualité[4]. Image construite par le *hacker* lui-même, qui pratique l'autodénigrement et l'autocélébration. Alors que le MIT est irréel, l'ordinateur rend le *hacker* réel. L'ordinateur devient *way of life.* On y passe six heures par jour, sept jours par semaine. Et, pour être sûr de rester en milieu fermé, on crée l'ITS *(incompatible time sharing),* incompatible avec les systèmes extérieurs au MIT. La vie est monastique : on dort et on mange près de l'ordinateur. On y cherche la *perfect mastery,* qui correspond au souhait de créer un monde parfait, différent des parents. Monde du défi sans frontières, où l'on pousse son corps jusqu'aux limites *(sport death,* dit le *hacker).* Le contact avec l'ordinateur est quasi sensuel : on entre en télépathie avec lui. La machine devient simple extension du corps et de l'esprit propres. Dans ce monde sans rides, on est seul et en sécurité, on est différent,

1. Surtout si un jour on peut programmer du sentiment. Bruce, qui a déjà tant à faire pour se gérer lui-même, qualifie cette possibilité d'«apocalypse».
2. *Op. cit.,* p. 158.
3. *Op. cit.,* p. 160; *bug* est intraduisible. C'est une image : un insecte, une bestiole, un microbe ou un virus dans l'ordinateur, comme créateur d'erreurs ou de pannes. *Bug* est l'expression consacrée par les informaticiens.
4. L'ingénieur ou «l'homme le plus laid du campus», fête annuelle au MIT (*op. cit.,* p. 196).

mais sur son propre territoire. La sécurité affective est absolue, plus d'histoires sentimentales ou sexuelles, désirables peut-être, mais risquées. Avec l'ordinateur, on marche à petits pas, la confiance est progressive, et le contrôle devient complet.

Le reste du monde ne peut plus vous affecter. Éviter les choses de la chair, toujours complexes. Et pour la musique, car les *hackers* ont une forte sensibilité musicale, on écoute le sens, non le son. Ses constructions mathématiques font de Bach le premier des *hackers,* tandis que les estampes japonaises sont dédaignées et dites « sans idées ».

N'en va-t-il pas de même de l'enfant autiste qui se pensait machine pour se défendre contre l'imprévisibilité du monde ? Sherry Turkle rapporte ici l'analyse de Bettelheim, pour qui les saints et le diable des anciennes religions révélaient nos espoirs et nos craintes[1].

Frank, catholique convaincu, affirme : « Ce que j'aime dans Minsky, c'est qu'il semble vouloir construire un ordinateur tel qu'une âme voudrait y vivre[2]. »

Plus de réel, plus de simulation : l'un se reverse dans l'autre indéfiniment, et nous basculons ici hors l'histoire. Nous voilà tout près des thèmes chers à Jean Baudrillard. Pour cette culture-là, l'homme pensant pèse à peu près le même poids que l'âme, nichée, disait Descartes, dans la glande pinéale.

Contre l'image de l'ordinateur fonctionnant par éléments simples, oui ou non, et pas à pas, Minsky propose l'image – et la technique – de l'ordinateur comme *société,* avec des acteurs et une histoire, avec des éléments qui votent, dans un sens ou dans l'autre, et un arbitrage final en cas de doute, par une instance supérieure[3]. Modèle qu'on peut assimiler à celui de l'intelligence démocratique, où l'intelligence serait le fruit d'interactions de groupes en conflit sur le mode des démocraties occidentales.

1. Dans *The Empty Fortress, Infantile Autism and the Birth of the Self,* New York Free Press, 1967, p. 234.
2. *The Second Self, op. cit.,* p. 185.
3. Minsky et Papert, *The Society of Mind,* manuscrit non publié, 1977 ; Minsky, *K-Lines : a Theory of Memory,* MIT AI memo, n° 516, juin 1979.

3. *La République ordinatique*

D'un point de vue social, l'ordinateur, comme Janus, a deux faces : la bonne et la mauvaise. Pour reprendre la distinction de Marx, est-il outil, simple instrument, ou machine, imposant son rythme ? Au bureau, il est machine qui fragmente le travail et la vie. A la maison, il unifie l'identité, il est source de plaisir et de sens. Ceci permet d'expliquer les espoirs d'une génération, celle des années 1970 : l'ordinateur comme source de transparence et d'intelligibilité quand le politique n'est plus ouvert ni participatif. Coopérative de connaissances, il est outil de convivialité et de rêve, au service de la décentralisation et de la communauté. Fonctionnant en *network* (réseau), l'ordinateur tournerait le dos à l'establishment en politique. Le style de l'ordinateur personnel permettrait la transparence, la simplicité, le sens du contrôle, radicalement différent de l'usage du chemin de fer où l'on prend son billet... et où l'on roule passivement. L'ordinateur permettrait donc de maîtriser le monde. Compréhensible, il rendrait le monde lui-même compréhensible. Suscitant la négociation, il s'opposerait à une planification imposée. Mais tous ces rêves postsoixante-huitards ne produisent-ils pas des satisfactions purement privées, laissant intact le monde extérieur ?

Apple et IBM se sont servis de ces images pour leur publicité en exhibant leurs machines comme conviviales, antitechnocratiques et outils de transparence universelle. Même si ces images perdurent, la première génération d'une ordinatique irénique s'estompe, remplacée par celle des *hackers,* obsédés techniciens, arrogants, élitistes et fermés : la convivialité est oubliée.

On lit beaucoup de science-fiction. On en écrit aussi. Ainsi de *Software War*[1]. Dans ce roman, marqué par la guerre des *software,* deux cultures ordinatiques s'affrontent : d'un côté, Fortran et Cobol, langages d'affaires utilisés par IBM, et Pascal, langage scientifique uniforme de la culture de masse, sont vus comme langages totalitaires de l'Empire du Mal. Ils s'opposent à

1. Publié par Mark Crispin.

Lisp, langage du plaisir, de l'individualité, de la pensée, de l'autoréférence chère à Douglas Hofstadter[1].

Mais tout finit bien, car, si un moment l'Empire du Mal a pris le dessus, la « Hacking Republic » a pu l'emporter, effaçant les traces de Pascal le malfaiteur. Autoconstruction de l'identité, c'est de la paternité : le *hacker* est père de son programme qu'il contrôle et qui est en lui[2].

Ainsi y aurait-il quelque part un retour du sujet, de l'*Ego,* dans un post-freudisme, comme zone de conflit entre les différentes pulsions. La révolution ordinatique serait alors suivie, pronostique Turkle, par une résurrection de l'*Ego.*

4. *Ordinateur et tabou sexuel*

Turkle compare les deux cultures freudienne et ordinatique : l'une nous met en contact avec le tabou sexuel, l'autre avec le tabou d'une identité machinique. Les théories valent plus par leurs formes que par leurs contenus : ces deux cultures nous permettent de jouer avec l'inconscient et l'identité, avec l'esprit comme *software* et le corps comme *hardware.* Et l'on sait déjà que Don Norman pratique les deux jeux en même temps avec son analyse ordinatique des lapsus. On sait aussi qu'une culture naissante a besoin de héros et d'anti-héros, de politique symbolique en somme, ainsi qu'en témoignent les symbolisations de Lisp comme incarnation de la dégénérescence. Mais on sait moins que la nouvelle culture entend s'enraciner dans la symbolique scientifique, qu'elle réfute comme symbolique mais exhibe en vérité logique. L'ordinateur aurait sa logique propre, celle de l'autoréférence, et son imperfection même démontrerait son appartenance définitive au genre humain : l'homme comme la machine relèvent du même théorème de Gödel.

La machine la plus parfaite est par sa propre nature imparfaite. Incomplétude commune aux deux systèmes. Gödel avait ouvert une brèche dans la logique classique de Russell et Whitehead, en ce qu'au moins une seule proposition – l'autoréférence

1. In *Escher, Gödel et Bach,* InterÉditions, 1986.
2. Formule même d'un poème dit *Punk solipcist* et qui commence par *« I control you, you're inside me ».*

– ne pouvait plus être prouvée comme vraie ou comme fausse. Mais cette révolution était réservée à une élite ésotérique. Désormais, la pratique ordinatique en développement accéléré en fait notre pain quotidien. Les machines imparfaites (parce que parfaites, dit Gödel) sont donc humaines.

Ce renvoi permanent, convergent, systématique à notre identité éclaire le rôle de l'ordinateur comme miroir de notre insécurité. Terrifiés par la solitude, terrifiés d'être ensemble, l'ordinateur nous offre un compromis, une solitude... conviviale, une nouvelle fusion, d'un romantisme d'un autre type, qui permet ici une effusion non en parfait amour à deux, mais avec un deuxième soi-même. Compromis schizoïde entre solitude et peur de l'intimité.

Retour du sujet. Copernic avait mis en cause la centralité de l'homme dans l'univers et donc notre rapport privilégié avec Dieu. La réponse fut que le centre de l'homme était dans l'homme. *Cogito.* Darwin avait mis en cause la centralité de l'espèce humaine dans l'histoire des espèces. La réponse fut que, si nous venons du singe, nous n'en sommes pas moins la couronne de l'humanité. Freud avait mis en cause l'existence même de l'*Ego*. La réponse fut la résurrection de l'*Ego* en des zones de libres conflits entre pulsions. L'ordinateur met en cause la spécificité de cet *Ego* mille fois tué et mille et une fois renaissant. De là les résistances humanistes d'un Weizenbaum[1] ; technico-philosophiques d'un Searle ; les résistances romantiques de ceux qui cherchent à nous différencier de la machine par le sentiment qui est le nôtre de la mort et donc de la transcendance ; les résistances de ceux qui, plusieurs millénaires après Platon, continuent de séparer raison et sentiment, la raison seule étant susceptible de simulation, alors que le sentiment ne pourrait être simulé et qu'un sentiment simulé n'est pas un sentiment.

Il serait là le romantisme, ancien comme le monde, de notre deuxième millénaire. Le compromis serait là, en ce moment, dans une ligne de partage à la Salomon où le sentiment resterait à l'homme, tandis que la raison serait partagée entre lui et la machine. Mais la nouvelle culture est en marche : les enfants

1. *Computer Power and Human Reason : from Judgment to Calculation,* San Francisco, Freeman, 1979.

savent déjà que les ordinateurs, comme les animaux, sont nos plus proches voisins, que, si l'homme était déjà dit « animal rationnel », nous sommes maintenant en présence d'ordinateurs sensibles. Un compromis plus stable s'établira par le truchement d'une symbolique qui mélangera et irradiera en une masse en fusion des matériaux venus de l'animal, de l'esprit et de la machine. Et l'auteur de conclure : l'ordinateur devient l'obsession nouvelle qui remplace celle du sexe, dominante au moment de la reine Victoria[1].

5. *De la science-fiction à la science cognitive*

Le projet de la communauté des « *computer scientists* » qui consiste à élaborer une intelligence artificielle à portée générale fut énoncé pour la première fois par Simon. L'ordinateur n'a toujours pas battu le champion du monde d'échecs. Mais on espère toujours en une progression irréversible de l'élémentaire au complexe. La question essentielle qu'on se pose est de savoir s'il existe un ou plusieurs mécanismes généraux de l'intelligence. Point commun aux utilisateurs normaux et aux spécialistes : la machine est vue comme un prisme à travers lequel on observe l'esprit humain.

On sait que, pour Newell et Simon, tous les individus disposent de la même forme générale pour résoudre les problèmes difficiles[2], que, pour Minsky, les problèmes ne sont qu'apparemment complexes et qu'on peut les réduire en fait à des causalités très simples, qu'on peut en somme tout comprendre par une bonne programmation. Assertion qui n'est pas mince et qui fait songer aux déclarations victorieuses du marxisme ou du freudisme en leur belle époque. La science cognitive serait, comme les deux grandes écoles précédentes, la clef de compréhension de tous les mystères intellectuels. Jusqu'à Don Norman, dont on sait qu'il interprète les lapsus freudiens comme des confusions de programmes encodés dans l'esprit[3], lapsus non émotionnels, non produits par l'histoire, lapsus vus comme « erreur » alors

1. *The Second Self, op. cit.*, p. 313.
2. *Human Problem Solving, op. cit.*, et *Model of Thought, op. cit.*
3. « Post-Freudian Slins », *Psychology Today,* avril 1980.

qu'il n'y a pas d'erreur de ce type dans le système freudien, sentiment et pensée étant toujours inséparables. De même pour Minsky, dont l'analyse de la censure est « scientifique » : entendez par là « science ordinatique »[1]. On peut tout atteindre par le calcul. L'esprit est construit comme un programme. L'esprit est construit par l'esprit.

Dès lors, une nouvelle philosophie est exigée par la science cognitive : la « logique » psychanalytique, qui admet simultanément le même et son contraire, est incompatible avec l'ordinateur. La vieille philosophie, à la recherche des vérités premières et essentielles, ne convient pas non plus car les vérités sont en situation. Que faire quand on voit les mots « croire » ou « savoir ». Il faut se demander en quelles circonstances, et quand on réoriente la question de manière très concrète... on la change de façon significative. Laissons donc les vieux livres philosophiques qui traitent de la vérité et qui sont sans signification en intelligence artificielle. Il faut cesser de phantasmer sur l'esprit mais le construire.

Toute cette discussion se situe entre la science et le mythe. Le rêve d'enfant de Don Norman et de Roger Shank était de créer un robot[2]. Cela conduit à déifier la notion de vérité, de pensée, de vie ; ou encore de l'homme comme centre de l'univers. « L'idée simple que nous devons être les meilleurs de l'univers est tirée par les cheveux... Je pense que nous serons nettement plus heureux une fois que notre niche aura trouvé ses limites[3]. »

C'est ici que se place le débat inauguré par Hubert Dreyfus[4] et développé par John Searle[5].

Un ordinateur ne pense pas, ou ne sait pas ce qu'il pense, ne dit pas, ou ne sait pas ce qu'il dit. L'homme est la seule machine pensante. La machine de Turing, machine à intelligence générale, n'est qu'une image qui ne peut se réaliser et à laquelle Searle oppose une autre image, celle de la chambre chinoise. Turkle n'a pas tort d'opposer les deux pôles : la philosophie

1. « Jokes and the cognitive unconscious », MITAI, mémo n° 603, novembre 1986.
2. *The Second Self, op. cit.*, p. 260.
3. Pamela McCorduck, *Machine who thinks,* San Francisco, Freeman, 1979.
4. *Intelligence artificielle : mythes et limites,* Flammarion, 1984.
5. « Minds, brain and programs », in *The Behavioral and Brain Sciences,* 3, 1980.

ancienne (est-elle pour autant erronée ?), pour qui la pensée est enracinée dans le sujet pensant cartésien du *cogito,* et la nouvelle, fort stimulante (mais est-elle encore philosophique, n'est-elle pas plutôt une métasociologie ?), qui forge une culture fondée sur la notion de système, de procès, de simulation totalement identique à la réalité.

Dans la simulation vient culminer toute la philosophie de l'intelligence artificielle et des nouvelles technologies de la communication. On anthropologisait depuis longtemps (en leur prêtant des intentions humaines) toutes sortes de machines, d'une voiture à un aspirateur[1]. Mais l'ordinateur « intelligent » est le seul qui nous fasse rêver sur notre identité, la mette en doute ou la conforte. Voilà qui est bien commode pour les relations du travail : c'est la faute de l'ordinateur si les cadences sont infernales ou tel avion « surbooké ».

Mais les *« computer scientists »* ont fort à faire pour se défendre et... attaquer. Contre l'image de l'ordinateur fonctionnant par éléments simples, on a vu que Minsky proposait l'image de l'ordinateur comme *société,* avec des acteurs et une histoire, des éléments qui votent et un arbitrage final par une instance supérieure[2]. Métaphore de la société qui se joue aussi par analogie avec le fonctionnement neuronal[3]. Ou encore l'intelligence qui émergerait d'assemblages de neurones connectés de façon désordonnée ou fantaisiste : modèle appelé *« pandemonium[4] ».* Modèle qu'on peut assimiler à celui de l'intelligence démocratique, où l'intelligence serait le fruit d'interactions de groupes en conflit, sur le mode des démocraties occidentales.

Déjà Newell et Simon avaient proposé dans cette direction le « *production system* »[5] ou Samuel son programme[6] d'auto-

1. Retour sur l'homme. On demandait à la machine d'être fiable. On le demande désormais à l'homme. Mot d'origine machinique qui transforme l'humain...
2. Minsky et Papert, *The Society of Mind, op. cit.;* et Minsky, *K-lines – a Theory of Memory, op. cit.*
3. Minsky et Papert, *Perceptions,* Cambridge, MIT Press, 1969.
4. Oliver G. Selfridge, « Pandemonium, a paradigme for learning », in D.V. Blake and A.M. Uttley eds, *Proceedings of the Symposium on Mechanisation of Thought Processes,* 2 volumes, Londres, H.M. Stationery Office, 1959.
5. *Human Problem Solving, op. cit.*
6. « Some studies in machine learning using the game of checkers », *Journal Research on Development,* juillet 1989, p. 210.

apprentissage des « checkers », où chaque agent avait une fonction déterminée, chaque fonction entrant en interaction avec les autres, l'ordre de travail n'étant pas déterminé par le programme mais par l'environnement dans lequel le système se trouve. Limites des systèmes de Newell, Simon et Samuel : la restriction du travail de chaque agent à des fonctions spécifiques, et l'une après l'autre. Minsky et Papert ont voulu aller plus loin : grande diversité de rôles pour chaque agent, et arbitrage par un agent dit « agent-histoire » qui conserve la mémoire et qui peut comparer les résultats, et un agent dit « agent-géométrie » qui arbitre en cas de désaccord. En somme, chaque fois qu'une tâche nouvelle s'impose, on introduit un agent supplémentaire qui l'accomplit. Sorte de raisonnement circulaire, voie récursive qui est revendiquée comme source de pouvoir[1]. Les multi-processeurs en procès parallèle sont en voie de réalisation et permettront rapidement de réaliser ces objectifs.

On constate ici que ces métaphores de l'intelligence, de l'activité neuronale, de la société ou de la démocratie jouent un rôle très puissant de mobilisation technologique. Ne s'en étonneront pas les positivistes, croyants d'un certain type, à électro-encéphalogramme plat, qui croient pouvoir réduire le développement technologique à des raisons purement techniques, en oubliant le rôle décisif de la politique symbolique. Mais il faut ajouter que ces métaphores tendent à nous transformer nous-mêmes, humains, en nous amenant à nous penser en tant que machines. Si la machine est faite comme nous, nous-mêmes sommes faits de mécanismes machiniques.

6. *Le paradoxe de Feuerbach*

Le texte de Turkle relate l'état de la question aux États-Unis. La question se posera bientôt en Europe, qui connaît quelque retard dans la pratique quotidienne de l'ordinateur. Turkle nous permet d'anticiper le débat – imminent – et si possible de le déplacer.

Intéressante est la question : comment se fait-il que l'ordinateur incite les penseurs à poser la question de l'être ? Car tel est

1. *The Society of Mind*, *op. cit.*

le cas. Cas étrange, car aucun objet technique n'a posé ou fait poser cette question. Ni le téléphone, qui pourtant a révolutionné les rapports au temps et à l'espace, ni la voiture ni l'avion, qui ont cependant déplacé les limites de notre capacité de mouvement, ni les fusées pour la Lune et autres satellites n'ont posé la question ou incité à poser la question de l'essence de la pensée humaine. Il y a là un saut brusque, une véritable sortie hors de la technologie pratique. La machine à communiquer est seule à engendrer un retour à la métaphysique, hier encore considérée comme une vieille branche de la philosophie, détrônée par le marxisme, le structuralisme, le freudisme. C'est là le point clef de l'ouvrage, son point aveugle. Pourquoi cet objet suscite-t-il ce type de position ?

Je tenterai de répondre en observant que les limites de l'inconnu ont reculé grandement depuis les machines automates du XVIIe siècle. Tandis que la maîtrise des hommes sur le monde a augmenté, elle. Mais la maîtrise n'est possible qu'à condition de se heurter à une force de résistance. Les conquêtes de la science se font au détriment de l'opacité qui est à vaincre. La puissance humaine s'est confortée des reculs de l'incompréhension. Elle n'a plus, désormais, de limites « dures ». On vainc le cancer, on va sur la Lune, on trouve le secret de la matière vivante, on greffe, on... Une angoisse surgit de cette absence de limites. Car l'insécurité vient non pas de ce qu'on sait, mais d'avoir conquis ce que l'on sait sur ce qu'on ne sait pas. On manque d'un malin génie, de celui qui trompe, illusionne, dénie, dément et fait pièce à nos exigences. On a besoin d'un maître, qu'il s'appelle Dieu, l'histoire, la nature ou l'ordinateur. Mais Dieu ne gouverne plus directement la société des hommes. L'histoire s'est effondrée comme finalité suprême. La nature est mieux et trop connue. Reste heureusement l'ordinateur...

Ne serait-ce pas lui le malin génie qui nous a failli, dans l'absence de Dieu ? Nous parons alors cette machine des qualités qui étaient celles de Dieu. Il nous faut absolument une nature, une essence, un être divin pour que nous continuions à nous assurer de nos victoires.

Que la question métaphysique se pose face à l'ordinateur, et lui seul, signifie que nous sommes à un moment de notre civilisation où Dieu est porté disparu, la société éclatée, les principes mis en doute. Resterait seulement, pour tout questionnement, celui de vaincre l'opacité de notre propre cerveau, cristallisé dans le modèle ordinatique. De là une nouvelle culture, un nouveau culte. Là où on s'aperçoit que la communication n'est pas recherche de la transparence, mais de la résistance à la transparence. Paradoxe : les théories de la communication qui visent à la transparence se soutiennent de l'aveu de leur impuissance, gage de la maîtrise à venir. Paradoxe qui vaut celui de Feuerbach et, comme lui, a du mal à se faire entendre : nous construisons Dieu à partir de qualités humaines et nous lui attribuons un pouvoir sur nous.

Décidément, nous sommes bien compliqués !

B. UNE PSYCHOTHÉRAPIE MAGIQUE

Alors que le *second self* montre que la machine à représenter construit l'identité de l'homme, la religion Ehrard accomplit, en un délire d'un autre genre, bien des éléments de la philosophie expressive contenus dans les théories de l'auto-organisation. Dans le premier cas, ce n'était pas la faute de Descartes, de Chomsky ou de Simon. Dans le second, ce n'est pas celle de von Foerster, de Bateson ou de l'école de Palo Alto. Même si bien des éléments de leurs théories se retrouvent dans la folie d'Ehrard.

Un passage, une transition sont assurés par un psychiatre fort sérieux, Bob Shaw, qui joint à des traitements ou analyses classiques des éléments d'inspiration ehrardienne. Mais Shaw travaille avec des patients, individuellement ou en séminaire de trente personnes. Ehrard, lui, s'adresse au monde entier.

1. *Le séminaire de Bob Shaw à Berkeley*

Rendez-vous avait été pris par le service culturel du consulat général de France. Je savais que Bob Shaw avait exprimé quelques réserves. Je me rendis un dimanche matin à Berkeley, espérant découvrir quelques notions. Refus net et définitif : pas question de discuter de schèmes abstraits. «Je vous invite au séminaire full time *qui dure une semaine. Restez avec nous.» Ce que je fis.*

Il s'agissait d'une session consacrée à la mastery *destinée à des professionnels (enseignants de collèges*[1]*, psychothérapeutes, médecins, toute personne ayant un rapport avec le public, un restaurateur, des managers de petite entreprise, un consultant, etc.).*

Mastery : «A seven day course for those professionals committed to mastery. The capacity to operate powerfully beyond the confines of any particular theory, technique, or school of tought.» Mastery, *ou comment surpasser ses capacités par-delà toutes les frontières. Trente participants à 1 800 dollars pour une semaine.*

La poudre éclate immédiatement. «C'est trop cher, c'est scandaleux. Pourquoi un tel prix?» Deuxième attaque, spécialement féminine : «Il y a des fumeurs. Vous polluez et dégradez tout[2]*.» Bob Shaw, installé sur sa haute chaise magistrale, écoutait suavement. Le prix s'expliquait par les coûts de gestion et stimulait d'ailleurs un grand investissement d'énergie dans le séminaire. La fumée? «A vous de la supporter. Vous avez un problème de* relation-ship. *Vous le réglerez ici, sans exclure personne.» La demi-journée commença alors par un long exposé de Shaw sur l'écoulement et le temps. Conception tout à la fois héraclitéenne et bergsonienne*[3]*. Résistances du séminaire :* Time is only o'clock. *«Non, dit Shaw,* time is not o'clock.*» Le temps, c'est la durée. Voilà qui est à cent lieues de la vie américaine.*

Les demi-journées se succédèrent, portant chaque fois sur des thèmes fondamentaux : qu'est-ce que le temps, le possible, l'expérience, le concept, l'abstraction, la maîtrise? Interruptions constantes. Directivité très forte du principal acteur, toujours juché sur sa chaise : voilà comment il faut penser, voilà comment

1. Les professeurs d'université n'y viennent pas. La composition du séminaire était très *middle class.*

2. Shaw fumait le cigare, tandis que je fumais cigarette sur cigarette. On s'écarta de moi comme d'un pestiféré.

3. Sans aucune référence à Héraclite ou à Bergson. Bob Shaw, interrogé, ne les connaissait pas. Il en est souvent ainsi aux États-Unis. Ne sourions même pas : cette force naïve est le moteur principal de la suprématie américaine. A nous de savoir mieux faire de notre vieille culture, en évitant l'autoréférence prétentieuse.

il ne faut pas. La maîtrise s'apprend à telles conditions : vision, creating (is brought forth), commitment, action, trueing, produce in results in report to vision. *Créer de nouveaux espaces de possibilités. Pas d'espoir (c'est l'ennemi), mais des solutions qui développent d'autres problèmes par une dynamique en spirale. Oublier toute négativité. Pour cela, travailler seulement dans le contexte actuel : cela procure une formidable accélération d'énergie. En prendre le risque. Si le risque n'est pas pris, on est en dehors du contexte, on est dans la négativité. Les termes qui revenaient le plus souvent, de façon lancinante, sur un ton de quasi-sermon :* enableness, all the possibilities, power and powerful, collapsed domain, decision.

Le travail avec les patients, avec vos clients, avec vos amis se fait maintenant. Il est immédiatement décisif. Quick therapy. *La thérapie se pratique même couramment au téléphone. Le soir, à la maison, durant un dîner simple et convivial, Bob et Judith Shaw furent dérangés. Ils répondirent au téléphone : dix ou quinze minutes. Coût de la consultation : cent dollars environ. « J'ai un grand disease. – Peut-être, mais quel est votre problème ? Soyez concret. – Mon problème est... – Fort bien, voilà qui est précis. – Oui, mais, c'est la faute de ma mère, qui, un jour... – Non, votre mère n'y est pour rien, ce qui est important, c'est aujourd'hui, pas hier. Quel est le contexte, quelles sont vos relations actuelles ? – Mes relations sont... mais je pensais que... – Erreur, vous pensez mal, vous faites un* collapsed domain *entre ceci et cela. Ok ? – Ok. »*

Prix de la consultation. The end.

Spectacle ébouriffant à nos yeux d'Européens. On s'adresse au thérapeute comme à un pharmacien, à un droguiste ou à un juriste. Désacralisation.

Mais aussi morale forte d'une action solidaire : abandonnons tout isness, *c'est-à-dire toute idée qui nous empêche d'agir pour nous-mêmes et pour les autres. Il n'y a pas de vérité en soi. Quand une vérité se présente, elle empêche toute transformation. La seule vérité possible est celle d'une vision par laquelle l'individu qui la pense se change lui-même en changeant son contexte, c'est-à-dire en changeant les autres. La vérité est collective, active, évolutive. Qu'importe dès lors qu'un séminaire s'appelle*

« Mastery », « Relationship », « Creation », ou « Un monde qui travaille pour chacun »[1] *? C'est toujours le même séminaire...*

La « session » s'achève alors par de grandes déclarations de reconnaissance à l'inséminateur et par un appel de celui-ci : « Allez, portez la bonne parole. Le danger, maintenant, c'est votre isolement. Créez de nouveaux disciples[2]*. Voyez ceux qui ont déjà suivi le séminaire. Formez cercle ensemble. Et envoyez-moi des clients pour faire vivre le centre. »*

2. *La thérapie elle-même*

Comment se présente-t-elle à travers divers documents du Center for Contextual Study dirigé par Bob et Judith Shaw à Berkeley ?

Contextual therapy

Cette thérapie est nommée par ses créateurs *« contextual therapy ».* Elle se refuse à être une thérapie alternative et se présente comme « une enquête sur les conditions qui permettent l'impact de toutes les théories »[3]. Un postulat de base : on peut faire plus et mieux que tout ce qui a été fait depuis Freud. Car les thérapies antérieures ont requis un énorme investissement de temps et d'énergie, des patients comme des thérapeutes, sans que les résultats soient probants. Leur productivité est trop faible et l'enthousiasme décroît[4]. Il devient dès lors inutile de faire une critique supplémentaire, de produire encore une autre théorie. Il convient seulement de rechercher des méta-domaines susceptibles « d'augmenter la productivité et le bien-être des thérapeutes et des patients[5] ». Quelles sont les nouvelles prémices ?

– 1) Les patients ont toutes les ressources dont ils ont besoin pour régler leurs problèmes.

1. Autant de titres de séminaires de Werner Ehrard, enregistrés sur bande et diffusés dans le pays.
2. Les participants venaient de plusieurs villes différentes et fort éloignées.
3. Extrait d'un document intitulé « Outline of possible lectures or orientation talk with regard to contextual therapy ».
4. *Ibid.*
5. *Ibid.*

– 2) Il n'existe aucune limite intrinsèque à la transformation de leur aptitude.

– 3) Chaque rencontre avec le patient peut permettre une transformation radicale.

– 4) Laissons de côté le passé du patient. Restructurons seulement son présent, à chaque instant.

– 5) Les symptômes sont bons, positifs. Ils protègent le patient et lui indiquent la solution.

– 6) Très souvent, la solution est qu'il n'y a pas de solution à chercher.

– 7) Ne réifions jamais la mémoire. Le futur est toujours ouvert. La personnalité et les situations sont fluides. Le futur n'est pas la réplique du passé.

– 8) Il existe toujours une possibilité pour créer sa *«self creativity»*. Les difficultés rencontrées sont les moyens d'y parvenir et l'expérience est ce que vous en faites.

– 9) Les assertions précédentes peuvent utilement compléter d'autres thérapies. La position de chaque groupe est riche. Tout dépendra donc du point de vue de l'observateur.

– 10) Ceci amène à une conception de la vérité purement relative. Toutes les constructions de la réalité sont possibles. Il faut les sélectionner «en fonction de leur utilité plus qu'en fonction de leur rectitude». Ceci stimule la liberté du thérapeute qui peut alors changer de méthodes en chemin; de même l'engagement du patient en devient-il plus actif. Les impasses sont alors brèves et rares.

– 11) Cette liberté ou créativité nouvelle est analogue à celle des grands artistes. Alors que certains artistes suivent des règles esthétiques et peignent correctement, les grands artistes qui sont capables de maîtriser ces règles les violent, oubliant ce qu'ils ont appris. Leur œuvre est alors rejetée jusqu'à ce que le public soit habitué au nouveau paradigme. Ici, la *«contextual therapy»* est le nouveau paradigme des cliniciens.

– 12) Comment user de ce paradigme?

Les patients nous disent que les choses vont mal, que les circonstances de la vie ne donnent pas d'opportunité pour croître et se développer et qu'ils sont sans pouvoir dans cette situation. Dès lors, le problème réside seulement dans les assertions du patient qui structurent sa vie. Il faut donc le questionner sur ces assertions. Bateson est ici invoqué : on appelle problème, dit-il, ce qu'on pense être un problème. Or il y a problème sur le problème même. Il suffit en fait que le patient se rende compte que la situation découle de son propre comportement, qu'il peut créer une nouvelle situation en changeant d'attitudes. C'est ainsi que le problème devient pratique : il faut construire avec la vie comme elle est. Tels sont les éléments très généraux de la *« source therapy »*.

Les cercles vicieux

L'entreprise thérapeutique concerne la pensée, le comportement et l'expérience.

Dans le domaine du *concept,* la thérapie agit pour en altérer le contenu (vieilles mémoires, représentations fausses, pensées, jugements). Un nouveau comportement s'ensuivra. Ici, chercher ce qui est meilleur peut être le fait du patient, de sa famille, de ses amis, de son thérapeute.

Dans le domaine de *l'expérience,* le rôle de la thérapie est de réduire le degré d'influence du concept et de la mémoire dans l'expérience. Il faut être dans le présent, manger quand on a faim et non parce que c'est l'heure, être moins défensif, être plus ouvert à l'expérience. Comment ? En ponctuant différemment la réalité : affaire de construction. Le troisième niveau est celui de la *vision* qui règle le rapport entre concept et expérience. Or ce niveau est souvent inscrit dans un cercle vicieux. La mémoire d'une ancienne expérience se cristallise en concept qui structure toute expérience nouvelle qui vient encore renforcer le vieux concept mémorisé.

Débarrassons-nous du concept car il relève du champ du savoir qui est séquentiel, continu, qui bloque la naissance de tout nouveau paradigme. Le texte fait ici allusion à Kuhn et plaide pour le discontinu. La théorie de la relativité n'a-t-elle pas révolutionné la physique et ce, en ne suivant aucune des règles précédemment admises ? Débarrassons-nous de la normalité. Sachons voir ce qui n'est pas évident. Pratiquons le saut libérateur qui n'est jamais la conséquence du savoir conceptuel. Commençons par un changement global et n'examinons qu'ensuite l'aménagement des détails. Rien de nouveau ne vient d'une construction progressive. Le tout, le global, n'a pas de parties. La *vision* se distingue radicalement des deux niveaux du concept et de l'expérience le plus souvent confondus en un cercle vicieux : *« collapsed domain »*. La question devient alors différente : comment générer de nouveaux espaces, de nouveaux comportements à partir d'idées abstraites sans aucun lien avec le concept ou l'expérience ?

Bateson et Maturana ont raison : l'épistémologie est cybernétique et l'homme est dans une position d'interactivité constante avec son environnement. La réalité de l'homme est dans sa relation à l'environnement. La réalité est *« relationship »*. Du même coup, tout saut dans la compréhension doit être systématiquement exploité dans tous domaines, puisque aussi bien la réalité n'est pas isolable.

Comment les humains savent ce qu'ils savent ? Ils le savent :

– *Expérimentalement,* et, dans ce cas, il faut s'en tenir à l'expérience elle-même, ici et maintenant, sans signification, sans logique, sans contenu verbal.

– *Conceptuellement,* et, dans ce cas, il faut symboliser l'expérience, construire la mémoire. Car la réalité est pure construction.

– *Abstraitement.* L'abstraction permet une nouvelle vision. Le mode de l'abstraction est déclaratif. Il pose en avant la chose à faire, crée un nouveau contexte. La déclaration d'amour relève du niveau de l'abstraction. Elle est bien différente de l'amour comme corps de sensation, qui relève du niveau expérimental, ou de l'idée d'amour qui relève du niveau conceptuel. La plupart ont une idée d'amour et très peu d'expérience à son sujet. Comme le dit Bateson, ils mangent le menu à la place du plat, ils prennent la carte pour le territoire.

Pour dessiner une nouvelle vision

L'épistémologie, voilà l'ennemie. Nous nous voyons souvent comme hommes épistémologiques dominés par toutes les contraintes et limites préalables. Nous développons alors des modèles qui prédisent... ce que nous avons fait. Tout autres sont « les hommes/femmes de vision ». Que signifie ce terme ? Pour le comprendre, donnons attention aux hommes universellement reconnus pour avoir créé une différence : Washington, Lincoln, Martin Luther King, Roosevelt en 1932, ou Churchill. Ces hommes, par-delà l'épistémologie habituelle, ont entrevu un nouvel espace, sans rapport avec les contraintes du moment, oubliant les circonstances. «Les hommes de vision sont capables de créer une possibilité avec la seule pensée, non dérivée des circonstances, et s'engagent à "porter" cette vision dans la réalité... sans aucune justification logique[1]...» La seule chose souvent qu'ils savent est qu'ils sont en train de réaliser leur vision.

Or chacun porte en lui cette aptitude à générer de nouveaux comportements. Il faut la cultiver car elle procure «d'incroyables pouvoirs». *«Epistémic man can be a columnist but never a coach. He can examine, theorize, explain, but he will never show the way to glory or bring about the impossible.»* Ceci s'applique directement en thérapie.

Ainsi arrive-t-on à un curieux mélange d'épistémologie batesonienne non épistémique, à une expérimentation non purement expérimentale (c'est-à-dire sans vérification possible). Il y là, mêlés et comme en surimpression, les deux niveaux du représenter – incontestablement linéaire – et de l'exprimer, qui fait appel au *conatus* individuel et universel et agit par contamination circulaire.

3. *Une première évaluation : les rapports avec l'école de Palo Alto*

De prime abord, les rapports avec Palo Alto sont évidents. Référence – autre que révérente – à Bateson et à Maturana dans leur conception d'une épistémologie cybernétique, à Bateson et à Watzlawick (non cité pourtant[2]) dans leur conception d'une réalité seconde, à construire, la critique d'une mémoire de type psychanalytique qui bloque à la fois le thérapeute et les patients, l'idée qu'on peut jouer sur le symptôme qui indique la solution,

1. *Ibid.*, comme tous les développements qui précèdent.
2. Quoique ses livres soient vendus durant le séminaire, comme ceux de toute l'école.

l'idée d'une vérité relative seulement utile, la critique des prédictions autoréalisatrices : autant de points communs, de rapports de filiation.

Mais déjà ici, une sorte de gêne : c'est cela même et c'est autre chose. La lecture d'un vidéo-script nous met sur la voie[1].

Il s'agit d'un cas typique à la Watzlawick ou à la Weakland : une femme remariée avec un autre homme qui veut déménager d'une ville à une autre. Doit-elle emmener son fils, le privant ainsi des visites qu'il rend régulièrement à son père naturel ? Le père naturel reste dans la ville. Que faire ? En questionnant les parents, on arrive à leur faire dire qu'en réalité ils veulent faire traiter leur problème et non celui de leur fils. L'enfant était prétexte. Après avoir dit : « Je veux partir », l'enfant prit conscience qu'en fait ce n'était pas son problème. Il dit alors : « Je peux rester. » Voilà qui est familier à tous les amis de Palo Alto : le type d'histoire, d'intervention en famille groupée, la technique même de la vidéo incluant la critique des gestes et des intonations.

Mais aussi autre chose : Bob Shaw est extrêmement directif (bien plus que Watzlawick ou Weakland), extrêmement moraliste (bien plus que Bateson). L'enfant *doit* rester près de son père. Telle est la sentence, acceptée par le garçon. S'agit-il seulement d'un comportement thérapeutique personnel ? Affaire de style ? Je n'en crois rien. Car il s'agit fondamentalement d'une autre éthique et donc en partie d'une autre thérapie, et d'une autre épistémologie.

Tout ici est quelque peu forcé : Palo Alto critiquait la mémoire freudienne. Shaw dit : « Oublions totalement le passé. » Pour Palo Alto, il existait tout de même une mémoire familiale dont on étudiait le contexte actuel. Le *« double bind »* était si profondément enraciné qu'on usait de toutes les techniques possibles – de la prescription du symptôme à sa manipulation souvent complexe – pour tenter de le déloger. Encore savait-on que le plus souvent on parviendrait seulement à le déplacer, créant ainsi un nouveau contexte. Long apprentissage professionnel, travail opiniâtre du patient. Ici, rien de tel : il s'agit seulement de *« collapsed domains »* dont il faut prendre

1. Nashville transcript video portion.

conscience et d'un extraordinaire effort de volonté et d'imagination pour créer une nouvelle vision.

La réalité est construite, disaient déjà Bateson et Watzlawick. Elle l'est totalement, à chaque moment, pour être portée vers l'avenir, il suffit de le vouloir, répond Bob Shaw.

Nous sommes dans un environnement, disaient Bateson et ses amis, mais leur thérapie restait individuelle ou familiale. Et, si Bateson s'engageait par moments dans un combat plus politique[1], la thérapie ne prenait pas le tour d'une morale collective. Pour Shaw – et plus encore pour Ehrard on le verra –, une nouvelle vision n'est pas seulement ce qui règle une situation personnelle dans un contexte familial ou professionnel, mais encore ce qui modifie radicalement ce contexte et de proche en proche tous les contextes possibles, changeant ainsi le monde. On ne crée pas un empire pour soi, mais pour tous les autres.

Dernier point, mais non le moindre : Palo Alto reste une école psychothérapeutique classique. Watzlawick nous a clairement indiqué[2] que lui et lui seul donnait l'interprétation, la bonne. Ceci suppose une science, une technologie de l'esprit, la place particulière d'un savoir conservé par quelques-uns. Bob Shaw et Ehrard refusent la science, linéaire, continue. Shaw répète en permanence qu'il ne sait pas ce qu'il fait, mais qu'il le fait. Qu'il s'agit seulement d'un comportement, d'un esprit facilement transmissible en quelques heures, jours ou semaines. Que tout cela est généralisable par voie de contagion.

Quant à la *quick therapy :* nuançons le propos. Shaw et Ehrard en usent abondamment. Mais Shaw est aussi un psychiatre classique. Il suit des patients pendant des semaines, voire un ou deux ans. Il obtient des résultats dans les deux cas. Il nous a paru fin, supérieurement intuitif, cultivé. Il agit en artiste. C'est peut-être là sa marque : « *What I say is not intended to be information to be learned*[3]. » Il parle seulement des voies par lesquelles on peut créer. Méta-thérapie. Acquérir des faits ne donne pas le pouvoir. Acquérir des techniques non plus. Les professeurs et thérapeutes les plus illustres cherchent plus la

1. Par exemple sa lettre aux régents de l'université de Californie.
2. Interview du 10 septembre 1984 à Palo Alto.
3. Conférence à Palo Alto dite « Introduction aux principes de la thérapie contextuelle ».

reconnaissance de leurs pairs qu'à soigner ou changer les patients. Qu'ont-ils fait de leurs intentions de départ?

« Patients et thérapeutes, devenons des artistes. La thérapie n'est qu'un cas d'accomplissement parmi d'autres. Accomplissons-nous en artistes[1]. » La vision suivie d'une intention de résultat, d'un engagement *(commitment)* transparent, d'une action, d'un *feed-back* pour corriger l'action par référence à la vision initiale *(trueing) :* telles sont les démarches de cet art que Shaw qualifie de *Vietnam strategy.* « Vous ne savez pas exactement ce que vous faites, mais vous le faites davantage et avec plus d'opiniâtreté, quelle que soit la technique[2]. »

Et, à nos yeux, ce n'est pas la moindre des bizarreries de cette affaire que de constater que l'art passerait par le schéma le plus traditionnel de la décision, de la conception *(vision)* au moment décisif *(commitment)* jusqu'à l'exécution *(action)* et la vérification des résultats par un rapport linéaire à la vision initiale *(trueing)*[3].

La vision expressive de l'artiste, superposée à la traditionnelle linéarité représentative de la décision, et qui, chez B. Shaw, restent toutes deux en équilibre, marque une tension sans verser dans l'excès de totalisation. Il n'en sera pas de même avec Ehrard.

4. *Ehrard, grand prêtre*

Il s'agit ici spécifiquement de Werner Ehrard, père fondateur du dispositif d'ensemble, associé par moments à Bob Shaw et en quelques points son inspirateur[4], même s'ils se sont ensuite séparés.

Mais alors que Bob Shaw serait plus élitiste, s'adresserait à des managers, à des professionnels sur un mode spécifique, intellectuel, conceptuel, Werner Ehrard est un homme public et

1. Conférence de Shaw à Palo Alto dite « Introduction aux principes de la thérapie contextuelle ».
2. *Ibid.*
3. Voir *Critique de la décision, op. cit.*
4. Nous utilisons ici quatre bandes magnétiques intitulées : « Celebrating your relationship » (1979), « Relationships : making them work » (1980), « A world that works for everyone » (1980), « Creation : a matter of distinction » (1982), production Michael Portis.

politique. Connu et reconnu par les mass media, sa cible est très large : la population américaine et, s'il le peut, la population mondiale. « Werner et moi avons la même méthode, mais il y a peut-être une différence de cœur. Il cherche des *followers*. Il construit des organisations, seules créatrices, à ses yeux, de liberté. Pour les soutenir, il voit souvent les grands managers. Il convertit peu à peu son action en une action politique. Il fait tout à tous les niveaux. C'est un homme-orchestre[1]. » Shaw doit sûrement beaucoup à Ehrard. Mais sa pratique est personnelle, professionnelle. C'est un intellectuel new-yorkais vivant en Californie. Il ne l'oublie jamais. A quoi fait-il allusion en parlant de l'homme-orchestre ? D'abord, à la véritable usine de thérapie, sorte de noyau impérial d'Ehrard. Multitude de séminaires, de conférences ; Ehrard fait son cours (ou sermon) devant des centaines de personnes. Il a des succursales en Europe (Londres et Munich). Son très extraordinaire petit livre d'aphorismes[2] est diffusé à un million d'exemplaires. Il fait partie de la direction du Hunger Project, projet mondialement connu de lutte contre la faim : il en est de même le principal idéologue. Tout cela fait plus qu'une nuance.

Le ton de sermon qu'il utilise : « C'est moi ou l'apocalypse », les applaudissements qui crépitent, sa pratique d'un langage très ordinaire nous font hésiter. Orateur évangéliste, missionnaire auprès des premiers chrétiens, homme politique national (d'envergure internationale), thérapeute, prophète ? On ne sait au juste, et tout à la fois. Le contenu même en est affecté. Là où Watzlawick s'occupait de l'individu souffrant dans sa famille ou son travail, là où Bob Shaw élargit le contexte à tout professionnel, Werner Ehrard entend, lui, embraser le monde. Nous voilà loin des pratiques batesoniennes et de la lettre aux régents de l'université de Californie[3]. La morale est collective : « Travaillons pour le monde qui travaille pour nous. Dans ce pays, il n'y a pas de projet national. Vingt enfants meurent par minute pendant que vous parlez. Que chacun conserve ses croyances. Il

1. Entretien avec Bob Shaw, Paris, 4 novembre 1984.
2. Intitulé *Si Dieu avait voulu que l'homme vole, il lui aurait donné des ailes*, en annexe de ce livre (annexe 1).
3. Célèbre lettre de Bateson en annexe de *La Nature et la Pensée*, Éd. du Seuil, 1984.

faut seulement les approfondir. Soyez plus encore ce que vous êtes, afin de ne plus réagir de façon mécanique. Créer un contexte pour soi, c'est le créer pour tous. C'est une vision communiste *[(applaudissements enthousiastes et prolongés)...]* que celle de faire le bonheur dc l'humanité dans son travail propre, le plus humble soit-il[1].» «Créons à partir de rien, de nulle part et de partout, créons de nouveaux espaces sans signification ni contenu. Soyons des *context creators.* Créons notre *self.* C'est cela, " distinguer ". Créer, c'est faire des distinctions et, pour ce, commencer par se distinguer soi-même. Les droits de l'homme, comme la théorie de la relativité, ont été créés à partir de rien. Il ne faut pas expliquer, il faut générer[2].» «Cela donne d'incomparables plaisirs, sources d'innombrables joies : changer sa vie[3].» «Aimons alors et admirons autrui sans réciprocité, même s'il ne nous aime pas. Aimons nos enfants, même en ce que nous n'aimons pas en eux. Les choses sont comme elles sont. Elles sont parfaites en elles-mêmes[4].»

On peut se faire ici une idée de la traduction des thèmes batesoniens en objets de thérapie de masse. La critique du Watergate comme corruption nationale, l'absence de projet collectif, le renversement des valeurs existantes, leur remplacement par d'*autres valeurs qui sont l'approfondissement authentique des anciennes :* voilà qui constitue pour nous un premier objet de réflexion. Le Hunger Project en est l'illustration la plus évidente.

5. *Le Hunger Project*

Quel responsable de grande ou de petite importance n'a pas reçu dans sa boîte à lettres, à Paris, à Marseille, à Lille ou à Nevers, des appels répétés du Hunger Project? Il en est de même dans les principales villes du monde. C'est que les moyens de propagande sont colossaux. Dans ma boîte, le 15 novembre 1984, un journal de seize pages du Hunger Pro-

1. «A world that works for everyone», *op. cit.*
2. «Creation : a matter of distinction», *op. cit.*
3. «Celebrating your relationships», *op. cit.*
4. «Relationships making them work», *op. cit.*

ject[1]. Première page barrée en lettres capitales, un titre en rouge : *« I commit myself... the end of hunger and starvation by the end of the century. »* Trois millions d'adhérents, dont deux aux États-Unis, prennent cet engagement solennel *(commitment)* du soi *(myself)*. C'est affaire de volonté, de *will*. « Les "engagés" découvrent comment faire une différence dans des voies en rapport avec les circonstances et leurs responsabilités... Les petites actions de chacun génèrent un climat... un environnement dans lequel le travail à faire est généré et accéléré... Ce sont ces actions qui conduisent à un changement d'époque dans l'histoire du monde[2]. » Rien que cela... L'éditorial n'est pas signé. La doctrine d'Ehrard est devenue doctrine officielle du mouvement. Page 4, la méthode suivie est annoncée comme celle de la contagion, du premier individu qui en a eu l'idée jusqu'à tous les engagés. Ehrard est toujours là, comme dans une brochure inaugurale de 1978 : page 1, sur papier glacé, une superbe photo de chutes donnant une grande impression d'énergie et un titre : « Rien n'est aussi puissant qu'une idée dont le temps est venu » ; sous-titre : « La fin de la famine en moins de vingt ans ». Page 4, une photographie de végétaux sortant de la pierre et une formule : « Vous faites la différence... » Un grand éditorial signé Ehrard reprend les principaux points de sa doctrine et les adapte au Hunger Project. Rien de nouveau pour le lecteur, sauf peut-être une attaque en règle des forces politiques qui sont cause de la famine. Des élites économiques aussi. Il en appelle aux forces sociologiques, psychologiques ou philosophiques. « Ou, si vous préférez, à une combinaison de toutes ces forces[3]. » Tous les thèmes d'Ehrard défilent impeccablement : la vision d'une solidarité globale, la création du contexte par le « soi » qui devient *mastery* (maîtrise, qui n'est pas la force, mais la puissance), jusqu'à la prophétie du tapis qui peut un jour voler à la condition de changer sa mentalité de tapis. Les mânes de J.F. Kennedy sont invoqués : « Cela peut être fait[4]. »

On a compris : la révolution mondiale est en marche. Sa base : San Francisco. Sa doctrine : la thérapie contextuelle. Son

1. Daté de septembre 1984.
2. *Ibid.*, éditorial.
3. *Ibid.*, p. 12.
4. Formule célèbre du président disparu.

prophète : Ehrard. Le modèle du monde n'est plus seulement dans les technologies de la Silicon Valley. Il est dans l'esprit historique à nouveau incarné. Reagan et ses émules ne sont plus que des épiphénomènes d'une essence plus fondamentale encore : la vieille morale californienne régénérée en *will* ehrardien et basculant sur l'ensemble du monde. Si l'on revoit un vieux film, *La Rivière d'argent,* dont l'action se situait en Californie, on est frappé par la quasi-identité des thèmes.

Je n'achèverai pas cette enquête sans décrire la petite brochure, de type Mao, rédigée par Ehrard et diffusée à un million d'exemplaires.

6. *La brochure Mao*

Faisons table rase. Il n'y a pas de signification cachée. Ce qui est est. Vous êtes dieu (*god,* toujours avec un petit g, sauf lorsqu'il s'agit de Dieu). Il suffit d'y croire. Mélange extravagant de Bible, de Nietzsche et de Palo Alto combinés en un œcuménisme où tout un chacun est dieu.

Un mot d'abord sur l'aphorisme, forme de la nouvelle religion, forme Mao-zen-biblique accomplie en allégorie. L'aphorisme est rapide, concentré, aisé. C'est le sens commun ou adage qui peut se permettre toutes les contradictions : que les tapis volent, à condition de changer leur mentalité de tapis, nous dit Ehrard d'un côté. « Si Dieu avait voulu que l'homme vole, il lui aurait donné des ailes[1] », nous dit-il de l'autre. En somme, tout à la fois – et sur la même image – tentons l'impossible et restons-en à ce qui est. Bon sens dans les deux cas et bon sens paradoxal producteur d'une dynamique. Les aphorismes sont puisés souvent dans le réservoir de la Bible. Autre pratique anglo-saxonne : on ouvre la Bible au hasard et on lit un passage qui indique la marche à suivre, éclaire, oriente l'action du moment. Démarche évangélique qui suppose un rapport direct à Dieu, démarche aux antipodes du Talmud ou des canonistes avec leurs infinis commentaires qu'on ne doit approcher qu'avec lenteur et précaution. Entre les deux, une démarche chrétienne qui suppose tout à la

1. Brochure p. 1. Cette brochure extravagante est traduite et publiée ici même (annexe 1, p. 475).

fois commentaire et présence divine. Le «pas de science», le «tout est immédiatement possible» d'Ehrard se situent dans la pure ligne évangélique à l'anglo-saxonne.

Le tout, enfin, s'enroule en slogans bien frappés. Rapport évident à la publicité et à ses effets politiques et sociaux. Ce que j'appelle en dérision l'effet Mao. Comprenons bien que le «Prenez appui sur l'aphorisme[1]» est en même temps un slogan et un aphorisme.

Suivent alors les aphorismes ehrardiens. Table rase : «On crée à partir de rien» *(p. 15)*. «La vie est un jeu dans lequel ce qui n'est pas est plus important que ce qui est» *(p. 16)*. «Ce qui est est, il n'y a pas de signification cachée» *(p. 17)*. «Comme vous pouvez le voir, l'univers est parfait. Vous êtes dieu[2] dans votre univers.» «Vous le produisez» *(p. 13)*. La parabole d'Abraham et de Jacob est présente : «Si Dieu[3] vous dit exactement ce que vous devez faire, vous devez être heureux de le faire, peu importe ce que c'est [...]. Soyez heureux» *(p. 21)*. «L'essence de la communication est intention» *(p. 18)*. «Le bonheur consiste à accepter ce qui est. L'amour est une fonction de communication. La santé est une fonction de participation. L'expression de soi est une fonction de responsabilité» *(p. 10)*. Être d'accord avec soi-même sur le chemin qu'on a pris est donc le *bien* (*p. 12, 14 et 15)* puisque vous, dieu de votre univers, correspondez au Dieu qui commande (*p. 13) :* c'est cela, la maîtrise. Une sorte de «Devenez ce que vous êtes» *(p. 7 et 12)*. Ainsi «vous faites la loi» *(p. 12, 13, 14 et 17)*. On peut formuler l'ensemble en un tableau :

Créer-Croire

= Communiquer = Aimer

Maîtriser-Être

1. Sous-titre de la brochure, p. 2.
2. *God* avec ici un petit g.
3. *God* ici avec un grand G.

II. Les technologies de l'esprit

Dans cet ensemble de théorisations et de pratiques, où les métaphores sont porteuses de délires et où des thérapies tentent d'en freiner les effets les plus pervers, nous pourrions, cependant, nous fier au bon sens et à la mesure pour que s'installe un certain ordre dans la communication. Laissant, par exemple, les tenants d'une machination outrancière à leurs fictions, ou les injonctions autoréalisatrices répandre leurs prophéties en l'air, sans nous inquiéter outre mesure, n'étaient des retombées d'importance que nous appellerions volontiers « technologies de l'esprit ».

Il serait, en effet, futile de croire que, parce qu'ils restent inconnus du grand public, les efforts théoriques des chercheurs en communication demeurent sans écho, défendus par les difficultés de leur approche, et comme installés dans un territoire limité, domaine exclusif de savants dans leur forteresse. Si les programmes à l'étude demeurent « propriété privée » et les machines qui les supportent l'apanage de riches centres d'études, il est une chose qui tend à se diffuser, à devenir prioritaire sur le marché intellectuel, à se propager à travers les sciences sociales, à envahir la littérature : ce sont les notions mises en œuvre par les technologies de l'esprit.

Nous assistons alors à une véritable révolution des anciennes techniques de pensée. Les théories de l'information et de la communication, les pratiques que l'empire de la communication exalte et provoque ont quelque peu bouleversé la raison habituelle. Ce ne sont plus les plans en deux parties des facultés de droit ou en trois des facultés des lettres qui nous gouvernent. Ils étaient les armes des gouvernants d'hier, ultimes avatars de la dogmatique médiévale, injustement décriée, qui permettait l'interprétation, le jeu entre les instances, un peu de liberté en somme[1]. Ces procédés canoniques sont remplacés aujourd'hui, dans les couches dirigeantes, par une « nouvelle » raison.

1. Cette démonstration est celle de Legendre dans toute son œuvre.

Résultat non négligeable qui produit ses effets au-delà de ce que nous pourrions nommer des «alternatives» de choix de société. La nouvelle raison s'introduit dans les fondements constitutifs de l'esprit et exerce, à notre insu, de savantes manipulations.

Est-ce seulement une question de mode comme l'on sait que l'intelligentsia en raffole et en change, selon une vitesse croissante ? Ou est-ce plus insidieusement, comme je le crois, un pas vers le tautisme ?

Pour prendre la mesure de ces changements, dont nous ne savons pas encore s'ils sont décisifs, il nous faut tenter de préciser quels sont les notions ou les concepts qui envahissent le discours des professionnels du discours que sont les sociologues, les administrateurs, les journalistes, les psychologues, les ingénieurs ou les savants.

Ces notions, nous les avons déjà rencontrées, çà et là, dans notre parcours. Il s'agissait tantôt de la pensée du *réseau,* cher aux neurobiologistes et aux chercheurs en intelligence artificielle, en ce qu'il indique les multiples connexions au travail dans les neurones et celles des circuits d'information montés en parallèle dans les ordinateurs «pensants». Tantôt c'est le *paradoxe,* exploité par les tenants du Creatura, qu'il soit question du *double bind* de Palo Alto, de la société paradoxale de Barel ou des principes de von Foerster. Tantôt encore c'est la *simulation,* point nodal de la machine universelle de Turing et axe autour duquel se développe le délire simonien.

A ces trois notions, instigatrices de technologies et de techniques de communication, vient s'ajouter l'*interactivité,* excellent argument de vente, où l'on voit homme et machine se lier d'amitié, en une alliance qui devient peu à peu mariage, jusqu'à l'attente passionnée d'enfants nés d'une fécondation réciproque.

Chacune dans leur champ, ces notions aidaient à théoriser l'action (sociale, psychologique, communicative), informaient un pan de savoir limité. Chacune avait sa séduction particulière et portait sa propre révolution. Le réseau s'érigeait contre l'arbre (linéaire), le paradoxe contre le principe de non-contradiction, la simulation contre l'ontologie, l'interaction contre la causalité linéaire et le sujet tout-puissant. Mais les choses se corsent quand toutes les séductions opèrent à la fois, sur n'importe quel sujet... Ou encore si l'une de ces notions prétend gouverner toutes les autres qui s'y résorbent. Or c'est à cette confusion ou à cet englobement que nous assistons aujourd'hui, et c'est en cela que de simples techniques (outil conceptuel pertinent pour une visée déterminée) deviennent des technologies à vision totalitaire. Au risque de nous répéter, chacune des quatre technologies de l'esprit qui va suivre est sans danger. Mieux encore, chacune, toute seule ou couplée à une autre, peut être extrêmement féconde pour l'esprit, comme on va le voir. Mais c'est la conjugaison de l'ensemble qui devient tautistique.

Commençons donc à explorer ce quadrilatère, pour tenter de percevoir quelle sorte de séduction ses éléments peuvent exercer sur les intellectuels, qui sont foule, on le sait, dans nos sociétés...

A. LE RÉSEAU

Lié tout d'abord aux lieux du corps humain[1], le réseau, c'est celui de veines et de nerfs qui transportent le sang et les humeurs : des liquides nourriciers ou malfaisants. Leurs entrelacs, leur «lacis»[2] forment un «réseuil» qui est la substance même de la chair.

Cette référence anatomique est majeure en ce qu'elle indique un lieu spécifique. Nerfs, vaisseaux, canaux où se promènent les esprits animaux sont de l'ordre du singulier et tiennent quelque part du hasardeux, car aucun corps n'a le même entrelacs, la même dimension de canaux. Tous sont singuliers, et c'est bien pourquoi la médecine, ou l'art de traiter des lieux du corps, est un ART (une *techné*) plutôt qu'une science.

Bien sûr, les particularités se nouent dans un schéma général, qui indique un ordre plutôt qu'une réalité. La réalité, le concret du fonctionnement interne sont affaire de «cas», de coup d'œil, de tâtonnements et d'exercices répétés.

Cette conception permet de traiter les réseaux comme autant

1. Hippocrate, *Les Lieux du corps,* Belles Lettres.
2. Descartes, *Traité de l'homme,* Gallimard, coll. «La Pléiade».

de circulations sans commencement ni fin, dans la mesure où leurs «abouchements» sont multiples et leurs cheminements complexes.

Elle sera reprise sous la forme d'une vision circulariste du monde et de ses enveloppes successives, vision d'un dedans organique s'autobouclant pour une reproduction elle-même «auto»[1].

Car, en même temps qu'il réfère au corps biologique, au concret de la vie du corps, le dessin général de ces multiples embranchements peut être traité comme un champ de forces orienté, où se propagent des énergies (vues comme fluides) sur le modèle des humeurs et des sanies, ou du sang. Le glissement vers la théorie de la communication se fait par extension et associera les anciens concepts et les nouvelles pratiques.

Énoncer : «Être branché ou se brancher», expressions communes aujourd'hui, c'est faire référence à cet arbre de vie dont les branches envoient en tous sens leurs pousses manifestes. C'est aussi considérer l'ensemble de la société comme un organisme vivant, où la croissance et la mort sont liées à la qualité et au nombre des embranchements possibles.

Ce qu'il pourrait y avoir de difficile à saisir dans la notion d'une ligne ou de lignes qui ne sont pas linéaires, d'un vol qui ne serait pas survol, d'une finalité qui n'aurait pas de fin – autant de traits caractérisant les réseaux – «passe» aisément dans le public à l'aide de cette image du corps.

Le monde de canaux, satellites, câbles, fibres optiques, messages télématiques, gestion à distance, embranchements possibles en tous sens, multifonction des transmetteurs (ce qu'on nomme improprement multimédia) ne déstabilise pas la conception du monde traditionnelle, dans la mesure où la référence au corps résiste dans son archaïsme aux innovations techniques.

Un tel concept est bien un concept de passage et acclimate les esprits à cette refonte des éléments traditionnels de la connaissance que sont la causalité et la linéarité, le déterminisme et la non-contradiction.

Il n'est pas étonnant de le voir circuler dans tous les milieux

1. Anne Cauquelin, «Concept pour un passage», in *Quaderni,* n° 3.

et désigner des situations aussi banales que la constitution d'un carnet d'adresses, un complexe de relations, une réunion de filiales d'entreprises, la distribution de l'édition ou de l'essence, et jusqu'à la toile d'araignée de la maffia, tandis que, d'autre part, il sert de support à des constructions abstraites et audacieuses en logique mathématique.

Ainsi s'agit-il moins, avec la pensée du réseau, d'un chant de triomphe que d'un compromis, remède aux angoisses du monde contemporain concernant la marche des événements ou des actions, la responsabilité de tel ou tel dans une entreprise. Si le réseau n'avait pas pour fonds originel cette attache au corps et à l'arbre, nul doute que la mise en cause des « sources » et des « fins » par la circularité des canaux multibranchés poserait des problèmes ontologiques et de l'ordre de la morale, sans fond...

C'est pourquoi nous devons nous méfier de ces apologies de la modernité et des pratiques qu'elles recommandent, en les disant nouvelles sous le titre de réseaux ; c'est bien du même monde qu'il s'agit, et le renouvellement est affaire d'un aménagement du passage[1]. Ou encore, c'est bien d'un tout autre monde qu'il s'agit, camouflé par la très ancienne et rassurante métaphore corporelle du réseau. Dans cette mêlée subtile, on ne sait pas bien qui l'emportera, de notre corps ou de la technique. Mais si l'enjeu de la mêlée est, on le voit, fort clair, le réseau s'impose à tous comme *technologie de l'esprit.* Il faut penser en termes de réseau, qu'il s'agisse de camoufler un avenir froid ou de préserver un passé plus chaud.

B. LE « ET » DU PARADOXE

Qu'un système puisse être vu selon le réseau, c'est-à-dire sans « commencement ni fin » fixés et dont les lignes puissent s'enchevêtrer circulairement, rendant TOUTE circulation possible, sans ordre déterminé, une fois pour toutes, tous les embranchements possibles de la même manière, et nous sommes non seulement dans un système ouvert, mais dans un système qui se définit par le temps passé à le parcourir en tous sens comme le

1. *Ibid.*

système général de tous les systèmes possibles. Autrement dit, nous avons là un système et son dehors, liés de telle manière que l'on ne peut plus dessiner sa forme (sa limite extérieure) ; nous avons alors affaire à une forme dite « paradoxale ». Comme le précise Yves Barel[1], toute forme, qu'elle soit sociale ou biologique, naturelle ou artificielle, peut donner lieu à deux visions, l'une qui utilise le *« ou bien »* (ceci) *« ou bien »* (cela), et l'autre le *« et »* (ceci) *« et »* (cela). Une superposition. Légendaire figure du canard-lapin de Wittgenstein, de la femme-sorcière, ou tout simplement du cube, que l'on peut voir de deux manières.

Le paradoxe était, il n'y a guère, un exercice de logique, considéré comme la propriété d'une langue de dire ce qu'elle dit en même temps qu'elle le nie. De ce point de vue, un apprentissage des apories était rendu nécessaire et semblait une curiosité, une singularité au sein des formations langagières « normales ». Même chose pour ces dessins ambigus dont je parlais plus haut. Ou de ces situations angoissantes, qu'il fallait éviter ou dénoncer et dans lesquelles le sujet est pris entre les feux croisés de deux injonctions opposées.

Le « Je suis un menteur » du Crétois trouvait sa place, limitée à l'intérieur de guillemets qui condamnent la proposition à une semi-solitude entourée comme elle l'est d'emboîtements possibles. Il suffit, en effet, de positionner cette proposition dans un discours qui lui assigne la place de paradoxe, tandis que l'ensemble des propositions « normales » continue de fonctionner sans bouclage intempestif. Tout différents sont les paradoxes modernes qui ont envahi progressivement les domaines scientifiques jusqu'à intervertir l'ordre des facteurs : c'est le paradoxal qui est englobant, et ce sont les propositions assertives ou descriptives qui deviennent exceptions dans l'environnement paradoxal.

Plusieurs constatations s'imposent ici. Par exemple, l'observateur voit ses mesures modifiées par sa propre intervention : il faut alors qu'il se considère comme partie intégrante du système qu'il doit étudier comme si, référé au « Je suis un menteur », le « je » de l'observateur se disait menteur, mais affirmait cependant les résultats objectifs de son observation. Impossible, ici,

1. *Le Paradoxe et le Système,* PUG, 1979.

de s'en tirer avec l'introduction d'une classe d'objets « méta », supérieure logiquement à la proposition énoncée, car cette classe elle-même tombe sous le même soupçon. Les « classes logiques » de Russell sont alors inefficaces. La communication langagière doit se référer au « je » de celui qui parle et à un « je » qui fait partie d'un autre système qui l'annule en tant que « je ». Le dire n'est pas le dit, et, cependant, dire et dit « vont ensemble ». La langue est une réalité ambiguë, dont les éléments appartiennent à plusieurs ordres hétérogènes.

Il s'agit d'une liaison déliée, d'un aller ensemble qui ne va pas ensemble, d'une confusion du sujet et de l'objet sous le même trait de réalité de second ordre. Von Foerster nous entretient, dès l'abord, de l'ordre communicationnel qui s'exprime par un : « Ne parlez pas », ou de celui qui prononce : « Il est interdit d'interdire. » Tout discours prend fin par un autre discours qui lui signifie sa fin, et cela dans une construction en abîmes. La superposition et la confusion sont la loi du genre, qui trace des frontières floues ou des frontières qui sont aussi des passages.

C'est ici, non le principe de linéarité et de causalité qui est mis à mal, mais celui de non-contradiction qui subit des modifications d'importance. Qu'un objet puisse être ceci *et* cela, que je sois ceci *Et* cela, dedans *Et* dehors, et me voilà affronté à un étrange mécanisme !

La réalité bien pesante et bien distincte des objets qui m'entourent devient imperceptible, leur représentation en formes discrètes m'échappe, je me trouve devant un continuum fluctuant de points de vue contrastés et simultanément valables.

A cette confusion des points de vue s'ajoute celle qui provient de la réversibilité de la partie et du tout. La partie enveloppe la totalité qu'elle « exprime », alors que la totalité enveloppe la partie dont elle est l'exprimé. Cet enveloppement réciproque permet le passage (et nourrit l'ambiguïté) du sujet à la société et de la société au sujet, de même qu'il permet le renvoi indistinct du système considéré comme totalité au sujet considéré comme l'expression totale d'une société divisée.

Le paradoxe est le symptôme d'une crise, où, à ne pas dénouer le nœud qu'il instaure, l'individu perd son identité. Symptôme de toute société quand elle se trouve prise dans la double contrainte d'une modernité qu'elle ne peut refuser et de traditions qui la nient, le paradoxe devient symbole d'une impuissance à se déterminer. Symbole, c'est-à-dire qu'il retourne cette impuissance en la valorisant, organisant autour de lui des cercles de contradictions non résolues qui valent comme style de pensée et de vie. Ce que nous indique Yves Barel dans ses ouvrages.

L'ère des paradoxes s'ouvre alors comme celle d'une restructuration spatio-temporelle. Et la relativité généralisée est loin de jouer sa partie uniquement dans les sphères célestes. Elle est présente dans cette sphère particulière qui est celle de l'intelligentsia : le paradoxe, bien porté, était naguère une certaine qualité d'esprit (brillant et paradoxal allaient de pair). Il soutient, aujourd'hui, des constructions conceptuelles qui visent beaucoup plus haut : Hofstadter, à la suite de von Foerster[1] et grand amateur de fictions cognitivistes, fait régner la vision paradoxale sur le monde de demain. L'autoreprésentation et l'autoréférence, ces deux formules systématisées du paradoxe, sont ses chevaux de bataille. Nous ne serions pensants que parce que nous aurions en nous ce mouvement perpétuel de référence à nous-mêmes qui nous enferme dans sa boucle. Donnons à l'ordinateur sa propre autoréférence, cette possibilité de se mettre en abîmes, et il n'y aura plus de différence entre la machine et l'humain[2].

Où l'on voit que, parti du jeu, le paradoxe devient une technologie qui régnera en maîtresse absolue, d'autant plus absolue qu'un paradoxe ne peut être contredit.

Car il faut remarquer que, dans le cas d'un jeu de langage, on pouvait traiter le paradoxe comme quelque chose d'extraordinaire, disant : « Après tout, ce n'est qu'un paradoxe », alors que, dans un contexte paradoxal, les situations embarrassantes appellent un vigoureux : « Mais bien sûr, cela est ainsi parce que c'est paradoxal, comme tout le reste. » Renversement qui ne manque pas de piquant et qui nous fait entrevoir la vraie fonction et la toute-puissance de cette technologie de l'esprit : nous permettre, malgré tout, de préserver l'identité menacée, en

1. Mais plus imprudemment.
2. Voir son *Escher, Gödel et Bach, op. cit.*

désagrégeant l'archaïque constitution du moi pour lui substituer une nouvelle identification, difficile, fragile : paradoxale.

C. LA SIMULATION

Nous sommes déjà bien loin de la pensée «réseau» et accédons à une zone où l'autisme, clôture de la référence sur soi, en définissant la vie sous l'espèce de l'autoréférence, commence à fissurer nos certitudes... La simulation, malgré ou à cause de sa vieille histoire, n'est pas en mesure d'arranger les choses, bien au contraire[1] !

Ici aussi, le processus de séduction passe par l'Antiquité. La notion naît dans le même temps où le logos affirme son droit et où se constitue une pensée de l'Être. Aussi persistants l'un que l'autre, Être et simulation se conjuguent sur tous les tons. Et, bien que prenant des colorations successives et divergentes, la simulation, quant à elle, ne cesse de référer à son origine. Ainsi offre-t-elle à l'analyse ses deux faces, antique et moderne. Ce caractère ancien nous permettant le passage – risqué – vers son acception actuelle. Autre attrait : la simulation, tout comme le paradoxe, est symptôme de crise qu'elle prétend surmonter. Et, comme lui, tente d'englober tous les concepts et de résorber tout conflit dans son procès. Tout aussi totalitaire, elle vise à donner la clef totalisante d'une énigme, en brouillant les pistes. Mais, mieux encore que le paradoxe, elle couvre et recouvre deux autres éléments du tautisme, l'autisme et la tautologie.

1. *Le même et l'autre*

Au «départ», la simulation se tient dans le domaine ouvert par Platon. Il s'agit de modèle et de copie, du même et de l'autre. Tous objets qui demandent une étude approfondie, qui vont à l'Un et à l'Être, exigent une dialectique serrée, la *dianoia,* ou distinction de pensée.

1. Voir Philippe Quéau, *Metaxu,* Champvallon, 1989. Soyons attentifs aux expériences «zooïdes» en automouvement et récurrentes décrites dans ce livre.

Car il faut distinguer entre les termes qui indiquent la distinction. Ainsi l'Un s'oppose-t-il au divers, à l'illimité, car l'Un est semblable à soi, il est rassemblé en lui-même, tandis que le divers, l'éparpillé ne ressemble ni à soi ni à l'Un. Entre les deux termes, entre le même et l'autre, une fissure, un hiatus considérable. Comment faire ?

La première voie est une sorte de ruse par laquelle, avec une copie, on pense pouvoir simuler l'Un : c'est l'image, la simulation de l'Être, apparence toutefois trompeuse, faux-semblant. Parler « image », c'est en quelque sorte trahir l'Être, imposer un valant, pour installer la copie en place de l'original. Faute morale, faute contre la philosophie, qui est pensée de l'Un.

Le simulateur est un menteur ; il procède d'une intention de se faire passer pour ce qu'il n'est pas, en usant de la semblance, de la ressemblance : une répétition caverneuse. Le poète, le peintre sont au plus bas car, bien sûr, l'image est séduction, rhétorique, sophisme.

N'y a-t-il pas une seconde voie plus sûre pour surmonter la rupture ? Oui. La notion de paradigme (de *para deiknumi* : monter en parallèle) vient à point nommé sortir l'image *(eidôlon)* de son statut méprisable. L'épistémologie, loin de repousser la simulation dans l'enfer de la morale, en prône l'utilité. Construire un modèle réduit du monde, c'est se permettre de l'explorer. Une orange est le paradigme de la terre, la caverne est le paradigme de la situation humaine. L'analogie, ici, est téléologique ; elle vise une fin, elle participe à la sphère de la science.

Si la copie ne vaut pas l'original, c'est parce que nous, humains, sommes imparfaits. Nous avons besoin de cet artefact ; une intelligence infinie n'en aurait nul besoin. Le paradigme désigne notre insuffisance et joue le rôle d'une roue de secours. Mais cet aspect est largement compensé par son utilité[1].

Ainsi la source platonicienne nous livre-t-elle deux présupposés qui imprègnent notre façon de voir :

– la copie-simulation est très inférieure à l'original, et l'on doit s'en méfier ;

1. Sur l'utilisation du paradigme chez Platon, voir V. Goldsmith, *Le Paradigme dans la dialectique platonicienne,* PUF, 1947.

– le paradigme, copie contrôlée par la science, est utile à la connaissance, et on doit s'en servir.

Une sorte de contamination réciproque joue entre les deux versions, et nous sommes à la fois méfiants envers l'image et confiants à l'extrême envers le modèle scientifique... deux préjugés qui nous affectent simultanément.

Le problème reste entier : bonne ou mauvaise simulation ?

2. *Le simulacre comme « typos »*

Notre éducation traditionnelle nous avait appris à manier délicatement les réponses ; à limiter les domaines, même s'il devait s'ensuivre quelques conflits d'opinion. Le modèle scientifique est intouchable, la simulation technique est utile. La simulation éthique est une autre affaire qui concerne la vie quotidienne. Quant à celle de l'art, elle est plus ou moins acceptée, quand le résultat est communément tenu pour « beau ». Et l'art de vivre consiste justement à circuler entre ces zones dangereuses, en louvoyant entre les extrêmes, en refusant les confusions de niveaux.

Mais voici que survient le « simulateur », objet « réel » et tout aussi naturel que la réalité dont il est le décalque. Épicure nous offre là un *typos,* une marque ou modèle miniaturisé des corps dont il émane. Car, chez Épicure, les simulacres sont bien des images, mais non point telles qu'elles seraient des imitations, des semblants par rapport à un original ou à l'idée. Les images existent, ce sont des objets physiques, plus légers et plus ténus que les corps solides dont ils émanent en permanence. En tant qu'elles émanent, en effet, des corps, se propageant alors sous forme de petits ensembles réduits, les images peuvent être dites *typoi :* modèles, ou empreintes (*typos* est l'empreinte en relief servant à la monnaie). Le modèle est aussi bien théorique, car il y a un *typos* de la théorie même d'Épicure : sa formule ou son résumé – comme il y a des *typoi* des corps sous forme de simulacres –, ces petites images qui viennent frapper les sens[1].

1. Épicure, *Lettre à Hérodote;* voir le commentaire de la lettre dans J. et M. Bollack, H. Wismann, *La Lettre d'Épicure,* Éd. de Minuit, 1971.

Construction théorique née de l'observation, ou images faites de particules ténues issues des corps, c'est tout un, sous la rubrique *typos*. Ici, plus aucune considération morale ou ontologique. Nous sommes dans l'observation des « faits », et l'image issue du corps solide n'est ni plus ni moins digne d'intérêt que sa source.

Avec le simulacre épicurien, nous touchons à la seconde version de la notion : si la première était attachée à se définir par rapport au vrai et se trouvait ainsi taxée d'infériorité, voire de malignité, la seconde touche à l'usage possible d'un signe qui a la même texture que ce dont il provient, qui possède la même garantie d'authenticité, qui est « réel » tout autant que sa source. Si une barre disjonctive peut être cherchée dans le premier cas, cette même barre n'a pas de raison d'être dans le second cas ; le simulacre, en ce sens (épicurien), oblitère la distinction entre vrai/faux, réel/imaginaire, vérité/mensonge. Il l'oblitère à la manière dont un timbre est oblitéré : sa valeur est d'autant plus « réelle » qu'il avait été marqué du sceau de son usage. Au moment même où il n'est plus vierge (original, neuf), il vaut pour : il EST la valeur. Le simulacre, en ce sens, est sa propre valeur d'usage, il ne réfère qu'à elle, c'est-à-dire à son pouvoir de signifier, non pas un référent lointain, mais sa propre utilité. Il échappe au déroulement du temps : la simulation-simulacre se fait en simultanéité (*simul :* au même moment). Impossible de revenir en arrière pour référer à la source puisque la source est interne. Cette privation de référent rejoint l'autoréférence dont nous entretient le paradoxe, et, au-delà du paradoxe, le réseau : une contamination instantanée par le simulacre est possible grâce à l'entrelacs résillé des circuits.

On voit ici se dessiner, comme à l'envers du platonisme, un univers du tout vrai (ou du tout faux, c'est la même chose), à l'abri de toute instance morale de distinction, qui facilite grandement la tâche des technologues, pour qui la distinction homme-machine n'a pas lieu d'être... En ce sens, les ordinateurs pensants seraient bien des *simulacres* (et non des simulations). Ils ne seraient pas uniquement des paradigmes, utiles à la connaissance des lois de la pensée. Car alors nous serions encore dans la distinction naturel/artificiel, paradigme/être[1].

Pour cette acception qui pourrait se réclamer d'Épicure, les ordinateurs ne simulent pas, ils *sont,* en tant que simulacres. En tant que tels, ils peuvent préfigurer un monde sans envers ni endroit, sans ontologie, un monde indifférencié, illimité. Ce monde sans envers ni endroit est celui du paradoxe. Du commencement qui est fin et de la fin qui est commencement. C'est celui que figurent les nouveaux médias qui bouclent l'information sur eux-mêmes, ou de Baudrillard, qui ne parle pas en vain de séduction et de simulacre.

Vision d'un monde à la seconde puissance. Un être, mais un être qui a renoncé à ses prétentions de viser l'être. Dira-t-on un être du faux? Non pas, car ce serait référer à un être du vrai... Nous rejoignons alors la grande dérive du paradoxe, et si, dans un contexte paradoxal, plus rien n'est paradoxe, dans un contexte de simulation générale, plus rien n'est simulation...

L'angoisse d'une décision à prendre, d'un vide à combler, d'une position à tenir est alors surmontée. Puisque toute décision revient «au même».

Comme le paradoxe, et utilisant le réseau pour se propager, la simulation est d'abord symptôme, puis symbole. Sa généralisation préfigure une théologie seconde et, en attendant de trouver son expression dans une science générale de toute *connaissance se connaissant en elle-même comme son même,* jette ses racines dans nos pratiques et pare de grâce nos indécisions.

D. INTERACTION

Dernier terme de la quadrilogie, l'interaction est utilisée comme argument – de vente – sur le marché théorique comme

1. Je marque ici un désaccord avec H. Dreyfus dans *Intelligence artificielle. Mythes et limites,* Flammarion, 1984. Ce serait la faute de Platon, avec sa distinction théorie et pratique et son maudit dualisme, si on affirme aujourd'hui que l'ordinateur pense. Rectifions : la faute d'Épicure peut-être, avec son simulacre. Platon est innocent. D'ailleurs, Platon surmonte à maints endroits son dualisme. Mêmes observations pour Descartes, dont Dreyfus règle le compte un peu vite.

sur celui, plus terre à terre, de l'économie[1]. Le champ qu'il désigne va de la sémiologie linguistique à la sociologie et rafle au passage les morceaux déjà mis en place par les notions de paradoxe, de réseau et de simulation. En cela, ce terme est l'illustration de l'hypothèse, que nous avons développée, de l'émergence d'une « ère de la confusion » en rapport direct avec la société Frankenstein, et nous intéresse au plus haut point. Avant d'analyser ses éléments théoriques importés, précisons son utilisation dans l'argument de « vente » des médias.

A qui s'interrogerait sur la perte de la créativité que l'individu subirait du fait de la machination de sa mémoire et des procédés heuristiques qui lui sont propres, l'interaction est appelée à l'aide. « Mais, lui répondra-t-on, votre ordinateur, loin de vous priver d'une partie de vos fonctions créatrices, les décuple au contraire, car la machine est en rapport interactif avec vous. » Il en va de cette interactivité comme d'un dialogue avec un être intelligent, de surcroît non oublieux, et qui ne vous fait aucune morale : vous ne l'irriterez pas, vous n'en subirez aucun dommage. Patient et présent à tout moment, vous aurez avec lui des liens tels qu'idéalement vous n'auriez jamais avec un individu doté d'humeurs ou de caprices. De la même façon qu'une conversation est fructueuse entre deux êtres normalement intéressés au même objet, de même vous parviendrez à des résultats qui vous surprendront vous-même. Ainsi l'architecte aura-t-il le loisir d'avoir mille fois plus d'« idées » grâce à son ordinateur, avec l'aide à la *projetation* (CAO), comme le décideur avec son DAO.

L'interactivité ainsi prônée et montée en épingle devient un passe-partout qui supprime frayeur et méfiance, et, par la promesse d'un dialogue enrichissant, fait passer la pilule. S'il en est ainsi, pourquoi, en effet, se priver d'un rapport de créativité rentable ?

Cette interactivité au petit pied, ou argument de vente, n'est pas neutre, on l'imagine aisément. Mettant de côté ses vertus

1. Voir Marie Marchand, « L'interactivité mode d'emploi », colloque international du CNCA, 7 et 8 janvier 1986, publié par la mission câble aux éditions du Centre Georges-Pompidou, 1986, p. 63; Marie Marchand *et alii, Les Paradis informationnels,* Masson, 1986; voir aussi « Messageries », in *Réseaux,* décembre 1989.

économiques, pointons seulement ce qu'il recèle de supposés (idéologiques), et nous comprendrons mieux l'enjeu pratique de cette théorisation.

1. Pour faire entrer l'ordinateur intelligent dans le monde des hommes, il faut le gratifier d'un élément indispensable : la créativité partagée.

2. C'est alors se référer à une définition de l'*Homo «creans»,* non pas seulement de l'*Homo faber.* C'est reconnaître – implicitement – que l'activité fabriquante est seulement ustensilaire, extérieure, mécaniste. C'est accepter peu ou prou la définition d'un «dedans» autonome, d'une intériorité immanente, non susceptible d'être analysée en termes de poursuite de but fixés à l'avance. Lui concéder le pouvoir de définir son œuvre à mesure, dans le TEMPS, par touches successives, sans que sa finalité soit clairement prescrite.

3. C'est définir parallèlement le dialogue – la zone d'opérations alternatives – comme logique de la création : autrement dit, admettre qu'il n'y a de création proprement dite que dans la communauté de langue, dans l'échange. Plus encore : faire de cette zone de dialogue la véritable nature de la communication.

4. On approche alors d'une analyse en termes de sémiotique sociale et on accepte d'intégrer les théories du sujet dans le rapport de l'homme à la machine, non pas dans un rapport de chiens de faïence, l'un en face de l'autre, mais en mutuelle et réciproque interpénétration : ce faisant, on s'aligne alors sur une théorie de la communication en termes de *Lebenswelt,* d'horizons de vie partagée, ou d'intentionalité à la Searle, comme on veut.

Autrement dit, on récupère un être du «vrai» à l'intérieur d'un système qui l'exclut, pour assurer sa crédibilité[1]. Attitude fort paradoxale et qui, comme il en était pour les autres notions, permet de réaliser la *confusion,* en jouant alternativement d'un aspect ou de l'autre du dispositif.

L'imbrication des quatre concepts – réseau, paradoxe, simulation, interaction – est alors accomplie, et la boucle est bouclée.

1. Sur l'interactivité et la disparition du sujet, voir l'intéressante notule de Marc Guillaume, «Être (interactif) ou ne pas être», *Bulletin de l'IDATE,* juillet 1985, n° 20, p. 331-332.

Ce qui est de l'ordre du réseau paradoxal donné en simulation est aussi de l'ordre du vécu, de la création et du vrai.

Comme on l'a vu, chacune des technologies de l'esprit prise isolément est sans inconvénient. Au contraire, chacune d'entre elles est susceptible de favoriser la créativité et l'invention. C'est leur conjugaison qui pose problème car elle s'achève en tautisme.

Dans ce tour de passe-passe entre le vécu et le vrai, l'embrayeur principal, l'intermédiaire obligé, le représentant du vrai auprès du vécu et du vécu auprès du vrai, le nouveau Christ, en somme, est l'interaction. Import-export, acheteur ou vendeur, et principal distributeur des technologies de l'esprit. C'est elle qui, sans produire en amont, fait les prix en aval, sur le marché. Et la boucle est bouclée. L'interactivité généralisée, c'est aussi la simulation, le paradoxe et le réseau. Le quadrilatère s'est fermé sur lui-même et recouvre l'ensemble des opérations possibles, puisqu'il annonce, d'ores et déjà, qu'aucune contradiction, quelle qu'elle soit, n'est opposable à la réalité du *paradoxe,* que toute position peut se brancher sur une autre, puisque la même réalité irréelle (simulation) est en activité d'un bout à l'autre des êtres pensants (réseau), qui s'enrichissent les uns les autres à leur contact réciproque (réseau et interactivité). L'art, comme la morale, l'ontologie, comme la science, tout entre dans ce nouveau paradigme, supérieur.

Le tautisme est passé d'un état diffus et défensif à sa réconciliation avec lui-même à travers la pratique répétée, quotidienne des *hackers* de Turkle et des pénitents d'Ehrard, et à travers celle que nous venons de décrire sous le nom de « technologies de l'esprit ».

On peut alors se demander dans quel grand livre du savoir total se trouverait cette science des sciences du par-être, qui aurait subtilisé l'être pour le phagocyter et qui gouvernerait l'ensemble de ces pratiques, mettant un point final à l'édifice. Ce grand livre existe, il est en voie de constitution. C'est la science Frankenstein, ou science cognitive.

CHAPITRE II

La science Frankenstein (ou science cognitive)

Les médias, comme la cure par ordinateur de la thérapie Frankenstein, nous ont lancés sur la voie d'un vertigineux mouvement de boucles : les pratiques médiatiques et thérapeutiques dissolvent les éléments de « réalité » dans un jeu de renvoi sans fin, tandis que les analyses qui tentent de redresser ce mouvement selon une linéarité rassurante se voient aussitôt contraintes au repli : oui, l'émetteur fabrique le message, mais tout aussi bien le récepteur, qui lui retourne la politesse. Oui, nous sommes, tous autant que nous sommes, fabriqués par l'agenda public qui s'affiche au-dehors, dans les médias, organisés par le rythme machinique ou les dynamiques thérapeutiques de groupes. Et cependant, nous fabriquons aussi nos urgences, et nos fantasmes sont relativement libres de ces influences. Ceux-là, à leur tour, agissent sur ce qui s'inscrit d'une société dans son histoire même. Le jeu devient complexe, nous n'en sortons plus. Quelle « science » serait donc encore possible qui prendrait en charge ce tourbillon de rumeurs et s'évertuerait à fournir les bases théoriques d'une pensée du « bruit », selon les principes traditionnellement reconnus d'une pensée « droite », de l'ordre de la représentation ? Une réponse : la science cognitive !

Elle prend en charge, sans coup férir, la connaissance de la connaissance dans toute son étendue. Comment connaissons-nous ? Puisque, quelle que soit la source du savoir (Dieu, le monde, la nature ou les médias), nous nous connaissons connaissant, c'est-à-dire construisant, reliant, analogisant, produisant de la réalité. Un même genre de connaissance doit coiffer ces multiples voies : la « cognition », et celle-ci dans sa version moderne, entretient des rapports extrêmement proches avec la *computation*. Voici donc les deux termes clefs prononcés ensemble : cognition, *computation*. Reste à savoir comment ils se lient entre eux dans les théories cognitivistes.

Déjà, à ce niveau, se pose une question non négligeable : quelle serait donc cette « science » qui assurerait à elle seule la double tâche... d'en être une, c'est-à-dire spécialisée, balisée, avec son propre vocabulaire et ses propres procédés logiques, et de couvrir tout le terrain des sciences préalablement établies, de la psychologie traditionnelle à la neurobiologie, en passant par la linguistique et le complexe organique ? A quelle condition cette supposée science peut-elle se penser comme telle ?

Ce serait à la condition – comme nous verrons – d'accepter le paradoxe d'une épistémologie du second degré. Autrement dit, à la condition de dissoudre une science des sciences particulières (qui est une représentation des divers modes logiques de leurs procès) dans une vision générale de tous les procès de connaissance ramenés et réduits à la pensée computationnelle et élargis, par là même, à tous les objets pensants de manière organique. Paradoxe qui fait nœud ou boucle.

Chemin ardu et prétention plus ou moins satisfaite.

Les technologies de l'esprit – paradoxe, simulation, réseau, interactivité – permettent de faire coexister deux approches de la communication : celle de la représentation (machine) et celle de l'expression (organisme), en en maintenant l'écart. Il y a toujours présence d'un corps, d'un sujet, un minimum de réalité appelé par ces techniques. Concepts ambigus et de l'ambiguïté, ces techniques sont au service d'une technologisation de l'esprit, d'une pratique élitiste du pouvoir qui tend à dominer le champ intellectuel. Mais elles ne s'engagent pas dans un délire de totalisation et ne tendent pas à recouvrir entièrement tous les aspects de la connaissance. Ces techniques, en somme, restent quelque peu « libérales ».

Mais il n'en va plus de même quand elles sont reprises par une vision systématisée aux accents totalisants et totalitaires, où nous conduit la dernière-née des sciences technologiques, la science cognitive. Celle-ci est le dernier avatar du tautisme, en germe jusqu'à maintenant et dont les manifestations les plus saugrenues entendaient conserver quelques réserves : le délire simonien était purement représentationnel, celui de Varela uniquement expressionniste. Leurs retombées pratiques n'affectaient qu'une partie des activités humaines : la machine pensante et parlante, ou la thérapie transformatrice des énergies.

La science cognitive, quant à elle, entend sommer l'ensemble des technologies de l'esprit, capter *tous* les procédés de la connaissance, en vue d'une *connaissance de la connaissance se connaissant,* tracer une boucle définitive autour d'un objet, centre de cette circularité : la pensée de l'ordinateur. Et « ça » marche, « ça prend » auprès de chercheurs avertis des deux rives de l'Atlantique ou du Pacifique.

La soif scientifique d'absolu demeure, même si l'objet et les méthodes changent : la science cognitive se nourrit de *toutes* les procédures mises en œuvre dans le champ de la communication qu'elle instaure, par coup de force, comme champ de toute connaissance. Elle y installe alors un œil unique qui ne regarde que lui-même. Le tautisme règne ici en maître. Tautisme, c'est-à-dire, en un seul vocable, autisme, tautologie et totalitarisme.

Science *autistique,* elle est sourde aux événements du monde extérieur. *Tautologique,* elle reproduit à l'infini sa propre structure. *Totalisante,* elle enferme dans sa circularité, dans son « harmonie ». *Totalitaire,* elle décide qu'il n'y a pas d'autre mode de connaissance que celui qui consiste à rapporter à l'ordinateur tout objet pensant. Sous tous ses aspects, elle est bien le culmen du mouvement tautistique. Quelle est donc cette néo-science ? D'où vient-elle et comment se présente-t-elle[1] ?

I. Ses origines : la psychologie dite cognitive

Les débuts de la science cognitive étaient – modestement – une simple exploration des avantages que pouvait apporter la double analyse des opérations de la pensée humaine, telles que

1. Voir Daniel Andler, « Le cognitivisme orthodoxe en question », in *Cahiers du CREA,* n° 9, p. 7.

décrites par la psychologie, et des opérations des ordinateurs. Transcription des opérations de l'une dans l'autre. Un exemple : les systèmes experts.

1. *De la psychologie cognitive...*

Il s'agit donc, alors, d'une psychologie « cognitive », expression qui assigne au cognitif le sens de « computationnel ». Cette approche peut être considérée comme un secteur spécial de la psychologie et ne pousse pas à des réflexions métaphysiques particulièrement développées.

C'est une orientation qui peut se défendre, qui ne renonce à aucun trait caractéristique de la science : objectivité, expérimentation, vérification. Son application commande une série d'inventions d'outils commodes, que l'analyse affine, sans prétendre à les justifier par une pensée totalisante. Nous sommes alors dans ce que nous avons nommé le « représenter », dans le système IPS qui sert de paradigme machinique à la confrontation pensée machine/pensée humaine.

L'IPS, ou *information processing system,* devient la clef de bien des phénomènes. Ainsi de l'exemple déjà vu des lapsus analysés par Don Norman en termes de confusion dans le procès d'information, ce qui permet d'éviter les complications freudiennes qui sont *sophisticated*[1]... Le lapsus *(slip)* est alors conçu sur le modèle du *bug* de l'ordinateur : nous prononcerions un mot à la place d'un autre ou ferions un acte au lieu d'un autre, en raison d'une surcharge de programmes : dysfonction structurale et purement mécanique...

2. *Un système lisible et visible*

Le système d'*information processing* permet d'éviter les encombrements « analytiques » inutiles. Il offre sa clarté, ses distinctions, ses schèmes, tous descriptibles en termes de séries, termes en extériorité les uns par rapport aux autres. C'est là un aspect de l'IPS qui attire les psychologues. A ce compte, « cogni-

1. « Categorisation of action slips », in *Psychology Review,* t. XXCVIII, n° 1, 1981.

tion» recouvre non seulement le champ d'études, mais la manière de le concevoir, et caractérise cette manière elle-même comme «cognitive», c'est-à-dire connaissable. Autrement dit, ce qui est à connaître doit être cherché d'une manière connaissable. *Connaître ce qu'on connaît du connaissable de manière connaissable, telle est l'aire d'extension du terme «cognition».* La justesse de l'analyse tient au juste fonctionnement du programme qu'elle permet de concevoir.

Certes, on voit déjà poindre ici un renversement méthodologique d'importance. Il ne s'agit plus, comme dans la psychologie traditionnelle, d'extraire, à partir des données cliniques, une loi applicable à des cas singuliers, avec un mouvement d'aller et retour du singulier à l'universel pour revenir au traitement du cas singulier, mais d'établir des hypothèses, faites en chambre close, et que vérifie un système mécanique. La crédibilité scientifique des analyses est fondée sur le fonctionnement d'un ordinateur dont on attend qu'il fonctionne *comme* l'analyse qui l'a programmé. Si la machine peut *simuler* ce qui a été analysé, alors c'est que l'analyse est complète, cohérente, valable. Il suffirait, en effet, de manquer une articulation des différentes pièces de la description du mécanisme mental que j'étudie, pour que je ne puisse plus programmer l'ordinateur. Voici donc la psychologie cognitive aux prises avec les deux termes qui vont juger de sa justesse : faisabilité/infaisabilité. Fini le flou artistique des analyses traditionnelles toujours affrontées aux errances particulières et dont la vérification est liée expérimentalement au nombre de cas singuliers auxquels elle peut s'appliquer ou à la réussite – subjective – d'une thérapeutique occasionnelle. Le critère, avec la psychologie cognitive, est devenu objectif, absolument. Extérieur, visible, montrable et démontrable.

On assiste alors, avec ce dispositif méthodologique, à une alliance «nouvelle» entre psychologues et programmeurs[1]. Ceux-là travaillent pour ceux-ci, à la manière dont les experts apportent leurs données pour les systèmes programmés, dits

1. Voir G. Tiberghien, «Psychologie et cognition», colloque de La Grande-Motte, février 1984, qui dénonce le danger de ce dispositif pour la psychologie (in *Sciences de l'intelligence, sciences de l'artificiel,* ouvrage collectif sous la direction d'A. Demailly et de J.-L. Le Moigne, PUL, 1986).

systèmes experts. Et avec cette caractéristique supplémentaire que les psycho-experts attendent du programme réalisé la confirmation des hypothèses qu'ils ont introduites. La psychologie cognitive serait ainsi une machine à trois têtes s'assurant mutuellement de leurs compétences : le psychologue, le programmeur et l'ordinateur, lui-même capable d'autonomie, machine circulaire dont l'homme devient partie, et qui serait tautologique si une sorte d'émulation ne poussait les trois têtes à se mettre mutuellement en difficulté[1].

3. *Un système expérimental*

Car la faisabilité ne va pas sans son opposé : l'infaisabilité. Celle-ci pousse à des recherches plus complètes, motive les psychologues experts ou non experts à s'interroger. Par exemple, la psychologie s'active sur le problème de l'apprentissage à cause des questions que pose aux programmeurs la manière dont l'ordinateur peut «apprendre». C'est là un retour qui réactive l'intérêt pour un Piaget et suscite, de la part des informaticiens, des interrogations sans fin. S'il y a quarante ans le sujet de l'apprentissage était réservé à la psychologie traditionnelle, il a maintenant ses lettres de noblesse en intelligence artificielle. Si McCulloch, en 1943, commence à parler de neurones «computationnels», Hebb ajoute qu'il pourrait bien y avoir des unités post-synaptiques, activées simultanément. Jusqu'à ce qu'Edmonds et Minsky, en 1951, simulent sur ordinateur une *learning-machine* avec trois cents tubes et des milliers de connexions. Rosenblats se met alors de la partie et invente la classe d'un simple *neuron-like :* le perceptron. Son intérêt est de permettre des questions sur des mécanismes de la mémoire hypothétique. Il agit en temps limité et se situe aux confins de l'ordinateur digital et de l'analyse mathématique formelle. Il détecte les errances des informations à l'aide du principe statistique. L'histoire continue, s'arrête, revient. Minsky et Papert, s'interrogeant sur les limites du théorème perceptron, s'aperçoivent finalement qu'il repose sur une conception sérielle et

1. Pour être exact, les deux têtes humaines seulement. Mais les programmeurs anthropologisent la machine en disant qu'elle recèle un «démon»...

l'abandonnent. Puis y retournent par une remarque énergiquement métaphysique : « C'est une si simple machine que la nature a bien dû l'employer quelque part[1]. » Parallèlement, les analyses de langage se développent. Les deux sont liés, puisque les représentations ne sont représentables en termes de systèmes que si elles désignent des « lieux » nommés[2]. Nous sommes donc, avec la psychologie cognitive, dans un territoire encore très balisé, expérimental, tourné vers le perfectionnement des machines à penser, et sans autre prétention que d'affiner les processus de l'ordinateur en analysant plus finement nos propres processus de pensée. Ce double jeu conforte à la fois les deux termes : la science de la psychologie et celle de l'ordinateur.

4. *Base : le corps et le réseau*

Ce que l'on peut trouver à l'œuvre, dans la psychologie cognitive, est une conception des réseaux devant faire communiquer des branches du savoir trop longtemps isolées. Une circularité résillée s'introduit dans les connaissances qui peuvent donner des résultats sensiblement plus larges que les sectorialisations précédentes. Avec cette technique que la pensée du réseau instaure, il est aisé de passer à une technologie de la connaissance. Premier pas et premier concept « utile » pour la visée cognitive.

Mais aussi et parallèlement, la pensée du réseau réfère au corps, à cette anatomie des circuits « abouchés » entre eux, qui reste vivante, sous-jacente au développement des systèmes experts : il est juste de remarquer que ces systèmes ont toujours affaire peu ou prou avec le médical, la biologie, les structures de la matière (géologie et botanique). Il n'est question, comme nous l'avons vu, que de *neuron-like,* de perceptron, de nature. La référence à cette nature du corps joue ici le rôle de « réalité première » que le réseau s'efforce d'imiter pour parvenir à se connaître lui-même comme nature.

1. Sur tous ces efforts, de McCulloch à Minsky, voir *Feature Discovery by Competitive Learning,* par David Rumelhart et David Zipset, Institute for Cognitive Science, université de San Diego, juin 1984. Voir aussi l'article de J.-L. Peytavin, in *Quaderni,* n° 1.
2. On présentera plus bas la question du langage.

Sous les processus heuristiques en réseau, sous le traitement abstrait des programmes réside encore la figure du corps réel, dont les secrets sont à découvrir.

Mais ces allers et retours multiples, les résultats fort excellents des systèmes experts portent en eux-mêmes une question entêtante et un désir de totalisation. Et si ces objets pensaient ? Et s'ils étaient le modèle de notre cerveau qui pense ? Car enfin, comment savons-nous que nous savons si ce n'est par les résultats ? Et comment savoir si les objets qui savent ne savent pas qu'ils savent ? Peut-être le savent-ils ?

Ce retour de la connaissance sur elle-même, qui s'interroge sur son propre mode de connaissance de ce qu'elle connaît, serait peut-être la marque générale (universelle et générative) de toute cognition ? L'hypothèse d'une similitude forte entre tous les objets pensants est alors posée. On passe de la psychologie cognitive au cognitivisme.

5. ... *au cognitivisme généralisé*

Nous entrons alors en « tautisme », c'est-à-dire dans l'indivision des êtres pensants, qui ne se posent plus dans leur différence, mais qui participent à une construction en abîmes, non vérifiable, sinon par elle-même...

II. La science cognitive : autisme, tautologie, totalitarisme

Trois traits caractérisent cette science du connaissable et de la connaissance, et l'établissent comme science tautistique du tautisme.

1. *D'abord l'autisme*

A l'opposé de la psychologie cognitiviste, la science cognitive n'est pas orientée vers le perfectionnement des machines qui pensent. Les cognitivistes ne sont ni ingénieurs ni tentés par les résultats « triviaux » des systèmes experts. L'outil ordinateur est un outil d'abord réflexif. Il nous sert à poser des questions pour nous-mêmes. C'est un outil d'investigation interne. Tout le cognitivisme est centré sur l'intérieur du réseau. Il se soucie peu des prolongements externes. Le cognitivisme est sourd-muet, branché sur lui-même.

Il ne s'agit plus de performer des techniques, de savoir si on va y arriver ou non. Le débat s'est intériorisé. Il devient *abstrait.* Les ordinateurs et les *computations* dont nous allons entendre parler n'existent pas. Il s'agit de leur essence, de leur idéalité. Nous sommes dans la construction d'un espace fictif, dont les éléments sont empruntés à l'existant, mais qui sont recomposés en machineries textuelles, aux fins d'investigation[1].

Cette démarche relève de cette sorte d'empirisme hypothétique du XVIIIe siècle, traditionnel chez les Anglo-Saxons, et qui se nourrit d'exemples inventés : « Imaginons un aveugle qui... » Hume est invoqué à raison par Jerry Fodor, à l'encontre des positivistes du XIXe siècle. Il ne s'agit plus du rapport de vérité entre un contenu (représentatif) et une réalité (représentée), mais du rapport plus intime des états constitutifs de la cognition. A ce point, la vérification des hypothèses ne tient plus à leur accord avec une réalité externe, mais à la consistance de la description. Consistance qui ne peut être étayée que par un objet reconnu comme manifestement consistant lui-même : l'ordinateur. Elle est là, l'originalité de cette conception, mais aussi sa principale difficulté ! Cette difficulté nous mène au second trait marqué de la science cognitive.

2. *Ensuite la tautologie*

Le terme cognition, lié à celui de *computation,* se trouve prendre plusieurs significations différentes, à des étapes diverses du procès logique de développement de la théorie, et, par ce glissement, assure une cohérence... quelque peu fêlée. En effet, puisque la vérification ne se peut faire à l'extérieur, il faut

1. Voir « Le TEX ou *Thought Experiment* », brillamment dégagé par E. Duickaerts dans *Quaderni,* n° 1.

bien qu'elle se trouve à un niveau ou l'autre de la démonstration, assurée par quelque secret mécanisme.

C'est, au début de la chaîne, l'hypothèse d'une pensée toute représentationnelle, capable d'être explicitée selon un système IPS. Ici et pour un domaine restreint, cognition = *computation* (hypothèse, elle, vérifiée par tous les travaux des informaticiens et de la psychologie cognitive). C'est à la fin de la démonstration, après l'élargissement de l'hypothèse aux autres « facultés » ou fonctions du cerveau (émotions, croyances, situations de parole, intersubjectivité), le retour à l'hypothèse première. TOUTE cognition est « computationnelle », nous dit-on, par un jeu d'affirmations répétées.

3. *Enfin le totalitarisme*

Le passage de la partie au tout se fait selon le principe de l'organicisme, avec un jeu de similitudes, de correspondances interconnectées, et l'affirmation que les états « représentationnels » du cerveau sont les lieux de transaction d'un système (IPS) dans un autre (organiciste) et peuvent être reproduits dans le système IPS. En somme, conjonction de deux pensées diamétralement opposées aux seules fins de restituer une *totalité* des processus de la pensée comme totalité ordinatique.

Avec la position de la *computation* aux deux bouts de la théorie cognitive comme préalable et comme vérification, nous nous trouvons devant une machine qui tourne sur elle-même. En effet :

a) L'élargissement théorique aux choses pensantes est une *condition* pour penser l'ordinateur comme « pensant ». Ce n'est pas là une mince présupposition. Dans le réalisme biologique d'un Searle, il y a bien une ouverture vers les « mammifères », c'est-à-dire vers des organismes dont le cerveau pourrait avoir la faculté de receler des états mentaux intentionnels, car ils sont biologiquement près des nôtres. Même élargissement aux « animaux » chez P. Churchland, dont le matérialisme scientique est avéré. Avec les cognitivistes, l'hypothèse – incontrôlable – est lancée plus loin et dépasse le biologisme, et le « cercle » logique devient évident. Posé ainsi, le problème comporte déjà sa réponse, en pointillé. S'il existe des choses pensantes, et si l'ordinateur est une chose, il est possible qu'il pense...

b) Le second nœud logique, difficilement contournable, vient de ce que l'élargissement, qui pourrait *comprendre* l'ordinateur comme chose pensante, dépasse encore cette proposition. Cette fois-ci, la *computation* est la classe générique dans laquelle rentreraient les cerveaux humains. De membre – parmi d'autres – d'une classe, l'ordinateur devient le genre tout entier. Il *englo-berait,* sous sa logique opérationnelle, toute chose pensante. Le procès de la pensée serait « computationnel ». Le dernier terme d'une série devient le contenant de la série tout entière et, en tant que contenant, sa référence ultime et son idéalité.

c) Ce trait est caractéristique du mouvement amorcé par la science cognitive. Il convient d'en prendre la mesure. La science cognitive est entièrement centrée sur la fabrication *interne* (qu'elle produit elle-même) d'un critère qu'elle suppose ou pose comme objectif *extérieur.* Il en va de la science cognitive comme de cette opération proprement renversante qui est constitutive de la religion selon Feuerbach. Opération qui consiste à abstraire de l'étude de l'homme des attributs que l'on projette ensuite au-dehors, dans un espace décrété objectif (premier mouvement) ; et qui servent alors (deuxième mouvement) de mesure et de validation, comme d'idéalité, et de finalité à ces mêmes attributs.

III. Illustrations

Nous pouvons suivre cette démarche en compagnie de deux cognitivistes, parmi bien d'autres, qui sont assez significatifs : Pylischyn et Fodor.

1. *L'architecture de Pylischyn*

Dans son ouvrage[1], cet auteur commence par affirmer la scientificité d'une méthode qui prend pour modèle la physique. Comme elle, la science cognitive sera descriptive, refusant de voir dans la cognition l'action d'une puissance mystérieuse comme l'âme ou la conscience. Ces entités devront être évacuées, car elles empêchent de prendre le problème sérieusement. Si connaître ce qu'on connaît est une « opération » qui met en jeu des facteurs biologiques et des capacités, connaître le procédé par lequel on connaît exige la même rigueur que de connaître les lois de la nature.

L'objet de la recherche devient la pénétration des choses connaissantes *(knowing things)*. Catégorie dans laquelle se situent les vertébrés supérieurs et les ordinateurs. Ce sont bien tous deux des systèmes physiques, dotés de croyances et de représentation. Entre le mental humain et l'ordinateur, pas de métaphore, pas de « comme si », mais une équivalence forte, formalisable.

Ainsi faut-il reconnaître qu'il y a dans ces choses connaissantes à la fois une *architecture fonctionnelle* – ou mécanisme de base du procès d'information, descriptible sans utiliser le niveau sémantique de l'interprétation – et les *contenus représentés du procès d'information,* qui, eux, ne s'expliquent pas par l'architecture fonctionnelle, mais requièrent des explications par les règles *(rules governed)*. Chaque niveau appelle un type d'explication différent et reste autonome. Aucun n'a le pas sur l'autre. C'est leur ensemble qui forme l'« objet connaissant ».

Cet inventaire, dont les données réfèrent à une circularité de niveaux à la fois hiérarchisés et autonomes, nous fait penser immanquablement à la biologie de la complexité. Ainsi le *mind* serait-il un organisme, et, chose nouvelle qui est le trait de la science cognitive, *en cela,* il se rapproche de l'ordinateur, avec lequel il entretient des *équivalences fortes.*

Nous sommes loin, avec ces cognitivistes, de voir l'ordinateur comme une machine linéaire, aux procès dichotomiques, en

1. *Computation and Cognition,* Bradford Book, Cambridge (Mass.), 1984.

arbre et dont la construction pièce par pièce se fonde sur un développement par étapes de niveaux successifs à partir d'un stock de données. L'ordinateur, tout comme le cerveau, fonctionne au parallélisme, aux rapports multiples, à l'enveloppement. Il emprunte son architecture fonctionnelle à la neurophysiologie à laquelle se rattache la notion d'*états mentaux*.

Tout comme le *mind,* l'ordinateur a des états (on serait tenté de dire des états d'âme). Disons des *états représentationnels.* Ces états « représentent », non pas une image venue du dehors et stockée comme une icône dans l'architecture qui la contiendrait (cette vision de la représentation appartient à la théorie de l'ordinateur machine), mais un *rapport,* une disposition particulière, à un moment donné, des éléments d'information et du contenu sémantique, intentionnel. En un mot, l'état représentationnel d'un ordinateur associe les règles qui gouvernent les symboles et leurs transformations, leurs contenus sémantiques et les différentes fonctions, localisées, de sa structure physique.

Posé dans ces termes, il est loisible de penser l'ordinateur comme un « esprit », puisqu'on transporte ce qu'on sait, actuellement, des procès mentaux de reconnaissance des objets et du mode de fonctionnement de la mémoire sur une machine « inventée », une sorte de paradigme, construit *in abstracto.* De fait, aucun ordinateur existant ne peut servir de vérification. Il s'agit d'une expérience théorique, d'un modèle, et nullement de se poser des questions métaphysiques ou de faire de la prospective sur le devenir humain de l'ordinateur, mais bien, retournant la question, de s'interroger sur le procès mental.

Il s'agit d'expliquer le fonctionnement du cerveau par niveaux autonomes interconnectés sur le modèle d'une équivalence forte et abstraite avec le procès de travail de l'ordinateur. L'interaction des niveaux biologiques, symboliques et sémantiques s'y produit de la même manière. La différence entre les deux procès ne tient pas à ce que l'un (le cerveau) accueille croyances, sentiments et intentions, et l'autre non. C'est là une vue phénoménologique, philosophique, intraduisible en termes scientifiques. De fait, le « connaître » de l'ordinateur, comme celui de l'esprit, intègre rationnellement *toutes* les données à la condition de posséder structures, règles et sémantiques, qui permettent une certaine régularité dans l'action.

Contenus mentaux et représentation d'états : telle est la forte équivalence qui permet, selon Pylischyn, d'établir la science cognitive sur un terrain fiable et d'avancer dans la connaissance des « choses pensantes ».

C'est à peu près en ces termes que Fodor, pour sa part, réclame la part due à la science cognitive.

2. *L'aspirine de Fodor*[1]

Contrairement au mal de tête, dont on sait toujours qui en souffre et que l'on peut soigner en administrant de l'aspirine à celui qui s'en plaint, la science cognitive n'a pas de propriétaire en titre, et on ne sait à qui il faut administrer des remèdes... Ainsi débute un article humoristique de Jerry Fodor[2], dans ce style qu'il utilise aussi dans son guide, un essai de classification des différentes théories qui se disputent le champ de la science cognitive[3]. On peut, cependant, malgré cette pagaille, trouver des points de clivage à partir de deux grandes affirmations qui identifient la science cognitive comme telle.

1. Elle se situe dans la lignée des philosophes de l'esprit et a pour objet les « états mentaux intentionnels ».

2. Elle introduit dans l'analyse de ces états mentaux un point de référence avec la « pensée computationnelle ». La manière dont est traité l'état mental intentionnel et le rapport qui est fait avec la *computation* permettent de voir des filiations, des positions et de tracer le portrait général de l'état de cette science cognitive. La visée de la théorie n'est donc pas, encore une fois, de prophétiser l'avenir de l'ordinateur, mais d'analyser le procès mental que le procès « computationnel » peut aider à penser sous certaines formes. Tout est fondé sur l'interne. On inclut la réalité extérieure. Autisme.

On laissera donc de côté ce qu'on appelle un programme pour machine. L'établissement d'un programme appartient à une rationalité consciente, organisée, qui n'est que la partie émergée

1. Voir *Representations,* Bradford Books MIT Press, 1981, et *Les Modularités de l'esprit,* Éd. de Minuit, 1986.
2. « Mental representation : an introduction », inédit, MIT, 1984.
3. « Fodor's guide to mental representation », in *Mind,* t. XCIV, n° 373, janvier 1985.

de l'iceberg mental. Ce qui importe, c'est d'explorer la partie immergée, encore largement inconnue, à savoir les croyances, les désirs et les intentions. Tout ce qui, justement, fait obstacle, dans la pensée humaniste traditionnelle, à l'introduction de la *computation* dans le domaine de l'esprit.

Ainsi la science cognitive est-elle définie comme la théorie des états mentaux intentionnels. Mais comment les définir eux-mêmes ? Comme des états « propositionnels » au sujet de « quelque chose ». Ce quelque chose peut ou non exister : il suffit qu'il soit l'objet de l'attitude propositionnelle. Vouloir connaître ces attitudes propositionnelles, dit Fodor, c'est avoir une attitude propositionnelle envers l'attitude propositionnelle. C'est être dans un état intentionnel au sujet de l'intentionalité. Tout comme, pour le sens commun, avec lequel la science cognitive a des rapports privilégiés, il s'agit pour la science cognitive de reconnaître que le comportement dépend d'un acteur qui *veut* faire, qui *veut* dire quelque chose. Le comportement aurait donc des causes mentales : ce que la psychologie positiviste refuse avec vigueur et ce que le sens commun admet comme métaphore. Mais, ici, la science cognitive prend « cause mentale » au pied de la lettre. Il y a une *causation* directe entre l'état mental et le comportement, et c'est cette causation qu'il s'agit d'étudier.

Il y a là emprunt à la philosophie de l'esprit de Searle : la causalité de l'esprit est réelle ; nos intentions causent réellement nos actions. De même, l'état intentionnel de l'ordinateur causerait réellement les opérations qu'il gère. Son état fonctionnel (son architecture) dispose de telle sorte ses propres éléments que l'action s'ensuit de façon parfaitement causale. Comme chez Searle, l'état représentationnel ou intentionnel est lui-même mental, et son action causale n'est pas étrangère à ses attributs mêmes.

La seule différence avec Searle réside en ce que, pour Fodor, le point de départ de son argumentation est bien ce procès « computationnel » qui nous montre à l'évidence la causalité en acte. Alors que pour Searle, marquant par là son humanisme, c'est une propriété exclusive du cerveau que d'avoir cette capacité intentionnelle.

Cependant, quelques obstacles demeurent : si, en effet, l'état intentionnel est bien cause de l'action, cette causation dépend du contenu sémantique de l'intention. Autrement dit, tout état représentationnel ou intentionnel ne cause pas une action : si je vole une banque, c'est que le contenu sémantique « banque » m'indique qu'il y a de l'argent. Le terme « carotte » ne m'incitera pas à voler des carottes. C'est dire que l'étude des états intentionnels (qui caractérise selon Fodor la science cognitive) est liée de manière forte à l'analyse des *propriétés sémantiques* de leur contenu. Ainsi le problème du langage et les options que l'on peut prendre sur ses propriétés sont-ils au centre de la théorie cognitive. Il s'agit, en effet, de savoir si le contenu sémantique des états représentationnels est cause des actions que ces états motivent.

Mais alors, et c'est ici que le bât blesse, si nous lions contenu sémantique de l'état intentionnel et causation d'actes, qu'en sera-t-il des « choses pensantes » qui ne possèdent pas de langage ? Les animaux, les enfants échapperaient-ils au procès mental « computationnel » ? Tableau étrange où s'opposeraient cerveaux adultes humains et ordinateurs d'une part, et les choses dénuées de langage, de l'autre : insoutenable. Il faut alors retourner à l'idée d'un apprentissage langagier possible et doter la structure des états intentionnels d'une capacité inférentielle (c'est-à-dire de la possibilité de produire des élargissements sémantiques). Le rôle inférentiel est lié directement à la fois au rôle causal et au rôle intentionnel de la structure mentale. Par-delà la sémantique, la syntactique, c'est-à-dire la liaison – ou le rapport –, de ces trois rôles doit être vérifiée. Cela n'est possible que s'il s'agit d'objets qui ont une structure interne syntactique, c'est-à-dire dont la syntaxe est reliée de manière très forte à certains traits de leurs propriétés physiques qui déterminent leur fonction causale : comme la géométrie d'une clef, par exemple, détermine la sorte de serrure qu'elle peut ouvrir. En intervenant sur la forme du symbole, on intervient sur son rôle causal. On pourra alors mettre en place un système de transformation de symboles physiques de telle sorte qu'on agisse sur leurs relations sémantiques. Ces objets structurés existent. Ce sont les ordinateurs. Ils apportent une solution au problème du passage entre les propriétés causales et les propriétés sémantiques. Ainsi, l'esprit pourrait bien être vu à la lumière de ces machines. Au lieu et place d'associations arbitraires entre les idées, à la manière de Hume, nous pourrions obtenir une relation à contenu non abstrait entre désirs et croyances.

Cette hypothèse pourrait faire faire un grand pas à la théorie de l'esprit à condition d'accepter de voir l'esprit comme une machine qui marche à la syntaxe. Syntaxe elle-même étayée par l'hypothèse que le procès même porte sur les symboles. Totalisation, voire totalitarisme : toute causation, en tout domaine, est d'ordre « computationnel ».

3. *L'esprit est une machine syntactique*

La liaison se fait, avec Pylischyn et Fodor, entre philosophie analytique, philosophie de l'esprit et *computation.* Point de salut hors de cette triple participation, de ce triple niveau. Ce qui revient à dire, comme Minsky, mais de manière moins fruste, que l'apparition de l'ordinateur renouvelle les données de la philosophie traditionnelle. En introduisant une machine syntactique dans le problème du passage (s'agit-il finalement d'autre chose ?) de l'âme au corps, les cognitivistes se donnent un modèle expérimental (de cette expérimentation abstraite sur le mode anglo-saxon), qui, telle la machine de Turing, permet toutes les opérations de similitude ou d'équivalence « forte »[1].

Ce qui demeure significatif, en ce qui concerne les deux métaphores de la machine à représenter et de la machine à exprimer (organisme), c'est la collusion des deux types de rationalité, linéaire (causale) et circulaire (autopoïetique). Cette collusion produit une forme empruntée aux plus récentes avancées techniques dans le domaine de la communication. Que l'état des choses en soit, alors, quelque peu troublé et qu'il y règne une assez grande confusion théorique n'est pas un hasard.

Comme toute invention technique, l'ordinateur transforme l'appréhension traditionnelle des relations de dépendance et d'autonomie, des notions de hasard et de loi. Pris comme reférent objectif d'une structure interne de l'esprit, l'ordinateur interfère puissamment sur la définition des propriétés de l'état

1. Voir « Le TEX ou *Thought Experiment* », d'Éric Duickaerts, *op. cit.*

mental et de la représentation. Celle-ci ne peut plus être tenue pour l'image localisée d'un objet extérieur. La réalité de la chose comme celle de l'image qui la prend en charge se trouvent toutes deux différées. Un système de lois, de distribution, de restructuration intervient à tout moment pour construire ce que nous appelons toujours le «réel».

Étrange compromis entre le mécanisme simple et positiviste de H. Simon et la riche complexité qui frise le solipsisme d'un Varela, le cognitivisme se tient au carrefour. Ni l'un ni l'autre et les deux à la fois, défiant par là les critiques venues des bords opposés. En voulant couvrir toutes les disciplines qui s'occupent du mental – de la biologie à la linguistique, de la philosophie à la logique –, la science cognitive installe une vaste confusion, à la fois dans les définitions qu'elle retaille à sa mesure et dans les orientations qu'elle bouscule. Peut-être est-ce le prix à payer pour la recherche?

Car il faut bien reconnaître qu'il y a renouvellement de l'intérêt pour une psychologie qui s'enfermait dans la routine de l'expérimentation utile et n'avait plus guère à voir avec les constructions théoriques qui avaient enchanté sa naissance. De nouveau, les questions se posent au sujet de la mémoire, de la reconnaissance des formes, des effets de réel et de localisation des processus mentaux. La philosophie – immanence ou transcendance, innéisme ou apprentissage, arbitraire ou régulation – se déploie à nouveau avec une grande vigueur. C'est là sans doute l'apport le plus considérable des cognitivistes à la connaissance des états multiples... de la connaissance.

Autisme, tautologie, totalisation totalitaire, tels sont les messages répétés de Fodor, Pylischyn et de tous les cognitivistes. Tautisme plein. Examinons sa portée.

IV. Le cognitivisme, ou science tautistique du tautisme

Marquée par les deux mouvements contradictoires de la mise en représentation, objectivation au-dehors des processus de la pensée et circularité interne, enveloppement du monde dans les états du cerveau se construisant, la science cognitive ne se décide pas et joue itérativement des deux pôles du représenter et de l'exprimer. Causalité et complexité s'y répondent de manière confuse. Chacun des deux mouvements se trouve bloqué par son antonyme, et la seule issue est de se réfugier dans la fiction.

Entendons-nous : non pas dans une fiction qui suggère par la construction d'imaginaire un monde nouveau et qui se meut librement dans la richesse des signes interprétables, laissant l'analogie jouer sa partie, mais dans ce type de fiction expérimentale qui tend à convaincre par des preuves, s'arme de références et développe sur de feintes expériences une batterie de notions présentées comme scientifiques. Rien de plus troublant que le mixte de déductions rigoureuses à partir d'un terrain fictif : d'aucuns se servent de ce procédé pour nous suggérer l'absurde. C'est le ressort des utopies négatives, la logique impeccable de l'absurde : un type de science-fiction qui se présente elle-même comme fiction. Mais, avec la science cognitive, nous ne sommes pas en littérature. Elle ne se veut pas fantaisie, mais science. Elle ne nous convoque pas au rêve, mais nous présente ce qu'elle estime être « vrai ».

C'est là un tour de passe-passe où le discours logique, ignorant qu'il est de ses prémisses fictionnelles, de son départ textuel, se prend au sérieux et oublie que l'hypothèse première est en tout point un montage et prétend en vérifier l'existence... en décrivant ses états possibles. La description y fait office de preuve. Elle objective, par sa minutie, ce qui n'était qu'hypothèse. Moyen de persuasion assez pervers qui tend à faire exister *par* et *dans* une description ce dont il reste pourtant à démontrer l'existence. C'est là le procès même de la tautologie. Qu'il y ait des « états représentationnels », je peux l'assurer puisque je produis des discours à leur sujet !

Et certes, à ce compte, la science cognitive existe ! Comme aussi bien la magie, l'animisme, la religion, la croyance. Toutes ces productions de l'esprit valent ce qu'en vaut leur usage. Plus exactement, elles existent en fonction de leur utilisation.

Seul moyen d'échapper à la tautologie, à l'enfermement autistique : passons par Wittgenstein, si souvent cité par les cognitivistes. Il témoigne que la seule sortie, hors le solipsisme (le parler pour soi-même), est bien la communauté d'un usage garanti par la société. Ce garant, en dehors de nous, qui relève de l'usage social est ce qui donne de la réalité à nos constructions intimes et permet de communiquer. Point de salut hors l'usage, qui détient le sens. Or, et c'est bien là que la science cognitive s'enferme, ce sont justement ces usages qu'elle méconnaît, puisqu'elle déclare ne pas s'intéresser aux perfectionnements d'outils, non plus qu'à toute autre réalité en dehors d'elle-même. Le réalisme des états représentationnels devient ainsi un pur autisme, une affirmation sans garantie.

Cependant, si cet autisme est la marque de la science cognitive qui s'enferme ainsi dans la redondance, cette attitude vis-à-vis d'une réalité sociale rejoint trop le mouvement qui affecte les autres sciences, et les analyses de mass media tout spécialement, pour ne pas se conjuguer en une vaste totalisation des effets globaux.

Le résultat de toutes ces tautologies superposées conduit à une vision de la réalité comme à la fois hyperréelle (réalité au énième degré entièrement fabriquée par des mécanismes de renvois) et hyporéelle (n'appelant à aucune communauté d'usages, mais à un éclatement du sens). Seule la référence à une naturalité de l'ordinateur et de ses procès de production est appelée à garantir la justesse de nos énoncés. Le retour à cet objet comme seul garant de notre propre identité d'être pensant porte à la religiosité : l'ordinateur est à l'extérieur le « grand Autre » et, à l'intérieur de nos opérations de pensée, le témoin impassible et infaillible de nos errements. Il est à la fois surréel et artificiel. Au commencement et à la fin. En dedans et au-dehors. L'être de notre étant irreprésentable est une machine visible, une mécanique représentable. La science cognitive est la dernière étape d'une série autistique. Elle achève et couronne l'édifice de déréalisation réalisatrice.

Au-delà du mouvement d'esprit qu'il entraîne, le cognitivisme devient symptôme d'un profond bouleversement dans l'appréhension de la réalité, de l'identité humaine et de comportements sociaux que la présence de l'ordinateur induit.

La science cognitive, science religieuse

La démarche de la science cognitive, fondée sur une expérimentation théorique, paradigmatique, tend à accroître la distance entre les différents niveaux de réalité.

L'idéalité « computationnelle », comme procès universel de la pensée, est montée face à l'individu, comme un guide, pourrait-on dire, *moral*. Tout comme l'opération décrite par Feuerbach et concernant la religion, les qualités – ou propriétés – de l'esprit, abstraites du complexe singulier où elles opèrent et ainsi objectivées, deviennent des *réalités premières*, plus réelles, dans leur abstraction, que celles qui sont effectivement au travail et devant lesquelles l'individu s'incline avec une admiration mêlée d'effroi, s'adorant lui-même sous les espèces d'un ordinateur. Ce tour de passe-passe s'accomplit, bien entendu, à l'insu de ceux qui en sont responsables et il ne paraît tel que dans les effets sociaux qu'il induit.

Sans doute, comme nous l'avions déjà remarqué, est-ce l'amorce d'une nouvelle religion, sous les dehors les plus techniques et scientifiques. Non pas parce que la technologie serait portée au pinacle, en tant que telle, mais par le retournement interne de l'analyse que nous venons de décrire.

Retournement beaucoup plus perfide et plus efficace dans ses effets. Car il ne s'agit plus, comme c'était le cas pour les premiers prêtres de la religion iconique de l'intelligence artificielle, de prophétiser l'avènement d'un empire ordinatique tout-puissant et omniprésent qui devrait sauver l'humanité : cette étape de la religion « computationnelle » s'apparenterait plutôt à un polythéisme primitif ; beaucoup de dieux y prennent place, qui luttent entre eux pour avoir la prééminence, tous aussi imparfaits les uns que les autres et laissant à l'athée le loisir d'en refuser la domination ou d'utiliser les idoles pour son bénéfice singulier. On peut se servir d'un Minitel et faire en même temps dévotion au dieu Macintosh, cela n'entame en rien la critique générale de la religion et le scepticisme à l'égard des dieux « computériaux ». Telle est l'attitude que prône Searle avec la distinction entre IA faible (utilisation possible) et IA forte (croyance aveugle)[1]. En d'autres termes, la rusticité des arguments, la présence en chair et en os des différents ordinateurs, plus ou moins perfectionnés, leur prolifération même laissent les individus libres de les adorer ou de les supporter.

En revanche, avec la science cognitive, on accède à une religion beaucoup plus sophistiquée : au monothéisme. Ici, plus d'icônes, idoles grossièrement présentes. Il ne s'agit plus d'un foisonnement de dieux, mais d'une abstraction universelle, unique, d'une pensée «computationnelle» qui flotte au-delà de nos pauvres approches et rassemble sous sa domination toutes choses pensantes qui en relèvent. Un dieu lointain, fabriqué des bribes de nos corps analysés, gouverne nos esprits mal défendus contre lui. Cette création religieuse, à l'instar de l'inconscient freudien, est en passe de devenir *Le* référent comportemental en dernière instance, et l'obscurité des théories qui le portent aux nues est un facteur supplémentaire de religiosité.

A cette différence près que la découverte de l'inconscient et de son rôle ne coïncidait pas avec une avancée technique importante et ne se conjuguait pas avec un bouleversement économique planétaire. C'était un phénomène limité à un certain monde, et son extension, quoique rapide, et sa pratique vulgarisée entraînèrent des effets limités, eux aussi, sur le comportement ordinaire des individus. S'il y eut, pour quelques-uns, effet de religion et chapelles ardentes, l'inachevé même de la cure et l'état d'insatisfaction des patients contribuèrent à en atténuer les manifestations trop rigides. En un mot, la propagation de la théorie freudienne emprunta diverses voies, suscita elle aussi une sorte de polythéisme.

Avec l'ère de l'ordinateur, pivot d'une économie mondiale, d'une ville mondiale ou «réseau-polis»[2], source de travail et de concurrence, avec son apparition aux niveaux les plus ordinaires de la vie domestique, et avec l'aura scientifique qui l'entoure, on a affaire à une entreprise autrement plus ambitieuse : celle de renouveler entièrement les données sociales, l'idée que nous nous faisons des libertés de l'individu, de sa

1. IA : intelligence artificielle. On dit AI en anglais.
2. Voir Albert Bressand et Catherine Distler, *Le Prochain Monde,* Éd. du Seuil, 1985.

place dans un groupe, de sa fonction et de ses rôles, en un mot de son identité. La société Frankenstein, avec l'introduction d'un *double self,* en témoigne abondamment. L'ordinateur est la technologie de la technologie : technologie au carré, au centre de tout dispositif technologique. La science cognitive, qui en théorise le fonctionnement comme elle théorise le fonctionnement du cerveau sur le modèle de l'ordinateur, devient alors la pensée de toute pensée. Répétant à l'infini des schémas ordinatiques dont elle a oublié l'humaine origine, elle déploie ses tautologies totalisantes, autistiques dans nos esprits en perte de mémoire. Tautisme ici encore. Science cognitive ou science tautistique du tautisme. Et tautisme religieux.

CHAPITRE III

La théologie Frankenstein

N'est pas théologien qui veut.

Le discours sur Dieu est notre plus vieille et plus grande affaire. Patiné par les millénaires, le verbe divin, toujours traduit par les commentaires, a plus d'un tour dans son sac. Le verbiage communicationnel se heurte ici à un mur. Aussi essaie-t-il de le contourner par une astuce grossière qui ne convainc... que les Américains, profondément imbus de religiosité. Il s'agit alors – en un mot comme en mille – de montrer que le règne de la communication est celui de Dieu sur terre. Et les technologies de l'esprit, l'intelligence artificielle, la science cognitive et les psychothérapies jouent un grand rôle dans cette construction.

A notre connaissance, ce mouvement idéologique, né aux États-Unis, n'a pu, à ce jour, embraser aucun autre pays de la planète. Ni l'Europe ni le Japon n'ont été transportés par cette nouvelle vague. En France, une enquête récente de Jean Duvignaud et de son équipe n'en souffle mot. Le raz de marée n'arrivera-t-il jamais sur les plages de nos vieilles mémoires? On ne sait. Du moins, par précaution, pouvons-nous construire quelques digues.

1. *Une enquête de Duvignaud*[1]

Cent trente interviews non directives en zones rurales et urbaines, réparties en tous âges, sexes et milieux sociaux, ne font jamais apparaître la moindre interprétation théologique du

1. *Enquête sur les aptitudes des Français devant la technologie,* en collaboration avec Annie Guedez, Jean-Pierre Corbeau et Mireille Carrère, Paris, 1986, ronéoté.

phénomène de la communication. Pessimistes et optimistes, conservateurs et modernistes s'opposent. Mais de théologie, point.

Peut-être existe-t-il un imaginaire, travaillé par les BD et la science-fiction, qui suppose que tout est possible à la science triomphante[1] ? Voilà qui pourrait résonner un peu comme une sorte de religion de la science elle-même. Mais religion totalement sécularisée et bien peu religieuse : il n'est jamais question de Dieu, ou d'un succédané, ni de morale universelle associée à la science universelle. Les auteurs émettent l'hypothèse de trois « tourbillons » coexistant dans la société, celui de l'État, celui des intellectuels et celui des autres, tous les autres, qui ont peu de chance d'accéder aux deux premiers tourbillons. Les valeurs mises en avant par l'idéologie technicienne de la communication sont portées par les deux premiers. Le troisième reçoit, négocie, s'approprie ou regrette[2]. On peut se demander alors si l'isolement même du troisième tourbillon permet de conserver le bon sens.

Cette enquête vient conforter ma propre expérience : souvent, de retour des États-Unis, je rapporte aux étudiants français ces idéologies du premier âge, celle du second self, *comme celle du dieu d'Ehrard, le gourou californien. Stupéfaction et incrédulité. « Ça » ne marche pas chez nous. Un voyage au Japon me l'a encore confirmé : la fascination pour les technologies est grande, mais elle ne prend* jamais *un tour religieux. Les Américains, décidément, nous étonneront toujours.*

2. *La situation américaine*

Ce pays est fortement religieux : 80 % de la population fréquente régulièrement les lieux du culte. 95 % croit en Dieu et 67 % en l'immortalité de l'âme[3]. Pourtant, le sacré s'est sécularisé en de multiples compromis quotidiens. Et cela s'explique,

1. Enquête précitée, p. 62.
2. *Ibid.*, p. 106.
3. Voir l'article de Wade Clark Roof, in *The Sacred in a Secular Age,* ouvrage collectif sous la direction de Philipp Hammond, University of California Press, 1985, p. 81.

comme le montre Hammond, par le rôle du protestantisme[1]. Mouvements de résurgence religieuse et contre-mouvements ont des liens « symbiotiques ». Ainsi du culte de la *whole person,* qui englobe corps et esprit de l'individu. La résurgence protestante passe par des éléments séculiers. Monde religieux et monde séculier pratiquent des échanges constants. Théisme et individualisme sont en déclin certes, mais la croyance augmente dans les sciences sociales, et le mysticisme se développe, comme le montre Robert Wuthnow[2]. Chose curieuse, mais explicable, on trouve bien davantage d'attitude religieuse parmi ceux qui pratiquent les sciences exactes (physique, chimie, biologie) que parmi les *social scientists*[3].

Cela s'éclaire quand on songe à l'absence de légitimité des sciences sociales dans notre univers scientifique : il faut se montrer irréligieux et esprit fort pour marquer sa rigueur ; les pratiquants des sciences « dures » n'ont pas vraiment besoin de ces postures...

Où l'on voit qu'il est difficile d'affirmer que la religion décline, tant les échanges sont intenses entre monde religieux et monde séculier.

Non seulement il y a beaucoup de croyants parmi les scientifiques, mais la croyance même dans la science prend un tour religieux, parfois mystique. La société de vérité est arrivée, celle de la vraie communication. Le consensus social, déjà porté par la religion, est conforté par la croyance toute religieuse dans les bienfaits de la technologie et spécifiquement des *technologies* de la *communication,* deux termes qui tendent à se confondre. On cherche alors une sorte de religion syncrétique entre le monde technologique communicatif et le monde religieux. Dieu n'est-il pas unique, lui qui a produit tous ces bienfaits ? Le syncrétisme est poussé très loin : on cherche une fusion des religions d'Orient et des religions d'Occident. Les sectes abondent qui promettent de nous redonner notre place dans le cosmos, et la vraie vie, et le sens. Vision écologique d'un monde total enfin réconcilié avec lui-même. Louis Dumond, prophète ignoré en

1. *Ibid.,* p. 3 *sq.,* 77, 81, 150, et tout au long du livre.
2. « Recent patterns of secularisation : a problem of generations ? », in *American Sociological Review,* n° 41, octobre 1976, p. 850.
3. Wuthnow, *in* Hammond, *op. cit.,* p. 190 *sq.*

France, est invoqué à l'appui[1]. Une morale universelle est invoquée, non pas celle de la *Pax Americana* avec l'idée d'un dieu qui serait américain, vieille tradition du folklore politique, mais une autre, «vraiment» universelle celle-là, parce qu'elle concerne l'homme, animal social doté du langage, dont l'essence est dans la relation avec les autres : la morale universelle de la communication, au carrefour de la psychothérapie et de l'intelligence artificielle, et qui n'est pas sans relation avec des pratiques religieuses.

I. Une morale universelle

La recherche d'une morale universelle à connotations religieuses se révèle particulièrement dans les mouvements thérapeutiques.

La *quick therapy* s'inscrit dans le contexte californien et américain. *Californie :* pays dans le pays, Amérique de l'Amérique, généralement en avance sur la mode américaine. Là où «ça va» plus vite qu'ailleurs; là où la destruction des anciennes structures et des anciennes valeurs est plus rapide; là où, précisément, il faut plus vite les remplacer; là où on manque le plus de consensus, d'un consensus autre que celui de l'argent et de l'efficacité technologique. La contestation politique, sexuelle, spirituelle a pris naissance à Berkeley, en 1960. Les religions de tout ordre, plus ou moins sécularisées, plus ou moins orientales, plus ou moins protestantes, plus ou moins thérapeutiques, abondent.

Songeons que plus de quatre cents groupes de ce genre existent aujourd'hui à San Francisco[2]. Il peut s'agir de religions orientales (groupe Krishna, vie conventuelle très autoritaire,

1. *In* Hammond, *op. cit.,* article de Roland Robertson, «The sacred and the world system», p. 347. Il fait grand cas d'un article de Dumond qui recherche les interdépendances entre l'Est et l'Ouest dans «On values», *Proceedings of British Academy,* Oxford University Press, 1980.

2. Ces renseignements m'ont été communiqués par Mme Jules Rosette, de l'université de San Diego, et sont extraits de son interview à Radio-Canada (1984).

réaction aux excès libéraux des années soixante), de groupes protestants (Guyana, Christian Jones, mêmes caractéristiques). De groupes religieux plus libres, de type contemplatif, oriental toujours : on n'y vit pas à plein temps (groupes très riches qui tiennent des restaurants, des entreprises, qui possèdent des immeubles); on y fait son yoga, mais on va à l'église le dimanche. Tolérance; ce ne sont pas complètement des religions. Ils entendent « ritualiser la vie pour la rendre moins ordinaire » et usent des techniques méditatives. Des groupes enfin, plus proches de la thérapie, qui ne sont pas des groupes religieux, mais dont la fonction est la même : rassembler ce qui est éclaté. Ces groupes ont pour objet la santé physique et morale, l'argent et la réussite, la puissance intellectuelle. « On a tendance à circuler d'un groupe à un autre : comme dans un supermarché[1]. »

États-Unis. Ce qui est vrai de la Californie est vrai du pays entier. Les sociologues américains sont conscients du problème et l'inscrivent dans le remarquable ferment spirituel des vingt dernières années, lié à la crise des valeurs de la société américaine.

Ces nouvelles religions sont une réponse à la faillite des anciennes[2]. Les religions civiles sont vides, et cela provient d'une rupture de l'équilibre constitutionnel entre l'État et les Églises. La théologie publique américaine présente une vue messianique de l'Amérique comme nouvel Israël de Dieu. Les pères fondateurs étaient attirés simultanément par deux idéaux incompatibles : l'idéal d'une république vertueuse, dans laquelle l'État modèlerait la morale citoyenne, et l'idéal d'un État constitutionnel libéral, qui se cantonnerait dans le maintien d'un ordre public minimal. Le débat Reagan-Mondale sur l'avortement illustre la contradiction : le libéral « excessif » Reagan veut interdire l'avortement, affaire publique, le « dirigiste » Mondale dit qu'il s'agit là d'une affaire privée.

1. Mme Jules Rosette, *op. cit.*
2. Voir le livre collectif *In God we trust : new patterns in american religions pluralism,* 1980, dirigé par Dick Anthony, Center for the study of new religions graduate theological union (Berkeley) et Thomas Robbins, du département de sociologie (Yale). Titre définitif : *Coercism, conversion and commitment,* Cross Road Press, 1986.

L'équilibre entre les deux conceptions fut longtemps conservé tant que les Églises maintinrent un consensus moral, une discipline : l'État pouvait alors ne pas trop intervenir. L'équilibre fut rompu avec l'échec des Églises traditionnelles. Pourquoi cet échec ?

Plusieurs raisons sont avancées : le développement d'un capitalisme « managérial », qui a brisé le travail du petit entrepreneur familial, et par là les valeurs altruistes, interpersonnelles[1], ou le déclin des *soft structures,* telles que les Églises, les écoles ou la famille dans leur capacité à transmettre les « bons » modèles dans un contexte devenu excessivement permissif, poreux, marqué par toute la contre-culture[2] ; on peut alors incriminer l'exogamie religieuse, qui affaiblit les religions d'origine du couple[3], ou encore le déclin de l'individu volontaire et du théisme[4]. La principale raison demeurant la première : à savoir le capitalisme des managers. Dans ce contexte général, les sectes abondent, qui entendent remplacer les vieilles spiritualités ; en particulier, les nouvelles thérapies semblent issues de l'échec spécifique des Églises libérales, qui avaient toujours plaidé pour l'autonomie du *self*[5].

La culture narcissique du *self* explique ainsi à la fois le développement des sectes orientales et des mouvements psychothérapiques – Ehrard compris[6]. Le postulat commun : l'unité sociale est en fait nichée dans le *self;* le rapport direct du soi avec la nature peut demeurer impavide, car il est indépendant des religions et des valeurs politiques. Les valeurs conscientes sont illusoires, il faut donc distinguer entre concept et expérience. Tout est possible à partir du *self :* le *self* est moniste, il se fie à une explication unique du monde, se méfie de la raison et des raisons. La fragmentation sociale et culturelle contemporaine permet justement de mieux percevoir l'unité du monde,

1. Voir Robert Bellah, « Civil religion in America », p. 168 à 192, in *Beyond belief,* ouvrage sous sa direction, N.Y., Harper and Row, 1970 ; John Coleman, « Civil religion », in *Sociological Analysis,* t. 31, n° 2, p. 67-77, 1970.
2. Voir in *In God we trust..., op. cit.,* la contribution de Benton Johnson.
3. *Ibid.,* contribution de W.C. Roof.
4. *Ibid.,* contribution de Greeley.
5. *Ibid.,* contributions de Charles Glock et de Thomas Piazza.
6. Voir Christopher Lasch, *The Culture of Narcissism,* W.W. Norton, 1979, et Richard Sennett, *The Fall of Public Man,* Knopf, 1977.

qui est unité de vie, unité du *self,* unité de l'Esprit, dirait Bateson. Cette unité construit l'individu comme actif, compétitif et volontaire. Peut-on dire alors, comme Donald Stone[1], que cette éthique « renforce l'autoculpabilité des défavorisés et décourage l'organisation collective nécessaire à la redistribution du pouvoir et de la santé » ? Voilà qui n'est pas évident pour un Ehrard qui entend transformer les intérêts du *self* en intérêt collectif, qui affirme que la responsabilité n'est pas une faute. Reste que la conscience ne suffit peut-être pas à changer le monde... et que l'usage de tautologies ne suffit vraisemblablement pas à changer les mentalités.

Mais les nouvelles religions ou thérapies ne sont pas cause du déclin des anciennes. Elles sont la réponse à l'anxiété d'une société du vide[2], à l'appel de communautés inquiètes, au déclin de l'éthique protestante et même à la dissolution du consensus moral et de l'identité nationale[3]. Les sciences sociales ont joué leur rôle de corrosion[4], mais aussi, semble-t-il, une morale scientifique ou morale artificielle.

Si l'on en croit les sociologues américains, la *contextual therapy* s'inscrirait dans le champ des nouvelles religions, sorte de réponse à la faillite des anciennes. En faveur de la thèse américaine, on observe l'émergence de caractéristiques propres à la naissance de mouvements religieux : le Christ, lui aussi, s'insurge contre la science des docteurs de la loi, comme Ehrard et Shaw, inspirés par Bateson, s'insurgent contre la science freudienne. Il s'agit aussi de créer un homme nouveau dans les deux cas. Chacun peut libérer son âme, y compris un esclave, disait l'Un. Chacun peut, quelle que soit sa position, se transformer lui-même, par là transformer son contexte et peu à peu le monde, disent les autres. Universalité dans les deux cas : pas plus qu'il ne s'agissait d'une obscure discussion locale entre deux tribus juives, pas plus ne s'agit-il d'une étroite querelle californienne, entre Berkeley, Stanford et San Diego, par exemple. Ce qui est visé, c'est la politique mondiale, universelle, œcuménique, non étatique. La voilà, la reli-

1. *Ibid.*
2. Voir Yves Barel, *La Société du vide,* Éd. du Seuil, 1984.
3. Anthony et Robbins, *op. cit.,* Introduction.
4. *Ibid.,* contributions de Charles Glock et de Thomas Piazza.

gion pour tous, d'accès facile, et n'oublions pas que Shaw et surtout Ehrard appellent chacun à devenir le thérapeute de chacun, ils poussent à la conversion en séance même, sur le mode contagieux[1]. Rupture ici avec Palo Alto, mais aussi avec toute une morale de la connaissance, de type platonicien. Encore un pont de convergence avec le christianisme naissant.

Mais il ne faut jamais abuser des métaphores, surtout aux États-Unis, pays dont la culture moyenne et le langage ordinaire prennent souvent le signe pour la chose dans sa concrétude. Pays qui travaille sur les signes (improprement appelés *symbols*) et non sur les symboles, sur les opérations entre le signe et la chose telles que les ont entrevues la mystique judaïque et la logique de Port-Royal[2]. Pays roi de la philosophie analytique, si puissante en elle-même et barrée par cette limite. Dire ici qu'il existe des analogies entre la *contextual therapy* et une religion serait suffisant. A insister sur ce point, un piège se forme : l'identité entre cette thérapie et une religion, entre certains signes et la chose. On peut craindre que les sociologues américains soient tombés dans ce piège, auquel il est pourtant capital d'échapper.

Car Ehrard n'est pas un Christ des temps modernes ni Shaw un saint Thomas. Vivant dans leur temps, construisant avec d'autres la rationalité de leur temps, californien et technologique, ils bâtissent une véritable *morale artificielle,* pendant de l'*intelligence artificielle,* son reflet et son agent de stimulation dont l'expression volontaire se fige dans le sourire reaganien. A l'AI *(artificial intelligence)* correspond l'AM *(artificial moral).* C'est à ce niveau seulement qu'on peut comprendre la nature et la portée de la nouvelle éthique. Substituons ici la métaphore de l'intelligence artificielle à celle de la religion, mais avec la conscience des limites de toute métaphore.

1. Ce fut l'une des caractéristiques du christianisme originel et la raison de son succès sur le stoïcisme : accès facile et sur le mode de la contamination. Voir Lucien Sfez, *Leçons sur l'égalité,* Presses de la Fondation des sciences politiques, 1984, chap. II.

2. Voir Louis Marin, *Critique du discours,* Éd. de Minuit, 1975, et Lucien Sfez, *L'Enfer et le Paradis,* PUF, 1978, chap. I.

Intelligence artificielle et morale artificielle

Premier point commun aux deux champs. La vitesse de la *quick therapy,* qui répond à la vitesse de communication de l'ordinateur. Vitesse et contagion : nous sommes simultanément branchés les uns sur les autres dans les deux cas. L'information nous lie à toute vitesse en une opération contagieuse de fusion. Le servant de l'ordinateur s'identifie à l'ensemble des terminaux ; comme les héros agrégés les uns les autres du Hunger Project : transparente simultanéité.

Deuxième point commun. Toutes les transformations de méthodes ou de contenus sont possibles dans les deux cas. *« Don't change beliefs, transform the believer »,* clamait la brochure Mao[1]. Tout est convertible et réversible. Le contenu est sans importance. Adaptativité, commutativité, redondance. Une voie vaut l'autre. L'essentiel est que « ça » fonctionne, opérationnellement, que « ça » bouge. Cynisme ? Non pas. Efficacité de la machine et de l'homme créateurs. Tous les termes que j'utilise ici valent indifféremment pour Ehrard et la science cognitive. Martin Landau osait tranquillement une métaphore : celle du 747, la société vue comme un 747[2] : le 747 est l'avion le plus sûr du monde, comme nos sociétés démocratiques sont les plus sûres (fiables), car si un moteur est en panne, les autres se substituent à lui, sans compter une redondance manuelle. C'est cela la fiabilité (la même) de la démocratie systémique et de la machine systémique. J'étais atterré par ce placage – oserais-je dire artificiel – de la technologie sur la société. Je ne comprenais pas encore ce que j'entrevois aujourd'hui : la démarche de Landau s'inscrit dans la cohérence culturelle de l'Amérique actuelle : machine pour homme, homme pour machine. Redondance en l'un et en l'autre. Morale de l'un, morale de l'autre.

Troisième point commun. Ce qui est critiqué dans la vieille psychanalyse, comme dans la vieille machine, comme dans la vieille linguistique, c'est qu'elles sont toutes les trois compé-

1. P. 14. Voir cette brochure en annexe.
2. Interview du 3 février 1984, à Berkeley.

tentes et toutes les trois non performantes. Descartes, Freud, Chomsky, même combat et mêmes limites. Passons à la performance, toujours adaptée, en action. Ainsi s'explique l'insistance mise sur le langage ordinaire en science cognitive, sur la thérapie facile d'accès, non ésotérique, en psychologie, sur la visée performative en linguistique. Liaison cohérente et forte des champs par ce souci d'efficacité.

Quatrième point commun. La conception de la vérité et celle de la réalité sont les mêmes. Il n'y a pas de vérité en soi, de réalité en soi. Elles sont relatives. La réalité est seulement vraisemblable. Par là, on peut la construire. Cette réalité construite dans l'ordinateur ou dans la morale d'Ehrard est aussi vraie que toute autre, car toute autre est construite. La seule vérité de la réalité, la seule réalité de la vérité sont leur utilité. Mais une différence radicale existe entre les réalités consciemment construites, construites pour une visée, et les autres préconstruites : les secondes reproduisent l'existant, les premières sont dotées d'une volonté qui cimente l'union de l'intelligence artificielle et de la morale artificielle. Là où l'optimisme messianique de Simon[1] et de Newell coïncide avec l'enthousiasme créateur d'Ehrard. Création divine généralisée. A partir de la Californie ou de Carnegie Mellon.

Cinquième point commun. Le système Ehrard se veut universel, vaut pour toutes les situations, pour tous les hommes. Ce qui le rapprochait déjà du christianisme naissant. Ce qui le rapproche ici du *General Problem Solver* et du *Human Problem Solving* de Simon, comme de la machine de Turing, machine générale qui est le modèle universel de toute machine. Qu'importe que les systèmes généraux n'aient jamais totalement fonctionné ou que la machine de Turing ne soit qu'un modèle théorique : ce sont aussi des images porteuses d'entraînement, d'engagement, d'action. Images mobilisatrices de la science cognitive actuelle, même si leurs concepts ne sont plus des contributions au débat. De même du système Ehrard, générateur de mobilisation, qui est une sorte de *General Problem*

1. Il paraît que l'ordinateur écrira Proust. Non pas réécrira en un «à la manière de». Écrira, dit Simon !

Solver de la thérapie, une sorte de *Human Problem Solving* du changement social, une « machine de Turing » de la pensée et de l'action humaine. Ici encore, le contenu n'a aucune importance. Ce qui compte : la mobilisation... générale. L'inspiration batesonienne se retrouve puisque le rapport esprit-nature est identique dans les deux cas, quelles que soient les contorsions d'Ehrard lorsqu'il refuse la science. Ne distingue-t-il pas expérience et concept, la première distinction fondamentale de toute science ? Et n'admet-il pas, comme les cognitivistes, que la réalité est à construire ? Et sa morale qui nous libère comme la machine même le fait ne nous posent-elles pas toutes deux la même lancinante question : devons-nous nous conformer à cette morale, aux critères de la machine, ou devons-nous nous en affranchir ?

Sixième point commun. Le nouveau dieu (petit d) est le *self*[1]. *Self* créateur de contexte pour les uns, *second self* machinique d'une culture de la simulation pour les autres[2]. *Self* projeté dans le futur qui construit tous les possibles en simultanéité dans les deux cas. La machine est construite comme le cerveau, comme une machine. On peut tout forger et reforger en permanence. Nous voilà près de l'ancêtre Simon et de ses émules. Un seul ennui : le rapport à la mémoire dans les deux cas.

Septième point commun. Dans les deux cas, le rapport à la mémoire est fragile, indécis. Officiellement, on veut tout couper. Foin de la mémoire des expériences passées qui crée des cercles vicieux, foin des anciennes religions qui bloquent, qui créent des *collapsed domains :* tel est le langage du prophète de San Francisco. Telle est aussi son efficacité qui permet des progrès, rapides et spectaculaires, mais aussi sa difficulté : les anciennes religions reviennent dans son discours comme retour du refoulé évangélique et narcissique du protestantisme américain. Bob Shaw, lui, s'en tire autrement, plus professionnellement, en usant au besoin des cures longues – à longue mémoire – des anciennes thérapies.

1. Je rappelle que je ne l'invente pas. Ce sont les termes mêmes de la petite brochure Mao d'Ehrard, *op. cit.*
2. Voir *Les Enfants de l'ordinateur,* de Sherry Turkle, *op. cit.*

Or le problème est identique en intelligence artificielle ! Progrès rapides et décisifs, dus à une conception antimémoire, ou plutôt à la conception d'une mémoire stock, archivée. Ensuite, un piétinement assez long. La prise de conscience ne vient qu'aujourd'hui : comment, par-delà toutes les architectures neumaniennes et les concepts de Simon ou les micro-mondes de Winograd, introduire dans l'ordinateur du langage ordinaire, vif et anecdotique, ambigu et primesautier, ou ironique ? Comment passer d'une mémoire stock à une mémoire flux, faite d'oublis, d'aller et retour, de confusions errantes et créatives ? C'est tout le projet des jeunes « cognitivistes ». C'est la volonté actuelle de dépassement des néo-connexionnistes. Une mémoire active et vive l'emportera-t-elle ? Problème déjà vu dans notre analyse de la science cognitive. Mais nous voulions le rappeler ici, où la morale artificielle, morale de l'artefact et de la simulation, joue un rôle déterminant.

Pour l'instant, ce que nous pouvons conclure, c'est qu'il existe plusieurs points communs fondamentaux aux nouvelles thérapies et à l'intelligence artificielle.

Mais dire que cette morale est artificielle nécessite de passer au-delà des points de connivence avec l'intelligence artificielle. C'est aller jusqu'à comparer la structure de l'intelligence artificielle avec ladite morale. C'est démontrer que, l'intelligence artificielle construisant des machines... « intelligentes » qui font retour sur l'homme, la morale artificielle construit, elle aussi, une machine systémique, intelligente, qui fait retour sur son producteur.

Or on a vu maintes traces de cette recherche parallèle en science cognitive, puisqu'on finit par nous dire qu'après tout un ordinateur très perfectionné pourrait être doté de sentiments, les sens et l'intelligence ne faisant qu'un. Tel est le projet de communication généralisée, ses ambitions et ses succès, ses échecs et ses déceptions, ses buts volontaristes et démiurgiques, qui engage, pour le coup et, vraiment, notre *self* sur les deux rives de l'Atlantique et du Pacifique.

Cette construction artificielle a-t-elle quelque chance de se développer, parallèlement à l'arrivée massive de l'intelligence artificielle dans la vie de tous les jours ? Est-elle déjà en place, œuvrant dans l'intimité du foyer ? On rappelle que le livre de Sherry Turkle, *The Second Self,* jette une lumière cruelle sur ce phénomène.

II. La recherche d'une théologie séculière

Le tautisme généralisé est le fruit de ces extravagances. Dans les pratiques comme dans les théories qui s'achèvent en un tautisme religieux. Technologies de l'esprit, science cognitive, psychothérapies et médias se donnent la main et tentent de créer une religion syncrétique, qui entend fondre et confondre représentation et expression en un messianisme communicatif. Phénomène surprenant, car ni la représentation ni l'expression n'avaient permis de fonder une nouvelle théologie. Ici, au contraire, le dieu-homme-machine représenté, construit est celui-là même qui s'exprime dans et pour l'univers.

La communication représentative avait fondé à la longue notre vieux système républicain, occidental ; de même, la communication expressive l'avait aidée dans cette tâche.

1. *La communication représentative : religion républicaine et laïque*

Qu'est-ce que la laïcité ? Point n'est besoin ici de remonter aux sources, de dégager les étapes d'une histoire complexe, du concile de Nicée à la loi de 1905. Il suffit d'affirmer un principe et ses cas d'application.

La laïcité, c'est le régime de la séparation. Être laïque, c'est couper en deux, séparer. Séparer le civil du militaire, le politique de l'administratif, le droit constitutionnel du droit administratif, l'Église de l'État, la société civile de la société politique, l'économique, le social et le politique, l'État et le local, le privé et le public.

On en passe. La laïcité sépare ce qui fut un jour confondu. Et la question dépasse infiniment la seule question de l'autonomie religieuse. Car la séparation fondatrice est celle du représentant et du représenté. Fonction essentielle de ces coupures dans nos sociétés libérales : assurer la distinction entre l'absolu, qui surplombe, et le relatif, le quotidien. Permettre à chacune des deux zones une autonomie relative. Compromis libéral et républicain, dont les frontières sont indécises, fluctuantes, selon les cas et les situations historiques. Compromis qui permet à chacun d'imaginer qu'il incarne l'absolu et que l'Autre incarne le relatif. Les tenants du ciel savent que l'essentiel leur revient. Les tenants de la terre étatique ont la même conviction en ce qui les concerne. De même pour le privé et le public, l'État et le local, l'économique et le politique, la société civile et l'État.

Dans la religion républicaine pourtant, quelque chose échappe à ce relativisme généralisé : la prééminence absolue et universelle de la *Res Publica,* chose publique, en d'autres termes l'Innommé, l'Indicible sur terre, qui renvoie bien sûr à tous les absolus fondateurs, mythiques et théologiques. Pour que ces compromis « marchent », dégagent les zones d'autonomie relative, s'enchevêtrent entre eux en une diversité fluide de microcontrepoids qui font la vie et le charme des sociétés politiques libérales, encore faudrait-il un principe qui les domine, extérieur, universel, le principe moteur de la *Res Publica.* Ses attributs sont proprement divins. Leur origine est indémontrable, inexplicable. La souveraineté publique est infaillible, générale et absolue, disait déjà Rousseau. Autonomie du religieux sans doute, ou de l'administration, ou des armées, ou de tout technicien ou de la société civile : mais selon des règles posées par la *Res Publica,* dont la fonction éminente est précisément d'assurer le respect de toutes ces autonomies. La République faillirait-elle un jour à cette fonction ? Un million de personnes manifestent alors et la fléchissent. Les élections périodiques sont là aussi comme menaces dissuasives à toute majorité qui abuserait de ces pouvoirs. L'absolu est dans l'autonomie elle-même. Instrument de cet absolu : l'État républicain. Legendre nous dit la même chose, autrement[1] : vivre, éviter la folie, c'est respecter l'absolu, mais un absolu extérieur à nous-mêmes, séparé de nous par toute la distance du mythe. Nos parents sont

1. Dans *L'Inestimable Objet de la transmission, op. cit.*

trop proches de nous pour représenter l'absolu. Nos grands-parents jouent ce rôle et nos aïeux, en des photos jaunies qui cristallisent une très vieille mémoire.

Voilà en apparence qui nous éloigne des techniques, des technologies et de la communication elle-même. Voilà en réalité qui, tout droit, nous y conduit.

Les machines politiques de cette religion républicaine présentent exactement les mêmes caractéristiques que les machines techniques communicatives. Elles sont les machines de la technique sociale. Tandis que les machines techniques sont des cas particuliers de la religion laïque, machinique de la République.

C'est qu'elles ont en commun un concept fondateur : le principe même de la séparation laïque, dont l'instrument est la représentation. La représentation suppose une coupure entre le représentant (relatif, toujours variable) et le représenté (absolu, intangible, innommé). Par suite, on peut comprendre que la représentation politique et machinique constitue un bloc : les unités discrètes, analytiques, mais rassemblées en une chaîne représentative dans la théorie de l'information, renvoient aux citoyens, atomes insécables rassemblés dans la chaîne représentative de la souveraineté générale. Le sujet humain, hors la machine technique, mais dont les attributs sont maintenus, renvoie au sujet absolu, ou *Res Publica,* qui est exclu des machines sociales autonomes, mais qui les permet. Les contrepoids analytiques, en pièces détachées, de la société politique et de la société civile renvoient aux pièces détachées de la machine technique. La lisibilité des machines communicatives, sociales et techniques, leur même type de visibilité ne sont qu'une conséquence de leur commune représentativité. De même que leur commune distinction entre l'explicite et l'implicite.

Trois caractéristiques définissent la boule de billard, métaphore communicationnelle de toute machine : des unités discrètes assorties du principe de redondance; l'extériorité des éléments de la machine et leur extériorité par rapport à l'homme; leur lisibilité représentative assortie d'une séparation entre l'implicite et l'explicite.

Or la boule de billard est républicaine. Pour le comprendre, il nous faut passer par l'*Encyclopédie*. Les encyclopédistes – Diderot à leur tête – nous dirent en même temps un amour immodéré pour la communication, pour la machine, pour une société civile débarrassée de ses entraves[1]. Pour eux, c'était tout un. Ils poseront les premières bases de la religion machinique, universelle de la société civile.

2. *La communication expressive : religion républicaine et laïque*

Cette communication expressive est celle d'un Spinoza, comme on l'a vu, ou d'un Leibniz. Elle n'a jamais été appliquée intégralement. Encore moins les prescriptions du *Traité de l'autorité politique.* Spinoza, constitutionnaliste, est ignoré : il dépense des trésors d'ingéniosité pour faire en sorte que le pouvoir – pourtant nécessaire – n'incarne pas l'absolu. Nécessaire, parce que l'homme, poussé par la convoitise, agit en conformité avec les règles de la nature : détermination absolue de ses pleines possibilités, liberté de se conserver soi-même et son esprit. Mais plus on est libre, plus on raisonne : l'union vaut plus que les parties, et ce droit naturel de la convoitise n'est rendu possible que par une alliance. Plus les individus sont nombreux à s'allier, plus le droit dont jouit l'ensemble est considérable. Droit souverain, droit du souverain qui a seul le droit d'administrer les affaires publiques et qui rend toute rébellion illégitime. D'où la nécessité de chercher la meilleure forme de régime politique et le montage d'une série de précautions. Va pour un roi, s'il est étroitement contrôlé. Va pour un certain type d'aristocratie qui privilégierait des petites villes en état de discussion permanente (sorte de confédération autogestionnaire) au détriment de la capitale[2]. De nombreuses limitations et de nombreux contrepoids sont ici proposés.

Un bon régime politique est celui que permet la force de l'union en même temps qu'il produit les conditions de paix favorables à une communication du deuxième genre ou du troisième genre, celle qui dépasse le simple ouï-dire expéri-

1. Voir Lucien Sfez, *Leçons sur l'égalité, op. cit.,* 2e partie, chap. II.
2. Sur tous ces points, voir le *Traité de l'autorité politique,* en liaison avec le *Traité théologico-politique* et *L'Éthique.*

mental (premier genre), qui prend en compte les idées adéquates (choses fixes et éternelles telles que l'étendue, le mouvement, le repos : deuxième genre) et la connaissance du troisième genre, dont la fonction singulière est d'appréhender les essences particulières contenues dans l'idée de Dieu.

Élément essentiel dans sa pensée métaphysique et politique, il n'y a pas de cause et d'effet, sur le mode linéaire, représentatif de la boule de billard et de nos systèmes républicains. Car songeons ici que cause et effet sont la matrice de la séparation représenté (cause)-représentant (effet), ou de l'inverse, qui prédomine dans nos sociétés occidentales actuelles : représentant (cause), représenté (effet), autre manière de dire, comme Duguit, gouvernants et gouvernés. Rien de tel ici : la cause est l'effet, l'effet est la cause, il est totalement dans la cause. Un seul mouvement qui se déploie. Voilà qui fonde un savoir et une pratique autogestionnaire, confédérative, en état de discussion permanente, que Spinoza entrevoit dans le *Traité de l'autorité politique*. Données toujours très actuelles.

Car la communication expressive, jamais appliquée dans son ensemble, joue un rôle permanent dans l'histoire des institutions. Elle constitue le remède symbolique aux excès de la représentation froide, abstraite. Multiplication des parlements et des assemblées de bailliage sous l'Ancien Régime, conseils et communications de toutes sortes, vie associative dans nos républiques, voire groupes révolutionnaires en fusion dans des périodes exceptionnelles. Je ne referai pas ici la démonstration déjà connue de *L'Enfer et le Paradis*.

Dans le droit fil d'une « critique de la théologie politique », je remarquerai seulement que les opérations symboliques à l'ancienne mode ne « prennent » plus, ne cristallisent plus dans nos sociétés de politique éclatée, et que le consensus s'organise aujourd'hui à partir d'un fac-similé d'une opération symbolique fictive, *sans corps et sans origine :* la communication et sa forme particulière, tautistique, dévoilée dans ce livre. Cette forme symbolique entend remplacer toutes les anciennes figures qui rassemblaient et conféraient l'identité, telles que nation, souveraineté et la figure très centrale d'égalité. La communication n'est-elle pas liaison entre deux sujets égaux ? Sans doute, sauf que, en tautisme, l'égalité manque à l'appel et que la machine tautistique ne communique interminablement qu'avec elle-même en un solipsisme circulaire et parfait. Dans la République traditionnelle, la communication était fondée sur la séparation des sujets et la séparation des sujets et de la réalité. La communication liait l'ensemble. Et lorsque la communication représentative, trop froide, manquait à sa fonction, la communication expressive volait à son secours avec ses mobilisations ponctuelles, chaudes, parfois en fusion.

En somme, non seulement communications représentatives et expressives, isolément, fondaient la République, mais leur combinaison la fortifiait : la représentation appelait une religion laïque de la machine, constitutive de l'État moderne, successeur de la machine Carrousel de Louis XIV[1], et grande ordonnatrice de la scène républicaine, publique, détachée du privé. L'expression, plus difficile et élitiste, en relation avec l'organisme, insistait davantage sur le privé et l'intime inséré dans un environnement et l'insérant. Donnant vie à la sphère publique dont la machine représentative tendait à tourner à vide. En somme, représentation et expression organisaient ensemble le consensus social et répondaient ensemble au principe premier de toute communication : maintenir le sujet dans le groupe. Or l'ordre social tautistique et marchand confond représentation et expression, mélange tous les niveaux et, par là, met en danger tout à la fois le sujet, le groupe et les institutions.

3. *Le tautisme : théologie totalitaire*

Totalitaire, le tautisme. Parce qu'il prétend porter au monde tout uniment le savoir, l'égalité (?), le bonheur, le travail-loisir pour tous, par la machine servante-maîtresse : tels sont les maîtres mots du discours inaugural du responsable suprême du projet japonais de la cinquième génération d'ordinateurs[2].

Totalitaire aussi, parce qu'il met en cause toutes les séparations et contrepoids de nos régimes républicains. Pourquoi les

1. Sur la machine Carrousel, voir Jean-Marie Apostolidès, *Le Roi-Machine,* Éd. de Minuit, 1981, p. 41 *sq.*

2. Pour plus de détails et la critique, voir l'excellent livre de Florès et Winograd, *op. cit.*

conserver si la vérité est médiatique ? Un sondage ne vaut-il pas mieux qu'une décision du Conseil constitutionnel ? Volonté inouïe de puissance cachée dans une publicité mercantile et qui, dans son excès, serait de peu de dangers, n'était la fascination pour la technologie et pour une science transparente. N'était aussi l'imaginaire des néophytes et des élites des pays industrialisés. Car si, aux États-Unis, le consensus s'opère sur le mode d'une science religieuse qui a peu de chances d'influencer nos vieilles mémoires européennes ou japonaises, l'idéologie de la science règne dans nos contrées, prête à recevoir ces nouvelles billevesées. Nos élites politiques et celles des affaires sont ici complices. Il est encore temps de prévenir les plus avertis et les plus généreux du danger à identifier gouvernement, morale universelle du progrès et technologies de la communication.

Car la communication avait déjà pour elle son nom. Qui ne veut pas communiquer ? Et la non-communication n'est-elle pas une maladie ? Elle dispose, en outre, de l'aura de la sience (cognitive, ou n'importe quelle autre). Et d'ailleurs, la communication est scientifique, tout comme la science est communicative. Elle dispose encore du soutien des institutions publiques en mal de pouvoir, dans une société où la vieille représentation politique devient fragile et contestée, et de l'appui des milieux d'affaires en mal de marché. Elle dispose enfin de l'appareil de médicalisation de la société nommé psychothérapie et relations humaines. Mais il faut lier tous les éléments entre eux et, à cette fin, engager une recherche éperdue de symbolisation. Car, dans cette affaire, il existe trois entrées : une entrée métaphysique ou ontologique, par où représentation et expression s'opposent et s'opposent ensemble à la confusion Frankenstein ; une entrée technique traduite en métaphores, celles de la machine, de l'organisme, de la simulation ; une entrée symbolique où il s'agit de lier pour prendre, capter, faire prendre, agir. Le taylorisme fut l'organisation symbolisée de la première révolution industrielle de la machine. Le réseau est fort à la mode, aujourd'hui, comme symbolisation de cette machine du deuxième ordre qu'est l'organisme. Mais vient s'ajouter, aujourd'hui, la fiction, la simulation, ou appel à un imaginaire où tout est réversible, le dedans et le dehors, le passé et le futur, le signe et la chose elle-même : la fiction est le canal symbolique, appareil à capter l'imaginaire de la société Frankenstein, tautistique.

Mais il s'agit là, dans ces trois cas, de symbolisations faibles. Il faut alors trouver une symbolisation plus forte, celle du dieu de la Bible, à l'américaine, ou du dieu séculier de la science. Il ne manquait que Dieu pour clore et lier l'ensemble : voilà qui est fait avec le dieu américain, protestant et mercantile, ou du dieu laïque portant la vérité sociale, universelle et définitive de la cinquième génération d'ordinateurs.

Mais c'est ici que le bât blesse : là où il n'existe plus de limites, à vouloir tout prouver. Car ce dieu est un faux dieu, et cette théologie n'est qu'une sorcellerie, une idolâtrie. Car Dieu est trop grand pour entrer dans les affaires, fussent-elles d'État.

III. Une théologie sorcière et idolâtre

D'abord, quelques banalités pour le lecteur qui les aurait oubliées : une véritable théologie vise l'universel à travers la confrontation, celle des docteurs rabbiniques ou celle des communautés institutionnelles chrétiennes ou musulmanes. Le sens se développe peu à peu, jamais achevé par la lecture simultanée du signe et du symbole. Comme le dit bien Levinas, le sens littéral n'est pas encore le signifié, qui est à chercher. Le symbolisme n'est pas plaqué sur le symbole, ni la fonction symbolique, privilégiée, détachée du reste. Aucun signe n'est parfait, imperfection qui permet le renouvellement de l'interprétation[1]. Voilà pourquoi Moïse avait « la bouche malhabile et la langue pesante[2] ». Le problème du mal est toujours pris en compte. Nous ne sommes séparés du mal que par une bordure de roses, fragile et d'ailleurs séduisante, comme dit le Talmud. C'est le mal qui, conjugué à l'imperfection du signe, donne sens, à la fois direction et interprétation. La morale est alors état de Sainteté et formule de vie, liée à l'apprentissage. On ne devient

1. Levinas, *Quatre Lectures talmudiques,* Éd. de Minuit, 1968, p. 13 *sq.*
2. Levinas, *L'Au-Delà du verset,* Éd. de Minuit, 1982, p. 166.

jamais moral d'un seul coup : il faut sans cesse apprendre, transmettre, garder, accomplir, dit encore le Talmud. Enfin, une théologie véritable est celle qui sépare et limite, en même temps qu'elle interdit. Elle sépare le créateur de la créature et lui commande ensuite de s'élever – douloureusement – dans l'échelle de la Grâce, et ce par une grammaire rigoureuse, comme l'enseignait Port-Royal. La religion islamique ne déroge pas à ces règles, ses interdits sont nombreux ; elle est même plus rigoureuse que les deux précédentes, car elle interdit la reproduction de l'image de l'homme et de Dieu.

Face à ces conditions structurales de toute théologie, que trouvons-nous dans la communication ? Le faux consensus marqué par un pluralisme sans discussion. L'absence de lecture du symbole dans le signe et donc l'absence du sens, d'autant que la question du mal n'est jamais posée : tout est bon, car le mal est vu à distance (télé-vision). L'œil regarde, irresponsable, la petite fille, victime d'un tremblement de terre, en train de mourir, ou un spectacle pornographique. Collusion ici entre deux attitudes. Collusion qui est la marque même du tautisme : le spectateur est à distance, et irresponsable, mais en même temps il croit être dans l'événement et y participer. Or cette participation est un leurre, cet œil et cette oreille n'ont pas la possibilité d'agir sur ni dans ce qui est montré. Pour chasser le mal, un seul moyen : tourner le bouton. Geste de sorcellerie. Le tautisme n'admet aucune limitation ni séparation d'avec soi-même ou son créateur. Partant, aucun absolu n'est posé comme fin ou dévoilement impossible. Au contraire, le tautisme, qui est scientiste, poursuit le but de transparence, selon lui atteignable[1]. La sorcellerie aussi regardait ce qu'il était impossible de voir. Et ici, tout est possible. Tout événement, toute création, toute persuasion : sorcellerie encore. Mais aussi idolâtrie, qui consiste à adorer le signe parfait (et toujours plus par les vertus de la technologie) des images ou des lettres sur l'écran. Signe détaché de la chose. Signe qui se donne comme premier, extérieur à son producteur. Signe Frankenstein qui n'a pas fini de « danser sur sa tête », comme le disait Marx de la valeur d'échange.

1. Je songe ici à l'idéologie de la science et non à la science elle-même, lente et prudente : voir sur ce point l'entretien d'Henri Atlan avec Guitta Pessis Pasternak, dans *Le Monde* du 14 juin 1981.

Les fonctions du tautisme

Parathéologie et antithéologie, le tautisme est une idéologie ; comme tel il sert à cacher. Il cache la fin du sujet, il exhibe même ce cache dont il fait un triomphe. Il cache donc la fin de la communication, dont il prétend être le héraut. Il la supprime, en fait, puisqu'il tue le sujet et toutes possibilités d'interprétation. Il cache encore la fin de la distinction privé-public, qui constituait la base de la société civile et de l'État depuis la Rome chrétienne. C'est lui qui a porté à mort cette distinction en confondant représentation et expression. Il cache encore la fin de l'État républicain, qu'il provoque en supprimant toutes les séparations et tous les contrepoids. Il en sape encore les fondements en prenant la place des vieux consensus du passé : égalité, raison, nation, souveraineté. Il abuse du mot communication qui signifie mettre en commun, et par là nous abuse. Car il ne fait jamais que tourner sur lui-même, sans donner prise à la moindre appropriation individuelle ou communautaire. L'égalité et la raison qu'il invoque sont passives. Tandis qu'il corrode nation et souveraineté, déjà bien abîmées. Sa nation est le monde entier. Sa langue, l'électronique. Il cherche à supplanter ces fondements en en absorbant tel ou tel élément, en en refusant d'autres, et en déplaçant leurs rapports. Autre caractère de l'idéologie : il parvient à se cacher, à faire en sorte que la discussion ne tourne pas autour de sa présence.

Pessimistes et optimistes de la communication s'affrontent en songeant que l'objet communication existe encore. Alors qu'il a disparu. Dénoncer la mauvaise communication et faire l'éloge de la bonne revient exactement au même. Le débat n'est pas où il doit être : le tautisme, ses formes, sa naissance, ses procédés, ses effets. Baudrillard, qui connaît bien le phénomène pour avoir décrit la sidération en spirale, s'en trouve lui-même sidéré et ne peut échapper aux cercles qu'il décrit. Barel voit sans doute juste, qui fait échapper, à sa société du vide, les appareils lourds de domination technique. Car ils sont là, les créateurs du vide. Elle est là, la cause voilée, dans le pouvoir économique, la domination politique et les systèmes de jeux et de simulation, mis au point par les hommes modernes de guerre. Jusqu'au réseau R2, déjà mis en lumière.

A ce bloc impressionnant de pouvoirs qui se cache dans le vocable communication et que je nomme tautisme, une seule arme, décisive, je crois, l'interprétation du bon sens ordinaire. Raffinée, trempée par les ans, nourrie de la sédimentation de nos anciennes mémoires, cette épée ne pliera pas : Durandal contre Frankenstein.

FINALE

Moïse et Aaron

Aaron tolérait les images et façonna même le veau d'or. Moïse les détestait.

Aaron souhaitait se rapprocher du peuple, diffuser les Dix Commandements par tous les moyens utiles. Moïse refusait ces vulgarités, se condamnant par là à la solitude. Aaron était homme de communication, le premier sans doute dans l'histoire. Moïse était l'homme de l'anticommunication, le premier encore, ancêtre de Rousseau. C'est que l'enjeu était de taille : diffuser la bonne parole par tous les moyens, c'est entrer dans le jeu d'une communication tolérante à l'égard de toute autre communication. C'est admettre l'idolâtrie du veau d'or, pour un moment au moins, en attendant que la bonne parole l'emporte. Refuser la communication, c'est sans doute rester indemne, mais dans l'impuissance.

Débat douloureux et toujours actuel. La communication est efficace et chargée d'or. La non-communication est divine, chargée, elle, de la lourdeur de fonte de ses dévoilements progressifs et jamais achevés.

Tout gît dans ce vieux débat, y compris la domination du double, le veau d'or créé par l'homme et qui l'asservit.

1. *Moïse sur la montagne, Aaron dans la plaine*

Mais tout n'est pas si simple. On sait de quoi il s'agit : Moïse est allé voir Dieu sur la montagne. Il tarde à revenir. Le peuple s'impatiente, demande à Aaron de lui donner un dieu qui marche devant lui et le conduise. Aaron ne dit pas non. Pire : il dit comment faire. Qu'on lui donne tous les anneaux d'or, et il façonnera un veau de ce métal, lui dressera un autel et lui offrira une fête qu'il proclamera comme fête de Yahvé. Colère de Yahvé, qui prévient Moïse. Consterné, le prophète rejoint son peuple et demande à Aaron comment il a pu oser. Aaron, retors, lui dit que c'est le peuple qui est mauvais (ce qui est juste), mais, sur le veau d'or, lui répond « à côté » : il a demandé de l'or, l'a « jeté au feu, et il en est sorti un veau ». Mauvaise foi superbe qui oublie son propre rôle de fabricant ; qui oublie aussi le « détail » de sa proclamation : demain sera une « fête de Yahvé »[1].

Entendez bien. Aaron n'est pas un traître. Il est un peu menteur, sans plus. Il est surtout récupérateur, mélangeant tous les niveaux comme tout homme de communication. Il a bien vu le peuple prendre une mauvaise direction. Selon l'adage : « Je suis leur chef, donc je les suis », il dirige les opérations et tente de les clouer en une fête de Yahvé. Faute suprême qui associe Yahvé à cette mascarade et fait rire tous les Égyptiens.

Dans le magnifique conflit – qui oppose les deux frères face au désert – Moïse est l'homme de la parole silencieuse, parfois traduite en Écriture. Silencieuse, sa parole, à tout le moins balbutiante et malhabile. Silencieuse, car non continue, discrète au sens mathématique. Silencieuse et un peu hautaine : Moïse est le chef ; par là, il ne tente pas de convaincre une personne particulière, ou tel groupe ou tel groupe. Pas de « cible » dans sa communication, et la notion même, chère aux publicitaires, est aux antipodes de ses comportements. Pas de « fenêtres » localisées des Macintosh simoniens. Il ne peut que s'adresser à tous à la fois, et aux morts, et aux enfants non encore nés. Contrainte majeure du dépositaire de la mémoire, des Paroles de Dieu, transmetteur d'Écriture, commentateur. Quel poids, quelle responsabilité ! Voilà qui provoque tant de retenue. Il se déploie

1. Tous ces points dans *L'Exode,* 32, « Le veau d'or ». La bataille entre les deux frères est aussi racontée dans le Coran. Je remercie vivement Jacques Berque de préciser ce point : quand Moïse apprit l'idolâtrie des Hébreux, « il projeta les Tables et prenant son frère par la tête... » (Coran, VII, 150 et 154, traduction inédite de Jacques Berque, à paraître), « Fils de ma mère, s'écrie Aaron, ne m'attrape ni par la barbe ni par les cheveux... » (Sourate, XX, Taha, 86-98, *Le Coran, essai de traduction,* par Jacques Berque, Éd. Sindbad, 1990. On remarque ici la violence du débat, plus accusée que dans l'Ancien Testament. C'est que l'islam est plus rigoriste en interdisant toute politique de l'image.

comme l'albatros aux ailes pesantes. Hautain, Moïse ? Sans doute, mais d'une hauteur modeste, humble même, sous la charge qui l'écrase.

Devant lui, son frère Aaron, chaleureux, dynamique, dirait-on aujourd'hui. Répondant à un besoin pressant d'action toujours urgente et séduit, dirait-on encore, par la modernité. Tout ce qui est là, à portée, *tout* est bon à prendre pour diffuser la bonne parole et conquérir les cœurs. Des idoles au besoin, même s'il s'en défend et s'il sait que la direction n'est pas excellente, du bouche à bouche et du bouche à oreille, de l'Écriture sans aucun doute, y compris la parole silencieuse, écrivante et discrète de l'inéluctable, du trop pesant Moïse. Freud, on le sait, interprète la disparition de Moïse comme son meurtre par les juifs qui n'en pouvaient plus de s'entendre répéter ce qu'il fallait faire et ce qu'il ne fallait pas faire. Meurtre du père, dit Freud[1]. Tandis qu'Aaron n'est qu'un frère, un doux, un passionné, peut-être doté d'un discernement moins aigu, mais riche d'un tempérament plus communicatif et allégé des contraintes de chef terrestre suprême.

Ce n'est donc pas que l'un serait du côté de l'Écrit et du parlé silencieux, puisqu'il parle quand même, et même trop, jusqu'à insupporter, et que l'autre serait du côté de l'idole idolâtre, puisqu'il inclut dans sa stratégie la parole écrite et silencieuse du premier. Il y a tout simplement bipôle, système pour dire comme aujourd'hui : l'un cherche la totale pureté, jusqu'à la Sainteté, l'autre est un homme, doté de toutes ses facultés d'homme et en proie à toutes ses contradictions d'homme. L'un et l'autre se prêtent leur concours, se médiatisant tant qu'ils le peuvent, jusqu'au conflit, inévitable. L'un, du côté du Référent, prête son concours à l'autre, du côté de l'action, et réciproquement. A eux deux, à eux deux seuls, ils constituent le levier de tout pouvoir possible, sur cette terre.

Mais pouvoir sur qui, avec qui ? Le peuple. Celui-ci, la communauté rassemblée devant les deux protagonistes, compte les points, invective, approuve, conteste et participe de tous les gestes du corps. En somme, dans ce dialogue, Moïse et Aaron ne sont pas deux mais trois (le peuple est le tiers), et même quatre,

1. *Moïse et le Monothéisme.*

bien sûr, avec l'Éternel, qui a déjà parlé pour son compte et qui observe, prêt à rectifier, lui aussi. Moïse et Aaron sont dans une liaison synchrone, horizontale, immédiate. L'Éternel et le peuple, au contraire, sont liés verticalement, de la mémoire originelle de la parole divine au peuple qui va engendrer le peuple futur. Et l'articulation du vertical et de l'horizontal s'opère par le couple Moïse-Aaron, chargés tous deux par Yahvé de transmettre, au peuple de toutes les générations, ses Paroles, ses Écrits. Et mieux encore, c'est Yahvé en personne qui distribue les rôles entre le bègue solitaire, un peu lourd, chargé de la réserve de sens, et l'autre, le fringant, grand faiseur de prodiges, chargé des relations publiques avec le peuple ou Pharaon. Faiseur de prodiges et entrepreneur en bêtises, comme on l'a vu. C'est lui que Yahvé punira, mais plus tard, en lui interdisant d'entrer « sous sa tente » comme dans un moulin, sans purifications. Reste qu'à sa mort les juifs eurent grand chagrin, dit l'Ancien Testament, qui marque une nuance sur le chagrin des juifs à la mort de Moïse[1]...

Moïse et Aaron, leur comportement, leur rôle distribué, leur conflit constituent la toile de fond de toute analyse possible et de toute pratique concevable, liant communication, décision et pouvoir.

2. *C'est le débat interne de tout pouvoir et de toute communication*

C'est dire alors que ce débat n'est pas celui, poétique ou antédiluvien, d'une obscure tribu sémite. Car, dans le dialogue de Moïse et d'Aaron, est noué tout pouvoir, en ses deux faces terrestre et divine. Un pouvoir sans Référent n'est que *flatus vocis,* simple émission de parole. Le Référent doit être présent et absent, une part de la mémoire référente doit rester intraversable par l'analyse et résister à toute explication. Mais un Référent intraversable, sans action qui l'actualise, sans communication transversale qui l'enracine, reste lointain, abstrait,

1. Les enfants d'Israël pleurèrent Moïse pendant trente jours. Toute la maison d'Israël pleura Aaron pendant trente jours. *Toute,* c'est-à-dire, nous explique Rachi, et les hommes et les femmes.

impuissant. Dépourvu de mains, il est aussi dépourvu d'intention. L'intention est toujours intention à, vers. « A », « vers » exigent l'action communicative, grande ambition de Habermas. C'est ce nœud de mémoire et d'action qui confère son équilibre au politique, aux gouvernants comme à la communauté. C'est lui qui préserve de toutes les folies dictatoriales ou anarchiques, qui ont pour fin une politique sans mémoire[1]. Moïse-Aaron ensemble nous donnent la santé politique.

Mais ils nous donnent aussi, par là même, la santé mentale et sociale. Par ce dialogue, par cet équilibre qu'il instaure, plus de « collage » possible à l'événement, pas d'impuissance non plus.

Dans ce dialogue coexistaient l'image et la parole silencieuse de l'écrit. Aujourd'hui, c'est l'excès d'images, l'excès de tuyaux, de canaux qui l'emporte, et de loin, sur le commentaire de texte. Il est là le tautisme, dans ses manifestations pratiques. Contre lui, un seul remède, la politique du commentaire.

Face aux précautions du commentaire, le tautisme n'a qu'à bien se tenir.

L'autisme est évacué par un commentaire incessant, communautaire et référé à une très ancienne mémoire. L'image est remise à sa place d'instrument pédagogique. Elle aura beau se répéter interminablement, tautologiquement en idole, elle sera reprise par une interprétation langagière et scripturale, répétée autant de fois qu'il le faudra. Port-Royal le savait encore, dont la pédagogie limitait l'image à cette portée éducative, toujours limitée, corsetée par le langage, la morale et la Grâce. Et l'on repère encore les limites de l'image dans la pédagogie catholique la plus moderne[2]. Tout comme dans la religion islamique qui se défie de l'image, au point de l'interdire. Quant à la vocation totalisante qui pousse le tautisme dans la direction du totalitarisme, elle est pulvérisée par la coupure, par l'interdit et par son commentaire que chacun, librement, peut exprimer, s'appropriant les anciennes leçons, les actualisant *hic et nunc,* opposé à tant d'autres commentaires qui font de même, mais différemment. Pluralisme inévitable sécrété par l'herméneutique. Voilà

1. Sur cette notion, voir *L'Enfer et le Paradis, op. cit.,* 2e partie, chap. IV.
2. Jean-Michel di Falco, peu suspect de méfiance à l'égard de l'audiovisuel, en trace cependant fortement les limites. Voir *Du côté de l'école,* Éd. Nouvelle Cité, 1986, p. 127.

le seul Jugement dernier qu'il nous soit donné de connaître, en notre vie provisoire et fragile : un jugement, en fait et toujours avant-dernier, avant le suivant, et qui forclôt toutes les folies sociales.

Il est là, sans doute, le remède au tautisme. Encore faut-il déterminer comment il peut opérer, préciser en somme sa posologie, en descendant avec peine des hauteurs d'un dialogue mythologique, pour pénétrer dans le champ de l'action ordinaire, du langage ordinaire, du bon sens ordinaire. Là où Moïse et Aaron sont ignorés ou si lointains, alors qu'ils continuent de nous informer, si nous savons encore les interroger.

Dans quel univers sommes-nous donc ? Un univers de science-fiction où les machines parlent et où les hommes communiquent par prothèses artificiellement branchées sur des circuits anonymes ? Où la dévotion envers la technique prend allure de religion, sacralise des idoles, *idola,* images ? Religion qui s'assortit de toutes les orthodoxies, paradoxies, hétérodoxies, sectes et chapelles, voire du phénomène d'« ex-communication » ?

3. *Le bon sens*

On pourrait s'étonner, se demander : « Mais qu'en est-il dans notre vie tout ordinaire ? Est-ce vrai de nos relations quotidiennes ? De nos discours, de nos activités ? » Ou encore : « Est-ce là ce qui nous attend et devons-nous nous y préparer ? Refuser ? » Interrogations que, à tout prendre, le « bon sens » laisse de côté. Passant outre.

Lequel bon sens, aussi bien, laisse entendre une note discordante dans le concert enregistré des théologiens de la communication. Il en a vu d'autres. Il sait passer outre les modes, disant simplement ce qui est. « Il faut ce qu'il faut », adage très près de répéter le « dans la mesure du possible » de la prudence aristotélicienne. Au mieux, il se moque, ironise, s'amuse des images qu'on lui propose, y attachant peu de croyance. Il en va de l'ordinateur de la cinquième génération comme de la relativité d'Einstein. Prétexte à des narrations de science-fiction, mais sans effet sur la vie courante. Les objets techniques sont intégrés dans la mesure de leur utilité pour faciliter la vie. Mais sont objets de dérision dès qu'ils se présentent comme gadgets, signes de mode ou effets pervers. En ce sens, *Mon oncle,* de Tati, illustre assez bien le « bon sens », y compris dans son aspect archaïque, passéiste. L'ironie est bien un mode d'expression du bon sens.

Ironie, ou encore dérision collective, quand des pratiques d'une société bouleversent les schémas machiniques. Que dire des Italiens du Sud, dans les couches populaires, qui possèdent souvent deux postes de télévision et deux postes de radio par famille et qui en poussent l'intensité simultanément, jusqu'à l'inaudible ? Cette pratique renvoie aux pratiques napolitaines, où chacun hurle en compagnie, où personne n'entend rien en comprenant tout de même[1]. Les machines n'émettent plus alors un message électronique imperturbable. Elles sont devenues napolitaines.

Les progrès n'entament pas la nature des choses, laquelle est perçue à travers une grille de lecture issue des générations passées et compose une sorte de théâtre permanent, dont les règles ne sauraient changer. Aussi bien, le travail du bon sens ordinaire consiste-t-il à sélectionner, dans ce qui est offert à sa préhension, les objets qui peuvent servir à quelque chose et à laisser le reste aux fantaisies des savants, des intellectuels ou des puissants. Ce sont les usages qui déterminent la croyance et non le contraire. Ils déterminent la valeur, suivant une hiérarchie stricte. Si le métier d'informaticien semble ouvrir une voie vers la qualification et l'emploi, il sera valorisé, et on fera « tout » pour que les enfants puissent s'assurer, par là, une situation. Que demain ce métier soit saturé, et il ne sera plus question d'informatique, de programme, ni de télématique... L'occasion, la conjoncture sont le référent de l'utile, du désiré.

Le bon sens atteste alors que, entre machine et homme, existe une alliance momentanée, alliance que les conditions d'utilisation pour le mieux-être peuvent affermir, comme elles peuvent

1. Voir mon enquête napolitaine dans *Je reviendrai des terres nouvelles,* Hachette Littérature, 1980.

aussi bien être dénoncées. De toute manière, d'après ce bon sens, c'est l'homme, son œuvre, sa vie, sa parole, qui ont le dernier mot. Coup d'arrêt du bon sens donc, à l'égard de toute entreprise de totalitarisme, comme de tout obstacle à la « libre parole », à tout ce qui pourrait transformer l'horizon « naturel » de la vie : tout ce qui a été transmis, intégré au monde *comme il est.*

Cependant, il ne faut pas prendre ce bon sens ordinaire comme argent comptant, malgré la vogue actuelle des micro-sociologues et des sociologies du quotidien, qui s'attachent à en cerner les manifestations et traquent le vécu pour en exprimer tout le suc... Certes, le bon sens est la manifestation d'une activité beaucoup plus complexe qu'on ne se l'imagine et n'est pas à dédaigner, quand il s'agit de communication, mais il est nécessaire d'éviter, en l'analysant, de recourir à ses propres règles, sous peine de « bouvardisme ». Il serait à la fois naïf et simpliste de s'en tenir à ses propos, et de penser que ce donné est à la fois authentique et spontané. Il ne nous est pas permis de confondre le vécu du bon sens avec le langage qui l'exprime. Non plus que de confondre les manières de penser avec ce que disent les paroles... Autrement dit, le bon sens réfère à plusieurs niveaux d'analyse. Sa réponse à la théologie communicative est un déni, d'ailleurs timide, et qui n'empêche pas le délire tautistique. Il importe alors de tester les garanties de ce bon sens et d'en percevoir les effets.

4. *Le sens commun*

Ainsi mettons-nous en avant, dans la réponse du « bon sens », ce qu'elle représente de « commun ». Le sens commun, s'il est un autre terme pour désigner le bon sens, dont il est une sorte d'équivalent dans le langage quotidien, a ceci de particulier qu'il insiste sur la *mise en commun* du sens et atteste la fidélité du sens à la communication, commune, par définition.

Indissociablement liés, sens et communauté se conjuguent dans le sens commun. Et cette conjugaison est l'œuvre commune de la mise en commun, autrement dit de la communication. Derrière la réponse du « bon sens », c'est cette mise en commun qu'il nous faut aller chercher. C'est elle qui, oubliée dans les technologies de la communication, revient en force dans le « Non » bien scandé qui leur est retourné par le bon sens. C'est elle qui, à l'instar de la *doxa,* si méprisée et reléguée depuis l'Antiquité au profit de la science, revient ici narguer les décisions savantes.

Il est, en effet, curieux (et malicieux) de constater que, si quelque chose fait obstacle à l'entreprise du langage artificiel, c'est bien la conversation ordinaire, avec ses allers et retours, ses liaisons omises, ses coq-à-l'âne, hiatus et lapsus, et la charge d'implicite qu'elle transporte. Là échouent toutes tentatives de mise en ordre et en diagrammes. Il y a un reste, et ce reste, c'est l'ordinaire de la parole : l'insignifiant, le parler pour ne rien dire, le banal et ses modalités singulières. Le superficiel, ici, fait office de profond : ce qui reste inatteignable, c'est bien cette errance du sens et son vague, qui flotte et hésite, et qui exige l'interprétation. Renversement de valeur qui fait de l'objet commun (opinion et discours communs) la visée des programmes les plus élaborés, alors qu'il était, il n'y a guère, jugé méprisable et sans intérêt.

Plus difficile à saisir que le style littéraire[1], souvent passible d'une schématisation à cause de sa forme déterminée (un ordinateur peut être programmé pour écrire du Proust ou du Chateaubriand), le langage commun échappe à ses vigilants traqueurs. Il devient ainsi l'objet convoité, qui se dérobe et fuit le programme : une princesse lointaine, à conquérir. Cette seule constatation nous lancerait, s'il en était besoin, dans l'analyse de ce sens commun, qui oppose ainsi une profonde opacité aux recherches technologiques : une façon peu ordinaire de dire « Non » aux tentatives de domination.

Car c'est en somme malgré lui que le bon sens résiste. Ce qu'il refuse volontairement, par pragmatisme, utilité, n'est que la manifestation épisodique de sa résistance structurelle au traitement technique.

Quelle est donc cette structure interne du sens commun, qui, au-delà de ce que dit le bon sens, impose des limites à l'entre-

1. L'art serait, à en croire Anne Cauquelin, une simple modalité du sens commun; voir le *Court Traité du fragment,* Aubier-Montaigne, 1986.

prise des technologies de la communication? Trois éléments peuvent ici répondre de sa consistance interne. A trois niveaux différents et passibles d'analyses différentes. Tout d'abord, le tissu de la *langue parlée,* conversation ordinaire en forme de dialogue. Puis l'*institution* et les *institutions* qui limitent et garantissent les paroles, enracinent un fond commun en des systèmes sociaux. Enfin, l'*interprétation* qui, du plus modeste échange oral jusqu'aux textes sacrés, assure la transmission et enveloppe les signes de son halo de sens. Ces trois éléments de résistance sont étroitement liés, et ce ne peut être que pour la commodité de l'analyse que nous les distinguons.

I. Le langage parlé

Terry Winograd et John Searle nous avaient déjà prévenus : la parole, pour être comprise, exige un contexte qui ne soit pas seulement un ajout, mais qui soit constitutif de la signification.

Le lexique et la grammaire sont une chose; le sens n'en est pas directement issu. Il varie selon la situation, l'arrière-plan, l'intentionalité. Ainsi le terme «idiot» peut signifier l'irritation ou l'affection, sans même parler de son sens originel. «Tu es idiot de me faire un cadeau» est un remerciement, assorti de pudeur. «Tu es idiot» est un jugement. Le déchiffrement du langage parlé se fait à l'aide de la compréhension d'une situation donnée et des habitudes sociales qui y sont convoquées. Autrement dit, le sens d'un énoncé ne tient pas à ce qui est effectivement prononcé. Il est en dehors de ce qui relève proprement du niveau sémantique. On peut dire que les termes d'une phrase signifient par eux-mêmes, mais que le sens qu'ils délivrent se situe en dehors de la signification proprement dite. «J'appelle *signification,* dit Oswald Ducrot, une valeur sémantique attachée à la phrase, et *sens,* celle de l'énoncé, c'est-à-dire l'ensemble des actes illocutoires que le locuteur prétend accomplir au moyen de son énonciation[1].»

1. *Le Dire et le Dit,* Éd. de Minuit, 1984, p. 95.

Au-delà de l'*intention* psychologique du locuteur, au-delà des actes de langage (la marque manifeste de l'intention dans la parole) se trouvent engagées des références implicites. Ce que *veut dire* tel énoncé, pris à tel moment dans telle situation, n'est pas uniquement fonction de ce que *veut* dire le locuteur. Lorsque je demande à mon interlocuteur si c'est bien « idiot » qu'il *voulait* dire, il peut m'assurer que non, qu'il voulait dire autre chose, mais je suis libre de penser que l'énoncé *voulait dire* encore autre chose...

Ce type de situation de parole est commun : il joue de l'implicite, d'une sorte de polyphonie langagière qui exige une interprétation continue, elle, à quelque niveau que l'on se situe. En suivant Oswald Ducrot, on peut ainsi analyser successivement à partir d'un énoncé :

1. Le contexte, qui structure l'énoncé et permet à un interprétant d'en comprendre la signification.
2. L'intention du locuteur, qui, manifestée dans l'énoncé (acte de langage), délivre un sens littéral pour l'interprétant.
3. L'interprétation de l'interprétant, qui réagit sur la suite du dialogue et en oriente le sens.
4. Les règles du discours qui régissent les énonciations et que l'interprétant suppose connues du locuteur.
5. Le locuteur, à qui l'interprétant suppose la ferme intention de se servir de ces règles. Il tient pour garantie qu'il *sait* et *veut* dialoguer.

En d'autres termes, on a affaire à une situation complexe avec hypothèse (on suppose que), décision (on choisit), inter-action, dans les limites d'un contrat de communication[1].

Contrat tacite, jamais convoqué explicitement, et qui fonctionne de lui-même dès qu'un interlocuteur commence une phrase en direction d'un destinataire. L'apparente facilité avec laquelle nous échangeons des propos ne préjuge pas de la difficulté à saisir les règles de la parole échangée, puisque aussi bien le principe sur lequel repose le contrat, c'est justement l'acceptation des règles communes. Il s'agit là d'un engagement avant la

1. Voir les analyses de Ghiglione et de son équipe dans *Le Contrat de communication,* université de Paris VIII ; voir aussi, du même auteur, *L'Homme communiquant,* A. Colin, 1986.

lettre. Une pré-entente, pré-supposé qui inaugure le discours et auquel on se fie. Sorte d'entente préalable, condition obligatoire de tout discours, analogue aux enseignements du Talmud[1].

Cette pré-position d'un contrat non manifeste résonne par la suite dans la tenue du discours lui-même, et nous en trouvons au moins deux expressions : l'une au niveau de la signification, l'autre au niveau du sens. Oswald Ducrot les nomme pré-supposés et sous-entendus. Avec les pré-supposés, nous dit-il, nous sommes dans la sémantique. Si j'énonce : « Pierre fume toujours », il est supposé par l'énoncé qu'il fumait dans le passé. Il peut être supposé aussi que le « toujours » signifie « encore » ou « quand même » et a valeur de reproche. Ce reproche n'est pas sous-entendu. Il paraît manifestement dans le corps de l'énoncé avec le verbe au présent suivi de l'adverbe « toujours ». Le sous-entendu, en revanche, tient à des procédés rhétoriques. On accentue, on a recours à des figures de discours, litote, hyperbole, déni. Avec le sous-entendu, le dit n'est pas ce que l'on *veut* dire.

Selon ce partage, le sens commun, ou la mise en commun, intervient deux fois dans la compréhension de la parole échangée. Une première fois avec la communauté de langage. Nous parlons la même langue (lexique, grammaire et signification). Une seconde fois quand l'interprétant œuvre pour la mise en commun du sens : « Que voulez-vous dire ? Est-ce bien ce que vous voulez dire ? Ce n'est pas ce qu'il a voulu dire ? » Dans ces cas, les sens pourront être nombreux, et l'exégèse, interminable. Pré-supposés et sous-entendus sont au travail dans le sens commun, et le « Dire » se situe en arrière du « Dit », comme une réserve polyphonique aux multiples usages. C'est bien cette profondeur qui hante la parole et que le programme ne subit pas. Profondeur qui n'a rien de métaphysique, mais qui est donnée du discours, sans laquelle il ne pourrait être tenu.

1. *Les mots croisés*

Un exercice que d'aucuns jugent futile, les mots croisés, montre bien ce partage entre sens et signification. Georges

1. Voir. E. Levinas, *Quatre Lectures talmudiques, op. cit.*, p. 82 *sq.*.

Perec, qui fournit longtemps le journal *Le Point* en grilles, a fort bien étudié la question[1]. L'exemple est d'autant plus parlant qu'il s'agit du simple niveau lexical. Le terme (à trouver) a une signification, laquelle peut être donnée par une définition. Ainsi : « animal de l'Amérique centrale » ou « ancêtre du bœuf », ou « roi de Thèbes », etc. La définition est suffisante pour réussir l'exercice, étant donné l'entrelacs des mots qui fournissent un point d'appui. Ce style de grilles est cependant dénué d'intérêt, car le sens n'y est pas appelé. En revanche, si le terme à trouver s'assortit d'une définition qui exige l'interprétation, l'affaire se complique et met en œuvre toutes les ressources de la langue : adages, expressions idiomatiques, références culturelles, calembours, emboîtements réciproques.

L'interprétant est alors confronté à la question : « Qu'est-ce que le cruciverbiste *a voulu* dire ? » La fréquentation d'un même cruciverbiste permet de comprendre son style (ainsi Perec privilégie-t-il les retournements) et d'interpréter correctement. Mais il s'agit là d'un exercice achevé, fermé sur lui-même et sur sa réussite. Le dialogue se constitue, lui, d'une manière semblable, mais avec cette caractéristique qu'il reste inachevé et ne se boucle jamais en un seul sens. Il reste toujours un « reste », sur lequel on peut revenir, en se disant : « Au fond, il a peut-être voulu dire autre chose, je ne sais pas. » Ce reste permet de redistribuer le sens à l'occasion et de réparer la liaison interrompue.

2. *L'implicite*

J'ai voulu marquer ici que l'implicite est déjà dans la langue elle-même, car on a trop tendance à le voir jouer uniquement dans sa référence aux habitus sociaux. Certes les habitus, les horizons de vie, l'apprentissage des langues se font dans et par la société[2]. Hjelmslev définissait la langue « comme ensemble d'habitudes d'une société donnée ». Mais il est important de remarquer les implications pré-établies, d'une part, par le

1. G. Perec, *Les Mots croisés II,* Éd. Pol-Mazarine, 1979.
2. L'implicite gît, bien sûr, dans la *Lebenswelt,* chère à Habermas, inspiré par Schütz et Luckmann... et Husserl.

contrat tacite, d'autre part, par la disposition même de la langue sur plusieurs niveaux. Deux implications qui résistent d'autant plus fortement au codage programmatique qu'elles sont muettes sur elles-mêmes.

Passer ensuite aux conditions du dialogue, c'est remarquer que « l'enchaînement des répliques se fonde généralement moins sur ce qu'a dit le locuteur que sur les intentions qui selon le destinataire l'avaient amené à dire ce qu'il a dit[1] ». Or, ces intentions faisant partie du sens, il est clair :

1. que le sens ne se *déduit* pas directement de la signification ;

2. que les enchaînements dépendent aussi des actes de langage désirés. Par exemple, asserter, c'est affirmer, rappeler, demander, supplier, reprocher, etc. ;

3. que cette situation n'opère pas sur les mots, mais sur la signification de la phrase dans son ensemble syntaxique.

De la phrase à la signification, et de la signification au sens, tel est le cheminement que nous accomplissons couramment, dans n'importe quel dialogue, si futile ou banal soit-il. Ce sont là des couches de sens qui se juxtaposent et dont les derniers ajustements n'ont que peu à voir avec la signification de la phrase. Ainsi laisse-t-on entendre que c'est mal et dangereux pour Pierre de fumer, bien qu'aucun de ces termes ne soit exprimé. Le locuteur pense seulement que ce sens va de soi pour le destinaire et qu'il n'a pas besoin de le dire.

Le « laisser entendre », le « aller de soi » de la conversation ordinaire marquent que l'interprétation sera l'affaire d'une mise en commun de l'implicite, disons d'un *tenu pour garanti,* sur lequel on n'a aucune raison de s'attarder ni aucune justification à fournir, car le sens est à la disposition de tout un chacun. Cette rapide incursion dans la parole échangée, le fait qu'elle soit toujours « tenue » en dépit de la percée de l'image dans nos sociétés modernes, qu'elle aille son train, nourrie de ses traditions et de ses propres règles, garantissent que le sens commun établit fort bien la distinction entre les représentations qui lui sont données toutes digérées et l'invention de la parole qui est son bien propre.

« Il parle comme un livre » ou « ce sont des idées toutes

1. Oswald Ducrot, *Le Dire et le Dit, op. cit.*, p. 97.

faites », autant de locutions, couramment utilisées, qui marquent la défiance et la distance prise à l'égard d'une parole « débitée ». Celle-ci manquerait de « chaleur » et de naturel.

Au vrai, le sens commun de la conversation ordinaire dénonce aussi bien le « tout-explicite » de l'intelligence artificielle et son totalitarisme, que le « tout-autoréférent » ou « tout-implicite » de l'auto-organisation, et son autisme... Ainsi le fameux « face à face interactif », qui fait la joie des constructeurs et des publicitaires, n'est jamais, pour le sens commun, qu'un jeu de renvoi sans utilité autre que la satisfaction du jeu lui-même, ou encore est transformé en jeu de société, avec compétitions et prises d'avantages. Un autre usage consiste à entrer en communication avec d'autres joueurs à vocations érotiques, comme l'atteste la surcharge qui fit – il y a quelques années – exploser le terminal du Minitel à Nancy. Là encore la solitude d'une parole condamnée à « tout dire » sur elle-même pour pouvoir s'exercer est dénoncée : non parce qu'elle jouirait d'elle-même en silence, mais parce qu'elle ne saurait jouir du silence du dire, seul garant de son efficace.

Le dialogue sur écran paraît alors devoir tenir sa définition communicationnelle, non plus de sa nature de dialogue véritable, mais par l'usage qui en est fait et qui est usage social : il permet, en effet, des types de communication pluriels, qui vont de la surveillance au traitement de textes. C'est par un détour qu'il peut tenir la route face à la conversation quotidienne : substitut commode, aide-mémoire, ou outil de conception, il remplit un office délégué. Son existence même indique la distinction entre parole et image de parole, distinction qu'il voudrait combler et que son utilisation creuse.

En effet, contrairement à l'ordinateur d'images représentant des processus de langage, la parole vive a cet aspect désordonné, cette façon de dire tout et n'importe quoi, qui est manière déguisée de cacher ce qui ne *peut être dit,* encore moins montré.

3. *Un exemple : cent mille ordinateurs pour les écoles*

C'est ici qu'on peut approuver et améliorer la politique du gouvernement Fabius qui donna aux écoles cent mille ordinateurs. On voit bien l'imagination prospective à l'œuvre : permettre aux enfants de faire leur apprentissage, de nouer un rapport familier avec la machine et de la maîtriser en l'enracinant dans une culture[1]. Mais une correction semble s'imposer : l'expérience a prouvé que, faute d'une formation assez bonne des maîtres (assez bonne ou assez longue), on a vite oublié les ordinateurs, souvent mis au placard, tandis que les enfants n'ont pas su trop qu'en faire.

Comme l'indique un rapport sur l'enseignement assisté par ordinateur (EAO), une insertion d'outil pédagogique informatisé passe par une profonde révision de la notion de groupe-classe unique et permanent, des horaires uniques et découpés en tranches rigides, « pour se centrer... dans une perspective d'un enseignement différencié[2] ». Première révolution nécessaire, sans laquelle tous les rejets s'inscrivent. Là où l'on voit se tisser dans les pratiques un lien entre parole vive, institutions et parole machinique. Dans la même direction, on pourrait suggérer qu'une appropriation réelle de la machine et sa maîtrise trouveraient pleinement leur place à partir de la classe de troisième. Et rêvons, par exemple, à des cours de français, nourris par la parole vive du maître, mais servis par l'ordinateur : comparaisons de textes analogues, en apparence très différents, mais comportant les mêmes types de mythes ou de structures langagières. Ou encore, à l'inverse, des textes en apparence similaires, mais aux antipodes par le style, l'intention ou la mythologie sous-jacente. En d'autres termes, plutôt que de mettre les enfants et des maîtres au contact de la machine sans réelle visée pédagogique, se servir de la machine pour le commentaire et l'interprétation des textes, la compréhension de leurs structures, la maîtrise de leur sémantique.

Construction progressive d'une langue et d'une parole, loin du *second self* des enfants américains, loin aussi des pratiques éducatives des épigones structuralistes qui appauvrissent souvent la pensée de Lévi-Strauss. Conceptuellement opposées, parole vive et parole machine se trouveraient associées dans les

1. Seymour Papert, *Jaillissement de l'esprit*, Flammarion, 1989.
2. Voir Jean-Michel di Falco, *Du côté de l'école*, *op. cit.*, annexe I, p. 163.

pratiques. A la politique tautistique s'opposerait alors la politique du commentaire.

Dans le silence du dire sur lequel se fonde le dit, nous pouvons donc trouver matière à résister au *tautisme :* à la *totalisation* par additions de savoirs explicites qui conduit vite au totalitarisme universalisant, à la *tautologie,* qui est piétinement du sens, car la parole échangée invente à mesure ses propres convenances, à l'*autisme* enfin, car aucun discours ne peut être tenu seul ni même, nous le verrons, à deux seulement dans un échange biunivoque, l'un étant le miroir de l'autre : il y faut cette assemblée de joueurs qui entoure les partenaires de sa présence invisible et fait écran au narcissisme.

II. L'institution

Si le contrat de parole est présupposé et tacite, il n'en est pas de même de certains jeux et rituels de langage qui réfèrent aux hiérarchies sociales établies et s'inscrivent dans l'institution. Il est admis (et il est possible de justifier explicitement) qu'un ordre tel que « Prenez la porte ! » n'exige pas en réponse que le destinataire démonte la porte. S'il le fait néanmoins, son action est considérée comme une provocation (par lui et par le locuteur). En tant qu'il est un ordre, cet énoncé s'impose et révèle une hiérarchie, telle que X, un supérieur, puisse accomplir l'énoncé en direction de Y, un inférieur, et non le contraire. C'est là un code de manières où s'inscrivent aussi le tutoiement et le vouvoiement, et qui s'accompagnent d'attitudes gestuelles appropriées. En cas de manquement au code, ruptures dues à l'ignorance ou à la provocation, l'institution se charge d'expliquer le code tacite ou de corriger le fauteur de troubles, pour revenir à l'accord qui régit les dialogues et dont la continuité sans heurt n'est généralement pas mise en cause. Ruptures et réparations n'existent que parce que le contrat est tenu pour garanti. La rupture est suivie d'une prise de conscience du contrat, de son explicitation, et la réparation n'a d'autre but que de revenir à l'état antérieur. Le fauteur de troubles se le «tiendra pour dit», une fois pour toutes.

1. *Le «breakdown» et la pause casse-croûte*

Car seul le *breakdown,* la rupture fait surgir avec force la figure du contrat tacite, qu'il soit rituel, traditionnel ou institutionnel. Habermas cite longuement l'exemple, donné par Schütz et Luckmann[1], du contremaître qui demande à son jeune aide de lui apporter une bière au moment de la pause. La demande est comprise : elle va de soi, et le jeune apprenti exécute sa mission. Plusieurs institutions entrent ici en jeu : la hiérarchie des âges et du pouvoir à l'intérieur d'une équipe; le rituel (ou institution) de la pause casse-croûte, dans certains métiers dits «de force». Ailleurs, dans un bureau, ce serait la pause café. Sous le terme *Lebenswelt,* on désigne, après Husserl, cet horizon de vie où prennent racine langage et comportement, et auxquels il est nécessaire de faire appel pour comprendre nos interlocuteurs.

Sur ce terrain, il ne manque pas de controverses et d'obstacles. Bourdieu a bien montré comment chaque groupe social se distingue par ses manières de vivre, de penser, de manger, en référence avec ce qu'il *croit* savoir de ses propres traditions, même à vouloir y échapper[2]. La parcellisation des habitudes installe une polyphonie telle dans le contexte des situations de parole que chacun se voit affronté à traduire pour son compte le langage de la distinction.

2. *Qu'est-ce que tomber d'accord?*

Mais ce que Bourdieu ne relève pas, c'est justement cette mise en commun des distinctions, à travers les errements du discours, la tâche souvent aveugle de partager l'héritage, en bref, le sens *commun* qui se dégage des multiples essais de liaison[3]. Parler à quelqu'un de quelque chose, c'est faire la double opéra-

1. In *Strukturen der Lebenswelt,* Francfort, 1979.
2. *La Distinction,* Éd. de Minuit, 1979.
3. Sens commun, dont cependant la collection que Bourdieu dirige porte le nom.

tion de légitimation de l'interlocuteur et de l'objet en question par une série d'allers et retours entre les interprétations. « Tomber d'accord », c'est en effet « tomber » sur une entente minimale qui préserve et fortifie une liaison possible. « Tomber d'accord », c'est reconnaître la légitimité de l'Autre, par rapport à la sienne propre, au sujet d'une question ainsi objectivée. On peut imaginer combien la « mise en commun » du sens commun travaille à la fois à nuancer et à égaliser les différents codes, et au prix de quels efforts (que nous accomplissons sans effort), pour arriver à nous comprendre. Ce sens commun ou du commun caractérise le dialogue. S'agirait-il même d'un dialogue de sourds et d'actions entreprises très ordinairement, où chacun s'évertue à « réparer » les hiatus et les fissures dus aux différentes *Lebenswelt* en présence.

On voit ici que l'enchaînement des dialogues, qui se joue sur les implicites, constitue la liaison des éléments sociaux en présence.

Car dans ce jeu, entre ce qui est tenu pour certain et l'interprétation qui en est faite, s'inaugure l'objectivité de ce dont nous parlons : l'habitus n'est pas une donnée reçue et transmise telle quelle, mais appelle un processus d'ex-plication. Son caractère latent ne doit pas faire croire qu'il est une forme de méconnaissance. Il est ce qui reste disponible, accessible à tous, de toutes les connaissances antérieures. Grâce à des corrections qui ne cessent jamais de fonctionner. C'est là qu'apparaît la « cohérence intersubjective de sa validation », pour citer Husserl[1], qui ajoute : « Les discordances des subjectivités singulières n'empêchent pas que, soit silencieusement et même inconsciemment, soit expressément, une unification est rendue possible par l'échange et la critique, et qu'elle est pour le moins certaine *a priori* pour chacun en tant que but que l'on peut atteindre[2]. »

On voit ainsi le sens commun s'ériger en validation de l'objectivité du monde, une objectivité relative, toujours reformée par des régulières confrontations[3]. Et si nous pouvons prédire la

1. *La Crise de la conscience dans les sciences européennes et la Phénoménologie transcendantale,* Gallimard, 1976, p. 181.
2. *Ibid.*, p. 186.
3. Objectivité, car ce ne sont pas des arguments psychologiques qui sont mis en avant ni la simple idée d'un vécu intentionnel, mais la constitution d'une

suite d'une proposition, prédiction où s'accomplit la signification du dit, nous ne pourrions guère, loin d'en extraire le sens, que préfigurer les diverses possibilités. Le sens commun, trop vite ramené à ce qui, du sens, est institué par héritage, dit, comme la parole, autre chose qu'il ne dit. Comme le formule assez joliment Umberto Eco dans les premières pages du *Nom de la rose,* les signes et les signes des signes ne sont là que pour préfigurer la chose, c'est là leur destinée de signe[1].

Mais, pour autant, cette objectivation n'a pas les caractéristiques de l'universel. Elle concerne la chose singulière dont je parle en commun : c'est sa singularité concrète qui est attestée. C'est un point, encore un, où le sens commun résiste au cognitivisme et au représentationnisme. Il ne vise aucunement cette universalité de la raison et du processus de l'*human problem solving,* qui lui paraît dérisoire, face aux singularités précises qu'il affronte. Son procès consiste à aller de détermination en détermination vers le concret de la situation. Processus qui part d'une généralité floue pour aller vers une singularité, toujours objet de reprises et de révisions, à travers cette confrontation incessante où les paroles s'échangent.

3. *La communauté du sens relève de l'histoire et de l'opération symbolique*

La communauté du sens est donc une communauté d'arrière-plan, fondée sur des mémoires communes et entretenue par le système institutionnel, qui a pour charge de les transmettre[2]. Le travail du sens commun est l'activation de ce sens d'arrière-plan, à propos d'une chose individuelle et à travers les mots du discours. En cela, il est aux antipodes d'un programme donné à l'avance, dont la réserve de sens est donnée explicitement et qui ne peut donc rien dire de plus qu'elle ne dit.

«réalité» étroitement liée aux processus par lesquels les individus représentent et expriment le monde, de façon objective, c'est-à-dire accessible à tous.

1. «Ainsi les idées dont j'usais précédemment pour me figurer un cheval que je n'avais pas encore vu étaient de purs signes, comme les empreintes sur la neige étaient des signes de l'idée de cheval : et on use des signes et des signes de signes dans le seul cas où les choses nous font défaut» (Grasset, 1982, p. 42).

2. Le succès de De Gaulle et de Mitterrand s'explique par là. Le premier disant : «Cela fait 1 500 ans que je le dis» ; le second s'est fait le chantre de

Ce « plus », en revanche, vient du sens commun, de ce qu'il ne sait pas de manière explicite ce qu'il sait effectivement. Plus nettement encore, ce qui est opposé ici à la tenue d'une parole en représentation ou d'une parole expressive, c'est un composite, finement tressé, un aller et retour entre ces deux modalités de la communication qu'exploitent les simoniens et les varéliens. Chacune de ces modalités se fonde en effet l'une sur l'explicitation, la mise à plat des éléments du langage, l'autre sur l'implication des niveaux et leurs emboîtements, tels qu'en dernier ressort la chose concrète, au sujet de laquelle le discours est tenu, pourrait, sans précautions prises, s'évanouir.

Ces deux tentations, celle d'un *autisme* – repli sur soi – et celle d'une *tautologie* – explication complète et universelle d'un donné déjà là –, sont tenues à distance toutes deux dès que l'on s'aperçoit, avec certains ethnologues et sociologues, que deux axes structurent toute constitution de société.

L'un, horizontal, lie les individus entre eux par tout un jeu de réciprocité, qui appelle des hiérarchies ; l'autre, vertical, les rattache au mythe et au rituel par lesquels l'échange social est rendu possible. Le croisement des deux axes est la matrice symbolique de toute organisation humaine. Car si l'un, l'axe horizontal, peut se déployer explicitement, être représenté – les organigrammes sont là pour cela –, il n'en est pas de même du lien vertical : celui-ci résiste à la totalisation des éléments sociaux. Aucun rite n'est, en effet, universel, et il n'y a pas de commencement, d'origine qui ne soit particulière. Il résiste aussi à sa mise en formule et dénie toute possibilité de rationalisation *a priori.* Sur l'autre versant, le lien vertical met à mal les tentations d'une vision auto-organisationnelle, en fondant le rapport de la société avec elle-même sur un « ailleurs », généralement archaïque, en tout cas extérieur à la société qu'il convient d'étudier. Cet « ailleurs », ou horizon de vie, *Lebenswelt,* reste implicite ; il baigne l'ensemble social dont il est l'élément englobant sans qu'il soit jamais énoncé comme tel. Verticalité d'une tradition et d'une histoire, dont se nourrissent les comportements. L'usage, qui recueille cette tradition, ne peut s'exprimer

toutes les mémoires républicaines de 1789 à nos jours. Dans les deux cas, opération symbolique (voir *L'Enfer et le Paradis, op. cit.*).

entièrement dans les «règlements» et les procédures mis en œuvre sur le plan horizontal.

4. *Règle et règlement*

C'est ainsi qu'une institution, entreprise ou État, fonctionne sur deux régimes, distants l'un de l'autre de toute l'étendue de la distinction entre règles implicites et règlements explicites. Les règles fournissent une réserve de sens par rapport aux règlements : en effet, s'il n'y avait que des règlements, toute tentative d'évasion, d'ouverture et de changement serait condamnée à l'avance. La stricte observance du règlement n'indique pas la compréhension ni la communication : elle signe seulement la fermeture sur soi-même. Alors que, si l'on s'appuie sur des règles non dites, il est possible de transgresser les règlements en direction d'une nouveauté et d'une invention. La transgression s'opère en vertu d'une obéissance à une règle supérieure encore cachée, que la transgression dévoile à son heure. L'exemple du général de Gaulle, transgressant le règlement de Vichy et établissant la règle dans l'«ailleurs» d'un mythe, en dehors du territoire où le règlement fait loi, est l'illustration célèbre de ce point. En sens inverse, la logique la plus extrême du règlement explicite, je l'ai rencontrée un jour lors d'une visite à la base de sous-marins nucléaires de l'île Longue. Une énorme banderole accueille le visiteur et porte pour mention : «Ici, tout ce qui n'est pas strictement autorisé est interdit.» «Vous qui entrez ici, quittez toute espérance», disait déjà l'«Enfer» de Dante.

La communication a d'autres exigences.

C'est que l'échange communicationnel qui établit la cohésion d'une société n'est jamais «bi-unilatéral» : ce n'est pas un contrat qui fonctionne sur deux éléments, deux contractants en présence; Mauss et Hocart ont bien montré qu'un contrat, quel qu'il soit, a toujours besoin de trois partenaires, le rôle du troisième terme pouvant être assumé par un seul «témoin» ou, mieux encore, représente l'assemblée de tous les autres membres du groupe. Et, par-delà cette assemblée, renvoie à la tradition et au rituel fondateur. Le troisième terme, ici, atteste la solidité du lien vertical, sans lequel l'engagement des contractants ne vaut rien. Muet ou peu disant, ce troisième « homme », tel un homme invisible, assure toujours la liaison. Ainsi du rituel du Sanhédrin, fondateur de tout droit possible de la défense.

Deux fondations, donc, pour l'institution communicationnelle, l'une est réserve de sens, l'autre procédure d'effectuation. A la condition de ne pas confondre *stock* de données et *réserve* de sens, car nous irions vers le totalitarisme, non plus que *réserve de sens* et *autoréférence,* car nous irions vers l'autisme, cette double fondation permet d'éviter le piège du tautisme. C'est bien toujours de Moïse et d'Aaron que nous sommes en train de parler, avec le chœur antique du peuple en contrechamp.

Cette réserve de sens, véritable nœud où se joue le sort d'une institution et des paroles échangées, exige une dernière modalité pour s'exercer efficacement : la possibilité d'interpréter ponctuellement le silence de la règle.

III. L'interprétation

Dernier élément de la mise en commun (ou communication), l'interprétation est à la fois cause et conséquence du sens. Exigée par la structure de la langue, son opacité et son caractère vague, elle forme elle-même un nouveau langage et comme un filtre qui sécrète sa propre lumière.

Enracinée dans l'exercice ordinaire de la parole, l'herméneutique n'est pas ce domaine réservé où l'on entre à pas prudents : le fait qu'elle commente des textes ne la rend pas différente, dans son procès, des interprétations que nous faisons communément dans les dialogues quotidiens. Simplement, en tant que commentaire savant, elle se connaît elle-même comme interprétation. Ce retour réflexif de l'herméneutique sur elle-même nous permet de comprendre, en théorisant sa propre pratique, comment travaille l'interprétation dans nos discours ordinaires. Elle porte, en effet, à la clarté les opérations que nous accomplissons quotidiennement comme allant de soi et à notre insu.

Que dit, en effet, l'herméneutique? Que le principe de sens est l'indéfinitude et réside dans ce nuage d'inconnaissance dont parlent par ailleurs les mystiques[1]; que cette inconnaissance radicale, garante de l'ouverture indéfinie du sens, n'exige pas moins de l'individu qu'il fasse effort vers la science, qui est dépliement (ex-plication) du sens; que le réel se construit, dès lors, dans le déploiement successif des commentaires.

1. *La communication et le sacré*

C'est sans doute en ce sens qu'il faut comprendre le dernier livre de Gregory Bateson en collaboration avec sa fille[2]. Dans ce dernier message, Bateson est très préoccupé par les dérèglements du quantitatif, de l'esprit de mesure, du désir de possession et de puissance. Il insiste alors, plus qu'auparavant, sur les insuffisances d'une communication seulement cybernétique, autorégulatrice et neutre, qui serait dépourvue du sens du sacré. Et le sacré, c'est en partie du secret qui ne se dévoile que progressivement (et jamais totalement) par l'usage intensif du commentaire et du commentaire de commentaire et d'histoires qui rappellent une histoire qui rappelle une histoire...

La transparence communicative est ici niée, comme le pragmatisme utilitariste auquel elle s'attache : ce que révèle bien le dialogue entre les deux parents de Mary Catherine Bateson; son père Gregory et sa mère Margaret Mead sont aux antipodes des deux stratégies possibles de la communication, transparence cherchée à des fins d'utilité pour Margaret, transparence niée, car l'inutile peut constituer la réponse la plus adaptée, pour Gregory[3].

Là où les théories les plus modernes de la communication renvoient aux méthodes les plus anciennes, aux textes secrets du sacré, à l'herméneutique.

1. *Le Nuage d'inconnaissance,* Éd du Seuil, coll. «Points Sagesses», 1977.
2. Gregory Bateson et Mary Catherine Bateson, *La Peur des anges,* Éd. du Seuil, 1989.
3. Mary Catherine Bateson, *Regard sur mes parents,* Éd. du Seuil, 1989.

2. *Le verger porte ses fruits*

Le mouvement de l'herméneutique est un mouvement interne à la lecture des textes et se joue entre des réseaux d'interprétations. Ainsi y a-t-il, selon les savants commentateurs de l'Écriture, quatre sortes d'interprétations qui s'interpénètrent et donnent naissance à une polyphonie de sens : sens obvie, sens allusif, sens sollicité et sens secret. Ces quatre interprétations ensemble se nomment le *pardès* (le verger)[1]. Au vrai, chaque interprétation contient toutes les autres en puissance, même à privilégier l'une d'entre elles. L'erreur serait de s'arrêter sur celle que l'on privilégie, en la montant en dogmatique. Car si le tacite ne peut être « dit » entièrement, le dire réside dans la multiplicité des dits dont les stratifications, sous forme de commentaires, constituent l'histoire, c'est-à-dire la réalité.

Parole mesurée à la double contrainte du contexte actuel de l'interprétant et du texte transmis, c'est doublement que l'interprétation est « communication ». Elle traverse les signes et laisse entrevoir le sens, le « laisse entendre », ou laisse entendre qu'il existe nécessairement.

C'est bien ce que nous proposent des herméneutiques comme les textes rabbiniques, commentés à leur tour par Levinas.

Interprétation talmudique de l'exégèse de l'exégèse... Mais c'est aussi bien l'exercice tout à fait courant des universitaires, à propos des philosophes grecs ou modernes. L'actualité de l'interprétant est toujours présente dans le commentaire, « ce qui ne revient pas, nous dit Levinas, à identifier l'exégèse à des impressions et à des reflets subjectifs [...] ni à les inclure gratuitement dans le " dehors " du sens, mais ce qui revient à comprendre la pluralité même des personnes comme une instance incontournable de la signification du sens[2]... ». Et il poursuit : « Dès lors, le langage qui est à même de contenir plus qu'il ne contient serait l'élément naturel de l'inspiration avant sa

1. Emmanuel Levinas, *L'Au-Delà du verset, op. cit.*, p. 125. Il s'agit du *pshath* (sens obvie), *remez* (sens allusif), *drach* (sens sollicité), *sod* (sens secret).
2. Levinas, *op. cit.*, p. 136.

réduction à l'ustensile de la transmission de pensées et de l'information (s'il s'y réduit jamais complètement). »

Je ne défendrai pas une telle priorité de l'« inspiration » sur la mise en commun, pour la raison que le travail sur le texte est déjà, en premier lieu, une mise à disposition vers l'interprétant et une communication « avant » la lettre, mais je retiendrai cette idée que le texte sacré et ses exégètes constituent un paradigme pour toute communication (y compris l'ordinaire), dans la mesure où la réalité du vouloir-dire tient dans les multiples « dits » qui le font apparaître hors de lui[1]. Or ces dits étant l'œuvre d'individus innombrables situés à différentes époques et à de multiples occasions, c'est l'épaisseur de la communauté et de l'histoire qui se trouve être la réalité du texte[2]...

Ce qui est le cas des adages populaires, des recettes et dictons, des histoires et de l'Histoire.

S'il en est bien ainsi de tout langage nécessitant l'interprétation pour que quelque chose soit dit au sujet de quelque chose avec une certaine réalité, il y faut le concours de plusieurs, d'une communauté. En disant tout à l'heure que l'usage est condition de la croyance, je ne disais pas autre chose : c'est dans la mesure où l'acquis des interprétations a longtemps servi à l'élucidation du sens que s'enracine une croyance et que se constitue une tradition commune. Cette communauté du sens commun, élaborée au long des âges, est la barrière contre quoi viennent buter les idéologies technologiques d'une transparence du sens à lui-même au moyen de signes.

L'herméneutique comme science est aussi éloignée de la pure représentation d'un stock de savoir, donnée schématiquement sur le modèle Simon, Shank ou Minsky, que d'une autoconstitution circulaire façon Bateson, car elle ne s'appuie ni sur la déduction linéaire de la première ni sur le bouclage en abysses de la seconde.

1. Cela, Legendre l'avait déjà dit. Toute son œuvre « pousse » vers l'interprétation et, en particulier, par-delà celle des théologiens médiévaux, celle des anciens textes hébraïques. Il souligne sans cesse ce dernier point.

2. Ce temps-là est long, réitératif. Il va contre l'idéologie technologique faite de vitesse (ce n'est pas Virilio qui s'en plaindra). Voir Paul Virilio, *Vitesse et Politique,* Galilée, 1977.

3. *La loi est le contrat*

Car il ne s'agit pas, pour l'interprétation, de poser un texte premier d'où découleraient des commentaires, explicitant le texte premier jusqu'à l'épuiser. Non plus que de poser un texte dont la référence serait interne et resterait ainsi immobile dans une tour d'ivoire : tout au contraire, l'interprétation[1] est renouvellement et répétition, reprise et retour dans un même mouvement. Paroles entrecroisées.

Pour que cet étrange mouvement de va-et-vient soit possible, il faut bien qu'il y ait du dire avant le dit, de l'entente avant l'écoute, de l'assentiment avant même que la parole advienne. Ce qui ne saurait se ramener à un contrat, pour lequel l'accord survient après coup, sur un contenu exprimé.

Pour l'interprétation, la Loi devance le Contrat, sans lequel, pourtant, elle ne saurait avoir aucune effectivité, et le contrat est préfiguré dans la soumission volontaire à une loi dont on ne sait encore rien, et dont le non-savoir est cependant un savoir indubitable et la forme de tout savoir à venir[2].

Cette difficile circularité du sens qui mêle antécédent et suite dans une confrontation simultanée, qui met la loi *devant* le contrat, est la reprise, au niveau de l'interprétation, de ce que nous avions nommé la *règle et le règlement* au niveau de l'institution.

Ici, la Loi taciturne se tient, voilée, sur la montagne, au milieu des nuées, elle précède et provoque l'interprétation. C'est qu'il y faut le Texte premier pour que le commentaire puisse se déployer. Prééminence de la Loi qui, sans le commentaire, reste cependant lettre morte. C'est alors que la Loi agit comme règle,

1. Telle est l'interprétation dans une vision diachronique, mais elle fonctionne aussi en synchronie, ce que montre Georges Balandier dans *Le Détour* (Fayard, 1985). Son détour même est interprétation ; il est sans doute là notre goût des voyages. Voir aussi, encore plus lié aux auteurs et aux thèmes de cette « Critique de la communication », G. Balandier, *Le Désordre,* Fayard, 1988.

2. *Cf.* le commentaire de Levinas d'un texte du Traité de Chabat in *Quatre Lectures talmudiques, op. cit.,* p. 92. « Rav Sinaï a enseigné : lorsque les Israélites se sont engagés à faire avant d'entendre, six cents anges descendirent... »

De même chez Rousseau, le Contrat, dit « Contrat saint », ne fait que répéter la voix sacrée de la Loi, audible à l'intimité de la conscience individuelle, voix qui proclame la nécessité du Contrat... qui, à son tour, assure la nécessité de la Loi.

certes, mais comme une règle qui ne s'énonce jamais que dans d'autres règles. (Ainsi Moïse ne fait-il que donner des règles d'après la Loi, et non directement des règlements.) Quant aux règlements, ils sont, pour l'herméneutique, moins des procédures de mise en œuvre que des facilités d'approche, des portes multiples qui peuvent conduire à la Loi. La notion de règlement est ici sans pertinence, car le règlement est contrainte tournée vers la réalisation de la règle.

En revanche, le Contrat que noue l'interprétation avec la Loi se contente de « poser » des énoncés, d'offrir des cheminements vers la Loi, mais n'est jamais contraignant.

Cette médiation, que l'interprétation veut aussi large et aussi diverse que possible, est elle-même alors interprétée : les couches de sens se juxtaposent, nouant le temps présent au temps passé.

4. *Temps dilaté, temps actualisé, interprétations occasionnelles*

Cette circularité du texte interprétatif est fondatrice d'une notion du temps elle-même circulaire : à la fois holistique et simultanée. Les développements que l'interprétation propose sont des détentes, des dilatations d'un tout déjà posé dans l'inconnaissance. Nous voici bien loin de la linéarité séquentielle de l'*information processing*... A distance, aussi, de la circularité fermée sur elle-même du Creatura. Le temps se dilate démesurément pour se replier ponctuellement, ici et maintenant, dans une occurrence donnée.

C'est qu'il y a, avec l'interprétation, présence de temps complexes : la détermination historique et sociale intervient dans les commentaires critiques, les exégèses, donnant naissance non pas à une interprétation unique, universelle, mais à des interprétations occasionnelles, chaque fois singulières. Nous lisons les textes de manière continuellement renouvelée, et Racine n'est plus le même pour nous depuis que Thierry Maulnier « inventa » sa cruauté. Nous relisons ainsi la parole d'autrui, différemment selon l'occasion, réparant sans cesse le tissu d'interprétations antérieures. Relu, ce qui a été dit prend un tout autre sens : l'innovation est fille de l'interprétation.

Activité libre pour laquelle le temps ne coule pas toujours dans le même sens. Pour qui le temps ne fait pas seulement des additions ou des érosions, mais enchevêtre des éléments qu'il offre soudain à la compréhension sans tenir compte des chronologies[1].

Mémoires accumulées ou occasions situées dans un contexte que l'on ne peut « oublier ». Car le contexte, fait de rumeurs et de bruits, accompagne le discours interprétatif qui s'y loge : présence d'une communauté, dont l'interprète ne peut se délier sans se condamner lui-même à l'inefficacité. La communauté fait ici office de troisième terme, invisible mais présent ; elle est mémoire, non pas fidèle, comme on serait fidèle à un contrat contraignant, à la lettre du contrat, mais à la Loi, qui supporte et convoque les interprétations.

Fidèle, en somme, à l'opération symbolique de l'interprétation. Non pas aux contenus qu'elle met en avant.

Fonction symbolique de l'interprétation ? Qu'entendre par là ?

Faut-il seulement comprendre que l'interprétation parle avec prédilection des symboles ? En ce sens que les symboles, aux yeux de certains, étant plus indéchiffrables que les signes, l'interprétation y trouverait une proie de choix ? Qu'elle jouirait du privilège de les élucider ? Il s'agirait alors d'une symbologie, non pas d'une herméneutique. Le déchiffrement des rêves, quand il n'est pas soutenu par une hypothèse sur la fonction symbolique, est une bien pauvre façon d'introduire au domaine de l'imaginaire. Ce n'est pas de cela qu'il s'agit, mais du rapport du signe au symbole et de cette faculté que nous aurions d'exercer une liaison singulièrement forte entre les signes que nous trouvons devant nous et le monde qui les enveloppe et nous enveloppe. Tout dépend, évidemment, du sens que l'on donne à la définition du signe et celui que l'on attribue parallèlement au symbole.

1. Dans ce sens, la *doxa vaga* d'Anne Cauquelin dans *Cinévilles, op. cit.*, mais aussi les métaphores à l'œuvre dans son *Essai de philosophie urbaine, op. cit.*

5. *Le signe et le symbole*

Les machineries ordinatiques de Simon et de Minsky ne font que mettre en œuvre des signes selon une succession, entendant par là recomposer un monde artificiel «correspondant» (similaire) au monde «naturel» dans lequel nous vivons et agissons. La tentation étant très vite de prendre le signe pour la chose, nous assistions, avec les délires représentatifs, à un renversement qui installe le signe comme paradigme de l'être.

Dans cette perspective, le symbole se définit uniquement comme signe au second degré, signe de signe (comme on dit de la plume qu'elle est le symbole de l'écrivain). Outre que la liaison est purement conventionnelle, artificielle, l'association qu'elle propose n'a de portée qu'utilitaire. Il est plus aisé, souvent, de se saisir de ce symbole-là, maniable, que de ce dont il est censé être le signe. Les *token symbols* de Simon, unités discrètes, ne réfèrent qu'aux conventions établies pour leur maniabilité et aux signes (les choses) qu'ils représentent[1].

En restant aveugle sur la portée du symbole qui excède de beaucoup cette fonction de signalisation, mais renvoie à une liaison de la diversité en un tout qu'il rassemble, Simon ne pouvait que rester sourd à un débat qui, alors, s'engloutit de lui-même[2].

Les théories de la communication expressive, exclusivement centrées sur le symbole comme totalité englobante se contenant soi-même, s'achèvent dans un autisme où plus rien du monde, aucun signe ne vient troubler les abîmes de la totalité fermée sur elle-même, d'un symbolisme qui se symbolise lui-même. Aussi un Varela s'en défend-il prudemment, qualifiant cet aspect de ses recherches de «local»...

1. On doit ici prendre garde à ne pas fausser la pensée de François Dagognet, fort intéressé par l'apparence et les phénomènes, mais qui n'est pas un positiviste, primaire ou secondaire. Pour lui, le phénomène est lié à tous les autres et constitue avec eux l'essence de la chose. Voir, entre autres ouvrages : *Écriture et Iconographie,* Vrin, 1973; *Pour une théorie générale des formes,* Vrin, 1975; *Mémoire pour l'avenir,* Vrin, 1979.

2. Voir mon débat avec Simon dans *Sciences de l'intelligence, Sciences de l'artificiel,* sous la direction d'A. Demailly et J.-L. Le Moigne, PUL, 1986, p. 691-702, publié ici en annexe.

6. *Le symbole est une réserve où puiser, sans fond*

Ce que nous avons qualifié de tautisme est une sorte de confusion qui s'établit par-delà ces deux définitions de la communication, entre *signe et symbole.*

En effet si, pour H. Simon et ses émules, signe et symbole ne sont séparés que par un degré de complication, le symbole n'étant qu'un signe à la seconde puissance, les tenants de l'auto-organisation savent bien que ce n'est pas au même niveau que se situent ces deux « fonctions », mais par un geste inverse voici que pour eux tout signe, révélant et reflétant le contexte dans lequel il se trouve plongé, devient symbole expressif... Or la condition pour un signe d'exister comme signe et de se distinguer du symbole, et vice versa, réside ici encore dans cette distance « infinie » qui sépare la règle du règlement, le dire du dit, et la Loi du Contrat. Si la distance s'efface au profit de l'une ou l'autre de ces entités, alors nous plongeons dans un monde unidimensionnel.

Considéré ainsi, le symbole devient pour le signe ce « dire » sur lequel le signe se constitue comme un « dit ». Non seulement il n'est plus un redoublement du signe et une addition, mais il devient une *réserve* par quoi le signe peut faire sens. Sans lui et sans la fonction symbolique, qui, en deçà des choses et des noms, des signes et de leur classement, assure la cohérence d'un monde commun, aucun signe ne peut faire signe en direction de quoi que ce soit. Le symbole est une réserve où puiser, mais c'est un puits sans fond.

Paul Ricœur[1] montrait déjà, bien avant l'invasion du tautisme, les dangers d'un structuralisme comme guide de lecture et lui opposait l'herméneutique comme construction soucieuse de ne pas omettre ce qu'il appelait le « double sens du langage », c'est-à-dire le double renvoi de la parole à ce qu'il connote, et plus loin, à ce qu'il désigne. Il appelait symbolique cette fonction du langage destinée à faire apparaître autre chose sous le signe de la chose qu'il évoque. Sous ce terme viennent se ranger alors non seulement les liaisons aux grandes images du cosmos

1. *De l'interprétation,* Éd. du Seuil, 1965.

(mythes, récits, visions), mais encore la composition entre elles de toutes les fonctions médiatisantes de l'instrument qui les met en œuvre : le langage. Telle que Cassirer l'avait esquissée, la fonction symbolique est l'ensemble, mis en œuvre, des liaisons effectuées par le langage entre les diverses catégories (logique, pratique, éthique, esthétique) du connaître : aucun objet du monde n'est donné du premier coup, tel quel. Le filtre symbolique le prend dans ses rets et le situe fortement dans un ensemble lié.

D'une certaine manière, il n'existe aucun signe détaché d'un ensemble. Les signes n'ont de réalité qu'autant que l'analyse leur en prête pour se constituer en analyse.

Autrement dit, on ne peut aller du signe au symbole, de la représentation au symbolique, en accumulant des signes atomisés et en leur attribuant ensuite une « valeur » de symbole, façon Simon. L'idée des cognitivistes, comme celle des représentativistes, que le symbole devrait être atteint en dernier lieu, se heurte à cette constatation que la fonction symbolique précède les signes qu'elle lie. La simple proposition : « Cette idée est lumineuse » relève d'une symbolique de la lumière enracinée dans deux mille ans de problématique et atteste la présence, au niveau de la représentation, d'une somme de références telles qu'il serait impossible de les dénombrer. Encore plus difficile d'analyser comment, sans référence, le sens de la proposition peut être perçu ordinairement : un savoir qu'on ne sait pas savoir soutient le symbolique de sa présence muette.

Si nous « tombons d'accord » que l'interprétation est partie intégrante de la communication, qu'il ne saurait être de parole échangée que si l'interprétation intervient à quelque niveau que ce soit, et si, d'autre part, nous référons cette interprétation à la fonction symbolique dans la mesure où elle lit et lie les signes entre eux par la *médiation de symboles interprétants,* nous devrons bien reconnaître qu'elle se situe à l'opposé de la confusion tautistique. Car l'interprétation est une activité de composition visant la singularité et non l'universel, auquel elle ne parvient que par surcroît. Son travail est de séparer, trier, choisir et accepter certaines liaisons en excluant les autres, limitée qu'elle est par le moment déterminé où se situent les interprétants.

7. *Contre l'idolâtrie, contre la folie*

C'est que l'interprétation est séparation encore, car cette barrière diaphane qui entoure le sens se trouve manifestée dans l'opacité de la langue et provoque, par là, notre activité de composition. Sans cette distance, qui est tension (et donc *intension* au sens de Searle), ni langage, ni communication, ni communauté de la mise en œuvre du sens. Cette séparation prend sa source dans celle du Créateur et de la créature, associés sans jamais s'identifier l'un à l'autre. L'idolâtrie consiste, selon les Anciens Textes[1], à confondre le Créateur et la créature. Conséquence inévitable : les choses apparaissent comme créées par la créature. Le monde s'identifie alors à elle. Confusion et entreprise diabolique. Et folie individuelle et sociale.

C'est sans doute à cette séparation primordiale, qui assure la modestie d'un travail sans fin et réfère à la fois au vieux monde et à son mythe d'origine, que les idolâtres de la communication tautistique veulent échapper.

En ce sens, le tautisme est le mal absolu, absolument. Contre lui la politique du commentaire. L'écrit, le silence et l'image en coexistence, Moïse et Aaron.

*
* *

1. Levinas, *L'Au-Delà du verset, op. cit.*, p. 188.

Une anecdote a commencé ce livre. Une autre, pour finir. A Berkeley, où le cercle se referme.

BERKELEY, LE 25 SEPTEMBRE 1985

C'est le Yom Kippour, jour du Grand Pardon chez les juifs. Jour dont Levinas nous dit qu'il faut obtenir le pardon et de Dieu et des hommes, et qu'il est plus facile de l'obtenir de Dieu, car les hommes...

Un avocat de mes amis me propose d'aller à la synagogue libérale participer à la cérémonie. C'est payant. Il m'achète le billet. Il veut que j'y sois, que j'en sois. OK, avec joie.

Une salle immense, bondée. Des habits très chics. Toutes les familles sont là, de la petite-fille au grand-père. Ma surprise : des chants très purs, à consonance orientale, en anglais, par des Américains grands et blonds. Tour à tour, les enfants se déplacent et chantent avec l'officiant.

Mélange insaisissable de séfaradie et d'ashkénazie. Tout me paraît étrange. Resterais-je un éternel étranger ? Après la cérémonie, mon hôte m'interroge : « As-tu été heureux ? » Réponse indécise. « Tu vois, moi, quand je suis à l'étranger le jour du Kippour, même en Inde l'an dernier, je vais à la synagogue. Et je suis tellement heureux, j'ai l'intuition forte de communiquer, instantanément, avec tous les présents, depuis des millénaires. » Me voilà touché en profondeur. Berkeley fait ici retour sur soi-même. A deux pas de la Silicon Valley, de la communication machinique et de ses artefacts. Une autre communication lui répond, instantanée, totale, celle de l'interprétation, du commentaire en communauté. Martin Landau, l'imagier du Boeing 747, est invisible à l'université ce jour-là. Juif pratiquant, il se consacre à Dieu.

D'une communication l'autre. Elles n'ont aucun rapport. Un vocable commun, sans plus. Et qui permet les falsifications. Car elles sont l'une contre l'autre dressées.

Mais l'Amérique est pays très pratiquant. Ce n'est plus le cas de l'Europe. Le poison qui nous est transmis ne trouve d'obstacles que dans nos traditions, nos localismes, nos corporatismes, nos provin-

cialismes. Et c'est pourquoi le débat prend chez nous ce tour spécifique de l'archaïsme contre la modernité. Tous ceux qui refusent ce manichéisme réducteur n'ont plus, dès lors, qu'un seul choix. Contre la communication technologique, artificieuse, transnationale et sans visage, il ne reste que l'interprétation. Et peu importe ici la religion concernée. Dans nos peuplades sceptiques, la Révolution n'a pas bon genre. Peu importe encore. Pratiquons seulement ensemble la traduction, le commentaire, la critique qui retourne. Interprétons : Loi est Contrat. Cela seul suffira.

La Napoule, automne 1980
Paris, automne 1987

Annexes

1 La brochure de Werner Ehrard (1 million d'exemplaires)

2 Un débat avec Herbert Simon[1]

1. Publié dans *Sciences de l'intelligence, Sciences de l'artificiel,* ouvrage collectif sous la direction d'A. Demailly et J.-L. Le Moigne, PUL, 1986. Je remercie les PUL d'autoriser ici la republication de ces textes.

ANNEXE I

Brochure W. Ehrard

A propos des feuilles d'orchidées sur la couverture :
Dans l'art chinois, l'orchidée symbolise
l'Amour, la Beauté, l'Élégance, le Raffinement,
Beaucoup de descendants,
et l'être humain parfait.

Page 1

Si Dieu Avait Voulu que l'Homme Vole,
Il Lui Aurait Donné des Ailes.

Page 2

ou :
plein le cul d'aphorismes

Page 3

La vérité ne veut rien dire.
Simplement : elle est.

Page 4

Si vous continuez à dire les choses
comme elles sont réellement,
finalement votre parole
sera loi dans l'univers.

Page 5

L'Homme passe son temps à chercher
une vérité qui convient à sa réalité.
Étant donné notre réalité,
la vérité ne nous convient pas.

Si vous en faites l'expérience,
c'est la vérité.
Si vous ne faites que la croire
c'est un mensonge.
Dans la vie,
comprendre est le prix de consolation.

Page 6

Évidemment, la vérité est
ce qui est.
Ce n'est pas si évident, mais
peu importe.

Page 7

Vous n'avez pas le choix de voter sur ce qui est.
Vous l'avez déjà fait.

Page 8

Quand vous avez dit toutes les
mauvaises choses et toutes les bonnes choses
que vous n'avez pas dites,
vous trouverez que ce que vous vous êtes réellement
retenu de dire est : « Je vous aime. »

Vous n'avez pas à partir à la recherche de l'amour
quand il est chez vous.

Page 9

Je sais que tu sais
que je t'aime,
Ce que je veux que tu saches
c'est que je sais
que tu m'aimes.

Page 10

Le Bonheur
est la faculté d'accepter ce qui est.
L'Amour
est la faculté de communication.
La Santé
est la faculté de participation.

ANNEXE I

L'expression de Soi
est la faculté de responsabilité.

Page 11

Il est beaucoup plus facile de mener un cheval
dans la direction où il va.

Page 12

La Vie est une escroquerie
quand vous vous attendez à avoir ce que vous voulez.
La vie est belle
quand vous choisissez ce que vous avez.
En fait, ce que vous avez est ce que vous choisissez.
Pour aller à la prochaine étape, choisissez-la.

Page 13

La perfection est un état dans lequel
les choses sont ce qu'elles sont
et ne sont pas ce qu'elles ne sont pas.

Comme vous pouvez le voir, cet univers est parfait.
Ne le niez pas.
Vous êtes dieu dans votre univers.
Vous l'avez créé.
Vous prétendez ne pas l'avoir créé
pour pouvoir y jouer,
et vous pouvez vous rappeler que vous l'avez créé
chaque fois que vous le voulez.

Page 14

Si vous n'êtes pas bien comme vous êtes,
cela demande beaucoup d'efforts pour aller mieux.

Réalisez que vous êtes bien comme vous êtes,
et vous vous sentirez mieux naturellement.

Ne changez pas les croyances
Transformez le croyant.

Page 15

On crée de rien.
Si vous essayez de créer à partir de quelque chose,

vous ne faites que changer quelque chose.
Alors, pour créer quelque chose,
vous devez d'abord être capable de créer le rien.

Si vous voulez que quelqu'un ne sache pas qui il est,
convainquez-le
qu'il ne peut vraiment pas faire disparaître quelque chose.

Tout ce qui lui reste alors
est de résister, résoudre, réparer, aider, ou changer les choses.

C'est-à-dire essayer de faire
quelque chose à partir de quelque chose.

Page 16

La Vie est un jeu.

Pour avoir un jeu,
quelque chose doit être plus important
que quelque chose d'autre.

Si ce qui existe déjà
est plus important que ce qui n'existe pas,
la partie est terminée.

Alors la Vie est un jeu dans lequel ce qui n'existe pas
est plus important que ce qui existe.

Que la fête commence.

Page 17

C'est fini.
Il n'y a pas de sens cachés.

Toute cette chose mystique
est juste ce qui est.

Un maître est quelqu'un qui a trouvé.

Page 18

L'essence de la communication est l'intention.

Page 19

Si vous pouviez vraiment accepter
que vous n'alliez pas bien,

vous pourriez arrêter de prouver que vous alliez bien.

Si vous pouviez arrêter de prouver
que vous alliez bien,
vous pourriez comprendre que ce n'était pas grave de ne pas aller bien.

Si vous pouviez comprendre
que ce n'était pas grave de ne pas aller bien,
vous pourriez comprendre que vous alliez bien à votre manière.

Ça va, pigé?

Page 20

La fin est la fin,
ou ne l'est pas.
La fin justifie les moyens,
ou ne les justifie pas.

Page 21

Si Dieu vous disait
exactement ce que vous devriez faire,
vous seriez content de le faire,
peu importe ce que c'est.
Ce que vous faites en ce moment est
ce que Dieu veut que vous fassiez.

Soyez heureux.

Traduction Flora Sfez.

Débat entre Herbert Simon (prix Nobel d'Économie), Jean-Louis Le Moigne et Lucien Sfez

Ce débat se décompose en trois moments :

– une évaluation critique de H. Simon par L. Sfez, intitulée « Saluons, mais sans céder au charme » ;
– une double réponse de H. Simon et de J.-L. Le Moigne, intitulée respectivement « Une réponse à Sfez » et « Les raisons d'un doux entêtement » ;
– une réponse à la réponse par L. Sfez, intitulée « Lettre martiniquaise ».

Saluons, mais sans céder au charme

par Lucien Sfez

Avec l'amicale attention qui le caractérise, Jean-Louis Le Moigne me répète souvent son accord avec mes analyses. Mais, avec son doux entêtement, il m'objecte imperturbablement : « Reste que vous êtes injuste avec Simon. »

Injuste, semble-t-il, car je demeure critique à l'égard de toute entreprise hyperrationaliste. Quatre pages me sont alors allouées pour trouver un ton plus serein. Tentons l'aventure.

Dans les deux domaines du *decision-making process* et de l'intelligence artificielle, dite AI, Simon est le grand ancêtre.

1. *Simon est un optimiste universaliste*

Il se situe dans le droit-fil des Lumières, comme si le XIXe siècle hégélien, marxiste ou darwinien, comme si le XXe siècle freudien n'avaient jamais existé. Rapport à la mémoire qui n'est pas propre à Carnegie Mellon et qu'on peut généraliser à nombre d'intellectuels du Centre et de l'Ouest américain. Mais n'allons pas trop vite en critique : cet oubli, ou ce *cut,* n'est pas que négatif. Combien de vieilles choses traînons-nous dans nos raisonnements, combien de feux rouges ou de feux orange qui nous freinent et dont la pensée américaine sait s'affranchir avec allégresse ?

1. Le rationalisme de Simon est extrême en science administrative. *Administrative Behavior* est le premier pas d'un *general administrative solving problem,* pour parler à la manière de.

But avoué (p. 243) : dégager les règles susceptibles d'améliorer le circuit et la qualité des décisions au sein d'une organisation.

Théorie à vocation universelle d'une immense ambition. Elle concerne aussi bien l'autorité que l'influence, les rapports de l'administration et de la politique, des faits et des valeurs, de l'individu, des sous-groupes et de l'organisation dans sa totalité, de leurs conflits et torsions. L'objet de la science administrative est de constituer un environnement tel que l'individu s'approchera le plus de la *rationalité* dans les décisions qu'il prend. *Rationalité* entendue dans sa double signification : cohérence de la décision par rapport aux valeurs du groupe, cohérence interne par rapport à l'information disponible[1]. Et la question principale devient : comment accroître la rationalité ? Simon propose trois voies :

– une meilleure identification de l'individu aux normes et aux objectifs de l'organisation, par principe d'autorité ou par adhésion spontanée ;

– une meilleure communication dans les deux sens, du décideur à l'exécutant, de l'exécutant au décideur, information qu'il faut alors décomposer en autant de parties utiles spécifiques à chaque participant ;

– une mise en œuvre des critères d'efficacité, *i.e. :* « l'obtention de meilleurs résultats par l'utilisation des mêmes allocations » ; Simon, ici, comme un des pères de la RCB.

2. Son rationalisme est identique en intelligence artificielle. Dans le domaine de l'intelligence artificielle, les mêmes thèmes sont, si l'on peut dire, encore amplifiés. *General Problem Solver, Human Problem Solving,* les essais contenus dans *Models of Thought* relèvent de la même incroyable ambition. Le système de symboles physiques constitue, paraît-il, l'axe de la science cognitive, base de l'universalité recherchée.

Ici deux observations.

a) Simon et Newell disent « symboles » pour parler en fait de *signes ;*

1. Les mêmes thèmes sont repris dans les deux volumes de *The Bounded Rationality.*

leurs symboles n'ont rien à voir avec les processus de symbolisation tels que nous les travaillons en Europe depuis la grammaire de Port-Royal, tels que les grandes religions les pratiquent[1]. *« Symbol tokens are patterns that can be compared by the IPS (information processing system) and judged equal or different. A clan of all tokens are judged to be identical is called a symbol type [...]. The term symbol is used to refer to either the token or the type, context making clear which is meant. Symbols structures are built up from symbol tokens and relations*[2]. »

Tout au contraire, l'opération symbolique est un acte qui lie ponctuellement, indissociablement signe et chose, habituellement séparés. Les images et les signes entrent dans la composition de l'opération symbolique qui les cristallise. Opération symbolique et symbole-signe de Simon relèvent de deux niveaux logiques différents que Simon confond allègrement, tout comme il le fait, en science administrative, pour le fait et les normes.

b) Simon tient-il compte de l'avis des spécialistes actuels pour qui la pensée n'est pas seulement un système de symboles physiques ? Don Norman, par exemple, un des meilleurs cognitivistes, nous indique clairement l'objet de son désaccord : l'homme est un organisme animé avec des bases biologiques évolutives. Bien plus, c'est un animal social, en interaction avec les autres, avec son propre environnement et avec lui-même[3].

De même, la conception simonienne du *learning* semble tout à la fois féconde et réductrice. Féconde, car on ne saurait oublier ses conquêtes : du jeu d'échecs aux micromondes de Winograd, qui lui est en partie redevable. Réductrice, car elle a vite rencontré ses limites : mon joli jouet personnel *(electronic chess challenger)* ne bat pas les grands maîtres, les pratiques ordinatiques de la traduction ne progressent pas, les théories du langage ordinaire et de la mémoire ont marqué le pas et de tout autres voies s'ouvrent aujourd'hui à Winograd, à Shank et à Norman pour tenter de forcer le destin. Comment pourrait-il en être autrement avec une conception du *learning* réduite à « sa plus importante forme » qui est « l'accumulation d'informations et l'acquisition des routes d'accès pour les retrouver[4] ». Ce *learning* quantitatif, additif, n'est pas inventif. Il pourrait emporter innovation – et c'est tout à la gloire de Simon –, si l'innovation était le fruit de la juxtaposition en articulations imprévues de données préexistantes.

Mais innover n'est pas inventer, n'est pas rechercher de nouveaux paradigmes en ciblant les pointes de rupture.

C'est là où je voulais en venir.

1. Voir Lucien Sfez, *L'Enfer et le Paradis,* PUF, 1978.
2. Newell and Simon, *Human Problem Solving,* Prentice Hall, 1978, p. 23.
3. Don Norman, *Perspectives of Cognitive Science,* Ablex, 1982, p. 266.
4. Simon, in *ibid.*, p. 16.

2. *Simon conforte les valeurs dominantes*

C'est un trait saillant et permanent dans toute son œuvre, qu'il s'agisse de *decision-making process* ou d'intelligence artificielle. C'est peut-être mon point de désaccord le plus irréductible.

Nous pouvons pardonner à Simon ses limites techniques. Qui n'en a pas ? D'autant que ce grand ancêtre est aussi un prophète, mobilisateur de plusieurs champs scientifiques. C'est un entraîneur illuminé dans des domaines stagnants ou inexistants. En dépit de quelques agacements, son illuminisme nous séduit et nous attache. Mais il m'est impossible de suivre un homme dont la tâche politique prioritaire est de nous enfermer dans les institutions existantes, dans une pensée préexistante.

Dans *Administrative Behavior,* sa tâche, clairement énoncée, est d'identifier l'individu aux normes et aux objectifs de l'organisation, d'assurer une meilleure efficacité dans le cadre des valeurs prédonnées. Pourquoi donc ? Parce qu'il faut obéir aux valeurs démocratiques, sans que jamais la question soit posée de savoir en quoi elles le sont réellement.

Le progrès, l'innovation, l'universel sont vus comme choses en soi, indépendantes des conflits historiques et sociaux, indépendantes aussi de la construction d'une culture. Cette philosophie ne peut que plaire aux ingénieurs.

Le positivisme simonien l'enracine dans certaines réalités (dites seules réalités par les positivistes). Il lui permet ses succès partiels et rapides. Il explique aussi ses piétinements. Le positivisme lie ici l'optimiste universaliste et le respectueux défenseur des valeurs techno-élitiques du monde occidental. S'en tenir à ce qui est, vouloir une science non séparable de ses applications[1], se méfier alors de la philosophie en ce qu'elle empêcherait l'opérationalité des sciences sociales[2], c'est montrer sa force et ses muscles : vision roborative. Mais c'est aussi respecter la société telle qu'elle est. C'est encore se priver, dans le champ scientifique, d'explorer tous les possibles.

Suivre Simon ? Que non pas. Le saluer pour son effort, mais sans jamais céder à son charme[3].

1. Dans *Perspectives of Cognitive Science,* p. 33, Simon ne manque pas de contradiction : GPS était un programme dépourvu d'opérationnalité.

2. *Ibid.,* p. 21, à propos de la psychologie.

3. Joanna Pomian peut nous y aider : voir son texte « Aux origines de l'intelligence artificielle : H. A. Simon en père fondateur », in *Quaderni,* n° 1, 1987.

Les raisons d'un doux entêtement

par Jean-Louis Le Moigne

Lorsqu'il publia, en 1974, *Critique de la décision,* Lucien Sfez apporta un courant d'air frais et tonique dans une Science qui ronronnait, en particulier en France, du fait sans doute de l'involontaire complicité des ingénieurs, en quête d'optimisations calculables, et des juristes, en quête de normes positives. Pour qui venait de découvrir, en Amérique, et entre 1970 et 1972, la « Nouvelle Science de la Décision » telle que la formulait depuis vingt ans Herbert Simon, la rencontre de *Critique de la décision* était plus que stimulante : ainsi, ce que Lucien Sfez appelait « La Multi-Rationalité » de la décision-résultat (« La » Décision prise) éclairait par exemple ce que Herbert Simon appelait « La Rationalité limitée » (et plus tard, *La Rationalité procédurale*) du processus de décision. Certes, les paragraphes (p. 181-189) que L. Sfez consacrait à la thèse de H. Simon proprement dite (rédigée, faut-il le rappeler, en 1944, trente ans avant) étaient souvent irritants par quelques contresens patents de sa lecture : là où H. Simon proposait un constat descriptif (les organisations déclarent vouloir se comporter de façon parfaitement rationnelle : or elles ne le font pas et, montrait H. Simon, ne peuvent pas le faire), Lucien Sfez « lisant vite » assurait trouver une apologie de la théorie de l'organisation rationnelle : ce qui le conduisait à faire du père de la théorie du satisfecum (et donc le dénonciateur le plus radical du mythe du *one best way,* comme l'avait bien montré, dès 1963, Michel Crozier)... le père de la *RCB* à la française, autrement dit, de la « super-optimisation rationalisatrice ». Suffit-il de citer une phrase d'*Administrative Behavior* qui illustre le contresens (p. 241) : *« Ce n'est donc pas la Rationalité qui détermine le comportement [...] : la théorie de l'administration doit être concernée par les limites de la rationalité et par la façon dont l'organisation influe sur ces limites pour celui qui élabore une décision. »* Mais je présume que, pour une part au moins, la lecture de L. Sfez, en bon juriste formé au droit positif de Kelsen, a été biaisée parce qu'il reconnaissait le *produit* de la Décision là où H. Simon présentait le *processus* de la Décision.

Les conditions du « surcodage »

C'est pour des raisons de ce type que j'invitais, depuis dix ans, « avec un doux entêtement » en effet, L. Sfez, dont les analyses m'enrichissent si souvent, à reprendre et à actualiser sa lecture de H. Simon ! J'avais, et j'ai toujours, malgré le présent échec, l'espoir de provoquer un

« surcodage » suffisant pour que ces deux réflexions profondes sur les formes intelligibles de la Rationalité humaine se rencontrent et peut-être se fécondent, pour notre plus grande intelligence collective ! Cet échec me conduit à tenter à nouveau de « comprendre cette incompréhension » : entreprise paradoxale bien sûr. Je ne suis pas tenté d'amplifier l'importance, suggérée par L. Sfez, des différences entre les deux grandes traditions culturelles de l'Occident (l'anglo-saxonne et germanique s'opposant à la latino-méditerranéenne), même si je conviens que H. Simon cherche plus volontiers à explorer les « comment » et L. Sfez les « pourquoi » : une *Compréhension* locale d'un phénomène importe plus à H. Simon que son éventuelle *explication* unique et totale, ne serait-ce que parce qu'elle suggère plus de tolérance dans la communication scientifique.

Il a longtemps, par exemple, tenté de faire désigner, par les communautés scientifiques concernées, l'« intelligence artificielle » sous le nom plus modeste en effet, de « simulation des processus cognitifs » : simulation : et pas explication ! Des simulations qui autorisent des compréhensions, des interprétations, des anticipations réfléchies, mais qui ne contituent pas des preuves, des démonstrations et encore moins des explications ! Il revendiquera souvent (on le verra encore lors du colloque de La Grande-Motte) le droit du chercheur à l'hypothèse et aux spéculations sur l'hypothèse : proposer par exemple, au sein de la Science de la Cognition, « l'hypothèse des systèmes de symboles physiques », la faire fonctionner, et en induire des modèles du comportement des processus cognitifs humains, est-ce une « tâche politique prioritaire visant à nous enfermer dans les institutions existantes, dans une pensée préexistante » ? est-ce « se priver dans le champ scientifique d'explorer tous les possibles » ? Que l'on relise par exemple, dans *Reason in Human Affairs,* les pages consacrées au rôle des « experts » dans une Démocratie : on verra combien la question des valeurs démocratiques est abordée « de front » dans une « philosophie qui ne plaît sûrement pas aux ingénieurs » : l'anecdote des deux ventilateurs du Livermore Laboratory (p. 96-97), entre bien d'autres, suffit à l'illustrer !

« What makes symbols symbolic ? » (HPS, 1972, p. 24)

Que l'on relise, peut-être surtout, si l'on veut comprendre l'incompréhension initiale de L. Sfez, le plus connu peut-être des textes de H. Simon (corédigé avec A. Newell : la *1975 ACM Turing Lecture*) présentant l'*hypothèse des systèmes de symboles physiques :* « Une hypothèse, une généralisation empirique, pas un théorème », insiste-t-il (Communications of the ACM, p. 118). La bonne question que L. Sfez posait sur la nature et la production des symboles et des processus de symbolisation, trois ans plus tard dans *L'Enfer et le Paradis*, y est déjà magistralement développée (mais pas « épuisée » !) à partir d'une paraphrase d'un titre célèbre de W. McCulloch : « Qu'est-ce qu'un symbole qui peut être utilisé par une intelligence, et qu'est-ce qu'une intelligence, qui peut utiliser un symbole ? » : la compréhension du Symbole passe par celle de l'intelligence, et réciproquement. N'est-ce pas ce que veut dire L. Sfez, dans un « code » différent : « un acte qui lie indissociablement », une « opération qui cristallise »... ? Même s'il développe une autre hypothèse. Il me semblait – et il me semble encore – important d'explorer la synergie de sa problématique et de celle proposée par H. Simon : il est par trop stérile de prôner de tels manichéismes (« leurs symboles n'ont rien à voir avec les nôtres » !) alors que l'on propose une puissante « théorie du surcode » qui propose précisément « un système de lecture de codes, une sorte de système pluridisciplinaire qui n'hésite pas à agir sur plusieurs systèmes de rationalité différents » (*Critique de la décision,* p. 345).

L'incompréhension comme détection de thèses nouvelles ?

Peut-on comprendre pourquoi L. Sfez ne comprend pas (encore) H. Simon ? Et pourquoi il refuse de tirer parti, pour sa propre recherche, des ressources conceptuelles et instrumentales du « Paradigme du Système de Traitement de l'information » ? Pour qui, comme moi, s'efforce de les lire avec un *a priori* de disponibilité et de sympathie intellectuelle, il semble pourtant que nous aurions tout à gagner à une telle entreprise de surcodage.

Une réponse à Lucien Sfez

par H. A. Simon

Réponse qui peut être brève, puisque je fais miens les commentaires de J.-L. Le Moigne sur la note du Pr L. Sfez.

Ce dernier a, en effet, raison de souligner que j'ai consacré la plupart de mes efforts de recherche à la compréhension de la rationalité humaine (une rationalité bien imparfaite et limitée au demeurant, si l'on se réfère aux normes des économistes), si bien que j'ai peu à dire sur les émotions humaines et sur bien d'autres aspects de la condition humaine. Comme la plupart des scientifiques, je suis un spécialiste ; je ne prétends pas couvrir tout l'éventail des phénomènes de l'univers.

Mais j'aimerais que L. Sfez convienne que, si mon objectif est d'analyser la rationalité et les organisations, il n'est pas de les canoniser. On trouvera sans peine bien des écrits dans lesquels j'ai affirmé mes convictions quant à la capacité de la rationalité humaine et des organisations humaines à assurer fort utilement des fonctions sociales, mais je ne crois pas avoir jamais suggéré qu'elles n'étaient pas passibles de critiques ou d'améliorations, modestes ou radicales. Au mieux prendrais-je le risque de parier que, lorsque nous saurons comment concevoir et atteindre l'Utopie, nous verrons qu'il y aura là une large place consacrée à la Rationalité et à l'organisation. Mais ce pari, à l'évidence, ne se fonde pas sur mes seules découvertes scientifiques.

En ce qui concerne la notion de symbole, je crois que L. Sfez n'a pas bien lu *Human Problem Solving.* A. Newell et moi-même avons toujours affirmé sans ambiguïté que la fonction principale d'un symbole est de désigner ou de dénoter. Nous le disons explicitement en haut de la page 21, juste deux pages avant celle à laquelle L. Sfez se réfère, et nous consacrons toute la page 24 à la question du processus de désignation (ou de dénotation). Aussi, je ne peux que souscrire, avec ferveur, à l'affirmation de L. Sfez selon laquelle « l'opération symbolique est un acte qui lie ponctuellement, indissociablement, signe et chose ».

L. Sfez pense que le type d'apprentissage que j'ai étudié dans mes recherches en science de la cognition « n'est pas inventif ». Il s'agit là d'une question trop complexe pour que je puisse la traiter ici, mais je voudrais attirer l'attention sur les recherches de Douglas Lenat sur les systèmes AM et Eurisko : ces systèmes manifestent une exceptionnelle capacité d'invention (j'espère utiliser ici le bon mot ?) de nouveaux concepts et de nouvelles heuristiques. En me référant à ces travaux, je peux au moins assurer qu'un verdict négatif n'a pas encore été rendu !

Enfin, L. Sfez suggère que l'effet de mes théories est de « conforter les valeurs dominantes ». Il s'agit, là encore, d'une question trop vaste pour une brève réponse. Comme je l'ai déjà suggéré, je ne crois pas, pourtant, que la compréhension de la façon dont les hommes se servent de la raison pour atteindre leurs buts implique que l'on fasse siens les buts ou les valeurs qui prévalent aujourd'hui dans nos sociétés. La raison (la rationalité limitée) est au mieux un instrument imparfait. C'est un instrument souvent utilisé au service de buts que j'espère ne pas partager. Mais les choses n'iraient sûrement pas mieux si l'on remplaçait la raison par la déraison.

Aussi, même si L. Sfez et moi-même devions être en désaccord quant aux buts et aux valeurs (et j'ignore complètement si c'est ou non le cas), peut-être pouvons-nous nous mettre d'accord sur le fait qu'il est important d'approfondir notre compréhension de la façon dont fonctionne l'esprit humain lorsqu'il s'engage dans l'acte de penser.

H. A. Simon
(traduction J.-L. Le Moigne)

Lettre martiniquaise

Fort-de-France, ce 7 mars 1985
LUCIEN SFEZ À
MM. LE MOIGNE ET SIMON

Chers Le Moigne et Simon,

Je reçois ce courrier de Le Moigne la veille de mon départ en mission à la Martinique. C'est une chance. Je tente donc de répondre à Simon et Le Moigne, face à la mer des Caraïbes, vert émeraude, dans la sérénité du climat et d'une végétation luxuriante.

Parviendrai-je ici à éviter de donner un sentiment d'injustice ?

1. Décidément, Le Moigne, dans sa générosité sans pareille, me désarmera toujours. De même, peut-être, que l'humour planétaire de Simon. Savez-vous, cher Le Moigne, ce qui m'a touché ? C'est votre sous-titre « L'incompréhension, comme détection de thèses nouvelles ? ». Vous faites ici, à juste titre, un éloge du malentendu, preuve que vous avez parfaitement compris mon surcode qui est théorie et pratique des torsions de messages entre systèmes, productrices de latéralisations et sources d'inventions. Peut-être alors mon « incompréhension » de Simon me permet-elle d'avancer ? Continuons donc à surcoder et à ne pas nous comprendre. Nous en tirerons toujours quelque chose. Encore proposerais-je à Simon de surcoder à son tour, de façon à éviter le surcodage à sens unique, de Français qui feraient l'effort de lire Simon, tandis que Simon n'aurait pour seul souci que de défendre sa propre forteresse... J'attends donc que Simon, et pas seulement Le Moigne, discute du surcodage et de la théorie de la politique symbolique. J'attends et j'espère. Notre dialogue ne fait peut-être que commencer.

2. Afin qu'il s'établisse sur des bases claires, je voudrais rappeler que j'ai reconnu dans *Critique de la décision* les mérites de Simon. Quels mérites ? D'avoir été le premier à analyser la décision comme processus. « Raisonner en ces termes aboutit nécessairement à poser que la

décision n'est pas un acte simple et un moment, mais le produit d'un processus complexe et continué dans le temps... » (p. 186). Simon, disais-je encore, considère « la décision comme un continuum qui se pré- et sur-détermine progressivement... » (p. 189). « Autant d'idées neuves en leur temps... », concluais-je (p. 186). Supplierais-je alors Le Moigne de ne pas lire de travers *Critique de la décision?* Ou le supplierais-je encore d'éviter à son tour un contresens en me qualifiant de kelsenien, puisque tous les juristes de France et de Navarre savent que, disciple du doyen Hauriou, je suis aux antipodes de Kelsen?

3. Si je commettais un contresens, il serait plus profond. Il consisterait à dire que l'homme des rationalités limitées et des choix satisfaisants (ce Simon-là, je le connais et je le salue) a trouvé par ce biais même le moyen d'assouplir la position rationaliste et de la rendre ainsi plus présentable pour l'époque moderne.

Une rationalité limitée ou procédurale, simulée ou non, est toujours... bien rationnelle![1] Or mon hypothèse est différente. L'irrationnel, c'est-à-dire d'autres formes de rationalité que celles d'une intelligence calculatrice (même celle du calcul approximatif des choix satisfaisants), me paraît à l'œuvre : qu'il s'agisse de la rationalité de l'inconscient ou de celle des affects ou émotions conscientes.

Non, cher Simon, vous ne pouvez me convaincre quand vous avancez l'argument de la spécialité *« I have had little to say about human emotion [...] like most scientists, I am a specialist; I do not try to span the whole world of phenomene ».* Cette modestie du spécialiste ne me paraît pas de mise pour un homme d'une si haute et belle ambition. Argument défensif qui jure avec l'extraordinaire décloisonnement des disciplines auquel vous vous êtes livré depuis près d'un demi-siècle.

Je préfère infiniment votre argument offensif, pur et dur, de la fin de votre réponse.

4. Quel argument? *« I do not believe that to understand how human use reasons to achieve their goals implies endorsing the goal and values that happen to prevail in our society to day. Reason [...] is an instrument often used in pursuance of goals that I happen not to share. »* Voilà qui est fort et roboratif. Voilà en même temps l'essence de notre désaccord.

Cher et estimable Simon, vous pensez que vous pouvez travailler sur une intelligence et une raison comme *instrument,* moi, je ne le crois pas.

Vous détachez la raison comme outil des croyances et des valeurs qui

1. Je partage ce contresens avec Winograd et Florès qui, à Stanford, dix ans après *Critique de la décision,* ont la même vision de Simon dans un manuscrit non encore publié de décembre 1984 et qu'ils ont eu la bonté de m'envoyer. Ce manuscrit s'appelle *Understanding Computers and Cognition... A New Fondation for Design.* Ce texte a été publié aux PUF sous le titre *L'Intelligence artificielle en question*, 1989.

motivent la recherche du but : vous introduisez bien les affects, disant qu'ils limitent la raison. Elle se trouve ainsi bordée, à ses deux termes, par ce qui la contrarie et la provoque. Mais elle reste, selon vous, toujours semblable à elle-même dans ses méthodes et son « allure » systémique.

Autant je suis d'accord avec votre analyse de l'intuition (dans *Reason in Human Affairs*), autant je ne peux détacher ce que vous appelez raison (mieux vaudrait dire « raisonnement », le mot serait plus juste) de ce qu'elle intériorise comme valeur dans son processus même. Autrement dit, votre « raison » est surcodée par le but qu'elle se donne et qui en latéralise le parcours et la définition : l'instrument n'a d'efficace que dans la sphère dessinée par une politique symbolique. Qu'était donc la « raison » au XVIe siècle et qu'est-elle – par exemple – pour un artiste ? Certes, elle n'agit pas de la même façon en chaque cas, et son unité n'est-elle que rétrodictive.

Tant que vous n'aurez pas compris le système d'émotions, de buts et de croyances des Martiniquais, tel qu'il se révèle dans le conte antillais, vous ne pourrez pas travailler sur leur intelligence. Ou, encore, je suis très diversement intelligent selon que je fais ma déclaration fiscale (qui relève bien de la logique de quasi-décomposabilité que vous décrivez si bien dans *Les Sciences de l'artificiel*[1]) ou que j'écris un livre sans jamais savoir comment il va finir et sans jamais le construire à l'avance, *little step by little step.* Car chaque fois que je tente cette ouverture de construction par morceaux préétablis, mes constructions sont aussitôt démenties par moi-même, dans les semaines qui suivent.

Non, il n'y a pas *un human thinking,* mais *plusieurs,* et à l'intérieur même de chaque individu. Cela est affaire de circonstances, d'émotions, de buts et de croyances, indissociables de mon intelligence *active,* c'est-à-dire prête à se mobiliser. Pour moi, bel et bien, le « comment » est indissociable du « pourquoi ».

5. C'est ici sans doute que nous divergeons le plus (ou que Le Moigne dirait : « Nous ne comprenons pas »). Je m'intéresse non pas aux symboles *(token),* signes dénotatifs, mais au processus de symbolisation, à ce que j'ai appelé la politique symbolique qui est une combinaison d'*opérations symboliques* (actes collectifs de fusion chaque fois que la survie est nécessaire et l'identité menacée, en cas de révolution ou de guerre par exemple) et d'*images symboliques* (qui incluent en leur sein trop généreux les affects les plus contradictoires et les cimentent, les images des publicitaires ou des romanciers par exemple). La politique symbolique que je décris, elle est un peu comme Dieu : elle est là pour colmater les brèches de la raison instrumentale défaillante. Elle colmate *fictivement.* Mais la fiction est justement ce qui nous permet de

1. Traduit en français sous le nom de *La Science des systèmes, science de l'artificiel.* Surcodage de Le Moigne ?

vivre et de nous développer. A ce titre, je respecte votre fiction ou simulation des systèmes de symboles physiques qui a produit bien des effets.

J'aimerais bien qu'un jour vous fassiez rentrer, par une simulation supplémentaire, quelques éléments de politique symbolique dans la science de l'artificiel, comme dans la science des organisations. Je crois que vous le *pouvez,* car rien ne vous empêche d'introduire dans l'ordinateur ou dans le robot des politiques symboliques enracinées dans telle ou telle aire culturelle. Je crois aussi que vous le *devez,* car la vie collective, politique ou organisationnelle est pétrie de choix affectifs. La pratique des choix satisfaisants est précisément limitée, comme celle de la rationalité du même nom. Assez fréquente en effet, je vous le concède, dans la vie quotidienne, elle s'effondre dans les périodes de changement.

Que proposez-vous alors pour détecter les éléments de rupture, crise sociale, révolte, révolution ou guerre ? Simples questions.

De même, en intelligence artificielle, vous savez comme moi qu'un des enjeux essentiels sera celui du langage naturel ou ordinaire. Je crois que cela sera possible, mais en excluant l'idée d'un seul *human thinking.*

Je souhaite donc, cher Simon, que, continuant votre démarche de pionnier, vous puissiez vous ouvrir à tous ces thèmes. Tant que vous ne le ferez pas, je continuerai sans doute à exprimer quelques craintes : celles de supposer que vous transposeriez indûment le mode de rationalité des scientifiques, des hommes de laboratoire et des ingénieurs dans les domaines de la vie collective qui échappent précisément à ces schémas.

Suis-je encore injuste en terminant ainsi ma réponse ? Peut-être. Et dans ce cas, continuons à faire l'éloge du malentendu, toujours fécond. Car le dialogue, grâce à Le Moigne, est commencé. Je voyage souvent aux États-Unis, j'espère vous y voir. Appelez-moi donc aussi quand vous venez en France.

En expression d'une estime vigilante,
amicalement,

Lucien Sfez

Bibliographie

I. Environnement théorique

Ouvrages

Boudon, Raymond, *L'Idéologie,* Fayard, 1986.
Bressand et Distler, *Le Prochain Monde,* Éd. du Seuil, 1985.
Carnap, *Die meta und die mene Logik VIII,* Erkennis, 1930, t. I.
Cauquelin, Anne, *Court Traité du fragment,* Aubier-Montaigne, 1986.
Cauquelin, Anne, *Essai de philosophie urbaine,* PUF, 1983.
Cauquelin, Anne, *Cinévilles,* 10/18, 1979.
Chomsky, Noam, *Réflexions sur le langage,* Maspero, 1977.
Chomsky, Noam, *La Linguistique cartésienne,* Éd. du Seuil, 1969.
Cotta, Alain, *L'Homme au travail,* Fayard, 1987.
Dagognet, François, *Écriture et Iconographie,* Vrin, 1973.
Dagognet, François, *Pour une théorie générale des formes,* Vrin, 1975.
Dagognet, François, *Mémoire pour l'avenir,* Vrin, 1979.
Dagognet, François, *Le Vivant,* Bordas, 1988.
Dagognet, François, *Corps réfléchis,* Odile Jacob, 1989.
Dahl, Robert, *Qui décide?,* Armand Colin, 1971.
D'Arcy, François, *et alii, La Représentation,* Economica, 1985.
Descartes, René, *Traité de l'homme,* Gallimard, coll. «La Pléiade».
Descartes, René, *Les Principes de la philosophie,* Gallimard, coll. «La Pléiade».
Descartes, René, *Discours de la méthode,* Gallimard, coll. «La Pléiade».
Drouin, Pierre, *L'Autre Futur,* Fayard, 1989.
Ellul, Jacques, *La Technique ou l'Enjeu du siècle,* Armand Colin, 1954.
Ellul, Jacques, *Le Système technicien,* Calmann-Lévy, 1977.
Ellul, Jacques, *L'Empire du non-sens,* PUF, coll. «La politique éclatée», 1980.
Ellul, Jacques, *Propagandes,* Armand Colin, 1963.
Ellul, Jacques, *L'Illusion politique,* Laffont, 1965.
Escarpit, Robert, *Théorie générale de l'information et de la communication,* Hachette, 1980.
Habermas, Jurgen, *La Technique et la Science comme idéologie,* Gallimard, 1973.
Habermas, Jurgen, *L'Espace public,* Payot, 1978.
Habermas, Jurgen, *Théorie de l'agir communicationnel,* Fayard, 1987, 2 vol.
Habermas, Jurgen, *Morale et Communication,* Éd. du Cerf, 1986.

Handbook of Communication Science, Charles Berger et Steven Cheffer, Sage, 1987.

Handbook of Communication, I, Sola Pool et W. Shramm, Rand Mac Nally College Publishing Company, Chicago, 1973.

Handbook of Organizational Communication, F. Jablin, L. Putnam, K. Roberts et L. Porter, Sage, 1987.

Heidegger, Martin, *Essais et Conférences,* Gallimard, 1973.

Horkheimer, *Théorie traditionnelle et Théorie critique,* Gallimard, 1974.

Lalande, André, *Vocabulaire de la philosophie,* PUF, 1969.

La Mettrie, *L'Homme-Machine,* Gonthier, 1981.

Legendre, Pierre, *L'Inestimable Objet de la transmission,* Fayard, 1985.

Legendre, Pierre, *L'Amour du censeur,* Éd. du Seuil, 1974.

Legendre, Pierre, *Paroles poétiques échappées du texte,* Éd. du Seuil, 1982.

Legendre, Pierre, *L'Empire de la vérité,* Fayard, 1983.

Legendre, Pierre, *Le Crime du caporal Lortie,* Fayard, 1989.

Lévy-Leblond, Jean-Marc, *Autocritique de la science,* Éd. du Seuil, 1973.

Lévy-Leblond, Jean-Marc, *L'Esprit de sel,* Éd. du Seuil, 2e éd., 1983.

Marin, Louis, *Critique du discours,* Éd. de Minuit, 1975.

Matheron, Alexandre, *Individu et Communauté chez Spinoza,* Éd. de Minuit, 1975.

Milner, Jean-Claude, *Introduction à une science du langage,* Éd. du Seuil, 1989.

Paulré, Bernard, «Perspectives systémiques», *L'Interdisciplinaire,* colloque de Cerisy, 1989.

Quéré, Louis, *Des miroirs équivoques,* Aubier, 1982.

Roqueplo, Philippe, *Penser la technique,* Éd. du Seuil, 1973.

Searle, John, *L'Intentionalité,* Éd. de Minuit, 1985.

Sfez, Lucien, *L'Enfer et le Paradis,* PUF, 1978.

Sfez, Lucien, *Critique de la décision,* Presses de la Fondation des sciences politiques, 3e éd., 1981.

Sfez, Lucien, *Je reviendrai des terres nouvelles,* Hachette, 1980.

Sfez, Lucien, *Leçons sur l'égalité,* Presses de la Fondation des sciences politiques, 1984.

Shannon, Herbert, *Cybernétique et Communication humaine,* 6e Congrès international de cybernétique, Namur, 1970.

Simon, Herbert, *Models of Thought,* New Haven and London, Yale University Press, 1979.

Simon, Herbert, *Reason in Human Affairs,* Stanford University Press, 1976.

Simon, Herbert, *Models of Discovery,* Reidel Publishing Company, 1977.

Simondon, *Du mode d'existence des objets techniques,* Aubier-Montaigne, 1964.

Spinoza, Baruch, *Traité théologico-politique,* Gallimard, coll. «La Pléiade».

Spinoza, Baruch, *L'Éthique,* Gallimard, coll. «La Pléiade».

Spinoza, Baruch, *Traité de l'autorité politique,* Gallimard, coll. «La Pléiade».

Virilio, Paul, *Esthétique de la disparition,* Balland, 1980.

Weaver et Shannon, *Théorie mathématique de la communication,* CEPL, 1975.

Whitehead et Russell, *Principia mathematica,* Cambridge University Press, 1940.

Articles

Cauquelin et Sfez, «Les affinités, la morale et le temps», CREDAP, ronéoté 1980 (enquête).
Duvignaud, Guedez, Corbeau, Carrère, «Enquête sur les attitudes des Français devant la technologie», Paris, 1986.
Le Bras, Gabriel, «Les origines canoniques du droit administratif», *Études en l'honneur d'A. Mestre,* Sirey, 1956.
Pomian, Kristow, «Le malaise de la science», in *Terreurs de l'an 2000,* Hachette, 1976.
Searle, John, «Minds, brains and programs», in *The Behavioral and Brain Sciences,* t. III, Cambridge University Press, 1980.
Searle, John, «Réponse à Chomsky», inédit, Berkeley, 1985.
Sfez, Lucien, «Comment maîtriser les technologies de l'esprit», in *Le Monde,* 23 avril 1986.
Sfez, Lucien, «La communication, un nouveau paradigme», in *Actes du colloque ENSPIT,* 1988, *Regards,* 1989.
Sfez, Lucien, «Les machines virtuelles», *Traverses,* nº 44-45, 1988.

II. Mass media

Ouvrages

Balle, F., et Eymery, G., *Les Nouveaux Médias,* PUF, coll. «Que sais-je?», 1984.
Balle, F., et Padioleau, J.G., *Sociologie de l'information. Textes fondamentaux,* Larousse Université, 1973.
Balle, F., *Médias et Société,* Montchrestien, 4ᵉ éd., 1988.
Balle, F., *Et si la presse n'existait pas?,* Lattès, 1987.
Bellenger, Lionel, *La Persuasion,* PUF, coll. «Que sais-je?», 1985.
Cazeneuve, Jean, *et alii, La Sociologie de l'ubiquité,* Denoël-Gauthier, 1972.
Cazeneuve, Jean, *et alii, Les Communications de masse,* Denoël, 1976.
Cotteret, Jean-Marie, *Le Vocabulaire du général de Gaulle,* Presses de la Fondation des sciences politiques, 1969.
Cotteret, J.-M., Emeri, C., Gerstlé, J. et Moreau, R., *Giscard-Mitterrand, 54 774 mots pour convaincre,* PUF, 1976.
De Certeau, Michel, *La Culture au pluriel,* UGE, 1980.
De Certeau, Michel, *L'Invention du quotidien. Les arts de faire,* UGE, 1980.
Duvignaud, J., et Corbeau, J.-P., *Les Tabous des Français,* Hachette, 1986.
Gerbner, George, *World Communications : a Handbook,* New York and London, Anneuberg Longman Communication Books, 1984.
Gerbner, George, *Communications in Twenty-First Century,* New York, Oxford University Press, 1980.
Ghiglione, R., *Je vous ai compris, ou l'analyse du discours politique,* A. Colin, 1989.
Hart, Roderick, *The political Pulpit,* Purdue University Press, 1977.
Katz, E. et Lazasfeld, P., *Personal influence,* The Free Press, 1955.

Laulan, Anne-Marie, *La Résistance aux systèmes d'information,* Retz, 1985.
Lazarsfeld, P., *The People's Choice,* Columbia University Press, 1948.
Lazarsfeld, P. et Stanton, *Radio Research,* Duell Sloan and Pearce, 1979.
Maarek, Philippe, *Media et Malentendus,* Médiathèque, 1986.
Mac Comb, *Media Agenda Setting in a Presidential Election,* Praeger, 1981.
Mattelard, Armand et Michèle, *Penser les médias,* Maspero, « La Découverte », 1986.
Mathien, Michel, *Le Système médiatique,* Hachette, 1989.
Missica, J.-L. et Wolton, D., *La Folle du logis,* Gallimard, 1983.
Morin, Edgar, *Les Stars,* Éd. du Seuil, 1968.
Ravault, René-Jean, *Some Possible Economic Dysfunctions of the Anglo-American Practice of International Communications,* University Microfilms International, Ann Arbor, 1985.
Shramm, Stuart, *Men Messages and Media : a Look at Human Communication,* New York, Harper and Row, 1985.
Souchon, Michel, *La Télévision des adolescents,* Éd. Ouvrières, 1969.
Tarde, Gabriel, *Les Lois de l'imitation,* Slatkine, 1919.
Thayer, Lee, *Communication and Communication Systems,* Richard D. Irwin, 1968.
Thayer, Lee, *On Communication, Essays in Understanding,* Ablex, 1987.
Wolf, Mauro, *Teorie dell communicazioni di massa,* Strumenti Bompiani, 1985.

Articles

Beverle, Houston, « Viewing televisions : the metapsychology of consumption », Quaterly Review of Film Studies, été 1984, p. 183 *sq.*
Barnlund, Dean C., « A transactional model of communications », in *Foundations of Communication Theory,* Harper and Row, 1970.
Carey and Krelling, « Popular culture on uses and gratifications », Blumler and Katz ed., Sage, 1975.
Carey, James, « A cultural approach to communication », in *Communication,* t. II, avril 1975.
Cherwitz, « Lyndon Johnson and the crisis of Tonkin Gulf : a president's justification of war », in *Western Journal of Speech Communication,* printemps 1978, p. 93.
Cherwitz, « Imperial mission and manifest destiny, a case study of political myth in rhetorical discourse », in *The Southern Speech Communication Journal,* printemps 1978.
Dance, E.X., « An helicoidal model of communication », in *Foundation of Communication Theory,* Harper and Row, 1970.
Dayan et Katz, « Au-delà de la fragmentation des publics », in colloque du CNCA, publication du Centre Georges-Pompidou, p. 46.
Dayan, Katz et Kern, « Armchairs pilgrimages, the trips of pope John Paul I and their television public », in *Media Linkages of the Social Fabrication,* American Sociological Association, San Antonio, 1984.
Gerbner, G., « Toward a general model of communication », in *Audio-Visual Communication Review,* t. IV, 1956.
Gerbner, G., « Mass media discourse : message system analysis as a component of cultural indicators », in *Discourse and Communications : New*

Approaches to the Analysis of Mass Media Discourse, Berlin, Walter de Guyter and Co, 1983.

Gerbner, G., « Cultural indicators : the third voice », in *Communications Technology and Social Polity : Understanding the New Cultural Revolution,* Larry Gross and William Melody eds, John Wiley and Sons, 1973.

Gerbner, G., « Ministry of Culture, the USA and the free marketplace of ideas », National Forum, Fall, 1987.

Hall, Stuart, « Encoding and decoding the television messages », Center for contemporary cultural studies, Birmingham, 1973.

Hart, Roderick, « A commentary on popular assumptions about political communications », in *Human Communication Research,* 1982, vol. 8.

Ianis et Howland, « An overview of persuability research », in *Foundation of Communication Theory,* Harper and Row, 1970.

Kelman, « The role of the group in the induction of therapeutic change », *International Journal of Group Psychotherapy,* t. XIII, n° 4, octobre 1963.

Kelman, « Processes of cognition change », in *Foundation of Communication Theory,* ouvrage collectif sous la direction de Sereno et de Mortensen, New York, Harper and Row, 1970.

Kelman, « Further thoughts in the processes of compliance, identification, and internalisation », *Perspectives on Social Power* (Tedeskied), Chicago, Aldine, 1974.

Kelman et Lawrence, « Assignment of responsibility in the case of LT Calley », *Journal of Social Issues,* vol. 28, n° 1, 1972.

Kelman et Warwick, « Bridging micro and macro approaches : a sociopsychological perspective », in *Process and Phenomena of Social Change,* Willey and Son, 1973.

Laswell, H.C., « The structure and function of communication in society », in *The Communication of Ideas,* ouvrage collectif sous la direction de Lyman Bryson, New York, Harper and Brothers, 1948.

Levy, Mark, « The Lazarsfeld Stanton program analyser : an historical note », in *Journal of Communication,* automne 1982, n° 4.

Liebes, T., et Katz, E., « Decoding *Dallas* overseas », in *Media Values,* n° 32, 1985.

Mac Comb and Weaver, « Toward a merger of gratifications and agenda-setting research », in *Media Gratifications Research,* de Karl Rosengren (sous presse).

Marin, Louis, « Pouvoir du récit et récit du pouvoir », in *Actes de la recherche en sciences sociales,* n° 25, janvier 1979.

Morin, Edgar, « Culture de masse », in *Encyclopaedia Universalis,* 1968.

Mowlana, Hamid, « Technology versus tradition », in *Journal of Communication,* t. XXIX, n° 3, 1979.

Shilz, Janowitz et Morris, « Cohesion and desintegration on the Wehrmacht in world war », in *Readers in Public Opinion and Communication,* The Free Press, 1966.

Shramm, « The nature of communication between humans », in *The Process and Effects of Mass Communication,* ouvrage collectif sous la direction de Shramm, The University of Illinois Press, 1971.

Thayer, Lee, « Communication : *sine qua non* of the behavioural sciences », in *Air Force Office of Scientific Research,* 13th seminar Albuquerque, juin 1968.

Westley, B. et Maclean, M., « A conceptual model for communication research », in *Foundations of Communication Theory,* ouvrage collectif sous la direction de Sereno et de Mortensen, Harper and Row, 1970.
Williams, F., Phillips, A., et Lum, P., « Gratifications associated with communications technologies », in *Media Gratifications Research,* ouvrage collectif sous la direction de Rosengren, de Wenaer et de Palgreen (sous presse).
Williams, F., Rice, R., et Dordick, « Behavioural impacts in the information », vol. I, Ruben éd. (sous presse).

III. Auto-organisation

Ouvrages

Atlan, Henri, *L'Organisation biologique et la Théorie de l'information,* Herman, 1972.
Atlan, Henri, *Entre le cristal et la fumée,* Éd. du Seuil, 1979.
Atlan, Henri, *A tort et à raison,* Éd. du Seuil, 1986.
Cahiers du CREA, *Le Libéralisme et la Question de la justice sociale,* n° 4, 1984.
Cahiers du CREA, *Histoires de cybernétique,* n° 7, 1985.
Cahiers du CREA, *Généalogies de l'auto-organisation,* n° 8, 1985.
Cahiers du CREA, *Cognition et Complexité,* n° 9, 1986.
Changeux, Jean-Pierre, *L'Homme neuronal,* Fayard, 1983.
Dumouchel, P., et Dupuy, J.-P., *L'Enfer des choses,* Éd. du Seuil, 1979.
Dupuy, J.-P., *Ordres et Désordres,* Éd. du Seuil, 1982.
Dupuy, J.-P., *L'Auto-Organisation,* colloque de Cerisy, sous la direction de Paul Dumouchel et Jean-Pierre Dupuy, Éd. du Seuil, 1983.
Hofstadter, Douglas, *Escher, Gödel, Bach,* InterÉditions, 1985.
McKelvey, Bill, *Organizational Systematics,* University of California Press, 1982.
Maturana et Varela, *Autopoiesis and Cognition : the Realisation of Living,* Reidel, 1980.
Morin, Edgar, *La Nature de la Nature,* Éd. du Seuil, 1979.
Morin, Edgar, *L'Unité de l'homme,* Éd. du Seuil, 3 vol., 1978 (sous la direction d'Edgar Morin).
Nicolescu, *Nous, la Particule et le Monde,* Le Mail, 1985.
Passet, René, *L'Économique et le Vivant,* Payot, 1979.
Prigogine, I., et Stengers, I, *La Nouvelle Alliance,* Gallimard, 1982.
Schrödinger, *What is Life?,* Cambridge University Press, 1945.
Varela, Fancisco, *Principles of Biological Anatomy,* Elsevier North Holland, 1979.
Von Foerster, Heinz, *Observing Systems,* Intersystems Publications, 2e éd., 1984.

BIBLIOGRAPHIE

Articles

Atlan, Henri, «Entretien avec G. Pasternak», in *Le Monde,* 14 juin 1981.

Atlan, Henri, «Entretien avec le CREA», in *Cahier du CREA,* n° 8, p. 243, 1985.

Atlan, Henri, «Principles of the self-organizing systems», in *Principles of Self-Organization,* Pergamon, 1962.

Atlan, Henri, «Créativité biologique et autocréation», in *Cahier du CREA,* n° 9, 1986.

Barel, Yves, «De la fermeture à l'ouverture en passant par l'autonomie», in *L'Auto-Organisation,* Éd. du Seuil, 1984.

Dupuy, Jean-Pierre, «L'essor de la première cybernétique», in *Cahier du CREA,* n° 7, 1985.

Dupuy, Jean-Pierre, «John Rawls et l'instabilité de tout modèle de justice sociale», in *Cahier du CREA,* n° 4, 1984.

Korzysbski, Alfred, «Le rôle du langage dans les processus perceptuels», The International non Aristotelian Library Publishing Company, New York, 2e édition, 1965.

Landau, Martin, «Redundancy, rationality and the problem of duplication and overlap», in *Public Administration Review,* t. XXIX, n° 4, juillet-août 1969.

Landau, Martin, «On the concept of self correcting organization», in *Public Administration Review,* nov.-déc. 1973.

Landau, Martin, «On the concept of decentralisation», avec Eva Eagle, texte inédit, Berkeley, mars 1981.

Lawvere, «Diagonal arguments in cartesian closed categories», in *Lecture Note in Mathematics,* Springer Verlag, 1971.

Levy, Pierre, «L'œuvre de Warren McCulloch», in *Cahier du CREA,* n° 7, 1985.

Levy, Pierre, «Wittgenstein et la cybernétique», in *Cahier du CREA,* n° 7, 1985.

Levy, Pierre, «Analyse de contenu des travaux du *Biological Computer Laboratory,*», in *Cahier du CREA,* n° 8, 1985.

Levy, Pierre, «Le théâtre des opérations. Au sujet des travaux du BCL», in *Cahier du CREA,* n° 8, 1985.

Livet, Pierre, «La fascination de l'auto-organisation», in *L'Auto-Organisation,* Éd. du Seuil, 1984.

Livet, Pierre, «Cybernétique, auto-organisation et néo-connexionnisme», in *Cahier du CREA,* n° 8, 1985.

Livet, Pierre, «Compte rendu du séminaire Modèles formels de la philosophie sociale et politique», in *Cahier du CREA,* n° 4, 1984.

Mac Culloch and Pitt, «A logical calculus of the idea immanent in nervous activity», in *Bulletin Mathematical Biophysics,* n° 5, 1943.

Maturana, Umberto, «Biology of language, the epistemology of reality», *Psychology and Biology of Language and Thought,* NY Academy, 1978.

Maturana, Umberto, «Stratégies cognitives», in *L'Unité de l'homme,* Éd. du Seuil, 1978.

Passet, René, «La thermodynamique du monde vivant», *Futuribles,* 1980.

Passet, René, «L'approche catastrophique», *Prométhée International,* n° 1, 1984.

Passet, René, «Réductionisme et complexité», *Reflets et Perspectives,* mars 1985.

Pribram et Carlton, «Object perception, et imaging», textes ronéotés de l'université de Stanford, 1985.

Pribram, Nower, Baron, «The holographic hypothesis of memory structure in brain function and perception», in R.L. Atkinson *et alii, Contemporary Developments in Mathematical Psychology,* San Francisco, Freeman, 1985, p. 416-467.

Scott, Dana, «The lattice of flaw proramms», in *Lecture Notes in Mathematics,* t. 188, 1971.

Shannon, Benny, «Que disent les oiseaux? Réflexions sur une théorie de la communication», in *L'Auto-Organisation,* Éd. du Seuil, 1984.

Stengers, Isabelle, «Découvrir la complexité», in *Cahier du CREA,* n° 9, 1986.

Stengers, Isabelle, «La généalogie de l'auto-organisation», in *Cahier du CREA,* n° 8, 1985.

Varela, Francisco, «Experimental epistemology : background and future», in *Cahier du CREA,* n° 9, 1986.

Varela, Francisco, «Entretien avec le CREA», in *Cahier du CREA,* n° 8, 1985, p. 283.

Von Foerster, Heinz, «Entretien avec G. Pasternak», in *L'Événement du jeudi,* 13 février 1984.

Von Foerster, Heinz, «Entretien avec le CREA», in *Cahier du CREA,* n° 8, 1985, p. 255.

Von Foerster, Heinz, «On constructing reality», in *Environmental Design Research,* t. II, 1973.

Von Foerster, Heinz, «On self-organising systems and their environment», in *Self-Organizing Systems Yovits,* Pergamon Press, Londres, 1960.

Von Glasersfeld, E., «Reconstructing the concept of knowledge», in *Archives de psychologie,* 1983.

Wiener, Rosenblueth et Bigelow, «Behavior, purpose and teleology», in *Philosophy of Sciences,* t. X, n° 1, janvier 1943.

IV. Palo Alto

Ouvrages

Bateson, Gregory, *La Nature et la Pensée,* Éd. du Seuil, 1984.

Bateson, Gregory, *Vers une écologie de l'esprit,* Éd. du Seuil, 1977.

Bateson, Gregory, *La Cérémonie du Naven,* Éd. de Minuit, 1971.

Bateson, Gregory, et Ruesch, Jurgen, *Communication et Société,* Éd. du Seuil, 1989.

Bateson, Mary Catherine, *Regard sur mes parents,* Éd. du Seuil, 1989.

Bateson, Gregory, et Bateson, Mary Catherine, *La Peur des anges,* Éd. du Seuil, 1989.

Elkaïm, Mony, *Si tu m'aimes, ne m'aime pas,* Éd. du Seuil, 1989.

Watzlawick, Paul, *La Réalité de la réalité,* Éd. du Seuil, 1978.

Watzlawick, Paul, *Faites vous-même votre malheur,* Éd. du Seuil, 1984.

Watzlawick, Weakland et Fish, *Changements,* Éd. du Seuil, 1975.

Watzlawick, Beavin et Jackson, *Logique de la communication,* Éd. du Seuil, 1972.
Winkin, Yves, *La Nouvelle Communication,* Éd. du Seuil, 1981.
Winkin, Yves, *Bateson, Premier État d'un héritage,* colloque de Cerisy, Éd. du Seuil, 1988.

Articles

Bateson, Gregory, « Mémorandum aux régents de l'université de Californie », in annexe à *La Nature et la Pensée,* Éd. du Seuil, 1979.
Bateson, Gregory, « Culture contact and shismogenis », in *Man,* 35, 1935.
Shaw, Bob, « Introduction aux principes de la thérapie contextuelle », in *Conférence à Palo Alto,* 1978.
Shaw, Bob, « Entretiens avec Lucien Sfez », Berkeley, 1984, Paris 1985.
Shaw, Bob, « Outline of possible lectures or orientation talk with regard to contextual therapy », Berkeley, 1984.
Watzlawick, Paul, « An anthology of human communication », in *Text and Tape Science Behavior,* Palo Alto, 1964.

V. Intelligence artificielle

Ouvrages

Breton, Philippe, *Histoire de l'informatique,* La Découverte, 1987.
Demailly, A., et Le Moigne, J.-L., (sous la direction de), *Sciences de l'intelligence, Sciences de l'artificiel,* PUL, 1986.
Dreyfus, Hubert, *What Computer can't do : the Limit of Artificial Intelligence,* Harper and Row, 1979 (*Intelligence artificielle. Mythes et limites,* Flammarion, 1984, pour la traduction française).
Fogelman-Soulié, *Le Connexionnisme,* Cognitiva, cours ronéoté, 1987.
Ganascia, Jean-Gabriel, L'Ame-Machine, Éd. du Seuil, 1990.
Hodges, Andrew, *Alan Turing ou l'Énigme de l'intelligence,* Payot, 1988.
Laurière, Jean-Louis, *Intelligence artificielle. Résolutions de problèmes par l'homme et la machine,* Eyrolles, 1986.
Mini DSM III R, *Critères diagnostiques,* Masson, 1989.
Minsky, Marvin, *La Société de l'esprit,* InterÉditions, 1988.
Minsky, M. et Papert, S., *Perceptrons,* Cambridge, MIT Press, 1969.
Norman, Don (sous la direction de), *Perspectives in Cognitive Science,* Ablex, 1981.
Pitrat, Jacques, *Texte, Ordinateur et Compréhension,* Eyrolles, 1986.
Shank, Robert, *Dynamic Memory,* Cambridge University Press, 1982.
Simon, Herbert, *La Science des systèmes, science de l'artificiel,* Éd. de l'Épi, 1974.
Simon, H., et Newell, A., *Human Problem Solving,* Englemond Cliffs, 1972.
Weizembaum, Joseph, *Computer Power and Human Reason° : from Judgment to Calculation,* Freeman, 1979.
Winston, Patrick, *Intelligence artificielle,* Interéditions, Paris, 1988.

Articles

Byte (Revue), avril 1985 (sur le connexionnisme).
Feigenbaum, Edward, « Entretien avec G. Pasternak », in *Les Nouvelles littéraires,* 27 février 1986.
Minsky, Marvin, « The society theory of thinking », in *Artificial Intelligence, an MIT perspective,* ouvrage collectif sous la direction de Winston et Brown, 1979.
Minsky, Marvin, « K-Lines, a theory of memory », in *Perspectives in Cognitive Science,* Ablex, 1981.
Minsky, Marvin, « Jokes and the cognitive inconscious », in *Memo,* n° 603, MIT, 1980.
Norman et Rumelhart, « Representation in memory », Institute for Cognitive Science, University of San Diego, 1983.
Pomian, Joanna, « Aux origines de l'intelligence artificielle : Logic Theorist et GPS, ou H.A. Simon en père fondateur », *Quaderni,* n° 1, 1987.
Sfez, Lucien, « Intelligence artificielle : Winograd contre-attaque », in *La Physique des sciences de l'homme. Mélanges Abraham Moles,* Vrin, 1989.
Simon, Herbert, « Entretien avec G. Pasternak », *Le Monde,* 4 avril 1984.
Turing, Alan, « Computing machinery and intelligence », in *Mind,* t. XLIX, n° 236.
Valin, Pierre, « Le double jeu de l'automate », *Quaderni,* n° 2, 1987.
Zipser, « Representation of maps », Institute for Cognitive Science, University of San Diego, 1983.

VI. Science cognitive

Ouvrages

Churchland, Paul, *Matter and Consciousness,* MIT Press, 1984.
Demailly, A., et Le Moigne, J.-L., *Sciences de l'intelligence, Sciences de l'artificiel,* PUL, 1986.
Fodor, Jerry, *Representations,* Bradford Books, MIT Press 1983.
Fodor, Jerry, *Les Modularités de l'esprit,* Éd. de Minuit, 1986.
Haugeland, J., *L'Esprit dans la machine. Fondements de l'intelligence artificielle,* Odile Jacob, 1989.
Hofstadter, D. et Dennet, D., *Minds I,* Basic Books, Inc. Publish., 1981.
Minsky, Marvin, *La Société de l'esprit,* InterÉditions, 1988.
Norman, Don, *et alii, Perspectives in Cognitive Science,* colloque de San Diego, Ablex, 1981.
Pylischyn, Zenon, « Computation and cognition issues », in *Foundation of Cognitive Science,* Cambridge, 1984.
Shank, Robert, *Dynamic Memory,* Cambridge University Press, 1982.
Varela, Francisco, *Connaître les sciences cognitives,* Éd. du Seuil, 1983.
Varela, Francisco, *Autonomie et Connaissance,* Éd. du Seuil, 1983.
Winograd, T., et Florès, F., *Understanding Computer and Cognition, a New Foundation for Design,* Ablex, 1986 (en français : *L'Intelligence artificielle en question,* PUF, 1989).

BIBLIOGRAPHIE

Articles

Andler, Daniel, « Le cognitivisme orthodoxe en question », in *Cahier du CREA,* n° 9, 1986.

Andler, Daniel, « Conférence à l'Académie des sciences », 26 novembre 1984.

Andler, Daniel, « Intelligence artificielle, le deuxième souffle », in *Science et Avenir,* numéro spécial, n° 53, p. 44 *sq.*

Barwise, John, *Situation in Logic II,* Center for the study of language and information, Stanford University, 1984.

Bogdan, Radu, « Information and semantic cognition, an ontological account », in *Mind and Language,* 1988.

Le Débat, Une nouvelle science de l'esprit, n° 47, Gallimard, 1987.

Deering, Michael F., « Architectures for AI », in *Byte,* avril 1985.

Dennet, Daniel, « Mechanisms and responsibility », in *Essay on the Freedom of Action,* Rutledge and Kegan. 1973.

Feldmann, Jerome A., « Connections », in *Byte,* avril 1985.

Fodor, Jerry, «Mental representation, and introduction draft», inédit, MIT, 1984.

Fodor, Jerry, « Fodor's guide to mental representation », in *Mind,* t. XCIV, n° 373, 1985.

Hewitt, Warl, « The challenge of open systems », in *Byte,* avril 1985.

Milner, Jean-Claude, « Francisco Varela : Connaître », in *Annuaire philosophique,* Éd. du Seuil, 1989, p. 199.

Norman, Don, « Categorisation of action slips », in *Psychology Review,* t. XXCVIII, n° 1, 1981.

Norman, Don, « Post freudian slips », in *Psychology today,* avril 1980.

Norman, Don, « The LNR approach to human information processing », in *Cognition,* n° 10, Elsevier Sequoia, 1985.

Perry, John, « Situations and attitudes », LSLI Ventura Hall, Stanford University, 1984.

Rumelhart and Zipper, « Feature discovery by competitive learning », université de San Diego, 1984.

Sfez, Lucien, « La machination Turing », in *Revue internationale de systémique,* n° 4, 1987.

Shank, Robert, « The quest to understanding thinking », in *Byte,* avril 1985.

Shank, Robert, « Language and memory », in *Perspectives in Cognitive Science,* Ablex, 1981.

Stevens, John, « Reverse engineering the brain », in *Byte,* avril 1985.

Tiberghien, G., « Psychologie et cognition », in *Sciences de l'intelligence, Sciences de l'artificiel,* A. Demailly et J.-L. Le Moigne eds, PUL, 1986.

Winograd, Terry, « Computer software for working with language », in *American Scientific,* 1984.

Winograd, Terry, « Entretien avec G. Pasternak », in *Le Monde,* 2 janvier 1983.

VII. Technologies de l'esprit

Ouvrages

Barel, Yves, *Le Paradoxe et le Système,* PUG, 1979.
Bollack, J. et M., et Wisman, H., *La Lettre d'Épicure,* Éd. de Minuit, 1971.
Breton, Philippe, et Proulx, Serge, *L'Explosion de la communication,* La Découverte, 1989.
Couchot, Edmond, *Images,* Hermès, 1988.
Goldschmidt, Victor, *Le Paradigme dans la dialectique platonicienne,* PUF, 1947.
Marchand, Marie, *Les Paradis informationnels,* Masson, 1986.
Papert, Seymour, *Mindstorms, Children, Computers and Powerful Ideas,* Basic Books, 1980.
Quéau, Philippe, *Metaxu,* Champ-Vallon, 1989.

Articles

Cauquelin, Anne, « Concept pour un passage », in *Quaderni,* n° 3, 1987.
Duyckaerts, Éric, « Expérience imaginaire et intelligence artificielle : le rôle de la TEX dans la philosophie de l'IA », in *Quaderni,* n° 1, 1987.
Guillaume, Marc, « Téléspectres », in *Traverses,* n° 26, 1982.
Guillaume, Marc, « Être (interactif) ou ne pas être », in *Bulletin de l'IDATE,* 1985.
Marchand, Marie, « L'interactivité mode d'emploi », *in* colloque du CNCA, mission Câble, publication du Centre Georges-Pompidou, 1986.
Marchand, Marie, « Messageries », in *Réseaux,* décembre 1989.

VIII. Tautisme

Ouvrages

Actes du colloque des intellectuels juifs de langue française, Denoël, 1985.
Barel, Yves, *La Société du vide,* Éd. du Seuil, 1984.
Baudrillard, Jean, *Simulacres et Simulations,* Galilée, 1981.
Baudrillard, Jean, *Les Stratégies fatales,* Grasset, 1983.
Baudrillard, Jean, *Cool Memories,* I (1987), II (1990).
Eco, Umberto, *La Guerre du faux,* Grasset, 1985.
Papert, Seymour, *Mindstorms : Children Computers and Powerful Ideas,* New York Basic Books, 1980.
Sennett, Richard, *The Fall of Public Man,* Knopf, 1977.
Turkle, Sherry, *The Second Self,* New York, Simon and Shuster, 1984 (en français : *Les Enfants de l'ordinateur,* Denoël, 1986).

Articles

Autrement, «L'ère du faux», n° 76, janvier 1986.
Ehrard, Werner, «Celebrating your relationships», bande magnétique M. Curtis, 1979.
Ehrard, Werner, «Relationships making them work», bande magnétique M. Curtis, 1980.
Ehrard, Werner, «A world that works for everyone», bande magnétique M. Curtis, 1980.
Ehrard, Werner, «Creation : a matter of distinction», bande magnétique M. Curtis, 1982.
Ehrard, Werner, «Si Dieu avait voulu que l'homme vole...», brochure, s.d.
Sfez, Lucien, «Le radeau de la méduse», in *Traverses,* 1988.
Sfez, Lucien, «Étapes pour une agonie», *Cahiers internationaux de sociologie,* PUF, 1987.

IX. Théologie Frankenstein

Ouvrages

Anthony, D., et Robbins, Th., *Coercism, Conversion and Commitment,* Cross Road Press, 1986.
Dumont, Louis, *On Value,* Proceedings of the British Academy, Oxford University Press, 1980.
Hammond, Philip. et *alii, The Sacred in a Secular Age,* University of California Press, 1985.
Lasch, Christopher, *The Culture of Narcissism,* W.W. Norton, 1979.

Articles

Bellah, Robert, «Civil religion», in *Beyond Belief,* ouvrage collectif sous la direction de Bellah, Harper and Row, 1970.
Coleman, John, «Civil religion», in *Sociological Analysis,* n° 31, 1970.
Jules, Rosette Beneto, «Entretien à Radio Canada 1984», non publié.
Moto, Oka, «Challenge for knowledge information processing systems in Japan information processing development center», in *Proceedings of International Conference on Fifth Generation Computer System,* 1981.
Robertson, Roland, «The sacred and the world system», in *The Sacred in a Secular Age,* University of California Press, 1985.
Wade, Clark Roof, «The study of social change in religion», in *The Sacred in a Secular Age,* University of California Press, 1985.
Wuthnow, Robert, «Science and the sacred», in *The Sacred in a Secular Age,* University of California Press, 1985.
Wuthnow, Robert, «Recent patterns of secularisation, a problem of generation», in *American Sociological Review,* n° 41, octobre 1976.

X. Le symbolique dans la théorie

Ouvrages

Lakoff, G., et Johnson, M., *Les Métaphores,* Éd. de Minuit, 1985.
Schlanger, Judith, *Les Métaphores de l'organisme,* Vrin, 1971.

Articles

Boyd, Richard, « Metaphor and theory change », in *Metaphor and Thought,* A. Ortony ed., Cambridge University Press, 1979.
Coutlee, Gilles, « La métaphore de la cybernétique chez Bateson », *in* Colloque E. Morin, Cerisy, 1986.
Idhe, Don, « Technics and praxis : a philosophy of technology », in *Philosophy of Science,* vol. XXIV, Reidel, 1979.
Lakoff, G., et Johnson, M., « The metaphorical structure of the human conceptual system », in *Perspectives on Cognitive Science,* Ablex, 1981.
Miller, « Toward a third metaphor for psycholinguistics », in *Cognition and the Symbolic Process,* 1974.
Neisser, « Computers as tools and as metaphors », in *The Social Impact of Cybernetic,* Notre-Dame University Press.
Revue languedocienne de sociologie-ethnologie, « La communication », mai 1986.
Sfez, Lucien, « L'émergence scientifique passe par le symbolique », colloque de l'institut Piaget, Lisbonne, 1985.
Sfez, Lucien, « Technologies et symboliques de la communication », colloque de Cerisy (dirigé par Lucien Sfez), 1988.
Sfez, Lucien, « La machine et l'organe », in *Perspectives systémiques,* colloque de Cerisy (dirigé par B. Paulré), L'Interdisciplinaire, 1989.

XI. La question de l'interprétation

Ouvrages

Anonyme, *Le Nuage d'inconnaissance,* Éd. du Seuil, 1977.
Apostolidès, Jean-Marie, *Le Roi-Machine,* Éd. de Minuit, 1981.
Balandier, Georges, *Le Détour,* Fayard, 1985.
Balandier, Georges, *Le Désordre,* Fayard, 1988.
Berque, Jacques, Le Coran, essai de traduction, Éd. Sindbad, 1990.
Bourdieu, Pierre, *La Distinction,* Éd. de Minuit, 1979.
Ducrot, Oswald, *Le Dire et le Dit,* Éd. de Minuit, 1984.
Eco, Umberto, *Le Nom de la rose,* Grasset, 1985.
Ghiglione, Robert, *L'Homme communiquant,* A. Colin, 1986.

Husserl, Edmund, *La Crise de la conscience dans les sciences européennes et la Phénoménologie,* Gallimard, 1976.
Landowski, Éric, *La Société réfléchie,* Éd. du Seuil, 1989.
Levinas, Emmanuel, *Quatre lectures talmudiques,* Éd. de Minuit, 1982.
Levinas, Emmanuel, *Du sacré au saint,* Éd. de Minuit, 1981.
Levinas, Emmanuel, *L'Au-Delà du verset,* Éd. de Minuit, 1981.
Meyerson, Ignace, *Les Fonctions psychologiques et les Œuvres,* Vrin, 1948.
Papert, Seymour, *Le Jaillissement de l'Esprit,* Flammarion, 1989.
Perec, Georges, *Les Mots croisés II,* Pol-Mazarine, 1979.
Ricœur, Paul, *De l'interprétation,* Éd. du Seuil, 1965.
Schütz, Albert, *Collected Papers,* La Haye, 1967.
Schütz, A., et Luckmann, Ph., *Strukturen der Lebenswelt,* Francfort, 1979.
Seignobos, Charles, *La Méthode appliquée aux sciences sociales,* 1901, Paris.

Articles

Bally, Charles, « Langage naturel et langage artificiel », in *Journal de psychologie,* 1921.
Bally, Charles, « Qu'est-ce qu'un signe ? », in *Journal de psychologie,* 1939.
Blondel, Charles, « Intelligence et technique », in *Journal de psychologie,* 1938.
Cassirer, Ernst, « Le langage et la construction du monde des objets », in *Journal de psychologie,* 1933.
Ghiglione, Robert, in « Le contrat de communication, II », université de Paris VIII, 1983.
Mauss, Marcel, « Rapports réels et pratiques de la philosophie et de la psychologie », in *Journal de psychologie,* 1924.
Mauss, Marcel, « Esquisse d'une théorie générale de la magie », in *Année sociologique,* t. VII, 1902/1903.
Mauss, Marcel, « Une catégorie de l'esprit humain, la notion de personne, celle de moi », in *Journal of the Royal Anthropological Institute,* t. LXVIII, 1938.
Mauss, Marcel, « Les techniques du corps », in *Journal de psychologie,* 1935.
Seignobos, « La méthode psychologique en sociologie », in *Journal de psychologie,* 1920.
Sfez, Lucien, « Art et technologie : affrontement ou collaboration ? », Festival électronique de Rennes, 1988.
Simiand, D., « La causalité en histoire », in *Bulletin de la Société française de philosophie,* 1906.
Vidal-Naquet, Pierre, « Préface à *La Guerre des Juifs* », Éd. de Minuit, 1977.

Index

Table

DEUXIÈME PARTIE

Les fondements du tautisme

TROISIÈME PARTIE

L'avenir d'une illusion

MAME IMPRIMEURS À TOURS
DÉPÔT LÉGAL : NOVEMBRE 1990 - N° 12663 (25125)